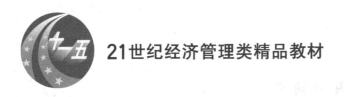

21世纪经济管理类精品教材

（第 **3** 版）

财务管理

主　编　姚海鑫
编　著　姚海鑫　王德武　韩晓舟
　　　　姚树中　张剑峰　李雪松

Financial Management

清华大学出版社
北　京

内 容 简 介

本书是教育部普通高等教育"十一五"国家级规划教材，系统地介绍了现代财务管理的基本概念、基本价值观、基本方法等最基本和最重要的内容。全书共分七篇，包括财务管理基础，估价理论与方法，长期融资决策，资本成本、资本结构及股利政策，资本预算与投资决策，营运资本管理，财务管理专题。本书注重培养学生的基本理财观念和解决实际问题的方法与能力，每章均设有本章学习目标、本章小结、复习思考题等，有的章节还配有练习题、案例和附录。

本书适用于高等院校经济学类、管理学类本科生，尤其是会计学、财务管理、金融学、经济学等专业本科生；经济管理类低年级研究生以及 MBA 学员。本书还可作为报考注册会计师、资产评估师、证券从业人员资格考试的参考教材，以及从事公司理财、证券投资、资产评估、资本运营等相关工作人士的自学参考用书。

本书封面贴有清华大学出版社防伪标签，无标签者不得销售。
版权所有，侵权必究。举报：010-62782989，beiqinquan@tup.tsinghua.edu.cn。

图书在版编目（CIP）数据

财务管理 / 姚海鑫主编. —3 版. —北京：清华大学出版社，2019.10（2024.8重印）
21 世纪经济管理类精品教材
ISBN 978-7-302-53998-8

Ⅰ.①财… Ⅱ.①姚… Ⅲ.①财务管理—高等学校—教材 Ⅳ.①F275

中国版本图书馆 CIP 数据核字（2019）第 230319 号

责任编辑：杜春杰
封面设计：康飞龙
版式设计：文森时代
责任校对：马军令
责任印制：宋　林

出版发行：清华大学出版社
网　　址：https://www.tup.com.cn, https://www.wqxuetang.com
地　　址：北京清华大学学研大厦 A 座　　邮　编：100084
社 总 机：010-83470000　　邮　购：010-62786544
投稿与读者服务：010-62776969, c-service@tup.tsinghua.edu.cn
质量反馈：010-62772015, zhiliang@tup.tsinghua.edu.cn

印 装 者：三河市君旺印务有限公司
经　　销：全国新华书店
开　　本：185mm×260mm　　印　张：27.5　　字　数：565 千字
版　　次：2007 年 2 月第 1 版　2019 年 11 月第 3 版　　印　次：2024 年 8 月第 3 次印刷
定　　价：69.80 元

产品编号：082261-02

前　言

高质量、高水平的教材是高等院校提高教学质量和教学水平的根本保证之一，也是高等院校办学质量和办学水平的标志之一。目前，"财务管理"已成为我国高等院校工商管理类、经济学类各相关专业的核心课程。关于财务管理教材，国外大学已有许多高水平的优秀教材可供我们学习借鉴和选择使用。近十几年来，国内出版的财务管理教材多达几十种，特别是教育部推出"面向21世纪课程教材"、"十一五"和"十二五"国家级规划教材以及"普通高等学校精品教材"等质量工程以来，国内出版的财务管理教材质量也有很大的提高。但与国外高水平教材相比，仍存在较大差距，还难以适应社会经济发展对财务管理人才培养的需要。

一部高质量教材，应该结合社会经济发展实际和本学科领域理论与实践的最新发展，在教学实践中不断更新、不断完善，这样才能适应高等学校教学改革、人才培养和学科建设的需要。作为"十一五"国家级规划教材，本教材已在国内三十多所高校相关专业使用，受到广大师生的欢迎和好评。本教材第1版从2007年至2012年年底已经重印了12次，印数达36000余册；第2版从2013年至2018年年底也已重印了8次，印数达20000余册。本教材还入选了辽宁省首批"十二五"普通高等教育本科省级规划教材。此次再版主要根据高等学校财务管理课程的教学需要，结合我们在财务管理教学中的一些切身体会，并针对教材在使用过程中发现的一些问题，在保持原书风格不变、主要内容不变、基本结构不变的基础上，做进一步的结构、内容优化，以及相关内容的增减。

本教材第3版再版时，坚持如下编写原则。

(1) 注重培养学生的基本理财观念和解决实际问题的方法与能力，并强调现代教学手段和方法在教学中的应用。内容不求全面，只求精练、实用和富有特色，完全针对经济类和工商管理类本科生的教学特点，突出强调现代财务管理的基本概念、基本思想或观念、基本理论与方法。

(2) 力争做到三个"密切结合"：一是密切结合现代财务管理（公司财务）理论与实践的最新发展，反映该领域较完整的理论体系、较新的研究成果；二是密切结合中国资本市场发展和上市公司治理实践（1990—2018年近30年，特别是近15年），反映我国资本市场的最新动态、政策及制度变化、企业（特别是上市公司）财务管理实践活动；三是密切结合近几年高校会计学及财务管理专业本科生、研究生的教学实践，根据不同教学对象的需要，对教材内容进行适当充实、增补或删减。

(3) 仍以本科教学为主，兼顾低年级研究生、会计和审计专业硕士、考研及CPA考试等需求。教材的总体结构和主要内容基本不变，原有风格和特色不变，根据教学需要进行局部调整或微调。

（4）强调理论联系实际，强化对学生解决实际问题能力的训练和培养。一是尽可能利用网络资源，增加网络链接内容，做到既内容精练，又含较大信息量；二是在一些章节后增配一个实际或实用的公司财务案例，并结合教材内容精心设计讨论题目；三是强调 Excel 在财务管理分析与决策中的应用，在相应章节附设 Excel 在财务管理中应用的操作。

（5）突出重点、便于自学。书中每章均配备本章学习目标、本章小结、复习思考题等，有的章节还配有练习题、案例和附录，并将配备动画效果好、信息量大、实用的 PPT 教学幻灯片等。考虑到使用计算器、笔记本电脑和 Microsoft Excel 的普遍性和便捷性，本教材后仍不附设复利和年金的现值系数表与终值系数表。

此次第 3 版再版修订，我们重点做了如下工作。

（1）对第 2 版的部分章节进行了一些结构调整。

（2）对第 2 版的部分内容进行了适当调整。如增加某些章节内容；重写和简化表述某些内容；删去某些不重要、冗长或过时的内容。

（3）全面更新了书中数据。主要是涉及中国资本市场的相关数据（如上市公司及其投融资、股利政策、资本结构等），全部采用最新的数据；同时对书中相关内容、例题、习题所涉及的时间进行全面更新。

（4）增加了一些新的实际案例，或对原案例进行更新补充；增加了一些中国企业实例作为例题。

（5）去掉了第 2 版各章后面的参考文献，改为在书后统一列示。

（6）对第 2 版书后各章习题进行了优化，对习题量进行了适当删减，去掉了一些内容重复、不重要或较难解的题型，适当加入了少量新题型。

（7）对有些篇幅较长且随时间变化的政策、法律法规等制度性规定、数据资源等，采用"网络链接"的方式来呈现，具体内容不再加以详细介绍。

（8）其他内容的修改：对第 2 版中存在的个别表述错误（含印刷、排版、错字、公式、图表等）进行了修正；对部分概念、段落的语言表述做了调整，使其更精练、简化；简化了 Excel 在财务管理决策中应用操作步骤的表述；进一步加强了教材中引文和数据的规范性表述。

本教材着重介绍现代财务管理的基本概念、基本价值观和基本方法等现代财务管理的最基本和最重要的内容，第 3 版再版后内容和结构基本不变，全书仍分为七篇，包括财务管理基础，估价理论与方法，长期融资决策，资本成本、资本结构及股利政策，资本预算与投资决策，营运资本管理，财务管理专题。

本教材的适用对象为高等院校经济学类、管理学类本科生，尤其是会计学、财务管理、金融学、经济学等专业本科生；经济管理类低年级（非会计和财务管理专业）研究生以及 MBA、MPAcc、审计硕士等学员；本教材也可以作为报考注册会计师、资产评估师、证券从业人员资格考试的参考教材，以及从事公司理财、证券投资、资产评估、资本运营管理等相关工作人士的自学参考书。本教材的学时在 48～72 小时，任课教师可根据本学校的教学计划和教学的实际需要，灵活选择教学内容、教学方式，分配教学时数。

本教材第 3 版再版仍由辽宁大学姚海鑫教授主编，由原教材第 2 版的全体作者共同执笔撰写。第 3 版教材的总体设计和大纲编写由姚海鑫教授和王德武教授负责。具体分工如下。

姚海鑫教授、博士生导师：第一章、第五章、第十四章，Excel 应用，总体设计、大纲拟定、统稿、组织协调。

王德武教授、博士生导师：第二章、第十九章、第二十章，总体设计、大纲拟定、统稿、习题答案、参考文献。

韩晓舟教授、博士：第三章、第十章、第十一章、第十二章。

张剑峰教授：第四章、第十三章、第十五章。

姚树中副教授、博士：第六章、第七章、第八章、第九章。

李雪松讲师：第十六章、第十七章、第十八章。

本教材第 3 版得以顺利出版，要感谢使用本教材前两版的各高等学校的广大师生，感谢他们提出的宝贵意见和建议；还要衷心感谢清华大学出版社的编辑，正是她们无私而热情的帮助与努力，才使本教材能够不断重印和再版，这是对我们的巨大鞭策和鼓励。在教材编写过程中，我们也参考了大量国内外优秀教材，在此也对这些教材的作者们表示感谢。

在教材编写及再版过程中，尽管我们不断结合自己的教学实践，做了很大努力，并尝试在内容、结构、案例及应用等方面有所创新，但由于作者水平有限，加上资料等限制，可能并没有完全实现设计时的初衷，书中也难免有些错误和不妥之处，敬请同行专家、学者及广大读者批评指正，并提出宝贵意见和建议，以便我们不断修改和完善。

姚海鑫　辽宁大学
2019 年 6 月

目 录

第一篇　财务管理基础

第一章　财务管理导论 …………………………………………………………… 2
  第一节　财务管理概述 ……………………………………………………… 2
  第二节　企业组织形式 ……………………………………………………… 4
  第三节　财务管理目标 ……………………………………………………… 14
  第四节　代理问题、利益冲突与公司控制 ………………………………… 19
  第五节　财务管理环境 ……………………………………………………… 22
  第六节　财务管理的基本原则 ……………………………………………… 29
  第七节　财务管理与其他相关学科 ………………………………………… 31

第二章　财务报表与分析 ………………………………………………………… 39
  第一节　资产负债表 ………………………………………………………… 39
  第二节　利润表 ……………………………………………………………… 44
  第三节　现金流量表 ………………………………………………………… 47
  第四节　所有者权益变动表 ………………………………………………… 51
  第五节　财务报表分析 ……………………………………………………… 55

第二篇　估价理论与方法

第三章　货币时间价值 …………………………………………………………… 68
  第一节　货币时间价值概述 ………………………………………………… 68
  第二节　年金现值与终值的计算 …………………………………………… 74

第四章　风险和收益 ……………………………………………………………… 83
  第一节　单项资产的风险与收益 …………………………………………… 83
  第二节　投资组合理论 ……………………………………………………… 88
  第三节　资本资产定价模型 ………………………………………………… 99

第五章　证券估价 ………………………………………………………………… 113
  第一节　债券估价 …………………………………………………………… 113
  第二节　股票估价 …………………………………………………………… 123

第三篇 长期融资决策

第六章 长期融资概述 ·············· 140
- 第一节 企业融资的动机与原则 ·············· 140
- 第二节 企业融资的渠道与融资方式 ·············· 142
- 第三节 融资模式 ·············· 146

第七章 长期负债与融资租赁 ·············· 154
- 第一节 长期负债融资概述 ·············· 154
- 第二节 长期借款 ·············· 155
- 第三节 长期债券 ·············· 160
- 第四节 融资租赁 ·············· 168

第八章 普通股与优先股融资 ·············· 176
- 第一节 权益融资概述 ·············· 176
- 第二节 普通股融资 ·············· 183
- 第三节 优先股融资 ·············· 188

第九章 认股权证与可转换债券 ·············· 194
- 第一节 认股权证 ·············· 194
- 第二节 可转换债券 ·············· 197

第四篇 资本成本、资本结构及股利政策

第十章 资本成本 ·············· 210
- 第一节 资本成本的概念 ·············· 210
- 第二节 资本成本的计算 ·············· 214
- 第三节 边际资本成本 ·············· 219

第十一章 资本结构 ·············· 227
- 第一节 资本结构及其基本问题 ·············· 227
- 第二节 资本结构理论 ·············· 232
- 第三节 资本结构的影响因素及最佳资本结构 ·············· 242
- 第四节 杠杆理论 ·············· 250

第十二章 股利政策 ·············· 259
- 第一节 股利种类与股利发放程序 ·············· 259
- 第二节 影响股利政策的因素 ·············· 262
- 第三节 股利政策理论 ·············· 265
- 第四节 股利政策的类型 ·············· 268

第五节　股票分割与回购 ………………………………………………………… 271
　　第六节　股利政策实践 …………………………………………………………… 272

第五篇　资本预算与投资决策

第十三章　现金流量与资本预算 ……………………………………………………… 278
　　第一节　资本预算决策 …………………………………………………………… 278
　　第二节　投资决策中的现金流量 ………………………………………………… 280
　　第三节　现金流量的计算 ………………………………………………………… 283

第十四章　投资决策的方法 …………………………………………………………… 290
　　第一节　净现值（NPV）法 ……………………………………………………… 290
　　第二节　投资回收期法 …………………………………………………………… 293
　　第三节　内部收益率（IRR）法 ………………………………………………… 296
　　第四节　会计平均收益率（AAR）法 …………………………………………… 303
　　第五节　获利指数（PI）法 ……………………………………………………… 305
　　第六节　资本预算实践 …………………………………………………………… 306

第十五章　不确定条件下的投资决策 ………………………………………………… 316
　　第一节　不同周期项目的投资决策 ……………………………………………… 316
　　第二节　敏感性分析 ……………………………………………………………… 318
　　第三节　盈亏平衡分析 …………………………………………………………… 321
　　第四节　不确定性投资决策 ……………………………………………………… 323

第六篇　营运资本管理

第十六章　营运资本与现金管理 ……………………………………………………… 330
　　第一节　营运资本管理概述 ……………………………………………………… 330
　　第二节　营运资本管理策略 ……………………………………………………… 332
　　第三节　现金管理 ………………………………………………………………… 339

第十七章　存货与应收账款管理 ……………………………………………………… 351
　　第一节　存货及其成本 …………………………………………………………… 351
　　第二节　存货管理方法 …………………………………………………………… 353
　　第二节　应收账款管理 …………………………………………………………… 360

第十八章　短期财务计划与短期融资 ………………………………………………… 370
　　第一节　短期财务计划 …………………………………………………………… 370
　　第二节　现金预算与短期融资 …………………………………………………… 375

第七篇　财务管理专题

第十九章　公司价值评估·································384
第一节　公司价值评估概述·····························384
第二节　公司价值评估的主要方法·····················387
第三节　公司价值评估影响因素及应用················392

第二十章　企业并购·······································400
第一节　企业并购概述·································400
第二节　目标公司的选择与估价·······················413
第三节　企业并购的支付方式选择····················416

参考文献···426

第一篇 财务管理基础

▶▶ 第一章 财务管理导论
▶▶ 第二章 财务报表与分析

第一章 财务管理导论

本章学习目标

- 理解财务管理及其主要内容。
- 了解几种主要的企业组织形式,理解公司制企业及其特征。
- 理解现代企业财务管理的目标及其理由。
- 理解企业为什么要履行社会责任。
- 了解代理成本及其表现,理解股东与管理者之间利益冲突的原因和解决代理问题的主要途径。
- 了解现代企业的一般组织结构及其治理特征。
- 理解和掌握CFO在公司治理中的地位和职责。
- 理解金融市场的基本要素与主要功能。
- 理解和掌握企业财务管理应遵循的一般原则。
- 理解法律与监管环境对企业财务管理的影响。

第一节 财务管理概述

一、什么是财务管理

英文"finance"一词有财务、金融、财政、筹措资金、理财等许多含义,但都与"钱"的获取、运用和管理有关,即理财。通常,当涉及微观层面的内容时,人们习惯上称"finance"为财务,如公司财务、财务公司、财务状况、财务报表、财务决策等;而当涉及宏观层面的内容时,习惯上则称其为金融、财政,如金融市场、金融中心、金融中介、金融期货等。本书研究的是现代企业的理财活动,故称"finance"为财务。

在现实经济社会中,资源是稀缺、有限和多用途的,而钱又是最灵活的一种资源,因此绝大多数人都对钱感兴趣,都与钱打交道。在实际生活中,人们经常要面对如下问题。

- 是否应当进行一项投资?
- 项目投资需要多少钱?从哪里获得项目所需资金?
- 你的企业通过何种方式筹集所需资金?
- 应以多大的成本获得一笔贷款?如何使其代价最小?

> 如何运用资金使之效率最大?
> 你的企业应该保持多大的规模?
> 你是否应该购买一项资产?
> 你手中的股票值多少钱?

......

以上都是财务涉及的问题。概括地说,财务是一门涉及决定价值和制定决策的学科,其功能是配置资源。财务有三个主要方面,即公司财务管理、投资者的投资、金融市场与金融中介,它们从不同角度处理与理财有关的交易活动。

财务管理是财务的一部分,通过决策制定和适当的资源管理,在组织内部应用财务原理来创造并保持价值。从企业的角度看,财务管理就是对企业财务活动过程的管理。具体地说,就是对企业资金的筹集、投向、运用、分配以及相关财务活动的全面管理。其目的是有效地利用资源,以便实现企业的目标。

二、财务管理的内容

企业生产经营的过程,从购买生产要素开始,到投入生产过程,生产出中间产品和最终产品,再进入销售过程,最后取得销售收入和利润;然后进行质或量的扩张,进入下一个再生产过程。这是一个资本不断运动变化的过程,也就是企业财务活动的过程。资本是企业财务活动的基本要素,企业财务活动的基础是资本的运动。资本的运动过程及内容,决定了企业财务活动的内容。而企业财务活动的内容,就是企业财务管理的内容。

根据企业财务活动的内容,企业财务管理的主要内容可概括为筹资管理、投资管理、营运资产管理、收入与分配管理。财务管理实际上是一种决策,财务管理决策主要有以下几个方面。

(1) 投资决策。决定企业是否应该购买长期资产,企业将投资于哪些资产,是否进行新项目投资等。企业长期投资的计划与管理过程,称为资本预算(capital budgeting),即对未来现金流的大小、时间和风险的评估。

(2) 融资决策。决定如何获得企业所需要的资金,融资成本有多大,如何安排企业长期债权与股权的比例结构才能使公司的价值最大,如何使融资成本最小等。

(3) 营运资本管理决策。企业的营运资本管理是一项日常活动,以保证企业持续经营、避免生产中断以及由此带来的巨大损失。营运资本管理决策包括企业应该持有多少现金和存货,是否应向顾客提供信用销售,如何获得必要的短期融资等内容。

(4) 收入与分配决策。即决定公司采取什么样的股利政策,在公司股利分配与留存收益之间如何进行选择,并分析公司股利政策对企业资本结构、公司价值、股票价格的影响等。

除了上述四项决策以外,财务管理决策还包括企业的并购、重组、破产清算、跨国经营财务管理、财务分析与财务计划等内容,它们一起构成了企业财务管理的完整内容。

三、财务管理的特征

现代财务管理以企业价值或股东财富最大化为目标,以企业资本运动为对象,以财务决策为核心，以投资、融资、营运资本管理为主要内容，贯穿企业管理的全过程。财务管理利用资本、成本、收益、利润等价值指标来组织、使用企业的各种资源和要素，以便形成、实现和分配企业的价值，体现"理财"的特征。因此，财务管理实际上是一种关于价值的管理和决策，是对企业再生产过程中的价值运动所进行的管理。

现代企业财务管理具有如下特征。

（1）涉及面广。企业生产经营的各个方面、各个领域、各个环节都与财务管理密切相连。企业生产要素的购买、生产的组织、营销的开展、资产的管理、技术的开发、人事与行政的管理、分配的进行等活动，无不伴随着企业资金或资本的运动。每个部门或环节在如何使用资金、如何计算成本的大小及如何实现收入等方面，都受到财务管理制度的制约。从有效利用资源的角度看，财务管理涉及企业生产经营和管理的各个方面。

（2）综合性强。财务管理能以价值形式综合反映企业的生产经营及管理的效果、财务信息和财务指标，能综合地反映出企业的资产负债情况、成本与收益大小、资源利用效率等，进而反映出企业的管理水平、竞争力及市场价值。通过财务信息把企业生产经营的各种因素及其相互影响等全面、综合地反映出来，进而有效地促进企业各方面管理效率的提高，是财务管理的一个突出特点。此外，在进行财务分析和决策时，财务管理人员必须了解和掌握现代经济学、金融学、会计学、统计学、管理学等相关知识和方法。从这个意义上说，财务管理决策具有知识综合性的特点。

（3）企业管理的核心。现代企业管理，包括生产管理、技术管理、人力资源管理、财务管理、营销管理、资产管理、战略管理等许多内容，其核心是资源配置和价值创造。钱从哪里来，往哪里花，企业的终极目标是什么，如何少花钱多办事，如何有效地利用资源，如何有效地激励管理人员和员工，如何考核、度量企业的经营绩效，如何分享企业的经营成果，等等，这些都是企业管理者必然要关注的问题。企业生产运营、管理的一切方面，最终都归结为财务管理的基本问题，都要通过财务指标来反映。再好的企业，如果长期处于亏损状态，就不能说是一个好的企业；再好的管理，如果不能实现公司的价值目标，不能使股东财富或企业价值增加，就不能说是一个有效的管理。从这个意义上说，财务管理是现代企业管理的核心。

（4）不确定性和复杂性。在现实世界中，未来充满着不确定性。由于信息不完全或信息不对称，以及委托代理关系的普遍存在，使得现代企业在进行财务管理决策时，将受到众多不确定性因素的影响。例如，商品及要素价格的变化、利率及汇率的变化、决策者偏好、竞争对手策略、市场结构与市场需求的变化、国内外金融市场的波动、宏观经济政策的调整、技术创新与变革、制度变化等，都将对企业的财务管理活动和财务管理决策产生重要影响。这些变量具有较大的不确定性或不可预知性，使得企业财务管理面临着极大的不确定性，财务管理决策就变得更加复杂。

第二节 企业组织形式

在现实经济中，大多数经济活动是由企业而不是由个人来实现的。企业是市场经济的基本经济主体，它是组织众多人参与进行经济活动的一种形式。企业的组织形式，决定着企业的财务结构、财务关系、财务风险和财务管理方式。

企业组织形式可以按不同的类型进行分类。一般按出资构成形式和剩余索取形式将企业分为三种主要形式：独资企业、合伙制企业和公司制企业。

一、独资企业

独资企业（sole proprietorship）是指由单个自然人独自出资、独资经营的企业，又称个人业主制。

独资企业的财产为投资者个人所有，投资者具有对企业完全的决策权和经营权，个人独自享受企业的利润、独自承担经营责任和风险。

独资企业具有如下主要特征。

（1）企业的所有权、经营权及剩余索取权是统一的，经营者有最大的激励。

（2）投资者以其个人的全部资产对企业债务承担无限责任。投资者个人资产与企业资产之间没有差别。

（3）企业内部结构简单，无须正式的章程，开办费用低，政府限制极少。

（4）不需要支付企业所得税，企业所得按个人所得税规定纳税。

（5）企业规模小，资金来源有限，发展速度缓慢，筹资相对困难，难以投资经营一些资金密集、适合规模经营的行业。

（6）企业的存续期受制于业主本人的生命期，存续期短。

（7）企业所有权不容易转让。

（8）抵御财务和经营风险的能力较低。

二、合伙制企业

合伙制企业（partnership）是指由两个或两个以上的人共同出资创办、共同经营、共负盈亏、共同对企业债务承担无限责任的企业。

合伙制企业分为两类：一般合伙制（general partnership，GP）和有限合伙制（limited partnership，LP）。在一般合伙制中，所有的合伙人同意提供一定比例的资金和参与公司经营，并分享相应的利润或亏损。每个合伙人享有的权利和承担的义务是相同的，每个人都对企业中的债务承担无限责任。有限合伙制企业允许某些合伙人的责任仅限于个人在合伙企业中的出资额。有限合伙制通常要求：至少有一个合伙人是一般合伙人，即负无限责任；有限合伙人不参与企业管理。

合伙制企业同独资企业相类似，具有如下特征。

（1）合伙制企业对所有债务负无限责任。如果一个一般合伙人不能履行其承诺，不足部分由其他一般合伙人承担。有限合伙人所负责任仅以其出资额为限。

（2）合伙制企业的费用一般较低。在开办合伙制企业时，无论是一般合伙制还是有限合伙制，都需要书面文件。

（3）当一个一般合伙人死亡或撤出时，一般合伙制随之终结。一般合伙制企业转让产权要求所有合伙人必须一致同意,因此在没有宣布解散的情况下转让产权是很难的。但有限合伙人有出售其在企业的权益的权利。

(4) 合伙制企业的收入按合伙人征收个人所得税。

(5) 管理控制权归属一般合伙人,重大事件通常需要通过投票表决来决定。

(6) 由于受到其他合伙人发生变化(死亡、退出、丧失民事能力等)的影响,企业的存续期有限且不稳定。

(7) 由于合伙人对合伙企业的债务承担无限责任,在增强了合伙人责任心的同时,也加大了其经营风险。

(8) 合伙制企业要筹集大量的资金也十分困难,权益资本的规模通常受到合伙人自身能力的限制。

三、公司制企业

公司(corporation)是现代企业的重要组织形式。它是依照公司法登记设立,由股东作为出资者,以其全部法人财产进行自主经营、自负盈亏的法人企业。公司享有由股东投资形成的全部法人财产权,依法享有民事权利,并承担民事责任。公司股东作为出资者,按投入公司的资本额享有所有者的资产收益、重大决策和投票表决权,并以其出资额或所持股份为限,对公司承担有限责任。公司制企业可以分为有限责任公司、无限责任公司、股份有限公司、两合公司等。《中华人民共和国公司法》(以下简称《公司法》)中所称的公司,是指有限责任公司和股份有限公司。

公司制企业具有如下特征。

(1) 公司产权表示为股份,产权可以随时转让,公司的存在与持股者无关。

(2) 公司具有无限存续期,因为公司与其所有权是分离的。

(3) 股东的责任仅限于其投资在所有权的股份。

(4) 公司的所有权与经营权是分离的。股东一般不直接参与公司的经营管理,公司由股东大会或董事会委托的管理层来经营管理。

(5) 公司的股东除了在收到股利时缴纳个人所得税外,公司还必须缴纳企业所得税。这对于股东来说,是双重纳税。

下面着重介绍股份有限公司和有限责任公司这两种基本类型。

(一) 股份有限公司

股份有限公司是指注册资本由等额股份构成并通过发行股票筹集资本,股东以其所认购的股份对公司承担有限责任和义务,公司以其全部资产对公司债务承担责任的企业法人。

股份有限公司是现代公司最基本的组织形式,简称股份公司,其基本特征包括以下几方面。

(1) 股份公司将其资本总额划分为等额股份,每股金额相等,并采用股票形式向出资人发放,作为其投资入股的凭证。

(2) 同期发行的股票,每股的发行条件和价格相同。同股同权、同股同利。

(3) 股东可以依法转让其所持有的股份。

(4) 股份公司的股东人数必须达到法定人数，一般只有下限要求，没有上限要求。股东可以是自然人，也可以是法人。

(5) 股份公司的设立程序复杂，法律要求严格。公司设立必须有公司章程，上面载明公司名称、经营目的、获准发行的股票数量、各种不同股份的权限（如普通股、优先股）、股东拥有的权利和义务、公司的发起人、创建时董事会的成员数、决策规则等。

(6) 公司涉及大量的公开信息披露，如公司章程、招股说明书、发行公告、股东名录、股东大会决议、董事会决议、年度和半年度的财务报告、关联交易、重大事项等，必须在证券市场上公开披露和公告。

股份有限公司的优点是：① 通过向社会发行股票，可以广泛吸收社会资本，迅速扩大企业规模，提高企业竞争力。发行股票是筹集大规模资本的有效形式。② 大股东可以用一部分资本控制、配置更多的社会资本，实现资本产权的社会化，从而有效地配置资源。③ 股东对公司债务只承担有限责任，且股票可以在市场上自由买卖，增强了股票的流动性，使投资者的风险控制在一定范围内。④ 由于股票可以在市场上自由流通，股票价格便成了公司经营好坏的"晴雨表"，可以促使管理层努力提高经营管理水平和企业绩效。

股份有限公司的缺点是：① 股东除了在收到股利时须缴纳个人所得税外，公司还须缴纳企业所得税。对股东来说，属于"双重纳税"。② 当少数大股东控制公司时，小股东的利益可能受到侵害；而当股权相对分散时，大股东又容易失去对公司的控制。③ 由于公司的所有权和控制权是分离的，管理者的目标和股东的目标可能不一致或产生利益冲突，因而产生较大的代理成本。④ 股份公司通常面临严格的市场、行政和法律监管，如严格的信息披露制度，对公司的经营管理和规范运作是相当大的考验。

股份公司的股东是公司的所有者。作为所有者，股东拥有股利分配权、投票权（如投票选举董事会、投票表决公司重大事项等）、破产清算权和优先认股权等权利。关于股东权利将在本书第八章加以详细介绍。

（二）有限责任公司

有限责任公司是指由两个以上股东共同出资，每个股东以其出资额为限对公司债务承担有限责任，公司以其全部资产对其债务承担有限责任的企业法人，通常简称为有限公司。

有限责任公司具有如下特征。

(1) 它的设立程序要比股份公司简单得多。在我国，设立股份公司要经过国务院授权的部门（如中国证监会）或省级人民政府批准。而设立有限公司，除法律、法规另有规定外，无须任何政府部门批准，可直接向公司登记机关申请登记、注册。公司无须向公众公开披露信息。

(2) 有限公司的资本无须划分为等额的股份，也不发行股票。股东确定出资额并交付后，由公司出具证明，作为股东在公司中应享有的权益凭证。

(3) 有限公司的股份不能自由买卖。由于有限公司股东持有的股权证书并不是股票，这种股权证书只能在股东之间相互转让。在向股东以外的人转让股份时，必须经过全体股东过半数同意，而且老股东具有优先购买权。

（4）有限公司的股东人数有限额。大多数国家的公司法对有限公司的股东人数都有上限规定。我国《公司法》①最新规定，有限公司由两个以上 50 个以下股东共同出资设立。

（5）有限公司内部管理机构的设置灵活。股东人数较少和规模较小的有限公司，可以不设董事会，大股东可以亲自经营企业，使所有权与控制权的分离程度较低。还可以不设监事会，只设 1~2 名监事，行使监督的权利。

四、各种企业组织形式的比较

表 1-1 和表 1-2 简要说明了各种企业组织形式间的差异。表 1-1 是上述四种组织形式间的简单比较，表 1-2 是公司制企业与合伙制企业的比较。

表 1-1　各种企业组织形式的比较

企业组织形式 比较内容	独资企业	合伙制企业	股份有限公司	有限责任公司
管理	拥有和经营企业	拥有和经营企业。任命一般合伙人之一为经理，合伙协议规定其经营和管理权限	公司拥有和经营企业，员工管理企业，股东由董事会代表	公司拥有和经营企业，员工管理企业
财务义务责任： （1）责任性质 （2）责任大小	独资人承担全部责任 责任无限	一般合伙人对企业的全部义务以及任一合伙人发生的特定负债负责；有限合伙人除特别承担的义务，不对企业的义务负责 一般合伙人的责任是无限的；有限合伙人的责任以出资额为限	股东对公司的财务义务不承担责任 限于所投入的权益	股东不对公司的义务直接负责 限于所投入的权益
所得税处理： （1）纳税主体 （2）纳税利益	独资人 企业的全部纳税事项直接转为独资人，独资企业不是纳税主体	合伙人 所有权的纳税利益通常按所有权份额归属合伙人	股份公司 所有权的纳税利益归属股份公司	公司的股东 所有权的纳税利益通常按所有权份额归属股东

---

① 新修订的《中华人民共和国公司法》于 2018 年 10 月 26 日第十三届全国人民代表大会常务委员会第六次会议《关于修改〈中华人民共和国公司法〉的决定》第四次修正。

续表

企业组织形式 比较内容	独资企业	合伙制企业	股份有限公司	有限责任公司
(3) 扣税限制	没有限制	扣税通常限于每个合伙人投资的纳税基础	扣税可能不直接由股东获得	扣税通常限于每个股东投资的纳税基础
(4) 所得税	所得额仅按独资人课税	所得额仅按合伙人课税	所得额按股份公司课税，股利按股东正常收入课税	所得额仅按股东课税

资料来源：EMERY D R, FINNERTY J D, STOWE J D. Principles of Financial Management. NewJersey: Prentice-Hall, 1998.

表1-2 公司制企业与合伙制企业的比较

比较内容	公 司 制	合 伙 制
流动性与可交易性	股份可以交易而公司无须终结；股票可以在交易所上市交易	产权交易受到很大限制；合伙制的产权交易市场一般存在
投票权	每股有一投票权，表决重大事项和选举董事会；董事会决定高层经理	有限合伙人有一定投票权；一般合伙人独享控制和管理经营
税收	双重征税：公司收入缴纳企业所得税，股东所获红利缴纳个人所得税	合伙制企业无须缴纳所得税，一般合伙人从合伙制企业取得的收入缴纳个人所得税
再投资与分红	公司拥有较大的自由度决定股利支付比例	一般来说，合伙制企业不允许将其利润进行再投资，所有利润都分配给合伙人
责任	股东个人不承担公司的债务	有限合伙人不承担合伙制企业的债务，一般合伙人可能要承担无限责任
存续期	公司具有无限存续期	合伙制企业仅有有限存续期

资料来源：罗斯，等. 公司理财：第11版. 吴世农，等，译. 北京：机械工业出版社，2018.

五、CFO在公司治理中的地位与职责

（一）公司治理

公司治理（corporate governance）是关于公司各利益主体之间的责任、权利、利益关系的制度安排，涉及公司的激励、监督、决策机制的建立和实施。狭义的公司治理是指公司的股东、董事会与经理层之间的关系；广义的公司治理还包括与利益相关者的关系、有关法律法规和上市交易规则等。

经济合作与发展组织（OECD）于1999年提出的公司治理原则[①]包括：① 公司治理框架应保护股东权利。② 应平等对待所有股东，包括中小股东和外国股东。当股东权利受到侵害时，所有股东应有机会得到赔偿。③ 应确认公司利益相关者的合法权利，鼓励公司与他们开展积极的合作。④ 应确保及时、准确地披露所有与公司有关的实质

---
① 中文官方网站：http://www.oecdchina.org/。

性事项的信息,包括财务状况、经营状况、股权结构以及公司治理状况。⑤董事会应确保对公司的战略指导、对管理层的有效控制,董事会应对公司和股东负责。

中国证监会新出台的《上市公司治理准则》[①]强调:上市公司治理应当健全、有效、透明;强化内部和外部监督制衡;保障股东的合法权利并确保其得到公平对待;尊重利益相关者的基本权益;切实提升企业整体价值。因此,该治理准则在股东与股东大会、董事与董事会、监事与监事会、高级管理人员与公司激励约束机制、控股股东及其关联方行为、利益相关者与社会责任、信息披露与透明度等方面都做了明确的规定。

在现代公司制组织形式中,由于所有权与经营权的分离,以及委托—代理关系的普遍存在,使公司治理呈现出分权、分层的治理特征,即在股东大会、董事会、经理层、监事会之间的分权与分层治理。图 1-1 给出了现代公司的一般组织构架,从中可以看到这种分权、分层的治理特征。

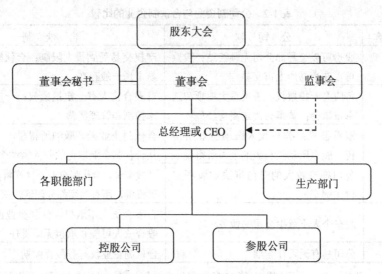

图 1-1　现代公司的一般组织构架

(二) CFO 在公司治理中的地位

在现代公司中,由于委托—代理关系的存在,委托人(股东)与代理人(经理层)的目标常常不一致,这样,在信息不对称的情况下,就容易产生"逆向选择(adverse selection)"、"道德风险(moral hazard)"[②]及"内部人控制(insider control)"等问题。为了降低代理成本,所有者要寻求一种符合自身利益和成本收益原则的财务控制与分层治理机制,以加大对企业财务与会计的监督和控制。为此,股东需要在董事会和经理层设置一个能代表所有者利益、能对管理层实行财务监督与控制的职位。于是,CFO 制度就应运而生了。

CFO(Chief Financial Officer),通常称为首席财务官或财务总监,是现代企业管理

---

① 资料来源:上市公司治理准则(证监会〔2018〕29 号)[EB/OL]. [2018-09-30]. http://www.csrc.gov.cn.
② 在委托—代理关系中,由于存在不对称信息,代理人相对委托人而发生的两种机会主义行为。逆向选择是代理人在签约前隐藏信息的行为;道德风险是代理人在签约后隐藏行动的行为。

中重要的高级管理职位。CFO 处于股东和经营管理者之间，是公司重要战略决策的制定者和执行者之一，在现代公司治理中具有重要的地位和作用。

第一，CFO 独立行使职权。CFO 受股东或董事会委派，在公司治理中与总经理是平行的地位。CFO 是公司财务资源的第一位把关人，对公司现金和中长期投资拥有集中的控制与监督权，同时必须能主导公司的会计及其组织系统，其工作是独立的。行使监督职能的前提是独立性，因此 CFO 独立于包括 CEO 在内的管理层其他人员，由董事会直接任命，对董事会和股东负责。

第二，CFO 既是董事会成员又是经理层成员。在公司治理中董事会的作用就是决策和监督。CFO 作为执行董事，首先是董事会成员。因为无论是股东委派，还是董事会任命，CFO 在公司治理中所特有的监督功能和参与决策功能，在客观上都要求 CFO 进入董事会。董事会对公司的财务监督至少应该有两个层次：① 以财务独立董事和董事会专门委员会——审计委员会为核心的外部财务监督；② 以财务执行董事——CFO 为核心的内部财务监督。代表董事会对公司实施内部财务监督，首先要求 CFO 本身是董事。同时，作为经理层成员在 CEO 的统一领导下进行日常决策和公司管理经营。

第三，CFO 肩负着三方面的受托责任：① 对股东的受托责任。CFO 首先是作为股东的代表进入董事会而对股东负责，意味着 CFO 与 CEO 都作为执行董事，在重大决策方面具有平等的决策权利。② 对董事会的受托责任。CFO 的一个重要特征是由董事会直接任命或聘任，而不是由 CEO 聘任，因而与 CEO 共同对董事会负责。CEO 作为首席执行官统一负责对董事会战略和经营决策的执行，而 CFO 作为首席财务官负责对董事会财务决策的执行和财务监督。③ 对 CEO 的受托责任。董事会经营决策的执行须统一领导，统一由 CEO 负责。CFO 除了对董事会财务决策的统一执行和财务监督外的其他方面必须对 CEO 负责。

在财务监督和业绩评价方面，CFO 直接对董事会负责，不受 CEO 的制约，这是一种监督制约机制，可以增加 CFO 的独立性，从而可以在一定程度上减轻股东和 CEO 之间的信息不对称，以及由此而产生的道德风险，使股东的权益得到有效保护。

在资产经营方面，CFO 应该对 CEO 负责，这是一种效率机制，可以提高执行董事会决议的效率，避免机会的流失。因此，CEO 统一负责对董事会经营决策的执行，可以降低机会成本；而 CFO 统一负责对董事会财务决策的执行和财务监督，则可以降低代理成本。

图 1-2 描述了 CFO 在公司治理结构中的地位。

（三）CFO 在公司治理中的职责

CFO 既是公司治理的重要环节，又是企业管理的重要组成部分。在公司治理层面，CFO 代表所有者对经营者进行监督，主要履行监督职责；而作为高级管理人员，CFO 又必须以价值创造和管理控制为核心，承担起企业的价值管理职责，全过程参与企业的管理控制，为增加公司价值和提高股东回报而努力。

从理论上讲，CFO 在公司治理中的职责可以概括为以下六方面。

（1）所有者监督职责。作为股东利益的代表，CFO 主要对公司财务活动的事前、事中、事后进行监督，涉及公司财务活动的制度、资金、人员等方面的监督与控制。

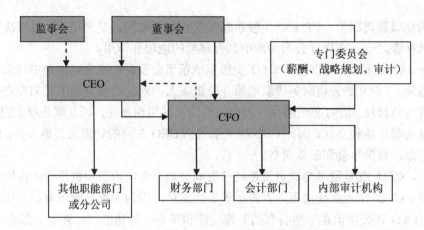

图 1-2　CFO 在公司治理结构中的地位

（2）战略计划管理职责。主要体现在：CFO 应站在公司战略角度，评估各项计划的价值创造能力，在重大问题上为 CEO 和公司提供专业建议；做出企业在扩张、资源利用等方面的财务分析与评价；规划并指导实施公司战略的重大交易；制定、建议、实施公司财务战略，以支持公司其他经营战略；实施重大财务交易；建立预算管理体系；选择适当的控制和评价指标及管理薪酬计划，评估公司及其战略单元的业绩等。

（3）资源价值管理职责。CFO 负有重要的价值创造职责。CFO 作为管理层和董事会成员，应不断探讨改进现有的监督和制约机制，并对公司决策权分配的机制和是否保护股东权益给予足够的关注；考虑如何在利益相关者之间建立起一套有效的制衡机制；CFO 根据公司的发展战略提出符合公司实际的、明晰的辅助性财务战略，领导财务管理人员实现价值创造；全程参与公司价值创造战略的制定，与 CEO 一起培养公司的价值创造能力等。

（4）业绩评价管理职责。在公司治理中，CFO 实际上要处理对内对外的投资关系及其所形成的利益分配关系，以及处理委托代理关系所形成的代理成本问题。其中最核心的问题是企业的经营业绩评价和企业管理者的管理业绩评价两大问题。

（5）会计基础建设职责。CFO 首先需要在公司治理和公司管理层面拥有较好的工作平台。为此，需要建设一个基于增加公司价值的会计工作基础构件，主要包括会计信息报告系统（包括财务会计报告系统、责任会计报告系统和管理会计报告系统）、会计控制机制、财务管理体制等。

（6）公司控制管理职责。确保企业竞争战略的风险控制是 CFO 的重要任务，CFO 成为公司的风险控制管理者。CFO 要解决企业价值最大化与可持续发展、利益关系处理与协调、业绩评价与管理激励等一系列问题。因此，一个有效的管理控制系统至少应包括目标战略控制、资源结构配置、利益管理处理、经营业绩评价、管理报酬激励等要素。

在公司治理的实践中，CFO 应承担的具体职责包括以下几个方面。

（1）参与制定公司的财务管理制度，监督检查公司各级财务的运作情况和资金收支情况。

（2）参与审定公司的重大财务决策，包括审定公司的财务预算、决算方案；审定公司重大经营性、投资性、融资性的计划和合同，以及资产重组和债务重组方案。

（3）同总经理联签批准规定限额内的经营性、投资性、融资性、固定资产购建支出，汇往境外资金和担保贷款事项。

（4）参与审定公司发行股票、债券的方案，审核公司新项目投资的可行性。

（5）参与制订公司的利润分配方案和亏损弥补方案。

（6）参与制订公司的薪酬和奖励方案，参与激励机制设计。

（7）对公司的经营业绩进行评价，对公司的价值进行评估。

（8）审核公司的财务报告和报表，与 CEO 共同确定、保证其真实性，报公司董事会和对外进行信息披露。

（9）对董事会批准的公司经营计划、方案的执行情况进行监督。

（10）依法检查公司财务会计活动及相关业务活动的合法合规性、真实性和有效性，及时发现和制止违反国家法律法规的行为和可能造成出资人重大损失的经营行为，并向董事会报告。

（11）接受监事会领导，组织公司各项审计工作，包括对公司及其子公司的内部审计和年度报告的审计工作。

（12）定期报告公司的资产、经营状况以及重大经营事项和问题。

图 1-3 简要说明了 CFO 在现代公司组织中的位置及其职责。从具体内容上看，CFO 的职责大致分为两类：一是财务管理与决策；二是会计管理与控制。因此，CFO 下属两个部门，一个是财务部门，另一个是会计部门。财务部门由财务主管（国外称为司库，treasurer）负责，从事资本预算、利润分配、投资管理、现金管理、信用管理、证券管理、基金管理、财务计划等管理决策活动；会计部门由会计主管（国外称为主计长，controller）负责，从事财务会计、成本会计、税务会计、成本核算、成本管理、总分类账、会计信息处理与管理、财务报告或报表、内部控制等管理控制活动。

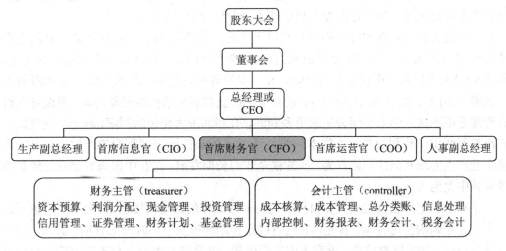

图 1-3 公司组织中的 CFO 及其职责

第三节 财务管理目标

财务管理目标就是通常所说的理财目标,是指企业进行财务活动所要达到的根本目的,它决定着企业财务管理的基本方向。关于企业的财务管理目标,在财务理论界有不少提法,也一直存在一些争论。随着财务经济学的发展和企业管理实践的变革,财务管理的目标也在不断演化。本章着重介绍在理论和实践中具有广泛影响,并曾经被人们普遍接受或认同的三种主要观点,并对与财务管理目标相关的一些问题,如企业的社会责任、代理问题等做一简单的介绍。

一、利润最大化

利润最大化的观点,在经济学中根深蒂固,在理论和实践中具有相当广泛的影响。自亚当·斯密以来,经济学家就把人类行为界定为追求财富最大化,即假设人是具有理性的经济人,个人追求自身利益的最大化,而市场通过"看不见的手"机制自发协调经济运行。利润最大化是新古典经济学的基本假设之一,新古典经济学在分析微观个体的经济行为时,假设个人追求效用最大化,而厂商追求利润最大化。在完全竞争的市场中,当边际成本等于边际收益时,厂商就实现了利润最大化,而实现利润最大化的要素组合,就实现了资源的最优配置。因此,许多经济学家都以利润最大化来分析企业的行为和评价企业的业绩。经济学中的利润,指的是经济利润而非会计利润,而且是长期利润。

利润最大化曾经被认为是企业财务管理的正确目标。这种观点认为:利润代表企业新创造的财富,利润越多则企业财富增加越多。以利润最大化作为企业财务管理目标有其科学成分,企业追求利润最大化,就必须不断加强管理、降低成本、提高劳动生产率、提高资源利用效率。追求利润最大化反映了企业的本质动机,也为企业的经营管理提供了动力。同时,利润这个指标在实际应用中简单直观,容易理解和计算,经营收入减去经营成本就是利润,在一定程度上也反映了企业经营效果的好坏。

利润最大化观点在实际运用中存在以下缺陷:①利润最大化模糊不清。利润有许多含义,例如是指会计利润还是经济利润,是短期利润的最大化还是长期利润的最大化。②利润最大化忽略了所获货币的时间差异,即没有考虑货币的时间价值。③利润最大化忽略了不同方案之间的风险差异,没有考虑所获利润应承担的风险问题。可能导致财务管理者不顾风险的大小而去追求更多利润。④利润最大化中的利润,是一个绝对数,它没有反映出所获利润与投入资本额的关系。⑤如果片面强调利润的增加,有可能诱使企业产生追求利润的短期行为,而忽视企业的长期发展。这在中国国有企业的经营绩效考核中尤为突出。

常有学者把每股收益最大化目标作为利润最大化的改进而提出来。然而,它也不是一个完全正确的公司目标。首先,它没有确定预期回报发生的时间或时期。其次,使用传统收益率,如投资收益率,没有考虑风险因素,并且没有考虑股利政策对股票每股市价的影响。如果公司的唯一目标是每股收益最大化,则公司将永远不支付股利,因为可以把收益留在公司内部,以投资于任何收益率为正的项目。

二、股东财富最大化

股份公司是现代企业的主要形式,其典型特征是所有权与经营权的分离。股东不直接参与企业的经营管理,而是委托给经营者,委托代理就成为一种普遍现象。根据现代委托代理理论,企业经营者应该最大限度地谋求股东或委托人的利益,而股东的利益是要增加投资回报,增加股东财富(stockholder wealth)。因此,股东财富最大化这一目标就自然受到人们的关注。

股东作为企业的所有者,其财富就是他所持公司股票的市场价值。如果以未来一定时期归属股东权益的现金流量(如每股收益或每股红利),按所要求的最低收益率(考虑风险报酬的资本成本)折为现值,可得到股东投资报酬的现值,这就是股东财富的具体体现。

许多经济学家主张选择股东财富最大化作为企业财务管理的目标,理由如下。

(1)股东财富非常明确,它基于预期流向股东的未来现金流量,而不是模糊的利润或收入。

(2)股东财富明确地取决于未来现金流量的时间,股东财富最大化在一定程度上能克服企业在追求利润时的短期行为。因为不仅目前的利润会影响股票价格,预期未来的利润对企业股票价格也会产生重要影响。

(3)股东财富的计量过程考虑了风险因素,风险的高低会对股票价格产生重要影响。

(4)股东财富最大化目标比较容易量化,操作方便、简单。

股东的财富由其拥有的股票数量和股票的市场价格来决定。当股票价格达到最高时,股东财富也就达到了最大。所以,股东财富最大化通常演变成公司股票价格最大化。

公司理财强调股票价格最大化的原因如下所述。

(1)股票价格在所有的衡量指标中最具有可观察性,能被用来判断一家上市公司的表现。与不经常更新的收益和销售不同,股票价格不断地更新以反映来自公司的最新消息。

(2)在一个理性的市场中,股票价格趋向于反映公司决策所带来的长期影响。与会计衡量指标不同,如收入、销售或市场份额,这些指标都只是着眼于公司决策对当前运作产生的影响,而股票的价值则是公司前景与长期状况的函数。在一个理性的市场中,就投资者而言,股票的价格趋向于反映它本身的价值。

(3)公司股票价格是所有市场参与者对公司价值判断的集中反映。公司股价受很多因素的影响,包括现在及可预期未来的每股收益、收益发生的时间安排、收益的期间和风险、公司的股利政策以及其他影响股价的因素。因此,公司的股价是公司经营情况的"晴雨表",显示了公司的良好管理带给股东的利益。

(4)如果股东对公司管理业绩不满意,可以出售手中的股票。如果众多不满意公司管理的股东都出售持有的股票,该公司的股票价格就会下降。这样,管理者就将面临压力,就必须为改进公司的管理而努力,积极为股东创造价值。

以股东财富最大化作为公司财务管理目标的观点,具有十分广泛的影响,是目前国外理财学和财务管理教科书中提及最多的主流观点。虽然在理论和实践中还存有争议,但股东财富最大化还是为越来越多的人所接受或认同。在实际中,不同公司在不同阶段对企业的目标也有不同的表述,也在不断地演化,越来越多的公司在追求股东财富最大化的同时,也强调企业的社会责任和利益相关者利益。下面是一些著名公司设立的公司目标。

> Georgia-Pacific 公司在 1995 年年报中称:"我们的任务永远是创造新的价值和增加股东财富。"①
> 可口可乐公司:"我们的愿景是……一个负责任的全球企业公民,通过建立和支持社区的可持续发展,令世界更美好,令股东有长期满意的回报,同时不会忽略我们应有的责任。"②
> 东风日产官网首页中强调:"始终坚持'共创价值、共谋福祉'的企业使命,积极履行企业社会责任,为顾客、环境、合作伙伴、员工、股东、社会六大利益相关者创造和提供卓越价值。"③
> 大众汽车集团 2015 年可持续发展报告:"我们的目标是在整个价值链中负责任地经营我们的业务,以造福我们的客户、员工以及整个环境和社会。"④

值得注意的是,我国上市公司的公司目标,一般都没有关于股东价值或公司价值的明确表述,公司目标大多数集中于发展战略、技术、品牌、市场、竞争力等方面,或者是具体经营目标的表述。这从一个侧面反映出我国上市公司对股东利益、公司价值的考虑并不太多。只有少数上市公司有关于股东权益或价值的表述,例如:

> TCL 集团 2017 年年报中称:"以用户为中心、多方共赢、股东权益最大化是我们一贯秉持的经营理念。"⑤
> 招商银行 2017 年年报中称:"招行一贯坚持以客户为中心的服务理念,为客户提供更优质、更智能、更便捷的金融服务,为客户创造价值。"⑥

强调股东财富最大化,也面临着以下问题。

(1)只适合上市公司,对非上市公司很难适用;只强调股东利益,而忽视了其他利益相关者的利益。

(2)股票价格受多种因素的影响,非上市公司所能控制;在实行股票期权激励的公司中,可能会诱使管理层弄虚作假,千方百计抬高股价。

(3)受雇的经营者可能因自身的利益而背离股东财富最大化的目标。

(4)股东能够通过剥夺贷款人和其他权益所有者的财产而增加自己的财富。

(5)强调股东财富最大化的公司可能为社会制造了大量的成本(负的外部性),而

---

① 范霍恩,等. 现代企业财务管理:第 10 版. 郭浩,徐琳,译. 北京:经济科学出版社,1998.
② 可口可乐公司(中国)官网:https://www.coca-cola.com.cn/our-company.
③ 东风日产官网:https://www.dongfeng-nissan.com.cn.
④ 大众汽车集团(中国)官网:http://www.volkswagengroupchina.com.cn/content/vgc/content.
⑤ http://vip.stock.finance.sina.com.cn/corp/go.php/vCB_Bulletin/stockid/000100/page_type/ndbg.phtml.
⑥ http://vip.stock.finance.sina.com.cn/corp/go.php/vCB_Bulletin/stockid/600036/page_type/ndbg.phtml.

这些成本却无法在公司的财务报表中反映出来。

三、企业价值最大化

企业价值最大化，又称公司价值最大化，是股东财富最大化的进一步演化。所谓公司价值（company value），是指公司全部资产的市场价值。这里的企业价值有别于股东财富，股东财富是指所有者权益的价值。

所谓企业价值最大化，是指通过经营者的经营管理，采用最优的财务政策（如资本结构决策和股利政策等），在考虑货币时间价值和风险的情况下，不断增加企业的财富，使企业的总价值达到最大。以企业价值最大化作为财务管理的目标，其优点与股东财富最大化相类似，其基本估价思想也一致。

在现代企业经营管理实践中，存在众多的企业"利益相关者"（stakeholders）。那些受企业行为影响或可影响企业行为的任何个人、群体和组织，都是企业的利益相关者，包括顾客、供应商、竞争对手、政府、所有者、债权人、企业员工、社区等。企业与利益相关者的关系是客观存在的，没有了这种关系，企业也就不复存在了。现代企业理论中的利益相关者理论认为，公司的目标不是追求股东价值最大化，而是应满足各利益相关者的不同需求和利益。因此，企业的目标应该是追求企业的内在价值和长期价值。企业价值最大化目标，不仅考虑了股东的利益，还考虑了债权人、经理层、企业员工等利益主体的利益。

以企业价值最大化为目标的最大困难，就是企业价值的估价方法问题。目前理论上常用的价值评估方法有现金流量贴现法、超常收益贴现法、基于价格乘数的估计方法等，但对于用什么方法、折现因子和估价时期如何确定等问题，都还没有一个统一的标准或结论。

四、其他目标与企业的社会责任

（一）其他目标

企业的财务管理目标，除了上述三个最大化目标外，还有不少其他提法，如经济效益最大化、市场份额最大化、产量最大化、收入最大化、社会利益最大化、就业最大化、权益资本收益率最大化、成本最小化等。

在这些其他目标中，有的目标是股东财富最大化或企业价值最大化的中间目标（如市场份额最大化、产量最大化、收入最大化），而不是终极目标。中间目标与终极目标，有时一致，有时不一致；有的目标是政府企业或非营利组织的目标，如社会利益最大化、就业最大化、成本合理负担等。但这些目标可能缺乏经济效率，因为当稀缺的资源用于竞争性用途时，可能导致资源的错误配置；有的目标只是我国学者根据我国企业实际，针对上述三个目标的缺欠而提出的，不具有普遍意义。

（二）企业的社会责任

现代企业理论认为，企业是"契约关系的联结体"。在现代企业经营管理实践中，存在众多的企业"利益相关者"，那些受企业行为影响或可能影响企业行为的任何个人、群体和组织，都是企业的利益相关者，通过与企业的"契约"关系，与企业发生着联系，包括顾客、供应商、竞争对手、政府、所有者、债权人、企业员工、社区等。在探讨企业的管理目标时，企业如何处理与利益相关者的关系，是一个无法回避的问题。图1-4表明了企业与其利益相关者的关系。

图1-4　企业与其利益相关者的关系

在企业经营中，存在着与人性假设同等重要的假设：企业经营道德性假设。它是企业及其管理者持有的关于企业经营与伦理道德关系的假设，或者说是关于有效地处理企业与利益相关者关系的假设。其基本特征是道德经营以社会为前提：企业通过对社会做出贡献的方式谋求自身利益的最大化，企业在满足所有者利益的同时，还要考虑其他利益相关者的利益；企业经营活动与社会的伦理规范有关，可以用社会的伦理规范来评价企业的经营活动；法律是最低限度的道德标准，企业应当按照高于法律要求的伦理规范从事经营活动。

支持企业道德经营假设的观点认为：企业是社会的一分子，是社会资源的受托管理者。同时，企业也使用、消耗着大量的社会资源，如社会为企业提供了必不可少的法律及监管环境、公平竞争的市场环境、良好的公共基础设施、环境保护、经营管理所需要的各类人才等。因而，企业在谋求自身利益的同时，应该为增加社会福利做出贡献。而且，大企业对社会有巨大的影响力，根据权责相符的原则，企业必须承担与此相称的社会责任。

企业与利益相关者存在着休戚与共的关系，只有考虑了利益相关者的利益，企业的利益才可能得到保障。法律是人们必须共同遵守的最低行为规范，法律只规定什么是不应该做的，而没有指明什么是应该的、受鼓励的。社会是不断发展变化的，法律往往滞后于现实，仅仅守法不太可能激发员工的责任感、使命感，不太可能赢得顾客、供应商、政府、社区、社会公众的信赖和支持，也不太可能取得卓越的发展。

股东财富或公司价值最大化并不意味着管理者可以忽视公司的社会责任，如保护消费者权益、向雇员支付薪金、保持公正的雇佣和安全的工作环境、支持职工教育、保护环境等。公司唯有承担社会责任而别无选择，股东的财富，甚至公司的生存都依赖于它所承担的社会责任。

强调企业的社会责任,并在此基础上追求企业的利益最大化,这是许多经济学家和管理学家所持的共同观点,也是当前国际上许多著名的大公司所奉行的价值理念之一。

五、值得注意的问题

在讨论企业的最大化财务管理目标时,必须注意以下几个问题。

- ➢ 最大化目标的假设问题。任何一种理论或命题都有其严格的假设,否则就不一定成立。例如,利润最大化目标假设存在完全竞争的市场、人是理性的经济人;股东财富最大化目标假设管理者具有道德感,不会对社会或其他利益相关者带来负的外部性,即社会成本可以忽略以及信息充分和市场有效等。
- ➢ 最大化目标的可实现性问题。即企业的最大化目标在实际管理中能否真正实现;如果在某一时期实现了最大化目标,那么企业今后应该如何发展。
- ➢ 总体目标还是具体目标问题。
- ➢ 动态目标还是静态目标问题。
- ➢ 长期目标还是短期目标问题。

第四节 代理问题、利益冲突与公司控制

(一)代理问题

现代公司制企业的一个重要特征,就是所有权与经营权的分离,由此就产生了委托代理关系。委托代理(principal-agent)关系是指某人或某些人(称为委托人)为将责任委托给他人(称为代理人),雇佣他或他们而形成的关系。委托人和代理人的权利与义务均在双方认可的契约关系中加以明确。当委托人赋予某个代理人一定的权利,如使用一种资源的权利时,一种代理关系就建立起来了。代理人受契约(正式与非正式的)制约,代表着委托人的利益,并相应获取某种形式的报酬。当委托人与代理人的利益目标不一致时,就产生了所谓的代理问题。

在现代公司治理实践中,存在两类典型的代理问题。**第一类代理问题(type I agency problem)** 是作为公司出资人的股东与作为公司实际管理人的经理层之间的代理问题,即股东与高管之间的代理问题。企业的所有者即股东是委托人,经营管理层是代理人。由于所有者与经营者之间的信息不对称及利益的不一致,使得经营者的行为可能偏离所有者的要求。第一类代理问题通常需要解决的问题是:管理者能否完全按股东的意愿或要求行事,管理者是否把股东财富或公司价值作为最大化目标;同时,股东将如何有效地激励、约束、监督管理者的行为,使之按股东的意愿和利益行事。**第二类代理问题(type II agency problem)**,是拥有公司实际控制权的大股东(或控股股东)与众多的中小股东之间的代理问题。这里,众多中小股东是委托人,大股东(或控股股东)是代理人。由于大股东与小股东之间的利益并不总是一致的,使得大股东的公司决策及其行为可能会侵害小股东的利益。第二类代理问题通常需要解决的问题是:大股东的决策是否存在控制权私利以及是否有利益输送,大股东的权利如何

能够得到制衡，小股东的利益如何得到保护。

（二）利益冲突

在公司治理与管理实践中，主要的利益冲突有三类：一是股东与经营管理者之间的利益冲突；二是股东与债权人之间的利益冲突；三是大股东与小股东之间的利益冲突。

1. 股东与管理者

管理者的目标可能不同于股东的目标。管理者一般有其自身的利益或目的，常把股东的最大化目标放在其他管理目标之后。二者之间的利益冲突表现为：管理者不持有企业的股份，他的努力所带来的企业盈利的增加不能为自己所有，但却要承担这些努力的全部成本；或者相反，管理者支出的成本由全体股东承担，而支出带来的好处却由管理者来享受。

管理者与股东之间的利益冲突还体现在许多方面。例如：① 管理者可以利用企业的资源在职消费等，而其开支可计入企业成本，由股东来承担。② 为体现支配公司的权利和地位，管理者的主要目标可能是企业规模最大化，他们通常采取某种行为以达到减少敌对收购、增加工作安全性、增加控制企业资源的权利、提高自己的社会地位和工资待遇、增加晋升机会等目的。③ 管理者可使用股东授予的权利，把企业的资源用于个人。④ 管理者为了维护自身的利益，在管理中有可能采取短期行为。如在选择投资项目时，选择那些近期利润高的项目而拒绝远期效益好的项目，为回避风险而放弃风险大但利润高的投资机会等；或者由于个人偏好而投资某个项目。

2. 股东与债权人

股东与债权人之间存在利益冲突的根源在于他们对公司现金流量索取权的本质差别。债权人通常对公司现金流量具有第一位的索偿权，但当公司履行偿还债务时，他们只能得到固定的本金和利息。而股东则只对剩余现金流量有索取权。如果没有充足的现金流量履行其在财务上的债务义务，那么股东有权宣告公司破产。因此，债权人以比股东更消极的眼光看待项目选择和决策中的风险。

股东与债权人的利益冲突可能会导致前者从后者身上转移财富，如通过采纳高风险项目、支付过高的股利、提高财务杠杆水平等方式，却不对债权人所导致的财产损失进行补偿。具体表现为：① 债权人希望企业选择风险小的项目，而股东则愿意为了高回报选择高风险的项目。② 提高财务杠杆水平可能会使当前债权人的处境恶化，尤其是在财务杠杆水平提高很大并影响到公司的违约风险，同时债权人也处于不被保护的情况下。③ 股利政策是另一个引起股东与债权人之间利益冲突的问题。因为通常来说，增加或减少股利对股票价格和债券价格的影响是不同的。

3. 大股东与小股东

在股权结构高度集中或相对集中，且大股东对公司的控制权与现金流权严重偏离的情况下，大股东和中小股东之间经常出现严重的利益冲突。这一第二类代理问题是现代公司治理的主要内容之一，在公司治理理论与实践中，值得探讨和解决的问题是：大股东的决策是否存在控制权私人收益，是否存在掏空或利益输送行为，大股东的权利应该如何得到监督和制约，谁能真正代表小股东的利益，小股东的利益如何得到保护，等等。

（三）代理成本

为了减少股东与经理之间的利益冲突，股东通过设计和实施激励机制和监督机制来约束管理者的行为，尽量避免管理者背离股东的利益。解决管理者和股东之间利益冲突的费用是一种特别的成本，称为代理成本，主要包括：① 监督成本，是指监督管理者经营活动的费用。② 实施控制的成本，是指控制管理者行为的费用。③ 股东行使权利时发生的机会成本，是指因管理者决策权利有限而失去好的投资机会造成的机会损失。④ 采用激励管理者的措施，以提高经营效率的费用。

同时，债权人为维护自己的利益，通常采取一定的措施，或要求较高的风险报酬，如提高借款利率；在债券的合约条款中加进许多限制性条款，从而保护自身的利益。这也使公司为解决股东与债权人之间的利益冲突而发生一定的费用，这些费用形成了公司的另一类代理成本。

（四）公司控制

股权分散化导致大公司的所有权与经营权分离，引发的一个重要问题就是：谁控制企业？股东能控制管理者的行为吗？

股东可以使用以下措施使管理者与股东的利益联系在一起。

（1）经理被解雇的威胁。股东通过投票决定董事会成员，控制董事会成员，由董事会成员来选择管理者。

（2）绩效激励机制。关于经理的激励措施是对企业经营活动实施控制的主要手段。将管理者的经营绩效、对股东和公司所做的贡献以及他在职权范围内所承担的风险等与管理者所获得的报酬联系起来，通过与管理者签订薪酬奖励计划，激励管理者追求股东的目标。目前公司采用的主要激励手段还包括股票期权计划、认股权证奖励和绩效股奖励等。

（3）公司被并购的威胁。如果因为管理不善或决策失误导致公司股票价格大幅度下跌，公司可能被其他企业或个人收购。公司被接管后，公司的高层管理者可能被解雇。即使不被解雇，原公司管理者的地位也明显下降。因此，公司的高管人员都不希望自己的公司被其他公司所并购，担心被收购将激励管理者采取股东利益最大化行动。

（4）经理人才市场的竞争。经理市场的竞争也可以促使管理者在经营中以股东利益为重，否则，将被其他人取代。有效率的经理人才市场是企业减少代理成本的一个有效途径。

（5）增加股东的权利。有许多方法可以增加股东对经营者的权限和控制。例如，要求公司给股东提供更多、更及时、更透明的信息，以便他们能对公司的管理运营状况做出正确判断；让某位大股东直接参与到管理层，在公司决策时发挥重要作用；培养更加积极的机构股东；使董事会对股东更负责任，即减少内部人员在董事会中的数量。

第五节 财务管理环境

一、理财环境

企业是市场经济的主要参与者,是理财活动的主体,它的生存和发展离不开其赖以生存的客观环境。理财环境(financial environment)又称财务管理环境,是指对企业运行和财务活动产生作用和影响的各种条件或因素。它是企业财务活动赖以生存的土壤和条件,对企业的运营和财务管理等都具有重要影响,主要表现在以下几方面。

(1)理财环境的好坏对企业的运营和发展至关重要。理财活动所依赖的各种条件或因素发生变化时,可能制约、影响着企业的财务决策,从而影响企业的经营活动。因此,企业在理财过程中必须充分了解、适应和利用所处的理财环境。

(2)包括理财环境在内的客观环境总是变化的,而且充满了不确定性,理财环境内诸因素的相互作用、相互影响,对企业的财务活动,进而对财务管理决策也将产生重要影响。所以,企业在进行财务管理决策时,必须深入分析各种条件、因素的变化及其可能产生的影响,及时调整企业的战略和目标,做出有利于企业长远发展的决策。

(3)从一定意义上说,理财环境是关于企业理财活动的一系列制度安排(正式规则和非正式规则),它们对企业的行为和决策具有制约、激励、监督、导向等作用。在既定的制度框架下,企业会最大化自己的利益。而制度的形成、变迁则是各经济当事人利益最大化博弈的结果,企业的行为对理财环境的形成也将产生重要影响。因此,企业的行为既受环境的制约,又对环境产生影响。企业有责任来维护、营造一个良好的经营环境。

企业的理财环境涉及企业赖以生存和发展的各个方面,可按不同的标准对企业的理财环境进行简单划分。如按理财环境的性质不同,可分为政治环境、经济环境、法律环境、文化环境、自然与社会环境等;按对企业财务活动产生影响的范围,可分为宏观环境和微观环境;按与企业的关系划分,可分为外部环境和内部环境;按理财环境的稳定性划分,可分为相对稳定的理财环境和变化的理财环境;按理财环境是否可控来划分,可分为可控制的环境和不可控制的环境。

无论如何划分,影响企业理财活动的基本内容和基本因素却都是相同的。企业是市场经济的主体,在正常情况下,对企业运营和理财活动产生重要和直接影响最多的还是经济与法律环境及金融市场环境。这里只按内容对企业理财的经济与法律环境、金融市场环境进行简要描述,如图1-5所示。

二、法律与监管环境

在经济体体系中对企业的经济行为有着最根本性制约的因素,就是国家制定的各种法律法规。市场经济是以法律法规和市场准则为特征的经济体制,其实质是一种法制经济、信誉经济和契约经济。广义的法律包括各种法律、法规和制度,法律规定了企业经营活动的空间,也在相应的空间内为企业的自主经营提供了法律保护。

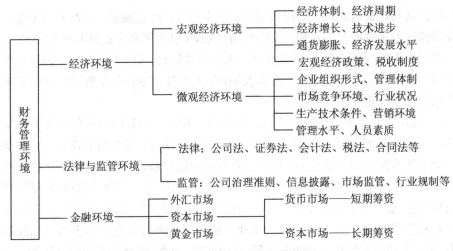

图 1-5 财务管理的环境

企业是一个"契约关系的联结体",企业的经济行为与各利益相关者的利益或一致或冲突。在实际的经营管理过程中,企业既要遵守国家及地方的法律法规,又要利用法律保护自己的合法权益;既要追求自身利益的最大化,实现自己的经营管理目标,又要充分考虑到利益相关者的利益,而不能损害利益相关者的利益。否则,就将受到法律的制裁,最后被市场淘汰。

企业经营的法律与监管环境,对于企业的各种经济活动是一个约束和规范。企业的一切经营管理活动,必须在法律法规的框架内受到法律的制约和保护,也必然受到有关部门的监管和市场的监督(公众及媒体)。企业的财务管理者,必须充分了解有关法律法规对企业行为的规范及要求,以法律法规为基本行为准则,必须知法、懂法、守法、依法行事,并依法最大限度地保护自己的合法权益。

影响企业经营和财务活动的法律及监管环境,涉及企业经营管理的各个方面。这里只根据企业的行为类型做一简单介绍,如果读者想要了解这些法律规章①的详细内容,可登录到相关网站查阅和下载。

(1)企业组织形式与公司治理方面的法律法规。这方面的法律法规是为了规范公司的组织和行为,保护公司、股东和债权人的合法权益,维护社会经济秩序。如《中华人民共和国合伙企业法》《中华人民共和国个人独资企业法》《公司法》。特别是新修订的《公司法》,是关于公司的最新和最全的一部法律,对公司的创立、组织形式、公司治理、股东权利和义务、企业破产与清算等都做了明确的规定。此外,还有《中外合资经营企业法》、《破产法》以及《上市公司治理准则》等。

(2)税收征管方面的法律法规。在税法中,关于税种的设置、税率的高低、征收范围、减免规定、优惠政策等均有明确的规定。有关税收的法律法规,直接或间接影响

---

① 我国的法律法规,是随着我国改革开放的不断深入而不断建立和完善的。期间不少法律法规是在 20 世纪 90 年代中后期逐渐制定的,2001 年我国加入 WTO 后以及根据近十几年来社会经济发展的需要,有不少法律法规,已经全国人民代表大会常务委员会修订甚至多次修订,又逐渐制定了一批新的法律法规。本书这里提及的法律法规,如不特殊说明,均是指经全国人民代表大会常务委员会修订后的最新版本。另为方便记忆,本书省略了法律法规的前置部分称谓,即省略了"中华人民共和国"等字样。详细可到中国证监会网站查询:http://www.csrc.gov.cn/pub/newsite/flb/flfg/。以下同。

企业的经营活动，影响着企业的融资决策、投资决策、现金流量、利润及其分配。主要体现在新修订的《中华人民共和国企业所得税法》（以下简称《企业所得税法》）、《中华人民共和国个人所得税法》（以下简称《个人所得税法》）、《中华人民共和国税收征收管理法》（以下简称《税收征收管理法》）以及《中华人民共和国税收征收管理法实施细则》等许多法律法规及规定中。

（3）公司上市交易与信息披露方面的法律法规。新修订的《中华人民共和国证券法》（以下简称《证券法》）规定了上市公司及其交易规则、信息披露规范，目的是规范上市公司的证券发行和交易行为，保护投资者的合法权益，维护社会经济秩序和社会公共利益。此外，还有《股票发行与交易管理暂行条例》《公开发行证券的公司信息披露内容与格式准则》《公开发行股票公司信息披露实施细则》《上市公司股东大会规则》《上市公司章程指引》《关于在上市公司建立独立董事制度的指导意见》《上市公司股权激励管理办法》《上市公司收购管理办法》等。这些部门规章[①]涉及一系列发行监管、上市监管、机构监管、公司监管、技术与信息监管等，对上市公司的行为既是一个规范，又是一个约束和监督。

（4）会计核算与财务管理方面的法律法规。以法律、规章、制度等多种形式，对企业的会计核算、价值计量、财务报告、财务管理、会计监督、内部控制、法律责任等加以规定和规范。主要有《中华人民共和国会计法》（以下简称《会计法》）《企业财务会计报告条例》《会计基础工作规范》等。其目的是规范企业会计行为、确保会计资料真实完整，强化会计的反映、监督及管理等职能，促进企业提高财务管理水平。此外，还有《中华人民共和国票据法》（以下简称《票据法》）、《中华人民共和国发票管理办法》、《现金管理条例》、《企业会计制度》、《企业财务通则》、《企业会计准则》等。

（5）规范企业各种交易行为的法律法规。在实际经营管理及运作过程中，企业作为经济行为主体，必须遵守市场交易规则，必须独立承担刑事与民事责任。其各种交易行为一方面受到相应法律法规的约束和规范，另一方面也受到法律的保护。这样才能使市场有效率地运行，才能在实现企业自身利益最大化的同时，实现其利益相关者的价值。企业各种交易行为应遵守的法律法规包括《中华人民共和国经济合同法》《中华人民共和国价格法》《中华人民共和国反不正当竞争法》《中华人民共和国广告法》《中华人民共和国产品质量法》《中华人民共和国专利法》《中华人民共和国商标法》《中华人民共和国著作权法》《中华人民共和国担保法》《中华人民共和国技术合同法》《中华人民共和国招标投标法》（以下简称《招标投标法》）等[②]。

（6）企业应遵守的其他法律法规。企业所处的社会环境、资源及自然环境是企业发展的前提之一，企业应承担相应的社会责任。因此，企业在经营和发展过程中，除了必须遵守上述的各项法律法规外，还必须遵守《中华人民共和国劳动法》《中华人民共和国安全生产法》《中华人民共和国产品质量和消费者权益保护法》《中华人民共和国环境与资源保护法》《中华人民共和国统计法》《中华人民共和国水污染防治法》《中华人

---

① 这些部门规章均可在中国证监会的网站上查到：http://www.csrc.gov.cn/pub/newsite/。
② 这些法律法规均可在商务部官方网站上查到：http://www.mofcom.gov.cn/。

民共和国大气污染防治法》《中华人民共和国矿产资源法》《中华人民共和国土地管理法》《中华人民共和国建筑法》《中华人民共和国民法通则》等①。只有这样才能回报社会，与社会和谐共生。这些都直接或间接地与企业的理财活动相联系。

除了上述国家和部门的相关法律法规外，企业的经营管理及其财务活动还受到许多地方性法规或规定的影响及限制。

三、金融市场环境

企业的经营与发展离不开金融市场，企业融资和投资活动主要是通过金融市场来完成的。一个国家或地区金融市场的发达和开放程度，对企业的理财活动产生极大的影响。一方面，金融市场是企业筹资和投资提供场所，它涉及企业融资的难易和融资成本的大小；另一方面，金融市场具有价格发现和估值功能，它能实现资本这一稀缺要素在市场上的合理流动和优化配置。企业投资收益的比较与度量、企业价值的评估以及上市公司的重组、兼并及控制权转移等，都可以通过金融市场来实现。

1. 金融市场及其要素

金融市场是资金供给者与资金需求者实现货币借贷和资金融通、办理各种票据交换、进行有价证券交易活动的总称。简单地说，金融市场就是资金融通的场所。广义的金融市场泛指一切融通资金行为，包括金融机构与投资者之间、金融机构与金融机构之间、投资者与企业之间、投资者与投资者之间所有以货币或资本为交易对象的金融活动；狭义的金融市场则主要是指以票据和有价证券为交易对象的金融活动。一般意义上的金融市场，是指狭义的金融市场。

金融市场的构成要素有以下几方面。

（1）交易的参与者，是指参与金融交易活动的各经济行为主体，是由参加交易的所有资金供应者与资金需求者构成的，主要包括个人、企业、政府机构、商业银行、中央银行、证券公司、保险公司、基金公司等。在金融市场上，参与交易活动的经济主体必须是能够独立进行决策、追求自身利益和独立承担风险的经济法人。

（2）交易时间，是指各种金融交易发生和完成的时间。各国的金融市场都有固定的交易时间。需要注意的是，有些交易的发生时间与交割（或结算）时间并不一定一致。因此，按金融交易的发生与结算交割的时间不同，可分为即期交易和远期交易，也可以分为现货交易和期货交易。

（3）交易地点，是指金融交易发生或结算的具体地点。如我国内地的上海证券交易所和深圳证券交易所，国际上著名的金融市场有纽约证券交易所（NYSE）、东京证券交易所、香港联合交易所、伦敦证券交易所等。在科技与信息技术日益发达的时代，现代金融交易已呈现出计算机化、信息化、网络化、无纸化等特征，人们参与金融市场交易，不必亲自到某个特定场所，而是通过互联网终端、手机APP等手段来完成，在家里、办公室或旅行途中通过计算机或手机随时就可以完成一项重大的交易活动。

（4）交易工具，是指金融市场的交易对象，即信用工具，又称金融工具。它是一

---

① 这些法律法规或部门规章均可在中华人民共和国中央政府门户网站上查到：http://www.gov.cn/flfg/index.htm。

种以资金为商品进行交易的信用凭证，是载明交易参与人、交易金额、期限、交易价格的书面凭证或文件。资金供求者对借贷资本数量、期限、价格等具有多样化要求，决定了金融市场上金融工具的多样化，包括商业票据、股票、公司债券、政府债券、开放式基金、可转换债券、可转让存单、权证等。随着计算机及网络技术的发展，现代金融工具已经实现了无纸化、无形化、电子化、虚拟化，信用工具仅仅是一种记账符号和凭证。

（5）交易价格，是指金融交易标的物的价格，通常就是资金或资本的价格，即资金供给者和资金需求者为完成交易而达成的均衡价格。按照该价格，资金供给者愿意"让渡"手中的资金，而资金需求者也愿意以此为代价"受让"这笔资金。金融市场上的交易价格通常有两种表示方式：一是直接融资市场中的交易价格，直接用每交易单位价格来表示，如证券市场中的股票、基金及债券的交易，用每股、每份、每手多少元等表示；二是用市场利率来表示，或者以市场利率为基础来表示，如间接融资市场中的银行借贷、债券发行等，均用年利率、月利率等表示。利率是资金需求者"借入"资金的代价，也是资金供给者"借出"资金的必要补偿。在金融市场上，由于期限、风险、收益、权利等均不相同，使得各种金融工具的交易价格也不尽相同，但都与市场利率有关。

（6）交易规则，是指确保金融市场交易得以顺利、公平实现的一系列制度安排，是所有的交易参与者都必须遵守的规则。包括交易时间、结算方式、交易费用、交易价格决定、参与者资格、交易双方的权利与义务、监管者的责任、交易纠纷或争议的解决方式及途径、对违反交易规则的行为的惩罚及处理等一系列规定。

（7）交易的内在机制，是指金融市场价格的决定机制。这种内在机制，主要是指要有一个完善的金融市场，有充分披露且真实的信息，进而有一个能够反映金融市场供求关系的价格形成与决定机制，即要有一个灵活的利率体系。利率通过市场机制充分反映金融市场上的资金供求状况，以实现资本要素的合理流动，以及资本的优化配置。

2. 金融市场的类型

对金融市场可以从不同的角度进行分类：① 以融资对象为标准，分为资金市场、外汇市场和黄金市场。② 以融资期限为标准，分为短期资本市场和长期资本市场。短期资本市场又称为货币市场，是指融资期限在一年以内的金融市场，包括银行同业拆借市场、票据市场、大额定期存单市场和短期债券市场；长期资本市场简称为资本市场，是指融资期限在一年以上的金融市场，包括股票市场和长期债券市场。③ 以市场功能为标准，分为发行市场和流通市场。发行市场又称为一级市场（primary market），是指各种信用工具的发行（股票、债券或基金）；流通市场又称为二级市场（secondary market），是指对现有信用工具的所有权转移和买卖的交易。④ 以地理范围为标准，分为地方性金融市场、全国性金融市场和国际性金融市场。

3. 金融市场的功能

在整个市场经济体系中，金融市场是最基本、最重要的组成部分之一，是联结其他市场的纽带，对整个市场体系的发展起着举足轻重的作用，其功能主要表现在以下几方面。

（1）融通资金功能。金融市场的基本功能就是融通资金，金融市场为资金需要者（筹资者）和资金供给者（投资者）提供了一个融通资金的场所、机会、途径和机制，也为各种期限、内容不同的金融工具的交易及互换提供了必需的条件。从而将资金供给者手中多余或闲置资金转移到资金需求者手中，有效地动员、聚集了资金，解决了资金供求矛盾，提高了资金使用效率，实现了筹资融资功能。

（2）定价与价值发现功能。首先，金融市场具有定价功能。金融市场上各种有价证券的价格实际上是它所代表的资产价格，它是市场供求双方共同作用的结果。市场的有效运行，使得资产价格可以通过需求者和供给者的竞争来确定，从而能充分反映金融市场供求情况，形成了资本需求者竞争和资本供给者竞争的关系。金融市场提供了资本的定价机制，但其定价功能取决于市场的完善程度和市场效率。其次，金融市场具有价值发现功能。金融资产均有一定票面价值，在市场交易中交易价格根据面值及到期收益来确定，金融市场通过市场均衡机制和市场出清机制来发现资产的合理价格。所交易资产的内在价值是多少，只有通过金融市场交易中买卖双方相互作用的过程才能"发现"，而不是简单地以账面价值为依据来计算。资产交易价格并不总是反映资产的内在价值，但价格会围绕价值上下波动是一个规律。在金融市场上，资产价格有时被高估，有时被低估，在市场机制作用下，理性的投资者会调整自己的投资行为和策略，市场会矫正价格偏离价值的现象，从而会在长期反映资产的真正价值（即内在价值）。也就是说，在成熟的金融市场，当市场定价功能出现错误或产生较大偏差时，投资者会进行纠正，从而发现其真正的投资价值。

（3）资源配置功能。金融市场的资源配置功能是通过市场上的资产价格来引导资本的流动，从而实现资源的合理配置。首先，金融市场的融资功能为各类企业融资及上市提供了可能与空间，而企业的融资能力取决于企业能否给投资者带来高的投资回报。资产的预期收益率高，其市场价格就高，企业筹资能力就强；而如果企业盈利能力差或达不到投资者要求的收益率，就可能筹集不到资金。这样，金融市场就将引导资本流向能产生较高回报的行业或企业，从而提高资本使用效率，促进了资源的合理配置。其次，在金融市场上，投资者将根据可交易资产的价格信息进行分析判断，决定是否投资某项资产，从而决定了市场上的资金流向与大小。金融市场能迅速有效地引导资金在地区间、行业间的合理流动，从而有利于提高资金配置效率。再次，金融市场的退出机制，将迫使企业进行资源合理配置，企业也可以通过金融市场进行收购、兼并和重组等，实现资源优化配置。最后，金融市场上的金融工具创新，为投资者多元化投资、融资及避险等提供了渠道与可能，投资者可在金融市场上灵活调度和转化资金，实现资源优化配置。

（4）宏观调控功能。政府对宏观经济的调控，主要是通过货币政策、财政政策来实现的，以实现控制通货膨胀、增加就业、促进经济增长、国际收支平衡等目标。金融市场是政府调控宏观经济运行的重要载体，为政府实施宏观经济调控提供了条件和政策操作平台。宏观经济政策可以通过金融市场来影响或改变投资者的预期，影响或引导企业的投资与生产行为。例如，央行可以通过金融市场，运用存款准备金率、再贴现率和公开市场业务等货币政策工具，调节货币供应量，对经济起到刺激或抑制作用；也可以通过金融市场来调整或影响利率，进而引导或影响公众预期，调节资金供求关系、控制信贷规模。此外，政府可以通过在金融市场上发行或回购国债等手段，调节货币供应量或流动性。

（5）反映指示功能。金融市场常被看作是国民经济运行的"晴雨表"，金融市场的活跃与发达程度是一国经济繁荣与衰退的反映。金融市场上的一些指标也常被看作是经济运行的"先行指标",能及时和灵敏地反映各种经济状况、经济景气与否,也反映投资者对市场和未来经济的预期,以及宏观经济政策效应。因此,政府、金融机构、企业及研究部门等都高度关注金融市场指标的变化,并以此作为政策制定和决策的重要依据和参考。

(6)降低成本与分散风险功能。金融市场具有降低成本与分散风险的功能。首先,金融市场的发展为直接融资创造了条件,为众多资金需求方和资金供给方直接交易提供机会和平台,极大地便捷了金融交易,降低了融资成本和交易成本,提高了资金使用效益。其次,完善的金融市场为投资者提供了大量及时、充分的信息,通过专业金融机构和咨询机构提供的各种服务,投资者可以降低交易的搜寻成本、信息成本和评估成本。最后,金融市场的高度发展,将为各类投资者提供各种各样可交易的金融工具及其衍生产品,使广大投资者选择金融资产多样化、进行投资组合等成为可能,从而能够分散和转移风险。

4. 金融市场对企业财务管理的影响

企业的生存和发展与金融市场息息相关。金融市场对企业财务管理的影响主要体现在以下几方面:① 提供企业筹资和投资的场所。金融市场能够为资本所有者提供多种投资渠道,为资本需求者提供多种可供选择的筹资方式。② 可以使企业通过金融市场上的各种交易活动实现其资本的相互转换,从而能够调剂企业的资金供求,保持其流动性。③ 引导企业资金流向,提高资本利用效率。金融市场通过利率的变化,调节人们的投资预期收益率,进而调节企业的资金流向,使资本在不同企业间、不同地区间、不同部门间充分、合理流动,实现社会资源的优化配置。④ 为企业财务管理提供有用的决策信息。企业在进行投资、筹资决策时,可以充分利用金融市场中的各种信息,如股市行情、市场利率、宏观经济政策、行业景气情况、物价水平、市场需求、企业经营状况、盈利水平、成长性与发展前景等信息,这些信息对企业的投融资决策具有重要价值。

5. 全球金融市场

全球规模较大、具有重要影响的金融市场有美国纽约证券交易所、美国纳斯达克、英国伦敦证券交易所、日本东京证券交易所、中国香港证券交易所、新加坡交易所等,主要从事股票、外汇、黄金、债券、期货等交易,有价证券及其衍生工具的发行等。中国内地的金融市场有上海证券交易所和深圳证券交易所,虽然只有不到三十年的发展历史,但发展迅速,市值和融资规模及影响不断扩大,已成为全球增长最快的新兴证券市场。其中,上海证券交易所包括股票市场、债券市场、基金市场和衍生品市场等,涉及股票、基金、债券、权证等的发行与交易;深圳证券交易所包括主板市场、中小企业板、创业板,涉及股票、债券、基金、可转换债券等的发行与交易。

上述全球著名金融市场的详细内容与信息,均可以通过互联网查询。这里只给出上述金融市场的官方网站,读者可以通过网站查阅各种详细情况和相关信息。

➢ 纽约证券交易所(New York Stock Exchange,NYSE)
官方网站:http://www.nyse.com

- 纳斯达克
  官方网站：http://www.nasdaq.com/
- 伦敦证券交易所（London Stock Exchange，LSE）
  官方网站：http://www.londonstockexchange.com
- 东京证券交易所（Tokyo Stock Exchange，TSE）
  官方网站：https://www.jpx.co.jp
- 香港证券交易所（Hong Kong Exchanges and Clearing Limited，HKEX）
  官方网站：http://www.hkex.com.hk/eng/index.htm
- 新加坡交易所（Singapore Exchange，SGX）
  官方网站：https://www.2.sgx.com
- 上海证券交易所（Shanghai Stock Exchange，SHSE）
  官方网站：http://www.sse.com.cn/
- 深圳证券交易所（Shenzhen Stock Exchange，SZSE）
  官方网站：http://www.szse.cn/

第六节 财务管理的基本原则

财务管理的基本原则是企业组织财务活动、处理财务关系、进行财务决策所依据的准则，它包括一系列基本的价值观或信念，这些价值观或信念为理解财务管理和进行财务决策提供了基础。企业财务管理的基本原则可以概括为如下几方面。

一、资金（资本）优化配置原则

企业发展过程中所面临的各种资源总是稀缺和有限的。财务管理的根本目的就是要实现资源优化配置和企业价值创造。所谓资金（资本）优化配置，就是要实现包括资本要素在内的生产要素的最优配置和组合，即通过资金的组织、调节和合理运用，来保证各种人力资源和物质资源具有最优化的结构和比例，从而实现企业资源的优化配置和公司价值的增加。从财务管理角度看，就是合理配置企业各种资金的结构和比例问题。因此，企业进行资本结构决策、投资组合决策、存货管理决策、收益分配决策等都应该坚持这一原则。

资金（资本）优化配置原则实际上反映了货币的时间价值观和机会成本观。从经济学角度看，货币是一种最灵活的资源，相对于个人、家庭、企业对货币的需求而言，它同样具有稀缺性、多用途性。货币的时间价值集中反映了货币资源的稀缺性和使用货币的机会成本思想。因此，资金（资本）的优化配置原则，就是要坚持货币的**时间观和机会成本观**，在多用途而有限的企业资金的分配和使用上，进行权衡和有效配置。

二、成本—收益比较的原则

经济学中对人们行为的一个重要假设，即人是具有理性的经济人，人们会按照符合自己利益的方式行事，即自利行为原则。在此原则下，个人和家庭追求个人利益最大化，企业追求企业利益最大化。因此，当企业对一项经济活动或一个项目进行决策时，必须对该活动或项目的成本与收益进行计算和比较。一般情况下，企业绝不会做赔本的交易。尤其是从企业的长期目标看，一项经济活动或项目，只有它为企业带来的所有收益（长期）大于由此而产生的一切成本时，该项目才是可接受和可实施的。对成本和收益进行比较，是投资决策和理财活动的最基本原则，这一原则体现了企业的**收益观**。

三、风险—收益对应的原则

现实世界中充满了不确定性，因此也就存在着各种风险。企业在激烈的市场竞争中进行财务活动和财务决策，不可避免地要遇到各种风险，在风险和收益之间存在着一个对应关系。根据自利原则，当其他一切条件相同时，人们倾向于选择高收益和低风险。尽管人们普遍对风险很反感，但所做的任何决策和选择都是有风险的。如果人们倾向于高收益和低风险，并按自利原则行事，那么市场竞争的结果就产生了风险与收益的权衡，竞争迫使人们在其投资收益和风险之间的各种组合中进行选择。人们要想获得较高的收益，就必须为此承担较高的风险；反过来，如果人们已经为某一事项或活动承担了一定的风险，那么也自然会要求获得与该风险相对应的回报。在理财活动中，收益越高，所面临的风险也越大；风险越大，所要求的收益也就越高。这就是风险与收益相对应的原则，这一原则体现了现代企业的**风险观**。

四、利益关系协调的原则

在现代企业经营管理实践中，企业与利益相关者的关系是客观存在的，没有了这种关系，企业也就无法生存和运作了。因此，企业在追求自身利益最大化的同时，应满足各利益相关者的不同需求和利益。只有考虑了利益相关者的利益，企业的利益才有可能得到保障。各方利益相关者的关系协调，是企业理财目标顺利实现的前提。

在企业财务管理中，应力求企业的利益相关者的利益分配均衡，减少企业与利益相关者之间及各利益相关者之间的利益冲突。企业在进行投资决策、资本结构决策、融资决策和利润分配决策时，应时刻考虑到利益相关者的利益，使企业的利益分配在数量上和时间上达到动态的协调平衡，使各利益相关者"各得其所"，从而实现合作共赢。企业的利益关系协调的原则体现了现代企业的**利益观和发展观**。

五、收支积极平衡的原则

在企业财务管理中，不仅要保持各种资金存量的协调平衡，而且要注意资金流量的动态协调平衡。所谓收支积极平衡，就是要使企业的资金不仅在一定时期内达到总量上的平衡，而且在每一时点上力求协调平衡。实际上是要提高资源配置效率、管理和运营效率。

如果在某一时期，企业的收入明显大于支出，即存有大量闲置的现金流，这时企业就应该积极地寻找投资机会，或者对外投资，或者扩大经营规模；反之，如果企业在一定时期的收入明显小于支出,即出现入不敷出或资金短缺现象,则企业就应该积极筹集所需资金,或者寻求银行贷款、发行股票或债券,或者加强现金管理和应收账款管理。财务管理的过程,正是不断地寻求收支大体平衡的动态过程,它既涉及现金管理、存货管理、应收账款管理等营运资本决策,又涉及投资管理、融资管理等决策,还涉及企业的成本管理与决策。只有保持这种动态的收支大体平衡,企业才可能健康、稳健地发展。收支积极平衡的原则体现了现代企业的**稳健理财观**。

六、分级分权管理的原则

在现代公司制企业中,所有权与经营权相分离,委托—代理关系的存在使公司治理呈现出分权、分层的治理特征。与此相适应,公司财务管理也必然是分级、分权管理。

由于所有者和经营者对企业财务管理具有不同的权限,必须进行分权财务管理。而按照公司的组织结构,所有者财务管理和经营者财务管理,分别由股东大会、董事会、经理层、财务与会计部门来实施,进行分层财务管理。从图1-1和图1-2中都可以看到现代企业财务管理的这种分权、分级管理特征。

从公司治理角度看,与现代公司治理结构相适应,企业应建立适当的财务治理结构,它是规范所有者和经营者财务权限、财务责任和财务利益的制度安排。公司财务治理包括财务决策机制、财务监督机制、财务激励机制等内容,反映了出资者对被投资企业的股权—资本的控制关系,也反映了资本所有者对管理者的委托—代理的控制关系,还反映了公司内部会计控制系统对业务系统、会计人员对经理人员的监督与控制关系。因此,公司财务治理的分层控制包括所有者对经营者的控制、CFO行使会计控制权利和公司内部的会计控制三个层次。

财务控制权的分层管理也表现在以下两方面。

(1)财务决策权的分层管理和配置。公司股东或董事会决定公司的重大投融资事项;经营管理层决定公司的营运资本管理;而各职能部门或分公司则主要负责公司的营业性收入和支出管理。

(2)财务监督权的分层配置。股东大会对董事会、财务总监和监事会对经理层、经理层对会计人员和各所属部门的管理与控制。

在委托—代理框架下,企业财务管理坚持分级、分权管理,能够提高企业的运营和管理效率。因此,这一原则体现了现代企业的**管理效率观**。

第七节 财务管理与其他相关学科

本节不打算在概念上探讨财务管理与其他相关学科的区别,而是着重介绍财务管理与其他学科的内在联系,从而揭示学好财务管理或做好财务管理工作需要掌握和具备的学科基础知识。

一、财务管理与经济学

财务管理作为一门学科,具有经济学属性,是经济学的一个分支,即财务经济学。从获得诺贝尔经济学奖的财务经济学家及其贡献就可以看到这一点。可以说,财务经济学已成为现代主流经济学的重要组成部分。从经济学角度看,财务管理属于微观经济学的范畴。

第一,它以微观经济主体中的企业为对象,以资本稀缺性为前提,研究企业的资本配置和价值创造问题。

第二,财务管理理论建立在经济学理论基础之上,具体表现在:①财务管理引入了价值、边际收益、边际成本、机会成本、市场均衡、交易成本等基本概念。②采用了经济学中的经济人假设、有限理性假设、市场竞争假设、市场有效性假设、个人风险偏好假设、自身利益最大化假设、交易成本假设等。③采用了经济学中的边际分析、供求分析、均衡分析、实证分析、不确定性分析等方法,这些方法都是定量分析方法,为财务分析和财务决策提供了方法论基础。

第三,现代财务管理以经济学中的基本价值观作为理财观念,如时间价值观、机会成本观、风险与收益对应观、收益与成本比较观、资本市场效率观等。这些基本价值观成为财务管理原则的理论及思想依据。

综上所述,正是以经济学理论为依托,并随着现代经济学理论的发展,现代财务管理理论才能有今天的发展。如果没有较好的现代经济学基础知识,要学好并真正理解财务管理是十分困难的。

二、财务管理与会计学

会计及会计系统提供的财务信息,是财务管理所需信息的最重要部分。会计核算和会计信息是财务管理的基础,财务管理无论是进行投资决策和融资决策,还是进行营运资本管理决策和收益分配决策,都离不开会计系统提供的真实的财务信息。财务管理只有依靠充分的、及时的、真实可靠的会计信息,才能做出正确的决策,才能提高资本运营效率、优化资源配置,为企业创造价值。

财务管理者必须学会使用和甄别财务会计信息,理解会计指标的含义、计算公式、计算口径、度量标准等,并在此基础上利用会计信息进行财务分析、财务预测、财务计划、财务决策等。

三、财务管理与管理学

财务管理作为一门学科,又具有管理学的属性,是管理学的一个分支。管理学是研究经济组织管理活动及其基本规律的一门学科,而企业管理针对企业这一主体,是以企业组织和职能分工为研究对象,包括组织行为学、营销管理、财务管理、人力资源管理、信息管理、战略管理、项目管理、运营管理、跨文化管理、管理沟通、价值链管理等。财务管理是企业管理的重要内容之一。

对任何组织而言，管理的核心内容不外乎两个：一个是效率问题；另一个是激励问题。财务管理作为一种管理活动，是企业管理的具体化。财务管理不仅涉及对企业资金或资本的管理，还涉及对管理者的监督、经营业绩评价、激励机制设计等。也就是说，财务管理是对资金或资本的管理与对人的管理的统一，其核心也是激励和效率问题，从而实现企业的资源优化配置和为企业创造价值。

此外，财务管理目标和战略，是企业总体目标和战略的具体体现。财务管理目标和战略，必须以企业总体目标和总体战略为依据，并服务于企业的总体目标和战略。

因此，要学好财务管理或做好财务管理工作，必须学好管理学，学会沟通和协调，千方百计地提高激励效果和管理效率。

四、财务管理与金融学

在本章的开始已经指出，英文"finance"一词有财务、金融、财政、理财等许多含义，财务与金融实际上是难以明确区分的。从这一点上看，就不难理解财务管理与金融学的关系了。二者的关系主要体现在以下几个方面。

（1）金融市场是企业融资的最重要、最常见的场所，是企业融资（无论是直接融资还是间接融资）的最重要渠道。金融市场也是企业投资的重要领域。

（2）在有效率的金融市场中，企业一切重要的（财务的和非财务的）信息都必须在金融市场中公开，并反映到股票价格中。因此，金融市场所提供的关于企业的各种信息，成为投资者对企业进行业绩评价、价值评估、资产估价、IPO定价的重要因素或变量。

（3）在开放的金融市场中，企业的财务活动将受到资本市场、外汇市场等诸多因素变化的影响，货币供给和需求的变化、货币政策的变化等对利率、汇率以及资本市场乃至国民经济增长都具有重要影响，而利率和汇率的变化对企业的投资收益、融资成本、资本结构、公司价值、股票价格等均有重要影响，进而影响企业的投资和融资决策。

（4）财务管理或财务经济学，建立起了企业与金融市场的联系。财务决策不仅仅是在企业内部，而是面对整个金融市场。金融市场的存在使企业理财从企业内部延伸到企业外部甚至整个经济领域。同时，作为金融市场的重要参与元素，企业的理财行为也会对金融市场产生一定影响。

因此，要学好财务管理，首先必须学好货币银行学、金融学基础知识，了解金融市场的功能、要素、作用及其影响，熟悉金融市场的运作机理和交易规则，了解货币政策及其效应和传导机制，了解宏观经济政策变化对金融市场和企业财务管理决策所产生的影响。

五、财务管理与统计学

从财务管理的过程和环节看，企业的财务分析、财务预测、财务计划和财务决策等都离不开统计分析方法。主要表现在以下两个方面。

（1）财务管理各个环节所需要的数据，除了通过会计报表获得外，还需要大量的统计数据。这些财务数据的收集、整理、分类、汇总和识别，都需要用描述统计方法来处理。

（2）财务预测、财务分析及财务决策，需要用更复杂的统计分析方法，即统计推断。如相关分析、回归分析、因子分析和主成分分析、聚类分析、假设检验、时间序列分析等方法，已被大量应用于财务管理领域的各种实证研究中，并得出了许多有意义的结论，在很大程度上丰富和发展了现代财务管理理论。

因此，要想做好财务分析和财务决策，必须学好并能熟练运用统计学知识。而如果是一名大学或研究机构的研究人员，要对财务领域的某一问题进行实证研究，学好和掌握现代统计分析方法和计量经济学方法就更为必要了。

附录　　　　　财务管理职业生涯[①]

财务管理对于企业、金融机构、非营利性组织和政府等都至关重要。任何一个经济组织，都存在着财务活动，都涉及理财的问题。因此，在各行各业的财务管理领域，存在许多就业机会和工作岗位。了解现实中的财务管理职业，可以极大地激发学生的学习兴趣，有利于学生未来的职业生涯设计，使他们明白如果以财务管理作为其职业，将来能做什么。

实际工作中的财务管理职位，分为低级职位、中级职位和高级职位三个层次。

一、低级职位

（1）财务分析员。财务分析员负责收集并整理财务信息，编制财务分析报告供决策者参考，具体包括资本预算研究、长期筹资方式分析、资本结构和股利政策研究、兼并与重组分析等，协助、参与企业的财务决策过程。

（2）信用分析员。信用分析员负责对向企业申请商业信用的客户的信用能力和信用等级进行分析和评估，这对于企业的信用政策至关重要。

（3）现金经理。现金经理管理企业的短期现金投资，涉及短期证券报酬、购买短期证券和监督短期投资等，目的是确保企业的短期投资始终符合企业的投资目标。

二、中级职位

（1）财务经理助理。现代大企业通常设有多个财务经理（或称财务主任）助理。他们的主要工作是协助财务经理，分担其部分职责，例如负责公司财务政策、营运资本管理、国际财务运营等其中的某一方面。

（2）公司财务分析经理。公司财务分析经理，或称为财务分析师，对公司各种投资、融资决策进行技术上的分析，如资本成本、投资预期收益、风险估计等。高质量的财务分析是企业财务决策的依据。

（3）公司风险管理经理。现代企业正面临着越来越多的风险，而且其风险具有行业特征。因此，大多数企业根据其业务的需要，设置负责管理本企业所面临的利率风险、汇率风险、商品风险的风险管理经理，他们负责风险的估计及度量，并制定和执行相应的管理策略。

（4）养老金基金经理。目前各国政府都要求企业为职工缴纳养老保险，因此大多数企业都有专门的养老保险基金。养老金基金经理专门负责企业的养老保险基金的管理，包括基金的投资管理和收益管理，选择并监督外部投资经理的行为。

（5）财务报告经理。对于上市公司来说，经常有大量的财务报告须在证券市场上公开

---

① EMERY D R, FINNERTY J D, STOWE J D. Principles of Financial Management. NewJersey: Prentice Hall, 1998.

披露。许多大企业专门设置财务报告经理，按证券法和证券交易所的规定，专门负责编制并披露财务报告。

三、高级职位

（1）财务总监。财务总监，又称为首席财务官（CFO），是现代企业中重要的高级管理职位。CFO 直接受股东或董事会委派，独立行使职权，是公司重要战略决策的制定者和执行者之一，对企业经营的所有财务方面负总责。其地位和职责详见本章第二节。

（2）财务主管。财务主管或称财务主任（国外称司库，treasurer），通常负责企业经营的日常财务管理，涉及企业所有资金的流入和流出，如资本预算、现金管理、投资管理、融资管理、利润分配等。他受 CFO 领导，向 CFO 报告其工作。

（3）会计主管。会计主管或称会计主任（国外称主计长，controller），通常负责内部控制与审计、管理会计、财务报告等。在大多数企业，财务与会计职能相互补充。像财务主管一样，会计主管也受 CFO 领导，向 CFO 报告其工作。

（4）战略规划副总经理。这一职位在有的企业就是 CFO 的职责，是指专门负责企业长期财务计划、公司财务战略和企业并购的高级管理人员。

本章小结

1. 财务管理是通过决策制定和适当的资源管理，在组织内部应用财务原理来创造并保持价值，是对企业财务活动全过程的管理。企业财务管理的主要内容包括筹资管理、投资管理、营运资产管理、收入与分配管理等。

2. 常见的企业组织形式有独资企业、合伙制企业和公司制企业。本章特别介绍了公司制企业的两种形式：股份有限公司和有限责任公司，并对几种企业组织形式进行了简单比较。

3. 现代公司具有分权、分层的治理特征，即在股东大会、董事会、经理层、监事会之间的分权与分层治理。CFO 是现代企业管理中重要的高级管理职位，是公司重要战略决策的制定者和执行者之一，在公司治理中具有重要的地位和作用。CFO 既是董事会成员，又是经营管理者。CFO 在公司治理中的职责可概括为所有者监督职责、战略计划管理职责、资源价值管理职责、业绩评价管理职责、会计基础建设职责、公司控制管理职责等方面。

4. 现代公司制企业所有权与经营权分离的特征，产生了委托代理关系。通常存在两类典型的代理问题：第一类代理问题是股东与高管之间的代理问题；第二类代理问题是大股东与中小股东之间的代理问题。在实践中，主要有三类利益冲突：股东与经营管理者之间的利益冲突、股东与债权人之间的利益冲突、大股东与小股东之间的利益冲突。股东可以采用多种措施使管理者与股东的利益联系在一起，进而进行公司控制。

5. 企业财务管理的目标，主要有利润最大化、股东财富最大化和企业价值最大化等观点。利润最大化（或每股收益最大化）在实际运用中存在许多缺陷，不是一个完全正确的公司目标；股东财富最大化的观点影响最为广泛，是目前财务管理教科书中提及最多的主流观点。虽然还存在一些缺点和争议，但还是为越来越多的人所接受或认同；

更流行、合理的观点是企业价值最大化,强调企业应追求内在价值和长期价值,不仅要考虑股东利益,还应考虑利益相关者的利益。但以企业价值最大化为目标的困难是企业价值难以估量。

6. 财务管理环境又称为理财环境,是指对企业运行和财务活动产生作用和影响的各种条件或因素。可按不同标准对企业的理财环境进行简单划分。对企业运营和理财活动产生重要和直接影响最多的是经济与法律环境,影响企业财务活动的法律及监管环境,涉及企业经营管理的各个方面。可大致分为企业组织形式及公司治理方面、税收征管方面、公司上市交易及信息披露方面、会计核算与财务管理方面、规范企业各种交易行为的法律法规、企业应遵守的其他法律法规。而金融市场是为企业筹资和投资提供场所,它涉及企业融资的难易和融资成本的大小。金融市场具有融通资金、定价与价值发现、资源配置、宏观调控、反映指示、降低成本与分散风险等功能。

7. 财务管理的原则是企业组织财务活动、处理财务关系、进行财务决策所依据的准则,它包括一系列基本的价值观或信念,这些价值观为理解财务管理和进行财务决策提供了基础,主要有资金(资本)优化配置、成本收益比较、风险收益对应、利益关系协调、收支积极平衡、分级分权管理等。

8. 财务管理作为一门学科,与许多其他学科存在联系。要学好财务管理或者做一名出色的财务管理者,必须掌握和具备现代经济学、会计学、金融学、管理学和统计学等方面的基础知识和方法。

 复习思考题

1. 财务管理的基本问题是什么?财务管理包含哪些主要内容?
2. 公司这种企业组织形式的优点和缺点是什么?
3. 你认为企业的最大化目标应该是什么?说出你的理由。
4. 什么是企业的利益相关者?企业为什么要考虑利益相关者的利益?
5. 企业是否应该承担社会责任?为什么?
6. 简述 CFO 在现代公司治理中的地位和作用。
7. CFO 在公司治理中的职责是什么?CFO 的责任有何特点?
8. 在现代公司治理中,有哪两类代理问题?如何解决这些代理问题?
9. 在现代公司治理与管理中,有哪些主要利益冲突?如何解决这些冲突?
10. 如何理解理财环境?它对财务管理有哪些影响?
11. 金融市场有哪些基本要素?如何理解金融市场的功能?
12. 说明法律与监管环境是如何影响企业财务管理的。
13. 企业财务管理应遵循哪些基本原则?
14. 如何做一名优秀的财务管理者?

 练习题

    1. 有些企业战略家建议公司应该强调市场份额最大化或业务规模最大化，而不是市场价值最大化。这种策略何时可能起作用？何时可能失效？你如何评价这种战略观点？

    2. 关于企业的社会责任，有两种截然不同的观点，即道德经营假设和非道德经营假设。一种观点认为，经营活动与社会的伦理规范无关，不能以社会的伦理规范来要求和评价企业的经营活动。企业只要不违法、照章纳税就可以了。社会责任是社会和政府应该考虑的问题，企业不必承担社会责任。而另一种观点认为，企业应该承担社会责任。你的观点是什么？说出你的理由。

    3. 股票价值最大化的目标是否会与诸如避免不道德或违法行为等其他目标发生冲突？特别是，你是否认为客户和职工的安全、环境和良好的社会等主题符合这一框架，或者它们本来就被忽视了？试用一些具体情况来说明你的答案。

    4. 假设你是一个大型公众持股公司的总裁，那么你会按照股东财富最大化去决策，还是按照个人的利益去决策？股东可以采取哪些措施来保证管理者利益和股东利益的一致？另外，有哪些因素可能影响管理者的行为？

    5. 假设你在一家中等规模公司的董事会任财务总监（CFO），并负责制定高层管理人员的薪酬政策。你相信公司的首席执行官（CEO）非常能干，但你也了解到他一直在寻找一个更好的工作，并试图提高公司的短期绩效(也许以牺牲长期盈利能力为代价)，以抬高自己的身价来推销自己，这对你制定高管人员的薪酬政策有什么影响？

 案例   Take A Dive 商店

    Kato Smnmers 在 17 年前开了一家名为"Take A Dive"的商店。该店位于加利福尼亚的马里布（Malibu），主要出售与冲浪运动有关的器材。现在该店有 50 名员工，其中包括 Kato 本人和他的女儿 Amber——她在商店兼职挣自己上大学的学费。

    最近几年 Kato 的生意很红火，他一直在考虑如何利用好这些机会。尽管 Kato 以前接受的经商训练有限，但 Amber 很快就将修完财务学课程。Kato 希望她能加入企业，作为一个有完全资格的合伙人。Amber 对此很感兴趣，但她也在考虑财务领域的其他工作机会。

    现在 Amber 更倾向于留在家族企业里，部分原因是她认为这会面临许多有趣的挑战和机会，她特别想进一步扩大企业并实行公司制。Kato 对此很感兴趣，但他担心 Amber 的计划可能会改变他的经营方式。Kato 特别热衷于社会活动，他一直在试图平衡工作和享乐。他担心实行公司制后外面的股东介入，会使他的生活受到影响。

    Amber 和 Kato 计划利用一个周末来讨论所有这些问题。Amber 做事很有条理，她已列出了一系列需解决的问题：

    （1）公司财务人员的基本责任有哪些？
    （2）现在最重要的财务管理问题是什么？

（3）企业组织有哪些形式？它们各有什么利弊？

（4）公司的基本目标是什么？一般来说，企业对社会有义务吗？股价最大化对社会是有利还是有害？企业行为是否应有道德性？

（5）什么是代理关系？这家公司里存在什么代理关系？有什么机制可影响管理者按股东的最大利益行事？股东（通过管理者）应否采取对债权人不利的行动？

（6）股价最大化和利润最大化是一回事吗？

（7）有哪些因素影响股票价格？

（8）有哪些因素影响现金流量的水平和风险？

讨论：

（1）Amber 和 Kato 的想法有差异吗？

（2）Amber 列示的这些问题对 Take A Dive 商店有用或有影响吗？

（3）Take A Dive 商店应该朝着什么方向发展？是否应该实行公司制？

（4）假如你是 Kato，你认为该商店应以什么为目标？

（5）假如你是 Amber，你该如何设计该商店的组织构架和治理结构？

第二章 财务报表与分析

本章学习目标

- 理解并掌握资产负债表编制的原理、结构及其所反映的经济信息。
- 掌握利润表编制的原理、结构及其所反映的经济信息。
- 了解并掌握现金流量表所反映的经济信息。
- 了解并掌握所有者权益变动表所反映的经济信息。
- 理解和掌握财务报表分析的主要方法和财务指标,能够利用财务报表信息进行财务报表和财务比率分析。
- 掌握杜邦分析原理。

第一节 资产负债表

当一个公司在做出一个正确的筹资、投资等理财决策时,必须首先搜集公司的相关资料(这些资料绝大部分由公司的财务报表来提供),分析公司的财务(会计)信息,进而做出正确的决策。

财务报表作为会计核算的最终产品,是对企业经营活动的结构性财务表述。编制公司财务报表的目的是向有关方面(投资者、债权人、政府、银行、税务等)提供能够反映本公司财务状况、经营成果、现金流量和权益变动等的相关信息。

一、资产负债表的定义、结构和内容

(一)资产负债表的定义

资产负债表(balance sheet)是反映企业在某一特定日期(月末、季末或年末)财产状况(资产、负债和所有者权益)的静态报表。也有人将其看成是"某一特定日期会计人员对企业会计价值所拍的一个快照(snapshot)"[①],它使会计信息使用者对企业某一时点的资产、负债及所有者权益状况一目了然。

编制资产负债表的主要依据和描述的主要内容,是会计学的基本等式:

资产=负债+所有者权益

---

① 罗斯,等. 公司理财:第6版. 吴世农,等,译. 北京:机械工业出版社,2003.

资产负债表提供了企业资产、负债和所有者权益的全貌，经营者通过资产负债表反映的经济资源及其分布情况，可以分析企业资产分布是否合理；投资者、债权人通过资产负债表反映的企业资金来源渠道和构成情况，可以分析企业资本结构的合理性，评价企业的短期偿债能力和支付能力；通过对企业前后期资产负债表的对比分析，还可以使报表使用者了解企业财务状况的变化情况和变化趋势，帮助做出合理的预测和决策。

（二）资产负债表的结构和内容

常见的资产负债表结构有报告式和账户式两种。

报告式资产负债表，是将资产负债表的项目自上而下垂直排列，首先列示资产的数额，然后列示负债的数额，最后再列示所有者权益的数额。账户式资产负债表分为左右两方，左方列示资产项目，右方列示负债及所有者权益项目，根据会计恒等式的基本原理，左方合计数与右方合计数应相等。

资产负债表主要包括以下三个方面的内容。

（1）资产。资产负债表中的资产是按照资产的流动性顺序：流动资产和非流动资产。流动资产通常包括货币资金、交易性金融资产、应收票据、应收股利、应收利息、应收账款、其他应收款、预付款项、应收关联公司款、存货、一年内到期的非流动资产等。非流动资产包括可供出售金融资产、持有至到期投资、长期应收款、长期股权投资、投资性房地产、固定资产、在建工程、工程物资、固定资产清理、生产性生物资产、油气资产、无形资产、开发支出、商誉、长期待摊费用、递延所得税资产等。

（2）负债。负债一般包括流动负债和非流动负债。流动负债主要包括短期借款、交易性金融负债、应付票据、应付账款、预收款项、应付职工薪酬、应付股利、应交税费、其他应付款、应付关联公司款、一年内到期的非流动负债等。长期负债主要包括长期借款、应付债券、长期应付款、专项应付款、其他长期负债等。非流动负债包括长期借款、应付债券、长期应付款、专项应付款、预计负债、递延所得税负债等。

（3）所有者权益。所有者权益一般包括实收资本（股本）、资本公积、盈余公积、未分配利润、少数股东权益、外币报表折算差价、非正常经营项目收益调整等。

佛山市金银河智能装备股份有限公司 2017—2018 年资产负债表内容及结构如表 2-1 所示（表中数字精确到小数点后三位）。

表 2-1　佛山市金银河智能装备股份有限公司 2017—2018 年资产负债表　　单位：万元

流动资产	2018-12-31	2017-12-31
货币资金	14 150	15 630
应收票据	8 771	5 066
应收账款	25 680	19 680
预付款项	932.1	2 835
应收利息	—	—
其他应收款	632.6	338.4
存货	10 800	14 340
其他流动资产	2 747	1 318
流动资产合计	63 710	59 210

续表

流动资产	2018-12-31	2017-12-31
非流动资产		
固定资产	8 397	7 298
在建工程	23 710	6 508
无形资产	4 801	4 960
长期待摊费用	94.09	82.17
递延所得税资产	770.3	632.3
其他非流动资产	1 388	1 533
非流动资产合计	39 160	21 010
资产总计	102 900	80 220
流动负债		
短期借款	15 450	11 100
应付票据	7 371	5 742
应付账款	7 762	4 514
预收款项	5 414	7 311
应付职工薪酬	868.5	469.2
应交税费	519.3	1 060
应付利息	—	—
应付股利	—	—
其他应付款	139.4	77.00
一年内到期的非流动负债	5 340	1 250
流动负债合计	42 870	31 530
非流动负债		
长期借款	11 840	4 590
长期应付款	—	—
预计负债	466.1	374.1
递延收益	1 974	2 043
非流动负债合计	14 280	7 007
负债合计	57 150	38 530
所有者权益(或股东权益)		
实收资本（或股本）	7468	7 468
资本公积	18 830	18 830
专项储备	32.62	19.86
盈余公积	2 936	2 337
未分配利润	16 460	13 020
归属于母公司股东权益合计	45 720	41 670
少数股东权益	3.295	14.92
股东权益合计	45 730	41 690
负债和股东权益合计	102 900	80 220

二、资产负债表的分析

(一) 资产负债表分析的目的

(1) 揭示资产负债表及相关项目的内涵。
(2) 了解企业财务状况的变动情况及变动原因。
(3) 评价企业会计对企业经营状况的反映程度。
(4) 评价企业的会计政策。
(5) 修正资产负债表的数据。

(二) 资产负债表分析的内容

资产负债表的分析内容主要包括资产负债表水平分析、资产负债表垂直分析以及资产负债表项目分析。

1. 资产负债表水平分析

(1) 资产负债表水平分析表的编制。将分析期的资产负债表各项目数值与基期(上年或计划、预算)数进行比较,计算出变动额、变动率以及该项目对资产总额、负债总额和所有者权益总额的影响程度。

(2) 资产负债表变动情况的分析评价。

① 从投资或资产角度进行分析评价:分析总资产规模的变动状况以及各类、各项资产的变动状况;发现变动幅度较大或对总资产影响较大的重点类别和重点项目;分析资产变动的合理性与效率性;考察资产规模变动与所有者权益总额变动的适应程度,进而评价企业财务结构的稳定性和安全性;分析会计政策变动的影响。

② 从筹资或权益角度进行分析评价:分析权益总额的变动状况以及各类、各项筹资的变动状况;发现变动幅度较大或对权益影响较大的重点类别和重点项目;注意分析评价表外业务的影响。

(3) 资产负债表变动原因的分析评价。资产负债表的变动原因,可分为负债变动型、追加投资变动型、经营变动型和股利分配变动型。

负债变动型是指在其他权益项目不变时,由于负债的变化引起资产的变动,如果资产的增长完全是由负债的增加引起的,该企业经营规模扩大了,并不代表企业经营出色。追加投资变动型是指由于投资者追加投资或收回投资所引起的资产变动;资产总额的增长是由于追加投资引起的,并不是企业主观努力经营的结果,因此也很难对其做出良好评价。经营变动型是指由于企业经营原因引起的资产变动;盈余公积和未分配利润的增加导致资产增加,其根本原因是企业当年盈利,才能通过提取盈余公积和留存收益来扩大企业经营规模,这理应给予好的评价。股利分配变动型是指在其他权益项目不变时,由于股利分配原因引起资产发生变动。

2. 资产负债表垂直分析

(1) 资产负债表垂直分析表的编制。通过计算资产负债表中各项目占总资产或权益总额的比重,分析评价企业资产结构和权益结构变动的合理程度。

(2) 资产负债表结构变动情况的分析评价。

① 关于资产结构的分析评价：从静态角度观察企业资产的配置情况，通过与行业平均水平或可比企业的资产结构比较，评价其合理性；从动态角度分析资产结构的变动情况，对资产的稳定性做出评价。

② 关于资本结构的分析评价：从静态角度观察资本的构成，结合企业盈利能力和经营风险，评价其合理性；从动态角度分析资本结构的变动情况，分析其对股东收益产生的影响。

（3）资产结构、负债结构、股东权益结构的具体分析评价。

① 关于资产结构的具体分析评价：经营资产与非经营资产的比例关系；固定资产和流动资产的比例关系——适中型、保守型、激进型。流动资产的内部结构与同行业平均水平或财务计划确定的目标为标准。

② 关于负债结构的具体分析评价：负债结构与负债规模；负债结构与负债成本；负债结构与债务偿还期限；负债结构与财务风险；负债结构与经济环境；负债结构与筹资政策。典型负债结构分析评价包括负债期限结构分析评价、负债方式结构分析评价、负债成本结构分析评价。

③ 关于权益结构的具体分析评价：股东权益结构与股东权益总量；股东权益结构与企业利润分配政策；股东权益结构与企业控制权；股东权益结构与权益资本成本；股东权益结构与经济环境。

（4）资产结构与资本结构适应程度的分析评价。

① 保守性结构是指企业全部资产的资金来源都是长期资本，即所有者权益和非流动负债。优点：风险较低。缺点：资本成本较高；筹资结构弹性较弱。适用范围：很少被企业采用。

② 稳健型结构是指非流动资产依靠长期资金解决，流动资产需要长期资金和短期资金共同解决。优点：风险较小，负债资本相对较低，并具有一定的弹性。适用范围：大部分企业。

③ 平衡型结构是指非流动资产用长期资金满足，流动资产用流动负债满足。优点：当二者适应时，企业风险较小，且资本成本较低。缺点：当二者不适应时，可能使企业陷入财务危机。适用范围：经营状况良好，流动资产与流动负债内部结构相互适应的企业。

④ 风险型结构是指流动负债不仅用于满足流动资产的资金需要，且用于满足部分非流动资产的资金需要。优点：资本成本最低。缺点：财务风险较大。适用范围：企业资产流动性很好且经营现金流量较充足。

3. 资产负债表项目分析

（1）主要资产项目分析。

① 货币资金。分析货币资金发生变动的原因，如销售规模变动，信用政策变动，为大笔现金支出做准备，资金调度，所筹资金尚未使用。分析货币资金规模及变动情况与货币资金比重及变动情况是否合理，结合以下因素：货币资金的目标持有量、资产规模与业务量、企业融资能力、企业运用货币资金的能力、行业特点。

② 应收款项。分析应收账款的规模及变动情况；分析会计政策变更和会计估计变更的影响；分析企业是否利用应收账款进行利润调节；关注企业是否有应收账款巨额冲

销行为。

其他应收款：分析其他应收款的规模及变动情况；其他应收款包括的内容；关联方其他应收款余额及账龄；是否存在违规拆借资金；分析会计政策变更对其他应收款的影响。

坏账准备：分析坏账准备的提取方法、提取比例是否合理；比较企业前后会计期间坏账准备提取方法、提取比例是否改变；区别坏账准备提取数变动的原因。

③ 存货。存货构成：存货规模与变动情况分析；存货结构与变动情况分析。

存货计价：分析企业对存货计价方法的选择与变更是否合理；分析存货的盘存制度对确认存货数量和价值的影响；分析期末存货价值的计价原则对存货项目的影响。

④ 固定资产。固定资产规模与变动情况分析：固定资产原值变动情况分析；固定资产净值变动情况分析。

固定资产结构与变动情况分析：分析生产用固定资产与非生产用固定资产之间的比例的变化情况，考察未使用和不需用固定资产比率的变化情况，查明企业在处置闲置固定资产方面的工作是否具有效率；结合企业的生产技术特点，分析生产用固定资产的内部结构是否合理。

固定资产折旧分析：分析企业固定资产折旧方法的合理性；观察固定资产折旧政策是否前后一致；分析企业固定资产预计使用年限和预计净残值确定的合理性。

固定资产减值准备分析：固定资产减值准备变动对固定资产的影响；固定资产可收回金额的确定；固定资产发生减值对生产经营的影响。

（2）主要负债项目变动情况分析。

① 短期借款。短期借款变动原因：流动资金需要；节约利息支出；调整负债结构和财务风险；增加企业资金弹性。

② 应付账款及应付票据。变动原因：销售规模的变动；充分利用无成本资金；供货方商业信用政策的变动；企业资金的充裕程度。

③ 应交税费和应付股利。主要分析：有无拖欠税款现象；对企业支付能力的影响。

④ 其他应付款。分析重点：其他应付款规模与变动是否正常；是否存在企业长期占用关联方企业的现象。

⑤ 长期借款。影响长期借款变动的因素有：银行信贷政策及资金市场的供求情况；企业长期资金需要；保持权益结构稳定性；调整负债结构和财务风险。

⑥ 或有负债及其分析。通过会计报表附注，披露或有负债形成的原因、性质、可能性及对报告期后公司财务状况、经营成果和现金流量的可能影响。

第二节 利 润 表

利润表是反映企业在一定期间经营成果的财务报表。在利润表上，要反映企业在一个会计期间所有的收入和所有的费用，并求出报告期的利润额。通过利润表，可以了解企业利润（或亏损）的形成情况，分析、考核企业的经营目标及利润计划的执行结果，分析企业利润增减变动的原因；通过利润表提供的不同时期的比较数字（本月数、本年累计数、上年数），可以评价企业的经营成果和投资效率，分析企业的获利能力以及未来一定时期内的盈利趋势。

一、利润表的结构和内容

利润表的结构有单步式和多步式两种。我国企业的利润表一般采用多步式。下面主要介绍多步式。

多步式利润表采用上下加减的报告式结构，并根据各行业生产经营的特点，分为多个步骤计算经营成果。其步骤和内容如下。

第一步，营业收入。

第二步，确定营业利润。即以营业收入为基础，减去营业成本、税金及附加、管理费用、销售费用、财务费用、勘探费用、资产减值损失，加投资收益以及影响营业利润的其他科目，计算出营业利润。

第三步，确定利润总额。即以营业利润为基础，减去所得税，计算出利润总额。

第四步，确定净利润。即以利润总额为基础，减去所得税，加影响净利润的其他科目，计算出净利润（或亏损）。

利润表的各项目都是根据有关科目的实际发生额填列的。佛山市金银河智能装备股份有限公司2017—2018年利润表内容及结构如表2-2所示（表中数字精确到小数点后三位）。

表2-2 佛山市金银河智能装备股份有限公司2017—2018年利润表　　　　单位：万元

利　润　表	2018年	2017年
营业总收入	64 180	48 980
营业收入	64 180	48 980
营业总成本	61 110	46 280
营业成本	47 530	36 630
研发费用	3 391	1 928
营业税金及附加	545.2	520.5
销售费用	3 084	2 222
管理费用	3 987	2 756
财务费用	997.3	561.4
资产减值损失	1571	1 664
其他经营收益		
营业利润	5440	4 460
加：营业外收入	66.34	1 198
其中：非流动资产处置利得	—	—
减：营业外支出	23.37	2.072
其中：非流动资产处置净损失	—	—
利润总额	5 483	5 657
减：所得税费用	858.2	906.3
净利润	4 625	4 750

续表

利 润 表	2018年	2017年
其中：归属于母公司股东的净利润	4 636	4 746
少数股东损益	-11.62	3.933
扣除非经常性损益后的净利润	3 886	3 462
每股收益		
基本每股收益	0.62	0.66
稀释每股收益	0.62	0.66
综合收益总额	4 625	4 750
归属于母公司所有者的综合收益总额	4 636	4 746
归属于少数股东的综合收益总额	-11.62	3.933

二、利润表的分析

（一）利润表分析的目的

（1）能了解企业利润的构成及主要来源。
（2）能了解成本支出数额及成本支出的构成。
（3）能了解企业收益水平。

（二）利润表分析的类型

（1）总体分析，分析企业的盈利状况和变化趋势。
（2）结构分析，通过利润构成的结构分析，分析企业持续产生盈利的能力、利润形成的合理性。
（3）财务比率分析，利用财务比率指标分析。
（4）项目分析，对企业经营成果产生较大影响的项目和变化幅度较大的项目进行具体分析。主要的项目有营业收入、营业成本、销售费用、管理费用、财务费用、投资收益、所得税费用等。

对利润表进行分析，主要从以下两方面入手。

（1）收入项目分析。公司通过销售产品、提供劳务取得各项营业收入，也可以将资源提供给他人使用，获取租金与利息等营业外收入。收入的增加，则意味着公司资产的增加或负债的减少。记入收入账的包括当期收讫的现金收入，应收票据或应收账款，以实际收到的金额或账面价值入账。

（2）费用项目分析。费用是收入的扣除，费用的确认、扣除正确与否直接关系到公司的盈利。所以分析费用项目时，应首先注意费用包含的内容是否适当，确认费用应贯彻权责发生制原则、历史成本原则、划分收益性支出与资本性支出的原则等；其次，要对成本费用的结构与变动趋势进行分析，分析各项费用占营业收入的百分比，分析费用结构是否合理，对不合理的费用要查明原因。同时对费用的各个项目进行分析，看看各个项目的增减变动趋势，以此判定公司的管理水平和财务状况，预测公司的发展前景。对于财务主管而言，固定成本与变动成本之间的区别很重要。这有助于区分影响成本变动的重要因素，有利于提高成本管理水平和决策水平。

第三节 现金流量表

一、基本概念

（一）现金

现金是指企业的库存现金以及可以随时用于支付的存款。

会计上所说的现金通常是指企业的库存现金。而现金流量表中的"现金"不仅包括"现金"科目核算的库存现金，还包括企业"银行存款"科目核算的存入金融企业、随时可以用于支付的存款，也包括"其他货币资金"科目核算的外埠存款、银行汇票存款、银行本票存款和在途货币资金等其他货币资金。应注意的是，银行存款和其他货币资金中有些不能随时用于支付的存款。如不能随时支取的定期存款等，不应作为现金，而应列作投资；提前通知金融企业便可支取的定期存款，则应包括在现金范围内。

（二）现金等价物

现金等价物是指企业持有的期限短、流动性强、易于转换为已知金额现金、价值变动风险很小的投资。现金等价物虽然不是现金，但其支付能力与现金的差别不大，可视为现金。如企业为保证支付能力，手持必要的现金，为了不使现金闲置，可以购买短期债券。在需要现金时，随时可以变现。

一项投资被确认为现金等价物必须同时具备四个条件：期限短、流动性强、易于转换为已知金额现金、价值变动风险很小。其中，期限短一般是指从购买日起，3个月内到期。例如，可在证券市场上流通的3个月内到期的短期债券投资等。

二、现金流量表的结构和内容

现金流量表是反映企业一定时期内现金的流入、流出及其增减变化的报表。

现金流量的内容包括三类，即经营活动产生的现金流量、投资活动产生的现金流量、筹资活动产生的现金流量。

（一）经营活动产生的现金流量

（1）销售商品、提供劳务收到的现金。当期销售货款或提供劳务收到的现金可用如下公式计算得出：

销售商品、提供劳务收到的现金＝当期销售商品或提供劳务收到的现金收入＋
当期收到前期的应收账款＋
当期收到前期的应收票据＋当期的预收账款－
当期因销售退回而支付的现金＋
当期收回前期核销的坏账损失

(2) 收到的租金。本项目反映企业收到的经营租赁的租金收入。

(3) 收到的增值税销项税额和退回的增值税款。

(4) 收到的除增值税以外的其他税费返还。

(5) 购买商品、接受劳务支付的现金。企业当期购买商品、接受劳务支付的现金可通过以下公式计算得出：

购买商品、接受劳务支付的现金 = 当期购买商品、接受劳务支付的现金 +

　　　　　　　　　　　　　　当期支付前期的应付账款 +

　　　　　　　　　　　　　　当期支付前期的应付票据 + 当期预付的账款 –

　　　　　　　　　　　　　　当期因购货退回收到的现金

(6) 经营租赁所支付的现金、支付给职工以及为职工支付的现金。本项目反映企业以现金方式支付给职工的工资和为职工支付的其他现金。

(7) 支付的增值税款。

(8) 支付的所得税款。

(9) 支付的除增值税、所得税以外的其他税费。

(10) 支付的其他与经营活动有关的现金。

除上述主要项目外，企业还有一些项目，如管理费用等现金支出，可在"支付其他与经营活动有关的现金"项目中反映。

（二）投资活动产生的现金流量

(1) 收回投资所收到的现金。

(2) 分得股利或利润所收到的现金。

(3) 取得债券利息收入所收到的现金。本项目反映企业债券投资所取得的现金利息收入，包括在现金等价物范围内的债券投资，其利息收入也应在本项目中反映。

(4) 处置固定资产、无形资产和其他长期资产而收到的现金净额。本项目反映出售固定资产、无形资产和其他长期资产所取得的现金扣除为出售这些资产而支付的有关费用后的净额，还包括固定资产报废、毁损的变卖收益以及遭受灾害而收到的保险赔偿收入等。

(5) 购建固定资产、无形资产和其他长期资产所支付的现金。

(6) 权益性投资所支付的现金。

(7) 债权性投资所支付的现金。

(8) 其他与投资活动有关的现金收入与支出。

（三）筹资活动产生的现金流量

(1) 吸收权益性投资所收到的现金。本项目反映企业通过发行股票等方式筹集资本所收到的现金。其中，股份有限公司公开募集股份，须委托金融企业进行公开发行。由金融企业直接支付的手续费、宣传费、咨询费、印刷费等费用，从发行股票取得的现金收入中扣除，以净额列示。

(2) 发行债券所收到的现金。本项目反映企业发行债券等筹集资金收到的现金，以发行债券实际收到的现金列示。委托金融企业发行债券所花费的费用，应与发行股票所花费的费用一样处理，即发行债券取得的现金，应以扣除代理发行公司代付费用后的净额列示。

（3）借款收到的现金。

（4）偿还债务所支付的现金。

（5）发生筹资费用所支付的现金。本项目反映企业为发行股票、债券或向金融企业借款等筹资活动发生的各种费用，如咨询费、公证费、印刷费等。这里所说的现金支出是指资金到达企业之前发生的前期费用，不包括利息支出和股利支出。前述委托金融企业发行股票或债券而由金融企业代付的费用，应在筹资款项中抵扣，不包括在本项目内。

（6）分配股利或利润所支付的现金。

（7）偿付利息所支付的现金。

（8）融资租赁所支付的现金。

（9）减少注册资本所支付的现金。企业由于经营状况发生变化，如发生重大亏损短期内无力弥补或缩小经营规模等，企业经向有关部门申请可依法减资。因缩小经营规模而由股东抽回资本所发生的现金支出，在本项目反映。

（10）与筹资活动有关的其他现金收入与支出。

具体现金流量的计算与应用可参见本书第十三章。

现金流量表的结构包括现金流量表正表和补充资料两部分。

现金流量表正表部分以"现金流入-现金流出=现金流量净额"为基础，采取多步式，分项报告企业经营活动、投资活动和筹资活动产生的现金流入量和流出量。

现金流量表补充资料部分又细分为三部分：第一部分是不涉及现金收支的投资和筹资活动；第二部分是将净利润调节为经营活动的现金流量，即所谓现金流量表编制的净额法；第三部分是现金及现金等价物的净增加情况。

佛山市金银河智能装备股份有限公司 2017—2018 年现金流量表内容及结构如表 2-3 所示（表中数字精确到小数点后三位）。

表 2-3　佛山市金银河智能装备股份有限公司 2017—2018 年现金流量表　　单位：万元

经营活动产生的现金流量	2018 年	2017 年
销售商品、提供劳务收到的现金	48 480	30 340
收到的税费返还	1 544	1507
收到其他与经营活动有关的现金	1 005	1 895
经营活动现金流入小计	51 030	33 740
购买商品、接受劳务支付的现金	28 720	21 560
支付给职工以及为职工支付的现金	7 974	5 984
支付的各项税费	5271	4 070
支付其他与经营活动有关的现金	5 259	3 426
经营活动现金流出小计	47 220	35 040
经营活动产生的现金流量净额	3 802	-1 301

续表

经营活动产生的现金流量	2018年	2017年
投资活动产生的现金流量		
处置固定资产、无形资产和其他长期资产收回的现金净额	1 800	—
收到其他与投资活动有关的现金	—	1 032
投资活动现金流入小计	1 800	1 032
购建固定资产、无形资产和其他长期资产支付的现金	19 010	10 060
取得子公司及其他营业单位支付的现金净额	—	232.3
支付其他与投资活动有关的现金		
投资活动现金流出小计	19 010	10 290
投资活动产生的现金流量净额	-19 000	-9 257
筹资活动产生的现金流量		
吸收投资收到的现金	—	18 210
取得借款收到的现金	35 420	16 920
收到其他与筹资活动有关的现金	15 830	4 812
筹资活动现金流入小计	51 250	39 940
偿还债务支付的现金	19 730	10 320
分配股利、利润或偿付利息支付的现金	1 984	1 572
支付其他与筹资活动有关的现金	19 590	6 614
筹资活动现金流出小计	41 310	18 510
筹资活动产生的现金流量净额	9 945	21 430
汇率变动对现金及现金等价物的影响	5.79	-11.12
现金及现金等价物净增加额	-5 257	10 870
加：期初现金及现金等价物余额	12 790	19 190
期末现金及现金等价物余额	753	12 790

三、现金流量表的分析

财务人员在分析现金流量表时，主要应注意该表所反映出的以下经济信息。

（1）现金流量表能够说明企业一定期间内现金流入和流出的原因。例如，企业当期从银行借入1 000万元，偿还银行利息6万元。在现金流量表的筹资活动产生的现金流量中分别反映借款1 000万元，支付利息6万元。这些信息是资产负债表和利润表所不能提供的。

（2）现金流量表能够说明企业的偿债能力和支付股利的能力。通常情况下，报表阅读者比较关注企业的获利情况，并且往往以获利的多少作为衡量标准，企业获利的多少在一定程度上表明了企业具有一定的现金支付能力。但是，企业一定期间内获得的利润并不代表企业真正具有偿债能力或支付能力。在某些情况下，虽然企业利润表上反映的经营业绩很可观，但财务困难，不能偿还到期债务；还有些企业虽然利润表上反映的经营成果并不可观，但却有足够的偿付能力。产生这种情况有诸多原因，其中会计核算采用的权责发生制、配比原则等所含的估计因素也是其主要原因之一。现金流量表完全以现金的收支为基础，消除了由于会计核算采用的估计等所产生的获利能力和支付能力。通过现金流量表能够了解企业现金流入的构成，分析企业偿债和支付股利的能力，增强投资者的投资信心和债权人收回债权的信心。

（3）现金流量表能够分析企业未来获取现金的能力。现金流量表中的经营活动产生的现金流量，代表企业运用其经济资源创造现金流量的能力，便于分析一定期间内产生的净利润与经营活动产生现金流量的差异；投资活动产生的现金流量，代表企业运用资金产生现金流量的能力；筹资活动产生的现金流量，代表企业筹资获得现金的能力。通过现金流量表及其他财务信息，可以分析企业未来获取或支付现金的能力。例如，企业通过银行借款筹得资金，从本期现金流量表中反映为现金流入，但却意味着未来偿还借款时要流出现金。又如，本期应收未收的款项，在本期现金流量表中虽然没有反映为现金的流入，却意味着未来将会有现金流入。

（4）现金流量表能够分析企业投资和理财活动对经营成果和财务状况的影响。资产负债表能够反映企业一定日期的财务状况，它所提供的是静态的财务信息，并不能反映财务状况变动的原因，也不能表明这些资产、负债给企业带来多少现金，又用去多少现金；利润表虽然反映企业一定期间的经营成果，提供动态的财务信息，但利润表只能反映利润的构成，也不能反映经营活动、投资和筹资活动给企业带来多少现金，又支付多少现金，而且利润表不能反映投资和筹资活动的全部事项。现金流量表提供一定时期现金流入和流出的动态财务信息，表明企业在报告期内由经营活动、投资和筹资活动所获得的现金，企业获得的这些现金是如何运用的，说明资产、负债及净资产的变动原因，可以对资产负债表和利润表起到补充说明的作用，是联系资产负债表和利润表的桥梁。

（5）现金流量表能够提供不涉及现金的投资和筹资活动的信息。现金流量表除了反映企业与现金有关的投资和筹资活动外，还通过附注方式提供不涉及现金的投资和筹资活动方面的信息，使会计报表使用者能够全面了解和分析企业的投资和筹资活动。值得注意的是，虽然通过对现金流量表的分析能够给广大报表使用者提供大量有关企业财务方面，尤其是关于企业现金流动方面的信息，但这并不意味着对现金流量表进行分析就能够替代对其他会计报表的分析，现金流量表分析只是企业财务分析的一个方面。而且，同任何分析一样，现金流量表分析也有其局限性。

第四节 所有者权益变动表

一、所有者权益变动表的含义和内容

所有者权益变动表是反映公司本期（年度或中期）内至截至期末所有者权益变动情况的报表。其中，所有者权益变动表应当全面反映一定时期所有者权益变动的情况。所有者权益变动表一般应该反映以下事项。

（1）所有者权益总量的增减变动。

（2）所有者权益增减变动的重要结构性信息。
（3）直接计入所有者权益的利得和损失。
在所有者权益变动表中，企业还应当单独列示下列信息。
（1）净利润。
（2）直接计入所有者权益的利得和损失项目及其总额。
（3）会计政策变更和差错更正的累积影响金额。
（4）所有者投入资本和向所有者分配利润等。
（5）提取的盈余公积。
（6）实收资本或股本、资本公积、盈余公积、未分配利润的期初和期末余额及其调节。

其中，反映"直接计入所有者权益的利得和损失"的项目即为其他综合收益项目。
所有者权益变动表以矩阵的形式列示：一方面，列示导致所有者权益变动的交易或事项，即所有者权益变动的来源，对一定时期所有者权益的变动情况进行全面反映；另一方面，按照所有者权益各组成部分（即实收资本、资本公积、盈余公积、未分配利润和库存股）列示交易或事项对所有者权益各部分的影响。

二、所有者权益变动表的分析

（一）所有者权益变动表分析的目的

所有者权益变动表分析，是通过所有者权益的来源及其变动情况，了解会计期间内影响所有者权益增减变动的具体原因，判断构成所有者权益各个项目变动的合法性与合理性，为报表使用者提供较为真实的所有者权益总额及其变动信息。

具体而言：
（1）通过分析，可以清晰地体现会计期间构成所有者权益各个项目的变动规模与结构。
（2）通过分析，可以进一步从全面收益角度报告更全面、更有用的财务业绩信息，以满足报表使用者投资、信贷及其他经济决策的需要。
（3）通过分析，可以反映会计政策变更的合理性，反映会计差错更正的幅度，具体报告由于会计政策变更和会计差错更正对所有者权益的影响数额。
（4）通过分析，可以反映由于股权分置、股东分配政策、再筹资方案等财务政策对所有者权益的影响。

（二）所有者权益变动表分析的内容

（1）所有者权益变动表的水平分析。所有者权益变动表的水平分析是将所有者权益各个项目的本期数与基准进行对比（可以是上期数等），揭示公司当期所有者权益各个项目的水平及其变动情况，解释公司净资产的变动原因，借以进行相关决策的过程。

（2）所有者权益变动表的垂直分析。所有者权益变动表的垂直分析是将所有者权益各个子项目变动占所有者权益变动的比重予以计算，并进行分析评价，揭示公司当期所有者权益各个项目的比重及其变动情况，解释公司净资产构成的变动原因，借以进行相关决策的过程。

（3）所有者权益变动表的主要项目分析。所有者权益变动表的主要项目分析，是将组成所有者权益主要项目进行具体剖析对比，分析其变动成因、合理合法性、有否人为操控的迹象等事项的过程。

净利润与所有者权益变动额之间的关系（从上到下）：

  净利润
  + 直接计入所有者权益的利得
  - 直接计入所有者权益的损失
  + 会计政策和会计差错更正的累积影响
  + 股东投入资本
  - 向股东分配利润
  - 提取盈余公积
  = 本期所有者权益变动额

（4）管理层相关决策对所有者权益影响的分析。如对派现与送股股利政策的分析。派现与送股对公司所有者权益的影响：派现会导致公司现金流出，减少公司的资产和所有者权益规模，降低公司内部筹资的总量，既影响所有者权益内部结构，也影响整体资本结构。送股是一种比较特殊的股利形式，它不直接增加股东的财富，不会导致企业资产的流出或负债的增加，不影响公司的资产、负债及所有者权益总额的变化，所影响的只是所有者权益内部有关各项目及其结构的变化，即将未分配利润转为股本（面值）或资本公积（超面值溢价）。

表 2-4 是一张某企业所有者权益变动的样表。

表 2-4 所有者权益变动表

会企 04 表

编制单位：   年度   单位：元

项 目	本 年 金 额						上 年 金 额					
	实收资本（或股本）	资本公积	减：库存股	盈余公积	未分配利润	所有者权益合计	实收资本（或股本）	资本公积	减：库存股	盈余公积	未分配利润	所有者权益合计
一、上年年末余额												
加：会计政策变更												
前期差错更正												
二、本年年初余额												
三、本年增减变动金额（减少以"-"号填列）												
（一）净利润												

续表

项 目	本 年 金 额						上 年 金 额					
	实收资本（或股本）	资本公积	减：库存股	盈余公积	未分配利润	所有者权益合计	实收资本（或股本）	资本公积	减：库存股	盈余公积	未分配利润	所有者权益合计
（二）直接计入所有者权益的利得（损失）												
1.可供出售金融资产公允价值变动净额												
2.权益法下被投资单位其他所有者权益变动的影响												
3.与计入所有者权益项目相关的所得税影响												
4.其他												
上述（一）和（二）小计												
（三）所有者投入和减少资本												
1.所有者投入资本												
2.股份支付计入所有者权益的金额												
3.其他												
（四）利润分配												
1.提取盈余公积												
2.对所有者（或股东）的分配												
3.其他												
（五）所有者权益内部结转												
1.资本公积转增资本（或股本）												
2.盈余公积转增资本（或股本）												
3.盈余公积弥补亏损												
4.其他												
四、本年年末余额												

第五节 财务报表分析

一、四张财务报表之间的关系

四张财务报表的数字并不是孤立存在的,它们之间存在着内在逻辑联系或生成关系。例如,资产负债表中的期末"未分配利润"= 利润表中的"净利润"+资产负债表中的"未分配利润"的期初数。

资产负债表中的期末"应交税费"= 应交增值税（按利润表计算本期应交增值税）+ 应交城建税教育附加（按利润表计算本期应交各项税费）+ 应交所得税（按利润表计算本期应交所得税）。这几项还必须与现金流量表中支付的各项税费项目相等。

现金流量表中的"现金及现金等价物净增加额"= 资产负债表中的"货币资金"期末金额-期初金额等。下面通过图 2-1 表示四张财务报表之间的基本关系。

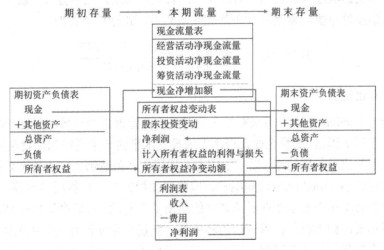

图 2-1 四张财务报表之间的基本关系

二、财务比率分析

财务比率分析法是利用财务报表提供的信息,对财务报表信息进行重新加工、处理、识别,主要从以下五个方面来分析企业的财务业绩。

（1）短期偿债能力——企业偿付短期债务的能力。

（2）营运能力——企业运营资产的能力。

（3）长期偿债能力——企业对债务融资的依赖程度。

（4）盈利能力——企业的盈利水平。

（5）价值——企业的价值。

企业的管理当局经常要评价企业的经营状况,而财务报表并没有直接给出以上五个方面指标的答案。尽管如此,财务报表提供了有用的信息。下面简要介绍主要财务比率分析。

（一）短期偿债能力

短期偿债能力（short-term solvency）比率衡量企业承担经常性财务负担（即偿还流动负债）的能力。企业若有足够的现金流量，就不会造成债务违约，可避免陷入财务困境。衡量会计流动性时最常用的指标是流动比率和速动比率。

流动比率（current ratio）可以反映短期偿债能力。一般认为，生产企业合理的最低流动比率是 2。影响流动比率的主要因素一般认为是营业周期、流动资产中的应收账款数额和存货周转速度。其计算公式为

$$\text{流动比率} = \frac{\text{流动资产}}{\text{流动负债}} \tag{2-1}$$

速动资产意味着能够快速变现的资产。而存货由于种种原因变现能力较差，通常被认为是流动性最差的资产。因此把存货从流动资产中减去后得到的速动比率（quick ratio）反映的短期偿债能力更令人信服。一般认为，企业合理的最低速动比率是 1。但是，行业对速动比率的影响较大。例如，商店几乎没有应收账款，比率会大大低于 1。影响速动比率的可信度的重要因素是应收账款的变现能力。其计算公式为

$$\text{速动比率} = \frac{\text{速动资产}}{\text{流动负债}} = \frac{\text{流动资产} - \text{存货}}{\text{流动负债}} \tag{2-2}$$

（二）营运能力

营运能力（activity）比率用来衡量企业对资产的管理是否有效。企业在资产上的投资水平取决于诸多因素。衡量企业在资产上的投资水平的一个逻辑起点就是将资产与当年的销售收入相比得出周转率，以便了解企业运用资产创造销售收入的有效程度。一般包括总资产周转率（total asset turnover）、应收账款周转率、存货周转率等。

总资产周转率用来表示企业对总资产的运用是否有效。若资产周转率高，说明企业能有效地运用资产创造收入；若资产周转率低，则说明企业没有充分利用资产的效能，因而必须提高销售额，或削减部分资产。这一指标的行业差异非常大。其计算公式为

$$\text{总资产周转率} = \frac{\text{销售收入总额}}{\text{平均资产总额}} \tag{2-3}$$

应收账款周转率（receivable turnover）和平均收账期（averages collection period）提供了有关企业应收账款管理方面的信息。这些比率的实际意义在于它们反映了企业的信用政策。如果企业的信用政策较宽松，其应收账款额就会较高。在判断企业应收账款的账龄是否过长时，财务分析人员常用的一条经验是，应收账款的平均收账期应不超过企业信用条件所允许的付款期 10 天。其计算公式为

$$\text{应收账款周转率} = \frac{\text{销售收入总额}}{\text{平均应收账款余额}} \tag{2-4}$$

$$\text{平均收账期} = 360 \text{ 天} / \text{应收账款周转率} \tag{2-5}$$

存货周转率（inventory turnover）等于产品销售成本除以平均存货。因为存货是按历史成本记录的，所以必须根据产品的销售成本而不是销售收入（销售收入中含有销售毛利，与存货不相匹配）来计算。用一年的天数除以存货周转率可以得到存货周转天数，存货周转天数是指从存货的购买到销售所用的天数，在零售与批发商业企业被称为"存货周期"。其计算公式为

$$存货周转率 = \frac{产品销售成本}{平均存货} \tag{2-6}$$

存货周转率衡量了存货生产及销售的速度，它主要受产品制造技术的影响。另外，存货周转率还与产成品的耐腐蚀性有关。存货周转天数（days in inventory）大幅度增加，可能表明企业存在大量未销的产成品，或企业的产品组合中生产周期较长的产品变得更多。其计算公式为

$$存货周转天数 = \frac{360天}{存货周转率} \tag{2-7}$$

存货的估价方法对周转率的计算有实质性影响，财务分析人员应关注不同的存货估价方法以及这些方法是如何影响存货周转率的。

（三）长期偿债能力

长期负债通常会产生一种杠杆效应。财务杠杆（financial leverage）与企业债务融资和权益融资的多少有关。财务杠杆可以作为一种工具来衡量企业在债务合同上违约的可能性。企业的债务越多，其不能履行债务责任的可能性越大。换句话说，过多的债务将很可能导致企业丧失清偿能力，陷入财务困境。

从好的方面来看，债务又是一种重要的筹资方式，并因其利息可在税前扣减而具有节税的好处。企业运用债务融资可能会造成债权人与权益投资者之间的矛盾，债权人希望企业投资于风险较低的项目，而权益投资则偏好冒风险的行为。

负债比率（debt ratio）又称为资产负债率，它反映了企业负债在总资产中的比重，即负债总水平。在一定意义上，它既反映了企业运用财务杠杆的能力，也反映了企业的偿债能力和资产质量。显然，负债水平过高或过低，对企业来说可能都不是好事。企业应结合自己的发展战略、经营目标、经营状况、资金需求以及资金成本等确定合理的负债规模。其计算公式为

$$负债比率 = \frac{总负债}{总资产} \tag{2-8}$$

负债权益比率（debt-to-equity ratio）又称为产权比率，而权益乘数（equity multiplier）又称为权益倍数。它们反映了在企业资产中由债权人提供的资产与股东提供的资产之间的对比关系，也反映了企业对债权人权益的保障程度，是衡量企业长期偿债能力的另一个重要指标。其计算公式为

$$负债权益比率 = \frac{总负债}{总权益} \qquad (2\text{-}9)$$

$$权益乘数 = \frac{总资产}{总权益} \qquad (2\text{-}10)$$

利息保障倍数（interest coverage）等于利润（息税前）除以利息。这一比率着重反映企业所赚取的利润对利息费用的偿付能力。其计算公式为

$$利息保障倍数 = \frac{息税前利润}{利息费用} \qquad (2\text{-}11)$$

确保利息费用的支付是企业避免破产而力所必求的，利息保障倍数直接反映了企业支付利息的能力。计算该比率时若从利润中减去折旧，在分母中加上其他财务费用（如本金支付和租赁费支付），计算结果将更具现实意义。

（四）盈利能力

企业的盈利能力（profitability）很难加以定义和衡量，没有一种方法能告诉我们根据某一单一指标就可以明确地判断企业是否具有较强的盈利性。

用会计方法衡量企业盈利能力存在的一个最大的概念性问题是没能给出一个用于比较的尺度。从经济意义上来看，只有当企业的盈利率大于投资者自己能够从资本市场上赚取的盈利利率时，才能说企业具有较强的盈利能力，而会计衡量方法无法做出这种比较。用来衡量盈利能力的会计比率主要有以下几种。

销售净利润率是指企业实现的净利润与总销售收入的比率，用来衡量企业在一定时期的销售收入获取利润的能力。其计算公式为

$$销售净利润率 = \frac{净利润}{总销售收入} \qquad (2\text{-}12)$$

资产收益率（Return On Assets，ROA）是衡量企业管理绩效的一个常见指标，是利润与平均总资产的比率，包括税前的（资产净收益率）和税后的（资产总收益率）。其计算公式为

$$资产净收益率 = \frac{净利润}{平均总资产} \qquad (2\text{-}13)$$

$$资产总收益率 = \frac{息税前利润}{平均总资产} \qquad (2\text{-}14)$$

净资产收益率（Return On Equity，ROE）是反映企业盈利能力的一个公认指标。其计算公式为

$$净资产收益率（ROE）= \frac{净利润}{平均净资产} \qquad (2\text{-}15)$$

（五）可持续增长率

财务分析中一个非常重要的比率是可持续增长率（sustainable growth rate），这是企业在不提高财务杠杆的情况下所能达到的最高增长率。其计算公式为

$$可持续增长率 = 净资产收益率（ROE）\times 留存收益比率 \qquad (2\text{-}16)$$

（六）市场价值比率

普通股股票的每股市场价格是买卖双方在进行股票交易时确定的。上市公司普通股权益的市场价值=普通股每股市场价格×发行在外的股数。反映公司市场价值的指标有市盈率、股利支付率、市值与账面价值比以及托宾Q比率等。

市盈率（price-to-earnings ratio）一方面反映了股票价格与价值的背离程度，又在一定程度上反映了股票在市场上的供给与需求情况（即所谓的冷与热）。因此，常用来反映股票市场上某家公司股票价值被高估或低估。在新股发行时，也常用来对新股进行估值。但市盈率究竟多少是适合的并没有一个统一的标准。其计算公式为

$$市盈率（P/E）= \frac{每股市价}{每股净利润} \qquad (2\text{-}17)$$

股利支付率（payout ratio）是企业当期（年度）支付的每股现金股利除以每股净利润。其计算公式为

$$股利支付率 = \frac{每股现金股利}{每股净利润} \qquad (2\text{-}18)$$

股利支付率与市场对企业未来前景的预期有关，有好的增长前景的企业股利收益率一般较低。

市值与账面价值比（market-to-book value），简称市值面值比，又称为资产倍率。

$$市值与账面价值比（M/B）= 每股市场价格/每股账面价值 \qquad (2\text{-}19)$$

托宾Q比率（Tobin-Q）：与M/B相类似，在托宾Q比率的计算中，用企业负债的市场价值和权益的市场价值之和代替了M/B比率计算公式中的企业资产的市场价值。

$$托宾Q = \frac{企业（负债加权益的）市场价值}{企业的重置价值} \qquad (2\text{-}20)$$

托宾Q比率与M/B比率的差异在于，托宾Q比率用的是债务的市场价值加权益的市场价值，并用全部资产的价值代替了历史成本。

显然，① 当$Q<1$时，即企业市价小于企业重置价值（又称重置成本），经营者将倾向于通过收购来建立企业，从而实现企业扩张。企业不会购买新的投资品，因此投资支出会降低。② 当$Q>1$时，企业市价高于企业的重置价值成本，企业发行较少的股票而买到较多的投资品，投资支出会增加。③ 当$Q=1$时，企业投资和资本成本达到某种动态均衡。

托宾 Q 比率事实上就是股票市场对企业资产价值与生产这些资产的成本的比值进行估算。Q 值高意味着有较高的产业投资收益率,此时企业发行的股票市场价值大于资本的重置成本,企业有强烈的进入资本市场变现套利动机;当 Q 值较大时,企业会选择将金融资本转换为产业资本;而当 Q 值较小时,企业会将产业资本转换成金融资本,即继续持有股票或选择增持股票。总之,托宾 Q 比率高的企业一般有着诱人的投资机会或显著的竞争优势。

以上简要的讨论表明,会计报表提供了有关企业价值的重要信息,财务分析人员和管理者应当懂得如何通过对财务报表数据的重新整理来最大限度地获取有用的信息。特别需要指出的是,财务比率概括地反映了企业的流动性、营运能力、财务杠杆及盈利能力,并尽可能地利用市场价值。在分析和解释财务报表时,还应谨记以下两点。

(1)用净资产收益率等衡量盈利性的指标来反映企业绩效时,存在一些潜在的缺陷,即未考虑风险和现金流量的时间性。

(2)各财务比率之间是相互联系的。例如,净资产收益率是由销售利润率、资产周转率和财务杠杆三个方面决定的。

表 2-5 为佛山市金银河智能装备股份有限公司 2018 年度综合能力指标。

表 2-5 公司综合能力指标 单位:人民币元

项目	报告期	2018 年度	项目	报告期	2018 年度
投资与收益	基本每股收益(元)	0.62	盈利能力	净利润率(%)	7.22
	每股净资产(元)	6.1227		总资产报酬率(%)	5.07
	净资产收益率—加权平均(%)	10.61	经营能力	存货周转率	3.78
	扣除后每股收益(元)	0.52		固定资产周转率	8.18
偿债能力	流动比率(倍)	1.49		总资产周转率	0.7
	速动比率(倍)	1.23	资本构成	净资产比率(%)	44.45
	应收账款周转率(次)	6.52		固定资产比率(%)	8.16
	资产负债比率(%)	55.55			

三、杜邦分析法

杜邦分析法主要解决的是各种财务比率之间的内在联系,同时针对传统财务分析体系的局限性做了一系列改进,逐步形成了一个新的分析体系。杜邦财务分析体系覆盖了资产负债表与利润表,将多个财务比率联系在一起,又称为"以净资产收益率为核心的财务分析体系"。这种分析方法最早由美国杜邦公司使用,故名杜邦分析法。杜邦分析法是一种用来评价公司盈利能力和股东权益回报水平,从财务角度评价企业绩效的一种经典方法。其基本思想是将企业净资产收益率逐级分解为多项财务比率乘积,这样有助于深入分析比较企业经营业绩。

杜邦财务分析体系可用下面的公式表示：

$$\text{净资产收益率（ROE）} = \frac{\text{净利润}}{\text{平均净资产}}$$

$$= \frac{\text{净利润}}{\text{总销售收入}} \times \frac{\text{总销售收入}}{\text{平均总资产}} \times \frac{\text{平均总资产}}{\text{平均净资产}} \quad (2\text{-}21)$$

$$= \text{销售净利润率} \times \text{总资产周转率} \times \text{权益乘数}$$

式中的销售净利润率又可以分解为成本利润率、期间费用收入比率、销售利润比重、销售收入（营业收入）增长率等几个指标；总资产周转率又可以分解为流动资产周转率、应收账款周转率、存货周转率、非流动资产周转率等；权益乘数又可以分解为资产负债率、流动比率、速动比率、利息保障倍数等。因此，这种分析体系实际上涵盖了企业的盈利能力分析、资产运营能力分析和偿债能力分析。

佛山市金银河智能装备股份有限公司2018年度的杜邦分析如图2-2所示。

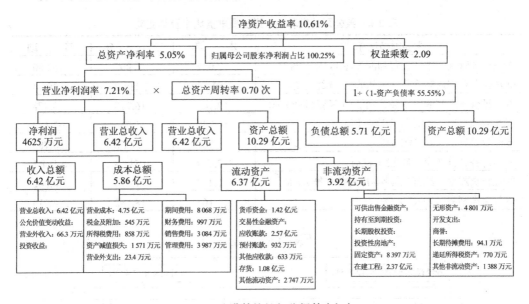

图2-2 改进前的杜邦分析基本框架

杜邦分析法的局限性：从企业绩效评价的角度来看，杜邦分析法只包括财务方面的信息，不能全面反映企业的实力，有很大的局限性，在实际运用中需要加以注意，必须结合企业的其他信息加以分析。主要表现在以下几方面。

（1）对短期财务结果过分重视，有可能助长公司管理层的短期行为，忽略企业长期的价值创造。

（2）财务指标反映的是企业过去的经营业绩，衡量工业时代的企业能否满足要求。但在目前的信息时代，顾客、供应商、雇员、技术创新等因素对企业经营业绩的影响越来越大，而杜邦分析法在这些方面是无能为力的。

（3）在目前的市场环境中，企业的无形资产对提高企业长期竞争力至关重要，杜邦分析法却不能解决无形资产的估值问题。

为了部分克服传统杜邦分析法的局限性,以及更加紧密地与企业财务决策相联系,逐渐产生了改进后的杜邦分析体系。

改进后的杜邦分析体系仍基于杜邦分析法原理,其核心公式为

$$\begin{aligned}权益净利率 &= \frac{税后经营利润}{股东权益} - \frac{税后利息}{股东权益} \\ &= \frac{税后经营利润}{净经营资产} \times \frac{净经营资产}{股东权益} - \frac{税后利息}{净负债} \times \frac{净负债}{股东权益} \quad (2-22) \\ &= 净经营资产利润率 + (净经营资产利润率 - 税后利息率) \times 净财务杠杆\end{aligned}$$

根据该公式,权益净利率的高低取决于三个驱动因素:净经营资产利润率、税后利息率和净财务杠杆。下面是某公司经计算后的有关财务指标,如表2-6所示。根据表2-6,可以列出改进后的杜邦分析基本框架如图2-2所示。

表2-6 某公司基期和上一期主要财务比率及其变动

主要财务比率	本 年	上 一 年	变 动
①税后经营利润率(经营利润/销售收入)/%	7.027	7.907	-0.880
②净经营资产周转次数(销售收入/净经营资产)	1.813 8	2.114 2	-0.300 4
③净经营资产利润率(经营利润/净经营资产)/%	12.745	16.718	-3.973
④税后利息率(售后利息/净负债)/%	10.778	13.966	-3.188
⑤经营差异率(③-④)/%	1.967	2.752	-0.785
⑥净财务杠杆(净负债/股东权益)	0.722 9	0.531 8	0.191 1
⑦杠杆贡献率(经营差异率×净财务杠杆)/%	1.422	1.464	-0.042
⑧权益净利率(③+⑦)/%	14.167	18.182	-4.015

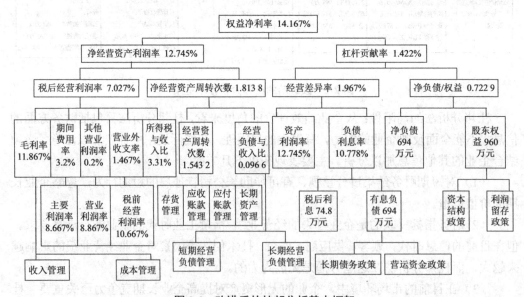

图2-3 改进后的杜邦分析基本框架

四、比较分析法

比较分析方法是通过对财务报表的各项指标进行比较,来分析判断企业财务状况和经营成果及其变化情况,并据以预测未来趋势的方法。

比较分析方法可分为绝对数比较和相对数比较。

绝对数比较是将一个企业连续数期的资产负债表或利润表排列在一起并设增减栏,列示增减金额(以某一年的数据作为基数,也可以分别以前一年作为基数)。通过绝对数比较就可以分析出报告期与基期各指标的绝对变化。

相对数比较是通过对比各指标之间的比例关系和在整体中所占的相对比重来揭示企业财务状况和经营成果。这种分析方法是将某一关键指标的金额作为比较标准,将其余指标与标准指标进行计算比较百分比,然后将几年的百分比进行比较,分析其未来的变化发展趋势。

比较分析法包括趋势分析法和结构分析法。

(一)趋势分析法

趋势分析法是将同一企业不同时期或同行业不同企业的各财务指标进行对比分析,来判断企业的经营成果和财务状况发展趋势的分析方法。

趋势分析法又可分为纵向比较和横向比较。

纵向比较是将同一企业连续数期的各财务指标进行比较,以基期为标准来判断分析企业的财务状况和经营成果等。

横向比较是同行业的不同企业之间进行各指标比较,首先要确定各指标的标准水平,可以是行业的平均水平,也可以是行业的最佳水平,然后将目标企业的指标与标准指标进行比较分析,将企业与其他同行业企业进行比较,可以准确反映企业在该行业的地位,了解该企业在各指标的优势和劣势。

(二)结构分析法

结构分析法是将企业的财务报表中的各指标与某一关键指标进行对比分析,分析各项目所占的比重。结构分析资产负债表时就可将总资产、负债总额、所有者权益总额作为100%,再计算各项目占总资产、总负债等的比重,从而了解各项目的构成情况。结构分析利润表时,可将营业收入列为100%,然后计算各费用占营业收入的比例。

结构分析法对行业间比较尤为有用,因为不同企业的财务报表用结构分析进行比较(各个企业的规模基数不同,直接比较没有意义),才能反映出企业间的差异。

本章小结

1. 本章主要介绍了四大财务主表——资产负债表、利润表、现金流量表和所有者权益变动表的原理、结构、编制的方法及分析。

2. 资产负债表是反映企业在某一特定日期财产状况的静态报表,编制的主要依据是会计学的基本等式:资产=负债+所有者权益,一般较多采用账户式结构。

3．利润表是反映企业在一定期间经营成果的财务报表，利润表的结构有单步式和多步式两种，我国企业的利润表一般采用多步式。

4．现金流量表是反映企业一定时期内现金的流入、流出及其增减变化的报表。

5．所有者权益变动表是反映公司本期（年度或中期）内截至期末所有者权益变动情况的报表。

6．本章还介绍了财务比率分析法，利用财务报表信息，从短期偿债能力、营运能力、长期偿债能力、获利能力、价值等五个方面来分析企业的财务业绩。

7．本章也简要介绍了杜邦财务分析体系。

复习思考题

1．编制资产负债表、利润表、现金流量表和所有者权益变动表的原理和方法是什么？
2．如何分析企业的资产负债表、利润表、现金流量表？
3．在对企业进行财务绩效分析时，应从哪几方面展开分析？
4．如何计算公司价值？如何对企业价值进行分析？
5．什么是杜邦分析体系？其优点和作用是什么？
6．根据云南白药2018年度报表，试采用改进后的杜邦分析体系进行财务分析。网站链接：www.yunnanbaiyao.com.cn。

练习题

1．某公司流动资产由速动资产和存货构成，年初存货为145万元，年初应收账款为125万元，年末流动比率为3，年末速动比率为1.5，存货周转率为4次，年末流动资产余额为270万元。一年按360天计算。要求：

（1）计算该公司流动负债年末余额。

（2）计算该公司存货年末余额和年平均余额。

（3）计算该公司本年销货成本。

（4）假定本年赊销净额为960万元，应收账款以外的其他速动资产忽略不计，计算该公司的应收账款周转期。

2．某商业企业年度销售收入净额为200万元，销售成本为1 600万元，年初、年末应收账款余额分别为200万元和400万元；年初、年末存货余额分别为200万元和600万元；年末速动比率为1.2，年末现金流动负债比率为0.7。假定该企业流动资产由速动资产和存货组成，速动资产由应收账款和现金资产组成，一年按360天计算。要求：

（1）计算应收账款周转天数。

（2）计算存货周转天数。

（3）计算年末流动负债余额和速动资产余额。

（4）计算年末流动比率。

案例　并非越大越好

安德瑞于 2014 年开了一家名为 Quickfix 的汽车零部件商店。安德瑞曾经在一家汽车特许经销店工作了 15 年，起初是一名技师，后来成为零部件商店的经理。他深谙汽车服务这个竞争激烈的行业的重要性，并且与经销商和服务技师建立了广泛的联系，这为他经营自己的零售商店提供了很大便利。几年来，安德瑞的商店业务发展得很快，在经营到第 3 年时，商店规模已经扩大到原来的两倍多。而且，有关未来几年行业形势和当地经济发展状况的预测相当乐观，安德瑞相信他的销售额将以当前的速度甚至更快的速度增长。

然而，在扩张业务时，安德瑞已经用光了他手头的大部分资金，而且他充分认识到，未来的发展必须依靠从外部筹集来的资金。安德瑞所担心的是过去两年来商店的净利润是负数，并且，他的现金流量状况很糟糕（如表 2-7、表 2-8 所示）。他想，最好仔细研究一下公司的财务状况，如果可能，尽量在供应商发现之前想办法改善。

安德瑞的财务和会计知识比较有限。他招聘了一名叫朱安的二年级 MBA 学生，他有会计专业的本科学历，对专门研究财务很感兴趣。在朱安开始实习时，安德瑞详细地解释了他的担忧："我必须要为今后的发展筹集资金，但就我目前的盈利情况来看，希望很渺茫。我找不出问题的根源，但是银行需要一些令人信服的证据来证明应该为我提供贷款。因此，我希望能采取一些具体的补救措施。希望你能帮我理清头绪，朱安。"朱安回答："可以试试。"

表 2-7　Quickfix 汽车零部件商店资产负债表　　　　　　　　　　单位：万元

年度项目	2014 年	2015 年	2016 年	2017 年	2018 年
资产：					
现金及有价证券	15.5	30.909 9	7.594 8	2.882 6	1.842 5
应收账款	1.0	1.2	2.0	7.765 3	9.007 8
存货	25.0	27.0	50.0	52.0	56.0
流动资产合计	41.5	59.109 9	59.594 8	62.648 0	66.850 3
固定资产	25.0	25.0	50.0	50.0	50.0
累计折旧	−2.5	−5.0	−10.0	−15.0	−20.0
固定资产净值	22.5	20.0	40.0	35.0	30.0
资产总计	64.0	79.109 9	99.594 8	97.648 0	96.850 3
负债及所有者权益：					
短期银行存款	15.0	14.5	14.0	14.8	14.8
应付账款	1.0	1.050 6	1.999 8	1.599 5	1.679 5
应计费用	0.5	0.51	0.733 1	0.930 1	1.162 6
流动负债合计	16.5	16.060 6	16.732 9	17.329 6	17.642 1
长期银行贷款	10.0	9.8	19.6	19.0	18.3
抵押	3.836 6	17.3	27.1	26.8	26.4
长期债务	13.836 6	27.1	46.7	45.8	44.7
总负债合计	30.336 6	43.160 6	63.432 9	63.129 6	62.342 1
普通股（10 万股）	32.0	32.0	32.0	32.0	32.0
未分配利润	1.663 4	3.949 3	4.161 9	2.518 4	2.508 2
权益净值	33.663 4	35.949 3	36.161 9	34.518 4	34.508 2
负债及所有者权益总计	64.0	79.109 9	99.594 8	97.648 0	96.850 3

表 2-8 Quickfix 汽车零部件商店利润表　　　　　　　　　　　单位：万元

年度 项目	2014 年	2015 年	2016 年	2017 年	2018 年
销售收入	60.0	65.5	78.0	87.36	101.337 6
产品成本	48.0	53.71	65.52	74.256	86.137
总利润	12.0	11.79	12.48	13.104	15.200 6
销售管理费用	3.0	1.534 5	1.688 1	4.368 0	4.053 5
折旧	2.5	2.5	5.0	5.0	5.0
杂费	0.202 7	0.355 7	0.572 5	1.747 2	1.520 1
总费用	5.702 7	4.390 2	7.260 6	11.115 2	10.573 6
息税前利润	6.297 3	7.399 8	5.219 4	1.988 8	4.627 0
短期贷款利息	1.5	1.595	1.4	1.332 0	1.332 0
长期贷款利息	0.8	0.784 0	1.568 0	1.520 0	1.464 0
抵押利息	1.225 0	1.211 0	1.897	1.876	1.848
总利息	3.525	3.59	4.865	4.728	4.644
税前利润	2.772 3	3.809 8	0.354 4	-2.739 2	-0.017
所得税	1.108 9	1.523 9	0.141 8	-1.095 7	-0.006 8
净利润	1.663 4	2.285 9	0.212 6	-1.643 5	-0.010 2
红利					
留存收益	1.663 4	2.285 9	0.212 6	-1.643 5	-0.010 2
每股利润（10 万股）	0	0	0	0	

讨论：

（1）在过去的 5 年里，Quickfix 汽车零部件商店的销售平均复合增长率与利润增长率相比如何？

（2）为了对公司的财务状况做出公平的评价，朱安应该查阅哪个报表，并编制哪些报表？试解释原因。

（3）为了准确掌握 Quickfix 汽车零部件商店的经营业绩，朱安应该进行哪些计算？

（4）朱安知道，他应该将 Quickfix 汽车零部件商店的情况与一个适当的基准作比较，他将如何获得必要的比较数据？

（5）除了与基准相比较，朱安还需要进行哪些其他方面的分析，才能全面分析公司的状况？完成你所建议的分析，并评价你的发现。

（6）评价 Quickfix 汽车零部件商店的流动性、资产利用效率、长期偿债能力和盈利比率。为了使银行相信应该为 Quickfix 汽车零部件商店提供贷款，需要提供哪些理由？

（7）如果你是银行的信贷员，正在考虑向安德瑞提供 25 万元的短期贷款，你会做出什么决策？为什么？

（8）如果需要，朱安应该提出怎样的改进建议？

（9）你认为在对 Quickfix 汽车零部件商店的财务报表进行全面分析时，朱安会遇到哪些问题？一般来说，财务报表分析的局限性是什么？

第二篇　估价理论与方法

▶▶　第三章　货币时间价值
▶▶　第四章　风险和收益
▶▶　第五章　证券估价

第三章 货币时间价值

本章学习目标

- 了解货币时间价值的含义。
- 理解货币时间价值对理财决策的意义。
- 掌握复利现值与终值的计算。
- 掌握各种年金现值与终值的计算。
- 学会应用 Excel 工具进行有关时间价值的计算。

第一节 货币时间价值概述

在现代市场经济中，货币时间价值（time value of money）是一个最基本的概念，也是现代财务管理的基本观念之一。它涉及所有的理财活动和理财决策，因此被人们称为理财的第一原则。

一、什么是货币时间价值

经济学原理告诉我们，货币是用来充当一般等价物的特殊商品，它具有价值尺度、交易媒介、支付手段和储藏手段等基本职能。货币的时间价值是指一定量的货币在不同的时间具有不同的价值，即货币在流通过程中会随着时间的推移而发生价值的增减，不同时间段的等额货币的实际价值是不一样的。货币之所以具有时间价值，反映了货币这一特殊商品的稀缺性。货币具有商品属性，它也受货币的供给与需求关系的影响。因此，与其他商品一样，相对于经济活动中人们的需要或欲望来说，货币具有多用途性和稀缺性，它是一种特殊的稀缺资源。

货币具有时间价值，反映了如下一些事实。

（1）时间价值反映了货币所有权让渡的补偿。当人们把手里的钱（货币）借给银行或他人时，货币的所有权与使用权就暂时分离了。在市场经济中，钱不能白借，借钱者要支付给所有者一定的利息，作为对其货币所有权暂时让渡的一种补偿，也意味着借钱者所应付出的代价。

（2）时间价值反映了消费者购买力交换的回报。拥有一定量货币的消费者，放弃现在的消费，而推迟到将来进行消费，这样消费者的购买力就发生了转移。对消费者来说，同样一笔钱在目前消费与在将来消费在效用上是不一样的。因此，时间价值就反映了这种购买力转移的回报。有了这种回报，消费者在现在消费与在将来消费才是无差异的。

（3）时间价值反映了使用或不使用货币时的机会成本（或损失），这种成本又称为时间的机会成本。货币是稀缺的、多用途的，也可以跨时期使用。按照现代经济学中机会成本的观念，将货币这种稀缺资源用于一种用途而放弃在其他用途上的最大价值，就是使用（或不使用）货币的机会成本。因此，当你有了一笔钱，没有把它投资到某一赚钱的领域，而把它锁在家里时，就意味着你放弃了许多其他挣钱的机会，因此，就产生了持有（或使用）货币的机会成本。

因此，货币及其派生物（如资本、资金等）随着时间的变化，应该具有时间价值，其核心思想是反映了货币（或资本）的稀缺性和机会成本的价值观念。

货币具有时间价值，至少可以体现在如下三个方面。

（1）货币可用于投资、借贷、跨期消费等，这些可以使货币所有者获得利润、利息或回报、更大的效用满足等，从而在将来拥有更多的货币量。

（2）货币的购买力会因物价水平（如通货膨胀、通货紧缩）的变化而随时间改变，现在的一元钱与将来的一元钱不是等价的。

（3）未来的预期收益具有不确定性，考虑到货币的机会成本的投资决策，在计算未来收益时，必须考虑随时间变化的这种收益不确定性，即风险因素。

通常情况下，影响货币资金时间价值大小的因素是多方面的，主要有以下几个：货币资金使用时间长短、货币资金数量的大小、货币资金投入与回收的分布特征和货币资金的周转速度等。

二、货币时间价值的计算

在货币时间价值的计算中，理论和实务中有两种计算方法，即单利和复利。

（一）单利（simple interest）的终值与现值

单利法是指只对本金计算利息，而不将以前计算期的利息累加到本金中，即利息不再生息的一种货币时间价值计算方法。

1. 单利利息的计算

单利利息的计算公式为

$$I = P \cdot i \cdot n \tag{3-1}$$

其中，I 为利息；P 为本金，又称期初金额或现值；i 为利率，通常指每年利息与本金之比，常用百分数表示；n 为时间，常以年、月等为单位。

【例 3-1】王某以活期存款的方式在银行存入 1 000 元，银行的活期存款年利率为 10%，则两年的利息为

$$I = 1\,000 \times 10\% \times 2 = 200（元）$$

2. 单利终值的计算

终值（Future Value）是指在未来某一时点的价值，即未来某一时点的本利和。用符号 FV 表示。单利终值的计算公式为

$$FV = PV + I$$
$$FV = PV(1+i \cdot n) \tag{3-2}$$

根据例 3-1 的资料，可以计算出王某两年后的本利和，即终值为

$$FV = 1\,000 \times (1 + 2 \times 10\%) = 1\,200 \text{（元）}$$

3. 单利现值的计算

在现实中，往往要根据终值来确定其现在的价值，即现值（Present Value）。例如，财政部发行的国债，有时采用贴现发行的方式，即以低于面值的价值发行，到期时按面值偿还，其差额就是购买人的利息收益。这时国库券的面值就相当于终值，面值与发行价之间的差额就是利息，发行价就是现值。发行价的决定，就是已知终值和利率求现值的过程。单利现值的计算公式为

$$PV = FV - I$$
$$PV = FV(1-i \cdot n) \tag{3-3}$$

【例 3-2】 财政部发行半年期的贴现国债，假设月利率为 10‰，那么面值为 1 000 元的国债发行时的价格是

$$PV = 1\,000 \times (1 - 10‰ \times 6) = 940 \text{（元）}$$

（二）复利（compound interest）的终值与现值

复利是计算利息的另一种方法，即每经过一个计息期，要将所生利息加入本金再计算利息，逐期滚算，俗称"利滚利"。这里所说的计息期是指相邻两次计息的时间间隔，如年、月、日等。一般而言，计息期为一年。这种方法在财务管理的价值分析中非常重要。财务管理中的筹资、投资等决策都是建立在复利基础上的。因为企业所进行的投资、筹资等决策都是在连续不断地进行的，其前期所产生的现金流量要重新投入到企业中进行循环运动，所以，在进行财务决策时，必须将复利的概念融入企业管理活动中，这样才能做出正确的决策。

1. 复利终值

复利终值是指一笔投资按一定的复利利率计息，从而在未来某一时间获得的货币总额。

单利与复利的区别就在于一定的结息期所产生的利息的处理方法不同。复利是在单利的基础上增加利息的利息。因此复利终值与单利终值相比，其总额要大。由此推导出复利终值的计算公式为

$$FV = PV(1+i)^n = PV(F/P, i, n) \tag{3-4}$$

其中，$(1+i)^n$ 被称为复利终值系数，用符号 $(F/P, i, n)$ 或 $FVIF_{i,n}$ 表示。

【例 3-3】 假设你 20 岁时存入银行 1 000 元，以 8% 的年利率存 45 年。当你 65 岁

时，账户上会有多少钱呢？其中单利有多少？复利有多少？如果存款的年利率为 9%，你 65 岁时会得到多少钱呢？

解 $FV = 1\,000 \times (1+8\%)^{45} = 1\,000(F/P,8\%,45) = 31\,920$（元）

其中，初始的本金为 1 000 元，复利利息总额为 30 920 元（31 920-1 000），单利利息总额为 3 600 元（45×0.08×1 000），复利利息与单利利息差为 27 320 元。

若利率为 9%，则

$$FV = 1\,000 \times (1+9\%)^{45} = 48\,327 \text{（元）}$$

从本例可以看出，在期限较长的情况下，很小的利率差别就可以导致很大的终值变化。

关于终值的计算，关键是终值系数$(1+i)^n$的计算，可通过多种方法计算：方法一是直接使用计算器；方法二是通过 Excel 中的函数功能；方法三是通过查复利终值系数表，一般的财务管理教材书后都设有附表，鉴于目前使用计算器和 Excel 已十分普遍和方便，本书书后没有附设复利终值系数现值和复利现值系数表等。

2. 复利现值

当计算终值时，同样会遇到这样的问题：为了将来的某一天得到一定量的货币，现在需要投资多少？例如，8 年后需要 10 万元用于孩子的大学教育费，现在必须投资多少钱呢？对这类问题的回答实质上就是现值的计算。

现值的计算是终值计算的逆运算。即计算现在投资多少钱，将来才能得到既定的货币量。

这里的 FV 是已知的，即 8 年后的 10 万元，假设银行存款利率为 10%，那么现在必须存多少钱的问题就很容易计算出来了，即

$$\begin{aligned} PV &= \frac{FV}{(1+i)^n} = FV \times (P/F,i,n) \\ &= 100\,000 / (1+10\%)^8 \\ &= 100\,000 \times (P/F,10\%,8) \\ &= 100\,000 \times 0.466\,5 \\ &= 46\,650 \text{(元)} \end{aligned} \qquad (3\text{-}5)$$

其中，$\dfrac{1}{(1+i)^n}$ 为复利现值系数，它是复利终值系数的倒数，用符号 $(P/F,i,n)$ 或 $PVIF_{i,n}$ 表示。由于折现后的现值比将来值小，此系数恒小于 1，而且随折现率和时期的增加而减少。

3. 名义利率与实际利率

复利计息会导致名义利率和实际利率的不一致。复利的计息期不一定总是一年，有时可能是季度、月或日。当利息在一年内复利多次，给定的年利率叫作名义年利率（Stated Annual Interest Rate，SAR），而按复利计息期重新计算的年利率称为实际年利率（Effective Annual Interest Rate，EAR）。

【例 3-4】 本金 1 000 元，投资 5 年，年利率 8%，每季复利一次，则

每季度利率=8%÷4=2%　　复利次数=5×4=20

$FV = 1\,000 \times (1+2\%)^{20} = 1\,000 \times (F/P, 2\%, 20) = 1\,000 \times 1.486 = 1\,486$（元）

当一年内复利多次时，实际得到的利息要比按名义（年）利率计算的利息高。名义利率与实际利率之间的关系是

$$i = \left(1 + \frac{r}{m}\right)^m - 1 \tag{3-6}$$

其中，r 为名义（年）利率；m 为每年复利次数；i 为实际（年）利率。

将例 3-4 的数据代入式（3-6）得

$$i = (1 + 8\%/4)^4 - 1 = 1.082\,4 - 1 = 8.24\%$$

即名义年利率为 8%，而实际年利率为 8.24%。

上面说的利率实际上并没有考虑通货膨胀对利率的影响。在存在通货膨胀情况下，按名义利率计算的货币时间价值（如终值、利息等）会大打折扣，因为通货膨胀意味着货币的价值将随着时间的推移而贬值。在考虑通货膨胀时，名义利率和实际利率是不一致的。名义利率是银行及金融机构公布的利率，而实际利率是考虑通货膨胀影响（剔除通货膨胀率）后所得回报的真实利率（消除通货膨胀后的实际购买力的变化）。名义利率、实际利率和通货膨胀率之间的关系可用公式表示为

1+名义利率=(1+实际利率)×(1+通货膨胀率)

即

$$1 + r_m = (1 + r_e) \times (1 + p) \tag{3-7}$$

这里，r_m 为名义利率，r_e 为实际利率，p 为通货膨胀率。

该式可简化式为（由于 $r_e p$ 很小）

$$r_m \approx r_e + p \tag{3-8}$$

即　　　　　　　　　　名义利率=实际利率+通货膨胀率

这就是著名经济学家费雪提出的"费雪效应"，它揭示了通货膨胀率预期与名义利率之间的关系。根据式（3-7）：当通货膨胀率预期上升时，名义利率也将上升。在某一时期，如果实际利率不变（即人们的实际购买力不变），则当通货膨胀率变化时，为了弥补通货膨胀给人们带来的损失，名义利率——也就是银行公布的利率会随之而变化。此时，名义利率的上升幅度与通货膨胀率完全相等，这个结论就称为费雪效应（Fisher Effect）或者费雪假设（Fisher Hypothesis）（即实际利率不因通货膨胀率而波动）。

【例 3-5】 有一件物品一年后价值 100 元，假设名义利率为 10%，通货膨胀率为 7%。问：（1）实际利率是多少？（2）如果你现在想购买该物件，你愿意支付多少？

解　（1）由式（3-7），可得

实际利率 $r_e = (1+10\%)/(1+7\%) - 1 = 2.8\%$

或者，由式（3-8）得

$$\text{实际利率 } r_e \approx 10\% - 7\% = 3\%$$

（2）如果只按名义利率计算，该物件100元的现值=100/(1+10)=90.91元；当考虑通货膨胀时，该物件100元的现值=100/(1+7%)=93.46元，所以如果按实际利率计算，该物件的实际价值=93.46/(1+2.8%)=90.91元。两种方法得到的结果相同。

这里需注意，在计算现值时，现金流量与折现率之间应该保持一致性：名义（用现行货币计量的）现金流量应该以名义利率折现；而实际现金流量应该以实际利率折现。

（三）其他计算

这里仅以复利的计算为例，介绍在给定终值及现值的情况下，如何计算利率和期限。

1. 复利利率（贴现率）的计算

根据式（3-4）有

$$i = (FV/PV)^{1/n} - 1 = \sqrt[n]{FV/PV} - 1 \tag{3-9}$$

【例3-6】 李某现存入银行20 000元，要想在5年之后得到本利和30 000元，则存款利率应为多少？

解 由式（3-9）可得

$$i = (FV/PV)^{1/n} - 1 = 1.5^{1/5} - 1 = 8.447\%$$

2. 期限的计算

同样根据式（3-9）有

$$n = \frac{\ln(FV/PV)}{\ln(1+i)} \tag{3-10}$$

【例3-7】 李某将20 000元投资于一种固定收益的投资基金，假设每年的投资回报为10%，则经过多少年后才可能使投资额增加一倍？

解 由式（3-10）可得

$$n = \ln(FV/PV)/\ln(1+i) = \ln(2)/\ln(1+10\%) = 7.27 \text{（年）}$$

有一个常用的经验公式，称为72法则（72' law）。即使资金倍增所要求的利率（i）或投资期数（n），它们的关系可近似地表示为

$$i \approx 72/n \quad \text{或} \quad n \approx 72/i \tag{3-11}$$

其中，i为不带百分号的年利率。

仍以例3-7为例，根据式（3-11），使资金倍增所要求的期限为

$$n \approx 72/i = 72/10 = 7.2 \text{（年）}$$

即按年投资回报10%计算，将20 000元投资于固定收益的基金，大约经过7.2年就可能使投资额变为40 000元。与按式（3-10）计算的结果基本相同。

【例3-8】 李某用10万元购买一只股票，5年后把它卖出，得到20万元，即他在5年内使钱倍增。问：（1）李某的实际投资收益率是多少？（2）李某所要求的最低投

资收益率是多少?（3）如果不进行该项投资,而把这 10 万元钱用于储蓄,年利率为 6%。则需要等多长时间才能使资金倍增?

解 （1）实际投资收益率为

$$r = (20-10)/10 \times 100\% = 100\%$$

（2）根据 72 法则,使资金倍增所要求的最低收益率为

$$i \approx 72/n = 72/5 = 14.4\%$$

（3）根据 72 法则,使资金倍增所要求的期限为

$$n \approx 72/i = 72/6 = 12 （年）$$

第二节　年金现值与终值的计算

上述现值和终值的计算中,现金流量只在某一年发生。实际上企业的现金流量每年都产生,形成收入或支付序列。这些等额、定期的系列收支,称为年金（annuity）。例如,分期付款购货、分期偿还贷款、养老金发放等,都属于年金收付形式。年金根据其系列收付款项的发生时间不同可分为普通年金、预付年金、递延年金和永续年金四种。

一、普通年金（ordinary annuity）的终值与现值

普通年金又称为后付年金,是指其系列收付款项的发生在每期期末。

（一）普通年金终值

普通年金终值是指其最后一次支付时的本利和,它是每次支付的复利终值之和。

【例 3-9】 假设在第 1~5 年每年年末等额存入银行 600 元,年利率为 10%,按年计算复利,那么,在第 5 年年末的银行存款额将是多少?

其年金发生情况如图 3-1 所示。

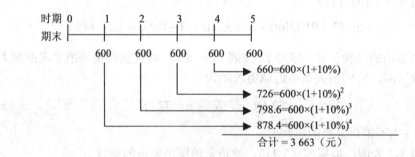

图 3-1　普通年金终值的现金流

上述计算过程的一般表达式为

$$FV_A = A\sum_{t=1}^{n}(1+i)^{t-1} \tag{3-12}$$

其中,FV_A 为年金终值;A 为每期期末等额支付的金额;i 为利率;n 为期数。

根据等比级数求和公式，式（3-12）最终可写成

$$FV_A = A \cdot \left[\frac{(1+i)^n - 1}{i}\right] = A(F/A, i, n) \tag{3-13}$$

代入本例的数据可得

$$FV_A = 600 \times [(1+10\%)^5 - 1]/10\% = 600 \times 6.105 = 3\,663（元）$$

其中，$\frac{(1+i)^n - 1}{i}$ 称为年金终值系数，用符号 $(FV/A, i, n)$ 或 $(F/A, i, n)$ 或 $FVIFA_{i,n}$ 表示。可以直接计算得到，也可以通过查年金终值系数表的方法得到（本书没有设此附表）。

例 3-9 是已知 $(F/A, i, n)$、A，求 FV_A。如果已知 $(F/A, i, n)$、FV_A 求 A，就得到偿债基金，即为使年金终值达到既定金额每年应支付的年金数额。

由

$$FV_A = (FV/A, i, n) \cdot A = (F/A, i, n) \cdot A$$

有

$$A = FV_A / (FV/A, i, n) = FV_A / (F/A, i, n) \tag{3-14}$$

其中，$1/(F/A, i, n)$ 为偿债基金系数，它是年金终值系数的倒数，记为 $(A/F, i, n)$。

（二）普通年金现值

普通年金现值是指为在每期期末取得相等金额的款项，现在需投入的金额。

【例 3-10】假定从现在开始做一项投资，希望从一年后的每年年末有收益 600 元，若期望的投资收益率是 10%，则现在应该投入多少钱？计算过程如图 3-2 所示。

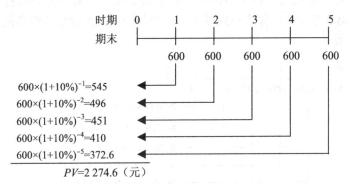

图 3-2　普通年金现值的现金流

由此可推导出普通年金现值的一般公式为

$$PV_A = A \sum_{t=1}^{n} \frac{1}{(1+i)^t}$$
$$= A \cdot \frac{1-(1+i)^{-n}}{i} = A \cdot (PV_A/A, i, n) = A \cdot (P/A, i, n) \tag{3-15}$$

其中，$\frac{1-(1+i)^{-n}}{i} = \frac{1}{i} - \frac{1}{i(1+i)^n}$ 称为普通年金现值系数，记为 $(P/A, i, n)$ 或 $(PV_A/A, i, n)$ 或 $PVIFA_{i,n}$，同样，它既可以直接计算得到，也可以通过 Excel 或查表的方法得到。在

进行年金现值的计算中,只要给出三个变量,就可以求出另一个值。另外,$1/(P/A,i,n)$为资本回收系数,它是年金现值系数的倒数,记为$(A/P,i,n)$。

【例 3-11】 如果你现在 65 岁,正考虑自己是否应该到保险公司购买年金。你只要支付 1 万元,保险公司就会在你的余生中每年支付你 1 000 元。如果你将这笔钱存入银行账户,每年可以获得 8%的利息。假定你可以活到 80 岁,试确定你是否值得购买该年金。

解 要分析购买年金是否合适,问题的关键在于计算年金的现值,并将它与投资的 1 万元进行比较。如果年金的现值大于 1 万元,则进行的年金投资就是有利的。计算如下。

假设这里是普通年金,从你 66 岁开始到 80 岁期间,保险公司将要支付 15 次 1 000 元。以贴现率每年 8%计算,其现值为

$$PV = 1\,000 \times \left[\frac{1-(1-8\%)^{-15}}{8\%}\right] = 1\,000 \times (PV_A, 8\%, 15) = 8\,559.48(元)$$

换句话说,要想今后 15 年每年获得 1 000 元,只要现在按年利率 8%在银行账户上存入 8 559.48 元即可。因此,该年金的投资是不合适的。

二、预付年金(annuity due)的现值与终值

预付年金是指每期系列等额支付的款项发生在每期的期初,又称预付年金或即付年金。

(一)预付年金终值

假设你现在做一项投资,每年年初存入银行 600 元,存期 5 年,银行存款利率为 10%,那么,到第 5 年年末,你将得到多少?这个问题就是预付年金终值的问题,其支付方式如图 3-3 所示。

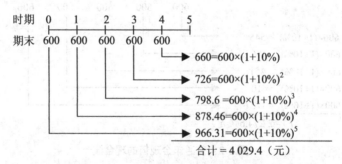

图 3-3 预付年金终值的现金流

预付年金终值的计算公式为

$$FV_A = A \sum_{t=1}^{n}(1+i)^t \\ = A \cdot (FV/A, i, n) \cdot (1+i) \tag{3-16}$$

需指出,预付年金终值与普通年金(后付年金)终值的区别是计算终值的时间点不同。普通年金的终值是在最后一笔现金流发生的那一刻计算的,而预付年金的终值是在

最后一笔现金流发生的那一期的期末计算的。因此，预付年金终值比普通年金终值多计算一期。n 期预付年金的终值等于相应年期普通年金终值再复利一年。用公式表示为

$$FV_A = A \cdot (FV/A, i, n) \cdot (1+i) = A \times (F/A, i, n) \times (1+i)$$

或
$$FV_A = A \cdot (FVIFA_{i,n+1}) - A = A[(F/A, i, n+1) - 1] \qquad (3\text{-}17)$$

式中，$(F/A, i, n)$，$FVIFA_{i,n+1}$ 和 $(F/A, i, n+1)$ 为 n 期和 $n+1$ 期的普通年金终值系数。在例 3-9 中，普通年金终值为 3 663 元，则预付年金终值 FV_A=普通年金终值×(1+10%) = 3 663×1.1= 4 029.4 元。或者，预付年金终值 FV_A= 600×{[(1+10%)^6 −1]/10%−1} = 4 029.4 元。

（二）预付年金现值

正如求一次支付或收入的现值一样，每年等额的款项收付也要计算现值。假定现在要做一项投资，希望从第 1 年到第 5 年，每年年初均有 600 元收入。若预期收益率为 10%，则现在应该投入多少才合适？这个问题就是预付年金现值的计算问题，其现金流量方式如图 3-4 所示。

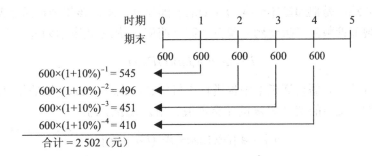

图 3-4 预付年金现值的现金流

预付年金现值的计算公式为

$$\begin{aligned} PV_A &= A \sum_{t=1}^{n-1} (1+i)^{-t} \\ &= A + A\frac{1}{(1+i)} + A\frac{1}{(1+i)^2} + \cdots + A\frac{1}{(1+i)^{n-1}} \\ &= (PV/A, i, n) \cdot A \cdot (1+i) = A \times (P/A, i, n) \times (1+i) \end{aligned} \qquad (3\text{-}18)$$

预付年金现值与普通年金现值的区别是：在计算普通年金现值时，现金流被认为是发生在每期期末，而计算现值的时间点在第一笔现金流量的那一期的期初；在计算预付年金现值时，现金流被认为是发生在每期的期初，而计算现值的时间点也就在第一笔现金流量发生的那一刻。因此，可以把预付年金现值看成是普通年金现值再复利一年。

其计算公式为

$$PV_A = A \cdot (PV/A, i, n) \cdot (1+i) = A \cdot (P/A, i, n) \cdot (1+i)$$

或
$$PV_A = A \cdot (PVIFA_{i,n-1} + 1) = A \cdot [(P/A, i, n-1) + 1] \qquad (3\text{-}19)$$

式中，$(P/A,i,n)$ 和 $PVIFA_{i,n-1}$ 为 n 期和 $n-1$ 期的普通年金现值系数。例 3-10 中，普通年金现值为 2 274.6 元，则预付年金现值=普通年金现值×(1 + 10%)=2 274.6 × 1.1 = 2 502 元。或者，$PV_A = 600×[(PV/A,10\%,4)+1] = 600×(3.169\ 8+1) = 2\ 502$ 元。

三、递延年金（deferred annutity）的现值与终值

递延年金是指距现在若干期以后发生的每期期末收付的年金。递延年金的支付形式如图 3-5 所示。

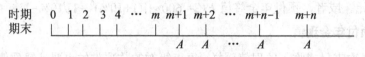

图 3-5　递延年金的现金流

从图 3-5 中可以看出，前 m 期没有发生支付，在第 m 期以后才发生支付。一般用 m 表示递延期，n 表示年金支付期数。

递延年金现值的计算方法有以下两种。

第一种方法，是把递延年金视为 n 期的普通年金，求出该年金在递延期末的现值，然后再将此现值调整到（折现到）现在（第一期初）。用公式表示为

$$PV=A(P/A,i,n)(P/F,i,m) \qquad (3\text{-}20)$$

第二种方法，是假设递延期中也进行支付年金，先求出$(m+n)$期的年金现值，然后再减去实际并未支付的递延期 m 的年金现值。用公式表示为

$$PV =A [(P/A,i,m+n)-(P/A,i,m)] \qquad (3\text{-}21)$$

【例 3-12】某公司拟购置一处房产，房主提出两种付款方案：（1）从现在起，每年年初支付 20 万元，连续付 10 次，共 200 万元。（2）从第 5 年开始，每年年初支付 25 万元，连续支付 10 次，共 250 万元。假设该公司的资本成本率（即最低收益率）为 10%，你认为该公司应选择哪个方案？

解　（1）方案 1 为预付年金（即预付年金），则预付年金现值为

$PV=20×(P/A,10\%,10)×(1+10\%)$ 或 $PV_A =20×[(P/A,10\%,9)+1]=135.18$（万元）

（2）方案 2 为递延年金，递延期是 3（由于是先付年金，视为第 4 年年末已产生现金流），普通年金个数为 10 个，则递延年金现值为

$PV=25×(P/A,10\%,10)×(P/F,10\%,3)=115.41$（万元）

或　　　$PV=25×[(P/A,10\%,13)-(P/A,10\%,3)]=115.41$（万元）

或先求 10 年先付年金现值为 168.98，再折现 4 年，即 $168.98/(1+10\%)^4=115.41$（万元）
故该公司应选择第二种方案。

递延年金终值的计算，即为 n 期的普通年金，用公式表示为

$$FV= A(F/A,i,n) \qquad (3\text{-}22)$$

四、永续年金（perpetual annuity）

无限期定额支付的年金，称为永续年金。现实中的存本取息、养老金等，都可视为永续年金的例子。

永续年金没有到期日，也就没有终值。永续年金的现值可通过普通年金现值的计算公式导出：

$$PV = \frac{A}{1+i} + \frac{A}{(1+i)^2} + \frac{A}{(1+i)^3} + \cdots + \frac{A}{(1+i)^n} + \cdots$$

这是一个无穷级数，当 $n \rightarrow \infty$ 时，上式变为

$$PV = \frac{A}{i} \tag{3-23}$$

由于实际增长因素或通货膨胀因素等原因，常涉及现金流随着时间而增长的情况。因此，在年金的计算中，常遇到"增长年金"，它是一种在有限时期内增长的现金流。设年金为 A，其每年增长率为 g，期限为 n，则增长年金的现值为

$$\begin{aligned} PV &= \frac{A}{1+i} + \frac{A(1+g)}{(1+i)^2} + \frac{A(1+g)^2}{(1+i)^3} + \cdots + \frac{A(1+g)^{n-1}}{(1+i)^n} \\ &= \frac{A}{1+i}[1 + \frac{(1+g)}{(1+i)} + \frac{(1+g)^2}{(1+i)^2} + \cdots + \frac{(1+g)^{n-1}}{(1+i)^{n-1}}] \\ &= \frac{A}{i-g}[1-(\frac{1+g}{1+i})^n] \end{aligned} \tag{3-24}$$

当 $n \rightarrow \infty$ 时，就变成永续增长的年金，这时式（3-24）变为

$$PV = \frac{A}{i-g} \tag{3-25}$$

这里要求年金的增长率 g 小于利率 i。

附录 3-1   Excel 在时间价值计算中的应用

通过 Excel 工具，可以方便地进行财务管理中与时间价值有关的各种计算。计算的方法有以下两种。

一是根据已有的终值或现值公式，对于给定的利率、期限、终值或现值，利用 Excel 中的公式编辑器计算生成，并利用填充柄功能来计算现值或终值。这里不作具体介绍。

二是直接利用 Excel 中的函数功能计算。这里只简单介绍一下具体的操作步骤：打开 Excel 工作表→选择"插入"菜单下的 f_x 函数→在选择类别中选择"财务"命令，然后开始具体的计算。

1. 复利现值的计算

f_x 函数 → "财务" → 在下拉菜单中选择 "PV" → "确定" → 在弹出的对话框中输

入:"rate"(利率)、"Nper"(期限)、"终值(FV)"→"确定"。

2. 复利终值的计算

f_x函数→"财务"→在下拉菜单中选择"FV"→"确定"→在弹出的对话框中输入:"rate"(利率)、"Nper"(期限)、"现值(PV)"→"确定"。

3. 还款期数的计算(固定利率、等额分期付款)

f_x函数→"财务"→在下拉菜单中选择"Nper"→"确定"→在弹出的对话框中输入:"rate"(利率)、"Pmt"(各期偿还额)、"现值(PV)"→"确定"。

4. 年金现值的计算

f_x函数→"财务"→在下拉菜单中选择"PV"→"确定"→在弹出的对话框中输入:"rate"(利率)、"Nper"(期限)、"Pmt"(年金A)、"type"(年金类型,普通年金为0,预付年金为1)→"确定"。

5. 年金终值的计算

f_x函数→"财务"→在下拉菜单中选择"FV"→"确定"→在弹出的对话框中输入:"rate"(利率)、"Nper"(期限)、"Pmt"(年金A)、"type"(年金类型,普通年金为0,预付年金为1)→"确定"。

6. 贷款还款额的计算(固定利率、等额分期偿还)

f_x函数→"财务"→在下拉菜单中选择"Pmt"→"确定"→在弹出的对话框中输入:"rate"(利率)、"Nper"(期限)、"现值(PV)"→"确定"。

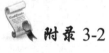

附录 3-2　　　　　企业年金

企业年金,是指企业及其职工在依法参加基本养老保险的基础上,自愿建立的补充养老保险制度。是多层次养老保险体系的组成部分,由国家宏观指导、企业内部决策执行。

我国正在完善的城镇职工养老保险体系,其由基本养老保险、企业年金和个人储蓄性养老保险三个部分组成。企业年金是城镇职工养老保险体系的"三个支柱"的重要组成部分,被称为"第二支柱",在企业发展、员工激励和职工权益保护等方面发挥着不可替代的重要作用。2004年我国劳动和社会保障部相继出台了《企业年金试行办法》和《企业年金基金管理试行办法》,标志着我国企业年金制度已走向规范化运作,越来越多的企业开始实行企业年金制度。2016年人社部发布了《职业年金基金管理暂行办法》(人社部发〔2016〕92号),2007年人力资源和社会保障部会同财政部修订出台了《企业年金办法》(人力资源社会保障部令第36号),进一步完善了企业年金相关政策。

根据法律规范的程度来划分,企业年金可分为自愿性和强制性两类。

(1)自愿性企业年金。以美国、日本为代表,国家通过立法制定基本规则和基本政策,企业自愿参加;企业一旦决定实行补充保险,必须按照既定的规则运作;具体实施方案、待遇水平、基金模式由企业制定或选择;雇员可以缴费,也可以不缴费。

(2)强制性企业年金。以澳大利亚、法国为代表,国家立法,强制实施,所有雇主都必须为其雇员投保;待遇水平、基金模式、筹资方法等完全由国家规定。

根据待遇计发办法来划分,企业年金可分为缴费确定和待遇确定两种类型。

(1)缴费确定型企业年金。通过建立个人账户的方式,由企业和职工定期按一定比例缴纳保险费(其中职工个人少缴或不缴费),职工退休时的企业年金水平取决于资金积累规模及其投资收益。其基本特征是：①简便易行，透明度较高；②缴费水平可以根据企业经济状况作适当调整；③企业与职工缴纳的保险费免予征税，其投资收入予以减免税优惠；④职工个人承担有关投资风险，企业原则上不负担超过定期缴费以外的保险金给付义务。

（2）待遇确定型企业年金。基本特征是：①通过确定一定的收入替代率，保障职工获得稳定的企业年金；②基金的积累规模和水平随工资增长幅度进行调整；③企业承担因无法预测的社会经济变化引起的企业年金收入波动风险。

本章小结

1. 货币的时间价值是指一定量货币在不同的时间具有不同的价值。货币具有时间价值，反映了货币（或资本）的稀缺性和机会成本的价值观念。

2. 财务决策是在估值的基础上进行的，因此货币时间价值的计算在企业财务决策中非常重要。货币时间价值的计算通常用复利计算。

复利现值 $PV = \dfrac{FV}{(1+i)^n}$，复利终值 $FV = PV(1+i)^n$。

3. 复利利率（贴现率）的计算公式：$i = (FV/PV)^{1/n} - 1 = \sqrt[n]{FV/PV} - 1$。

4. 期限的计算公式：$n = \dfrac{\ln(FV/PV)}{\ln(1+i)}$。

5. 使资金倍增所要求的利率（i）与投资期数（n）之间的关系，可用 $i \times n \approx 72$ 近似地表示。这是一个非常有用的经验公式，称为72法则。

6. 在考虑通货膨胀的情况下，名义利率、实际利率和通货膨胀率之间的关系是：(1+名义利率)=(1+实际利率)×(1+通货膨胀率)，或近似地：名义利率=实际利率+通货膨胀率。在计算现值时，现金流量与折现率之间应该保持一致性，即名义现金流量应以名义利率折现，而实际现金流量应以实际利率折现。

7. 一定时间内每期相等金额的收付款项，称为年金。年金按现金流量发生时点的不同，分为普通年金、预付年金、递延年金和永续年金。这些年金现值的计算，具有重要的现实意义。简化的各种年金现值计算公式如下。

普通年金：$PV = A \cdot \dfrac{1-(1+i)^{-n}}{i} = \dfrac{A}{i}\left[1 - \dfrac{1}{(1+i)^n}\right] = A \cdot PVIFA_{i,n} = A(P/A, i, n)$。

预付年金：$PV = PVIFA_{i,n} \cdot (1+i) = A \times [(P/A, i, n-1) + 1]$。

递延年金：$PV = A \cdot PVIFA_{i,n} \cdot PVIF_{i,m} = A[(P/A, i, m+n) - (P/A, i, m)] = A(P/A, i, n)(P/F, i, m)$。

永续年金：$PV = \dfrac{A}{i}$。

增长年金：$PV = \dfrac{A}{i-g}\left[1 - \left(\dfrac{1+g}{1+i}\right)^n\right]$。

永续增长年金：$PV = \dfrac{A}{i-g}$。

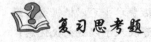

复习思考题

1. 如何理解货币时间价值在企业财务管理中的重要性?
2. 财务管理中货币时间价值的计算为什么采用复利而不是单利?
3. 何为名义利率?何为实际利率?它们之间有什么关系?
4. 在通货膨胀情况下,名义利率、实际利率与通货膨胀率之间有什么关系?
5. 何为年金?年金有几种?普通年金与预付年金现值与终值计算之间有什么关系?

1. 某人退休时有现金10万元,拟选择一项固定收益的投资,希望每个季度能收入200元补贴收入。则该项投资的实际年收益率是多少?假设现在的通货膨胀率为2.8%,银行一年期存款利率为3.5%。问此人的该项投资与银行存款相比,哪个更好?

2. 某人准备在第5年年底获得1 000元收入,年利息率为10%。计算:
   (1) 每年计息一次,则现在应存入多少钱?
   (2) 每半年计息一次,则现在应存入多少钱?

3. 华盛顿-大西洋公司投资400万元来清理一块地并种植小松树苗,树苗在10年后长大成形,公司估计出售松树可获得800万美元,要求:计算华盛顿-大西洋公司的预期收益率。

4. 为了结束你在商学院最后一年的课程,并在下一年转到法学院,你在未来的4年里,每年需要10 000元(也就是说,你需要现在提取第1年的10 000元)。你叔叔很富有,将为你提供资金援助,他将一笔足以支付4次10 000元的款项存入银行。该银行每年进行一次复利计算,利率为7%,他现在就存入款项。计算:
   (1) 他需要存入多少?
   (2) 你第1年提款后账户里有多少钱?最后一次提款后呢?

5. 假设某位家长为两个孩子的大学教育攒钱。两个孩子相差两岁,老大将在15年后上大学,老二则在17年后上大学。大学学制为4年,预计每个孩子的学费为每年21 000元,年利率为15%。假设从现在起一年后开始存款,直到老大上大学为止,那么该家长每年应存多少钱才够两个孩子的学费?

6. 假设银行一年期存款利率为3.5%,通货膨胀率为2.5%,则实际利率是多少?若通货膨胀率为4%,则实际利率是多少?

第四章　风险和收益

本章学习目标

- 理解风险的基本含义以及人们的风险偏好态度。
- 掌握应如何度量单项资产的收益与风险。
- 理解什么是系统风险和非系统风险,以及为什么投资组合能分散风险。
- 掌握投资组合风险与收益的计算。
- 理解有效的投资组合、最优投资组合的含义。
- 理解资本市场线、证券市场线及其意义,并理解二者之间的联系与区别。
- 理解和掌握资本资产定价模型的含义、结论及应用。
- 理解贝塔系数的含义,学会计算和估计上市公司的贝塔系数。

第一节　单项资产的风险与收益

观察资本市场的现实可以发现,不同资产的收益率是不同的,那么是什么原因导致这样的结果呢?简单的回答是,它们的预期收益率是不同的,价格高的资产预期收益率可能会高,价格低的资产的预期收益率可能低,所以产生了不同的资产价格。这里隐含了一个问题,就是某项资产的预期收益率大小的可能,这个可能性就产生了风险的概念。

一、风险的含义

(一)收益

首先讨论一个简单的概念:收益(return)。假设购买某种资产,则从该投资获得的收益(或损失)称为投资收益,这一收益通常由两部分组成。首先,该项投资会带来一些直接的现金回报,如债券利息、股票股利,通常称为构成总收益的直接收入部分;其次,购买资产的价值经常会发生变化,在这种情况下,投资会带来资本利得或资本损失,如债券价格的上涨或下跌、股票价格的上涨或下跌等。这样,投资总收益等于直接收益(如股利收入)加上资本利得(或资本损失)。

通常我们探讨收益都是以相对率的指标来表示,所谓的投资收益率是指投资所得收

益与原始投资之比。以股票投资为例，用公式表示的股票投资收益率为

$$R_t = \frac{D_t + (P_t - P_{t-1})}{P_{t-1}} \times 100\%$$

其中，P_{t-1} 为期初股票价格；R_t 为股票投资的总收益率；P_t 为期末股票价格；D_t 为持有期股票的股利。

观察历史市场可以发现，高风险的资产预期投资收益率比低风险的资产预期投资收益率要高，如国债的收益率小于企业债券的收益率；而企业债券的投资收益率小于股票的投资收益率。原因就在于各项资产的风险大小各不相同，所产生的风险报酬也不相同。

（二）风险

对风险（risk）的定义较多，人们一般认为，风险就是预期结果的不确定性（uncertainty）。然而，风险与不确定性是有区别的。不确定性是事件发生的或然性，可能产生好的结果，也可能产生不好的结果。风险是由于不确定性因素而产生的，但风险并不等于不确定性。

这里给出风险的定义，是指发生不好的结果或发生危险、损失的可能性或机会。从事前看，风险是发生坏结果或损失的可能性；从事后看，是指由于不确定性因素而造成的真正损失。一般认为，这种不好的结果是人们真正不愿意得到的，风险往往与投资损失及收益相联系。因此，绝大多数人认为，购买彩票不是一种有风险的投资，因为它并不真正产生坏的结果。

风险具有客观性，即不管人们愿意与不愿意，风险都存在，而且一旦做出决策，就必须承担相应的风险；风险具有时间性，即风险的大小随时间变化而变化；风险具有相对性，不同的人由于自身掌握信息的程度以及风险偏好的不同，对同样的资产所能承受的风险可能是不同的；风险具有收益性，高风险通常伴随着高收益，否则就不会有人去冒险了。

二、单项资产风险的衡量

财务中的风险通常是指一项投资产生损失的可能性，它是不确定的。这种不确定性与预期收益的不稳定性相联系，即预期收益率的变异性。对于这一变异性，在统计上一般用收益的标准差来衡量。

（一）单项资产的预期收益率

这里以一个简单的例子来说明。

【例 4-1】 假定在一个特定时间里同时持有两只股票，分别为股票 A 和股票 B。这两只股票具有以下特点：股票 A 预期在下一年将会有 25% 的收益率，而股票 B 在同期会有 20% 的预期收益率。假如所有的投资者对预期收益率持有相同的预期，那为什么会有人愿意持有股票 B 呢？很显然，答案必然是这两只股票的风险是不同的。

分析：假定预测的经济状况有两种：一是繁荣。在这种情况下，股票 A 将有 70% 的收益率。二是经济进入衰退期，则股票 A 的收益率将是 -20%。假如两种情况发生的概率相同，则可以列出股票 A、B 的经济状况与收益率变动情况，如表 4-1 所示。

表 4-1 不同经济状况下的收益率

经济状况	经济状况概率	股票 A	股票 B
衰退	0.5	-20%	30%
繁荣	0.5	70%	10%
合计	1.0		

很显然，假如只购买股票 B，那么在特定一年的收益情况取决于当年的经济状况。假定在概率一直保持不变的情况下持有股票 B 多年，那么会有半数的时间获得 30%的收益率，而另一半的时间获得 10%的收益率。这时可以说股票 B 的预期收益率（Expected Return Rate，$E(R_B)$）是 20%。计算如下：

$$E(R_B) = 0.5 \times 30\% + 0.5 \times 10\% = 20\%$$

对于股票 A 也是同样的。如果概率不变，股票 A 有一半时间的收益率是 70%，而在另一半时间里却会损失 20%，因此其预期收益率是 25%，即

$$E(R_A) = 0.5 \times (-20\%) + 0.5 \times 70\% = 25\%$$

根据上述计算可以得出不确定条件下预期收益率的计算公式为

$$E(R) = \sum_{i=1}^{n}(p_i \cdot R_i) \tag{4-1}$$

其中，p_i 为第 i 种结果出现的概率；R_i 为第 i 种结果所对应的预期收益率；n 为所有可能情况。

（二）单项资产的预期收益率的标准差

通过例 4-1 可知，股票 A 的预期收益率的变动幅度较大，经济繁荣会产生高收益，而经济衰退则会产生负收益。那么仅仅通过预期收益率是不能判断其风险程度的大小的。根据统计学知识可知，反映随机变量离散程度或变异程度的指标可以用标准差以及标准离差率来表示。

投资收益是一个不确定的随机变量，一项投资收益的风险，可以用投资收益的不稳定性或变异程度来衡量。因此，人们通常用投资收益的方差或标准差来度量一项投资收益的风险。方差是用来表示随机变量的离散程度的一个统计量，标准差是方差的平方根。根据样本数据的不同，计算方法也存在一定差异。

（1）根据总体概率分布来计算，其标准差为

$$标准差（\sigma） = \sqrt{\sum_{i=1}^{n}(R_i - \overline{R})^2 \cdot p_i} \tag{4-2}$$

其中，$\overline{R}$ 为预期平均收益率。

在例 4-1 中，股票 A 的标准差为：$\sigma_A = \sqrt{(-0.20-0.25)^2 \times 0.5 + (0.70-0.25)^2 \times 0.5} = 45\%$

股票 B 的标准差为：$\sigma_B = \sqrt{(0.30-0.20)^2 \times 0.5 + (0.10-0.20)^2 \times 0.5} = 10\%$

由此可见，股票 A 具有较高的预期收益率，但同时也具有较大的风险，可能在好的经济状况下获得 70%的高收益，但同时也可能在经济状况不好时产生 20%的亏损。

而对于股票 B，则情况正好相反。

那么，投资者会选择购买哪只股票呢？这就取决于其对风险与收益的偏好程度。

标准差是一个绝对数，受变量值的影响。如果概率分布相同，变量值越大，标准差也越大。因此标准差不便于不同规模投资项目的比较。为此，引入变异系数的概念。变异系数就是标准差与预期值之比，即单位预期值所承担的标准差，也叫标准离差率或标准差系数。

$$变异系数 = \frac{\sigma}{\bar{x}} \times 100\%$$

（2）根据样本数据来计算。根据样本数据（或历史资料）计算的方差是考察实际收益率和历史平均收益率之差的平方的平均值。这个数字越大，实际收益率同平均收益率的差别越大。而且方差或标准差越大，收益率的变化范围越大。

$$样本方差 = S^2 = \frac{\sum_{i=1}^{n}(R_i - \bar{R})^2}{n-1} \tag{4-3}$$

$$样本标准差 = \sqrt{S^2} = \sqrt{\frac{\sum_{i=1}^{n}(R_i - \bar{R})^2}{n-1}} \tag{4-4}$$

式（4-3）的分母为 $(n-1)$，这时，样本方差 S^2 是总体方差 σ^2 的无偏估计。在计算单项资产的方差或标准差时，可根据掌握的资料计算其样本方差 S^2 及标准差 S，从而分析资产的风险大小，进行投资。

三、风险偏好

（一）个人对待风险的态度

人们消费或投资的选择行为取决于个人的效用函数。当人们在不确定条件下进行选择时，他的行为就会具有一定的风险。特别地，如果当事人面对的有风险的选择可以获得相同的预期效用时，又该如何进行选择呢？

在现实生活中，随时可以看到这样的现象：有些人为了减少未来收入和财富的不确定性，而极力寻求一份稳定的工作或到保险公司投保；而另一些人却为了得到高收入而进行"赌博"或冒险。在世界各地，保险公司与股票市场、跑马场及赌场同样生意兴隆。那么，人们到底是喜欢风险还是讨厌风险呢？

假设每个人都可以自愿、自由地参加一场"公平的赌博"（fair gamble）：掷一枚硬币（均匀的），如果正面朝上，参加者可以得到 1 万元；如果反面朝上，则参加者必须支付 1 万元。

显然，参加者可从中获得的预期收益为：10 000×50%+(-10 000)×50% = 0 元。

面对这样一种"赌博"，当事人的态度一般有三种：第一种是欣然参加，称之为"风险喜好者"（risk lover）；第二种是坚决不参加，称之为"风险规避者"（risk averse）；而第三种是觉得参加与否没有什么差别，因此对此事抱无所谓的态度，称之为"风险中立者"（risk neutral）。

可见，风险喜好者喜欢大得大失的刺激，他知道有风险，但他更愿意追求高收益；

风险规避者则希望在预期收益既定的情况下，不确定性越小越好，最好是没有风险。面对风险，他宁愿不去追求收益。但有时如果参加"赌博"的预期收益明显高于不参加的预期收益，风险规避者也会参加"赌博"。例如，很少有人拒绝这样的"赌博"：90%的可能性赢得1万元，10%的可能性损失10元。因为这时参加"赌博"的预期收益为：10 000×90%+(−10)×10% = 8 999元，远远高于不参加的预期收益。

风险中立者则对风险不关心，而只关心预期收益的多少，即使损失与盈利的可能性并存，他们也无动于衷。

通过上面的例子，我们根据人们偏好的不同，将人们对待风险的态度分为风险规避（risk aversion）、风险喜好（risk loving）和风险中性（risk neutral）三种类型。表4-2列示了人们对风险态度的三种类型。

表 4-2 人们对风险态度的类型

人的类型	选择行动类型	是否投保险
风险规避者	只参加有利的"赌博"	投保
风险中立者	可能参加公平的"赌博" 肯定参加有利的"赌博"	无所谓
风险喜好者	即使是不利的"赌博"也参加	不投保

表4-2中，公平的"赌博"是指预期收益为0，或胜负的可能性各半的赌博；有利的"赌博"是指预期收益大于0，或赢的可能性大于50%的"赌博"。事实上，可以把"赌博"理解为一种广义的投资或消费等活动。

（二）预期效用函数与风险偏好

人们对不确定情况下的收入或消费一般应有一种偏好顺序，通常按预期效用（expected utility）的大小来表示和排列这种偏好顺序。

预期效用是指取决于各种情况出现的概率和相应概率下可获得的收入或消费的效用。假设某一选择在未来有两种状态，即状态1和状态2，出现的概率分别为π_1和π_2。X_1和X_2分别代表两种状态下的收益或消费。则预期效用函数EU定义为

$$EU = \pi_1 U_1(X_1) + \pi_2 U_2(X_2) \tag{4-5}$$

其中，$U_1(X_1)$和$U_2(X_2)$为选择X_1和X_2时所对应的一般效用函数。即预期效用EU是效用$U_1(X_1)$和$U_2(X_2)$的加权平均。

有了预期效用函数，可以用来说明人们对待风险的态度。设$EU(·)$是预期效用函数，$U(·)$是效用函数。假设有两种状态（选择）X_1和X_2，对应的概率分别为π和$(1-\pi)$。y是X_1和X_2的一个组合，$y = \pi X_1 + (1-\pi)X_2$。定义如下。

（1）如果$U(y) > EU(y)$，则称该当事人是风险规避者。
（2）如果$U(y) = EU(y)$，则称该当事人是风险中立者。
（3）如果$U(y) < EU(y)$，则称该当事人是风险喜好者。

① 意味着，对于一个确定的收入，当事人所得到的效用超过了可以产生相同平均收入的两个不确定收入所带来的平均值。表明当事人偏好确定性结果胜过不确定性的结果，故而称为风险规避者或风险厌恶者。风险规避者决策的基本准则，是在预期收益相

同时，选择风险较小的方案；在风险状况相同时，选择预期收益较高的方案。② 意味着，确定的收入与两个不确定收入的平均值相同。只要预期收益相同，不管是否具有不确定性，当事人并不加以区分。风险中立者既不规避风险，也不主动追求风险。他们进行决策的唯一标准是预期收益的大小，而不管其风险状况如何，因为所有预期收益相同的方案将给他们带来同样的效用。③ 意味着，对于一个确定的收入，当事人所得到的效用低于可以产生相同平均收入的两个不确定收入所带来的平均值。对于当事人来说，如果预期收入相同，他们更热衷于不确定性大的行为选择，他们喜欢收益的动荡甚于喜欢收益的稳定。风险喜好者决策的基本原则，是当收益相同时，选择风险较大的方案。因为在他们看来，这将给他们带来更大的效用。

第二节 投资组合理论

前面所讨论的是单个资产的风险与收益的衡量。事实上，大多数投资者持有的是一些资产的投资组合（portfolio）。由一组资产组成的投资称为投资组合（investment portfolio），投资组合能减小全部资产的总风险，即分散风险。因此，有必要考察投资组合的风险与收益。

一、投资组合的预期收益率

还是采用例 4-1。假如将钱平均投入到 A、B 两种股票上，投资组合的权重显然是 50% 和 50%。这个组合的预期收益率是多少呢？

假如经济实际进入衰退期，则有一半的钱将获得 -20% 的收益，另一半的钱获得 30% 的收益，即组合收益率是

$$R_{p1} = 0.5 \times (-20\%) + 0.5 \times 30\% = 5\%$$

经济繁荣时组合的收益率则为

$$R_{p2} = 0.5 \times 70\% + 0.5 \times 10\% = 40\%$$

如果经济衰退期和经济繁荣时的概率各为 50%，则投资组合的预期收益为

$$E(R_p) = 0.5 \times R_{p1} + 0.5 \times R_{p2} = 22.5\%$$

也可以通过投资于股票 A 和 B 的预期收益来计算，得投资组合的预期收益率为

$$E(R_p) = 0.5 \times E(R_A) + 0.5 \times E(R_B)$$
$$= 0.5 \times 25\% + 0.5 \times 20\% = 22.5\%$$

由此，给出投资组合的预期收益率为

$$E(R_p) = \sum_{i=1}^{n} w_i \cdot \overline{R_i} \tag{4-6}$$

其中，$E(R_p)$为投资组合的预期收益率；w_i为组合中单项资产所占的比重；$\bar{R}_i$为组合中单项资产的预期收益率。

投资组合的收益率是单个资产的收益率与其投资比重计算的加权平均数。

二、投资组合的风险

投资组合收益的风险仍用投资组合的标准差表示。但投资组合的方差或标准差并不是单个资产方差或标准差的简单加权平均数。投资组合的风险不仅取决于组合内各资产的风险，而且还取决于各资产之间的相关联程度。

如果是两种资产的投资组合，则其组合的方差为

$$\sigma_p^2 = w_1^2 \sigma_1^2 + 2\rho w_1 w_2 \sigma_1 \sigma_2 + w_2^2 \sigma_2^2 \tag{4-7}$$

其中，w_1和w_2分别为资产1和资产2在组合投资中所占的比例；σ_1和σ_2分别为两种资产的标准差；ρ为两种资产收益之间的相关系数。

根据式（4-7），可得到两种资产投资组合的标准差，即投资组合的风险为

$$\sigma_p = \sqrt{w_1^2 \sigma_1^2 + 2\rho w_1 w_2 \sigma_1 \sigma_2 + w_2^2 \sigma_2^2} \tag{4-8}$$

【例4-2】 假设要投资A、B两种股票，两种股票的预期收益率和标准差如表4-3所示。假设这两种股票在投资组合中所占的比例分别为40%和60%，两种股票收益的相关系数为0.5。计算：预期的投资组合收益率及投资组合的标准差。

表4-3 两种股票的预期收益和标准差

股　　票	预期收益率/%	标准差/%	权　　重
A	12	10	0.40
B	16	20	0.60

解 根据式（4-6），投资组合的预期收益率为

$$E(R_p) = w_1 R_A + w_2 R_B = 0.4 \times 12\% + 0.6 \times 16\% = 14.4\%$$

根据式（4-7），投资组合的方差为

$$\begin{aligned}\sigma_p^2 &= w_1^2 \sigma_A^2 + w_2^2 \sigma_B^2 + 2 w_1 w_2 \rho \sigma_A \sigma_B \\ &= (0.4 \times 0.10)^2 + (0.6 \times 0.20)^2 + 2 \times 0.4 \times 0.6 \times 0.5 \times 0.10 \times 0.20 \\ &= 0.020\,8\end{aligned}$$

于是，投资组合的标准差（即风险）为

$$\sigma_p = (\sigma_p^2)^{1/2} = (0.020\,8)^{1/2} = 14.42\%$$

可见，由于投资组合的预期收益是两种股票预期收益的加权平均，故它在两种股票的预期收益之间。而投资组合的标准差也在两种股票的标准差之间，说明了投资组合具有降低风险的作用。

由式（4-8）可知，投资组合的标准差与两种资产收益之间的相关系数 ρ 有关。当相关系数 $\rho=+1$ 时，投资组合的标准差就是各个资产收益的标准差的加权平均。当相关系数 $\rho<1$ 时，投资组合的方差和标准差都会随之下降。也就是说，当有两种资产组成投资组合时，只要二者收益的相关系数 $\rho<1$，投资组合的标准差就小于这两种资产各自标准差的加权平均数。此时，投资组合的多元化效应就会发生作用。

顺便指出，两种资产收益之间的协方差可用下式表示：

$$\sigma_{AB} = \mathrm{Cov}(R_A, R_B) = E[(R_A - \bar{R}_A)(R_B - \bar{R}_B)] \tag{4-9}$$

协方差反映了两种资产收益之间的关联程度。进而，两种资产收益之间的相关系数可用下式表示：

$$\rho_{AB} = \mathrm{Corr}(R_A, R_B) = \frac{\mathrm{Cov}(R_A, R_B)}{\sigma_A \sigma_B} \tag{4-10}$$

【例 4-3】 假设经济不景气、正常、景气的概率各为 1/3。某人按一定的比例进行股票和债券的投资组合，股票和债券的预期收益率、方差、标准差如表 4-4 所示。计算股票和债券预期收益的协方差和相关系数。

表 4-4　股票和债券的预期收益、标准差等数据

经济状况	概率	股　票				债　券			
		收益率/%	预期收益率/%	方差	标准差/%	收益率/%	预期收益率/%	方差	标准差/%
不景气	1/3	−7				17			
正常	1/3	12	11.0	0.020 5	14.3	7	7.0	0.006 7	8.16
景气	1/3	28				−3			

解　根据式（4-9），股票和债券预期收益的协方差为

$$\begin{aligned}
\mathrm{Cov}(R_i, R_j) &= E\{[R_i - E(R_i)][R_j - E(R_j)]\} \\
&= (1/3)\sum([R_i - E(R_i)][R_j - E(R_j)]) \\
&= (1/3)\{[(-7\% - 11\%) \times (17\% - 7\%)] + [(12\% - 11\%) \times (7\% - 7\%)] + \\
&\quad [(28\% - 11\%) \times (-3\% - 7\%)]\} \\
&= (1/3)\{[(-18\%) \times 10\%] + [1\% \times 0] + [17\% \times (-10\%)]\} \\
&= -0.011\,667
\end{aligned}$$

由式（4-10）可得，股票和债券预期收益的相关系数

$$\rho = \mathrm{Cov}(R_i, R_j)/(\sigma_i \sigma_j) = -0.011\,667/(14.3\% \times 8.16\%) = -0.999\,8$$

三、投资组合的有效集

这里只介绍两种资产组合的投资比例与有效集。

【例 4-4】 假设证券 A 的预期收益率是 10%，标准差是 12%。证券 B 的预期收益率是 18%，标准差是 20%。假设各 50% 的比例投资于两种证券，则该投资组合的预期

收益率为

$$R_p=10\%\times0.5+18\%\times0.5=14\%$$

如果两种证券的相关系数等于1，没有任何风险抵消作用，在各50%的投资比例下，由式（4-8）可得：该组合的标准差等于两种证券各自标准差的算术平均数，即16%。

如果两种证券之间的相关系数小于1，现假设为0.2，则由式（4-8）可得投资组合的标准差为

$$\sigma_p(0.5^2\times0.12^2+2\times0.5\times0.5\times0.2\times0.12\times0.2+0.5^2\times0.20^2)^{1/2}=12.65\%$$

如果两种证券投资的比例发生变化，投资组合的预期收益率和标准差也将发生变化。对于不同比例的投资组合，利用式（4-6）和式（4-8）就可以计算出投资组合的预期收益率与标准差。表4-5给出了6组不同的股票和债券的投资比例，以及相应的投资组合的预期收益率和标准差。

表4-5 不同投资比例组合的预期收益率和标准差

组合	A的投资比例	B的投资比例	组合的预期收益率/%	组合的标准差/%
1	1	0	10.00	12.00
2	0.8	0.2	11.60	11.11
3	0.6	0.4	13.20	11.78
4	0.4	0.6	14.80	13.79
5	0.2	0.8	16.40	16.65
6	0	1	18.00	20.00

把这些不同比例的投资组合的预期收益率和标准差用散点图描述出来，可得到图4-1。从中能看到投资组合的预期收益与标准差随着投资比例的变化而变化的"轨迹"。组合6表明全部投资于证券B，组合1表明全部投资于证券A。组合2表明80%投资于证券A、20%投资于证券B时具有最小方差。

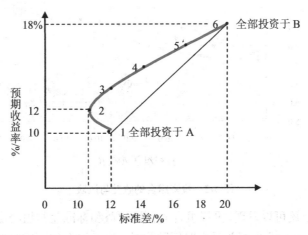

图4-1 不同投资比例下的预期收益率与标准差之间的关系

在例 4-3 中，已经算出股票与债权收益的相关系数为 $\rho=-0.9998$。根据式（4-6）和式（4-8），可算出投资组合的预期收益率与标准差。表 4-6 和图 4-2 给出了各种比例的股票与债券所对应的投资组合的预期收益率和风险。

表 4-6 不同投资比例组合的预期收益率和标准差

股票比重/%	债券比重/%	组合收益	组合风险（标准差）
0	100	0.070	0.081 65
5	95	0.072	0.070 4
10	90	0.074	0.059 2
15	85	0.076	0.048 0
20	80	0.078	0.036 8
25	75	0.080	0.025 6
30	70	0.082	0.014 4
35	65	0.084	0.003 9
40	60	0.086	0.008 6
45	55	0.088	0.019 7
50	50	0.090	0.030 8
55	45	0.092	0.042 0
60	40	0.094	0.053 2
65	35	0.096	0.064 5
70	30	0.098	0.075 7
75	25	0.100	0.086 9
80	20	0.102	0.098 1
85	15	0.104	0.109 4
90	10	0.106	0.120 6
95	5	0.108	0.131 8
100	0	0.110	0.143 1

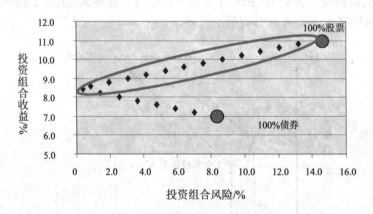

图 4-2 投资组合的收益与风险

通过上述例子还可以发现，投资组合的预期收益和标准差与组合资产收益的相关系数 ρ 有关。图 4-3 表示的是相关系数取不同值时，投资组合的预期收益与标准差随投资比例的变化而变化的各种组合。每一个相关系数取值都对应一条曲线。当 $\rho=+1$ 时，对

应的是 A、B 两点的直线。图中虽画出了几条曲线和一条直线，但实际上它们并不会同时出现。给定相关系数 ρ，只对应一条曲线。

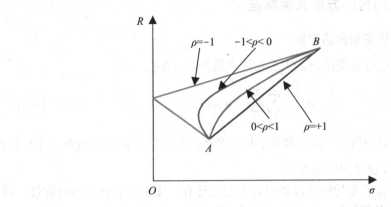

图 4-3　不同相关系数下投资组合的预期收益与标准差

根据人们对风险的态度，通常情况下，假设人们是风险规避者。因此，有效的投资组合（efficient portfolio）意味着：对于给定的风险水平，能提供最高的预期收益；或者，对于给定的预期收益水平，能提供最小的风险。

图 4-4 表示的曲线，是一般情况下两种资产所构成的各种可能的投资组合，它是一个面临投资的可行集或机会集。需指出的是，图中 E 点是具有最小方差的组合；曲线段 $ECFB$ 是一个弓形曲线，它是真正的可行集，称为"有效前沿"（efficient frontier）。在图形内部任一点 D，所对应的组合不是有效的组合。因为相对于曲线上的 C 点，D 点与 C 点具有相同的预期收益，但 D 点的风险（标准差）却大于 C 点；同样，相对于曲线上的 F 点，D 点与 F 点具有相同的风险（标准差），但 D 点的预期收益却小于 F 点。而 E 点以下的 EA 段，也不是有效的可行集。因为这段曲线对应的是风险越大而收益越低的情形，显然不是理性投资者所愿意选择的。

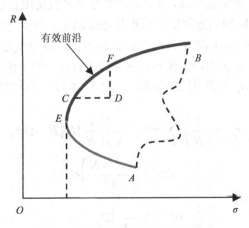

图 4-4　两种资产投资组合的可行集

综上所述，两种资产投资组合的有效集是图 4-4 中的有效前沿 $ECFB$ 这段曲线。实际上对于多种资产的组合，也有类似的结论：多种资产投资组合的有效集是有效前沿

EB 曲线，它包含了多种资产的各种组合。

四、多种资产投资组合的方差及标准差

（一）多种资产投资组合的方差

假设由 n 种资产进行投资组合，则多种资产组合的方差为

$$\sigma_p^2 = \sum_{i=1}^{n}\sum_{j=1}^{n}(w_i w_j \sigma_{ij}) \tag{4-11}$$

其中，w_i、w_j 分别为第 i 种资产和第 j 种资产所占的比例；$\sigma_{ij} = \text{Cov}(R_i, R_j)$ 为第 i 种资产和第 j 种资产收益之间的协方差。

可以用矩阵形式表示多种资产投资组合方差的计算。由于协方差具有对称性，即 $\sigma_{ij} = \sigma_{ji}$，故它是一个对角型矩阵，如表 4-7 所示。

表 4-7 多种资产投资组合方差的计算

资产	1	2	3	…	$n-1$	n
1	$w_1^2\sigma_1^2$	$w_1w_2\sigma_{12}$	$w_1w_3\sigma_{13}$	…	$w_1w_{n-1}\sigma_{1(n-1)}$	$w_1w_n\sigma_{1n}$
2	$w_2w_1\sigma_{21}$	$w_2^2\sigma_2^2$	$w_2w_3\sigma_{23}$	…	$w_2w_{n-1}\sigma_{2(n-1)}$	$w_2w_n\sigma_{2n}$
3	$w_3w_1\sigma_{31}$	$w_3w_2\sigma_{32}$	$w_3^2\sigma_3^2$	…	$w_3w_{n-1}\sigma_{3(n-1)}$	$w_3w_n\sigma_{3n}$
⋮	⋮	⋮	⋮	…	⋮	⋮
$n-1$	$w_{n-1}w_1\sigma_{(n-1)1}$	$w_{n-1}w_2\sigma_{(n-1)2}$	$w_{n-1}w_3\sigma_{(n-1)3}$	…	$(w_{n-1})^2\sigma_{(n-1)}^2$	$w_{n-1}w_n\sigma_{(n-1)n}$
n	$w_nw_1\sigma_{n1}$	$w_nw_2\sigma_{n2}$	$w_nw_3\sigma_{n3}$	…	$w_nw_{n-1}\sigma_{n-1(n-1)}$	$w_n^2\sigma_n^2$

从表 4-7 中可见，矩阵对角线上的各项包括了每种资产收益的方差，而其他各项包括了各个资产收益之间的协方差。显然，非对角线上的项数，即组合中每一对资产收益的协方差的个数，远远超过构成投资组合的资产的个数（对角线上的个数）。因此，随着投资组合中包含资产数量的增加，单个资产的方差对投资组合总体方差的影响程度越来越小；而资产收益之间的协方差的影响程度越来越大。当投资组合中资产的数目达到足够大时，其单个资产方差的影响程度可以忽略不计。现举例如下。

设投资组合中包含 N 种资产，每种资产在投资组合中所占份额相同，并假设每种资产的方差都是 σ^2，并以 $\bar{\sigma}_{ij}$ 代表平均的协方差，则式（4-11）可以用以下简化形式来表示：

$$\begin{aligned}\sigma_p^2 &= \left(\frac{1}{N}\right)^2 \sum_{i=1}^{n}\sigma^2 + \left(\frac{1}{N}\right)\left(\frac{1}{N}\right)N(N-1)\bar{\sigma}_{ij} \\ &= \left(\frac{1}{N}\right)^2 N\sigma^2 + \left(\frac{N^2-N}{N^2}\right)\bar{\sigma}_{ij} \\ &= \left(\frac{1}{N}\right)\sigma^2 + \left(1-\frac{1}{N}\right)\bar{\sigma}_{ij}\end{aligned} \tag{4-12}$$

从式（4-12）可知，当 $N \to \infty$ 时，$1/N \to 0$，这时 $\sigma_p^2 \to \bar{\sigma}_{ij}$。这意味着，当资产的个数不断增加时，各种资产的方差将完全消失。但无论如何，各对资产的平均协方差 $\bar{\sigma}_{ij}$

仍然存在。也就是说，通过多种资产的投资组合，可以使隐含在单个资产中的风险得以分散，从而降低投资组合总体的风险水平，这就是通常所说的"不要把鸡蛋放在同一个篮子里"的原理，即投资多元化的作用。但是，由于各个资产收益之间的相关性，各对资产的协方差却无法因为投资组合而被分散并消失，即投资组合不能分散和化解全部风险，只能分散和化解部分风险。

（二）系统风险与非系统风险

根据风险的来源，可将风险大致分为两类：系统风险和非系统风险。

（1）系统风险（systematic risk），又称不可分散风险（nondiversifiable risk）或市场风险，是指某些因素对市场上所有资产都带来损失的可能性，它无法通过分散化（多样化）来消除。它是整个经济系统或整个市场所面临的风险，是投资者在持有一个完全分散的投资组合之后仍需要承受的风险。

系统风险主要由经济形势、政治形势的变化引起，将对绝大多数企业或资产的收益和价值产生影响。如宏观经济政策的变化、利率及汇率的调整、国际原油市场价格的变化、国际金融市场的影响、通货膨胀及制度的变化等。当然，系统风险对不同企业、不同资产的影响是不同的，有的企业或资产受系统风险的影响较大，有的则较小，但大多数企业在整体上都将受到影响。

（2）非系统风险（unsystematic risk），又称可分散风险（diversifiable risk）或公司特别风险，是指某些因素对单项资产造成损失的可能性。

由于非系统风险是个别公司或个别资产所特有的，因此又称"特别风险"，它可以通过分散化（多样化）来消除。例如，一家公司的工人罢工、新产品开发失败、陷入债务危机、宣告被接管、公司经营亏损等。这类事件是非预期的、随机发生的，但它只能对这家公司及其股票价格产生影响，而不会对整个市场产生太大的影响。这种风险可以通过多样化投资的办法来进行分散，即投资于一家公司股票可能产生的损失，可以被投资于其他公司股票的收益所弥补或抵消。

这样，资产投资组合的总风险就可以分解成如下两部分，如图4-5所示。

$$\text{资产组合的总风险} = \text{系统风险} + \text{非系统风险} \\ = \text{不可分散风险} + \text{可分散风险} \quad (4\text{-}13)$$

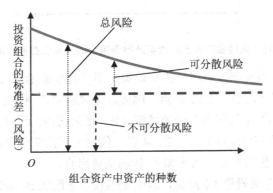

图4-5 投资组合的方差与组合中资产种类之间的关系

五、最优投资组合的确定

从上述分析和图 4-4 可知,多项资产构成的投资组合的有效集,是图 4-4 中的"有效前沿"部分,即曲线段 ECFB。但这只给出了有效集,并没有回答什么样的投资组合是最优的。为此,这里引入"无风险资产"(riskless asset 或 risk-free asset)的概念,来考察最优投资组合问题。

所谓无风险资产,是指其收益的标准差为零的资产,即资产的未来收益无不确定性,其实现的收益等于其预期收益。大多数专家认为,短期国库券、半年以内的银行定期存款等是无风险的投资。

【例 4-5】 考察风险资产投资组合与无风险资产的投资组合。设资产 A 是无风险资产,持有的比例为 w_1,$\sigma_1=0$。资产 B 是风险投资组合,持有的比例为 w_2,$\sigma_2\neq 0$。则将风险资产 B 与无风险资产 A 进行投资组合的风险为

$$\sigma_p = (w_2^2 \sigma_2^2)^{1/2} = w_2 \sigma_2$$

结论:无风险资产 A 与风险资产 B 组合后的风险(标准差)取决于风险资产 B 的风险及其所占的比例。资产 A 与资产 B 的所有可能组合,在无风险资产 A 和风险资产组合 B 之间连成一条直线。

如图 4-6 所示,R_f 为无风险资产 A 的预期收益率。在 A 点,代表全部投资于无风险资产 A;而在 D 点,代表全部投资于风险资产 B。在 AD 连线上的任何一点 C,意味着资产 A 和资产 B 的某种组合,即以一定的比例 w_1 投资于无风险资产 A,而以比例 $(1-w_1)=w_2$ 投资于风险资产 B。

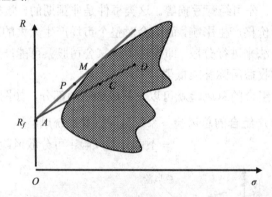

图 4-6 风险资产与无风险资产投资组合的预期收益和标准差

而根据前述的多项资产投资组合的有效集,即"有效前沿",D 点实际上不会被选择,而应该选择"有效前沿"上的 M 点。因此,无风险资产 A 与风险资产 B 的最优投资组合,是无风险资产 A 到有效前沿的切线 AM,M 为切点。线段 AM 代表无风险资产 A 与风险资产 B 的所有可能的组合。在 M 点,代表全部投资于风险资产 B。在 AM 连线上的任何一点 P,意味着资产 A 和资产 B 的某种组合。

【例 4-6】假设王某投资 1 000 元,其中 35%投资于股票 B,65%投资于无风险利率(如存款或买国库券)。各种资产的收益及风险如表 4-8 所示。

表 4-8 资产的收益及风险

项　　目	比例/%	预期收益/%	标　准　差
无风险利率	65	10	0
股票 B	35	14	0.20

则投资组合的预期收益率为

$$E(R_p) = 0.35 \times 14\% + 0.65 \times 10\% = 11.4\%$$

投资组合的风险（标准差）为

$$\sigma_p = w_2 \sigma_2 = 0.35 \times 0.20 = 0.07$$

显然，相对于风险资产投资（购买股票 B），投资组合的预期收益率和风险均变小了。

【例 4-7】（接例 4-6）假设王某以无风险利率借入 200 元，加上原有的 1 000 元，总投资为 1 200 元，全部投资于股票 B。

则由借款投资于风险资产的投资组合的预期收益率为

$$E(R_p) = 120\% \times 14\% + (-20\%) \times 10\% = 14.8\%$$

投资组合的风险（标准差）为

$$\sigma_p = w_2 \sigma_2 = 120\% \times 0.20 = 0.24$$

这时，同样相对于风险资产投资（购买股票 B），投资组合的预期收益率和风险均变大了。意味着借钱进行股票投资，使得投资风险加大了。

在图 4-7 中，R_f 点表示完全投资于无风险资产；A 点表示 35%投资于风险资产（股票 B），65%投资于无风险资产；M 点表示 100%投资于风险资产（股票 B）；B 点则表示不仅将自己的全部资金，而且加上借款全部投资于风险资产（股票 B）。

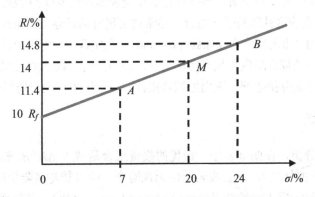

图 4-7　各种投资组合的预期收益及标准差

这里涉及了"无风险的借与贷"（borrowing and lending）。对无风险资产的投资实际上是贷出，而借入是对无风险资产的负投资。因此，借钱投资使得对无风险资产的投资比例为负数，即 $w_1 < 0$。

如图 4-8 所示，加入无风险资产后，投资组合的有效边界为 R_f、M、B 连成的直线，该直线表示由无风险资产和风险资产组合 M 共同构成的各种组合，即最优的投资组合。

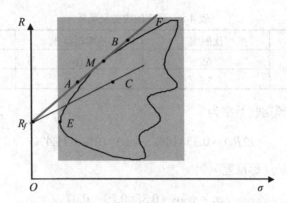

图 4-8　风险资产与无风险资产投资组合的最优组合

通过按照无风险利率进行借入或贷出，任何投资者持有的风险资产的投资组合都将是 M 点。无论投资者的风险厌恶程度如何，它绝不会选择风险资产有效集（EMF）中的其他点，也不会选择可行集内部的任何点（如 C 点）。实际上，如果投资者具有较高的风险厌恶程度，他将选择由无风险资产和风险资产构成的组合，即风险规避者会选择 R_f 和 M 之间的某一点，越接近 R_f 的投资组合，风险越小；而如果投资者具有较低的风险厌恶程度，他将选择接近 M 点的投资组合（如 M 点的左侧或 M 点）；而风险喜好者则更愿意按照无风险利率借钱（即直线 R_fM 上的 B 点），增加 M 点（风险资产）的投资。

这里，在 M 点的风险资产投资，既可以是单项风险资产，如某只股票（或证券），也可以是一组风险资产，如一揽子股票（或证券）。这里还暗含一个假设，即资本市场是完全有效的。如果资本市场是完全有效的，意味着所有投资者具有完全相同的信息和完全相同的预期（关于证券投资的预期收益、方差及协方差），则图 4-8 对所有投资者来说都相同，因为投资者所面临的信息相同，故所有投资者都将得出相同的有效集。而相同的无风险利率适用于每个投资者，所以所有的投资者都理性地以 M 点作为其持有的风险资产组合。在 M 点的这种风险资产组合，通常就是现有的证券按照市场价值加权计算所得到的组合，称为"市场组合"（market portfolio）。在实践中，财务经济学家或财务分析师常使用证券市场的综合指数来代表市场组合，如美国的 S&P 500 股票指数、我国的上证综合指数和深证成分指数等，进而用综合指数的收益率来代表市场组合的收益率。

六、资本市场线

根据上面的分析，在图 4-8 中，最优的投资组合是 R_f、M、B 连成的直线（即 R_f 到有效前沿 EMF 的切线），该直线表示由无风险资产的借贷与风险资产组合 M 共同构成的各种组合，称为资本市场线（Capital Market Line，CML）。其斜率为

$$\text{CML的斜率} = (R_M - R_f)/\sigma_M \tag{4-14}$$

其中，R_M 和 R_f 分别为市场投资组合的预期收益率和无风险资产收益率；σ_M 为市场投资组合的风险。

$(R_M - R_f)$ 称为市场风险溢价或风险报酬（market risk premium），而 $(R_M - R_f)/\sigma_M$ 则为

单位风险溢价。这样，由无风险资产与风险资产组合 M 所构成的某种组合，如果其风险为 σ_p，则其预期收益率可表示为

$$E(R_p) = R_f + [(R_M - R_f)/\sigma_M]\sigma_p \tag{4-15}$$

也就是说，资本市场线上任意一点都对应一种投资组合，它的预期收益率等于无风险资产收益率加上该投资组合的风险溢价。

第三节 资本资产定价模型

资本资产定价模型（Capital Asset Pricing Model，CAPM）由 1990 年诺贝尔经济学奖得主威廉·夏普于 1964 年首先提出。20 世纪 60 年代中期以后，又有许多学者分别提出了资本资产定价问题，并对 CAPM 进行了大量的实证研究，检验和发展了 CAPM。

CAPM 是一种描述风险与预期收益之间关系的模型，该模型主要分析了资本资产的预期收益与市场风险之间的关系，并用来解释证券资产价格、风险与收益在资本市场中的确定问题。该模型不仅适合于组合证券，而且还适合于单个股票；既包含了金融投资，也包含了实物投资，对于计算投资收益、控制投资成本等，具有重要的现实意义。

一、贝塔系数

从前面关于系统风险与非系统风险的介绍中可知，非系统风险能够通过分散投资得以降低或消除，而系统风险则无法通过分散投资的办法来消除。因此，对投资者来说，重要的是系统风险或不可分散风险，其所期望补偿的风险也正是系统风险，而不会期望市场对可以避免的风险有任何超额补偿。一般来说，证券的系统风险越大，投资者期望从该证券获得的收益也越高。

某一证券 j 对市场系统风险的反应，与它和市场投资组合的相关程度有关。单个证券在市场证券组合的方差（或标准差）中所占的份额依赖于它与市场证券组合之间协方差的大小。因此，单个证券 j 与市场证券组合之间的协方差 $Cov(j,M)$ 是对这种证券系统风险的相对度量。因此，引入贝塔系数（Beta Coefficient，简记为 β）来表示单个证券 j 对市场组合变动（系统风险）的反应。

单个证券 j 的系统风险可表示为

证券 j 的系统风险 = 证券 j 与市场投资组合的相关系数 × 证券 j 的风险

$$= [Corr(R_j, R_M)]\sigma_j$$

于是

证券 j 的风险溢价 = 证券 j 的系统风险 × 市场的单位风险溢价（CML的斜率）

$$= [Corr(R_j, R_M)]\sigma_j[(R_M - R_f)/\sigma_M]$$

$$= [Corr(R_j, R_M)\sigma_j/\sigma_M][(R_M - R_f)]$$

将上式中的前一项定义为贝塔系数，记为

$$\beta_j = \frac{\text{Corr}(R_j, R_M)\sigma_j}{\sigma_M} = \frac{\text{Corr}(R_j, R_M)\sigma_j\sigma_M}{\sigma_M\sigma_M} = \frac{\text{Cov}(R_j, R_M)}{\sigma_M^2} \quad (4\text{-}16)$$

其中，$\text{Corr}(R_j, R_M)$为证券j的收益与市场投资组合收益之间的相关系数；$\text{Cov}(R_j, R_M)$为证券j的收益与市场组合收益之间的协方差；σ_M为市场组合收益的标准差，即市场组合收益的风险。

可见，贝塔系数是证券收益与市场投资组合收益之间的协方差除以市场投资组合收益的方差。它是对不可分散风险或市场风险的一种度量，是单个证券的收益变动对市场组合收益变动的反应程度。

从式（4-16）可以看出，证券j的β值的大小取决于证券j与市场投资组合收益之间的相关性（用相关系数$\text{Corr}(j, M)$[①]表示）、证券j收益的标准差σ_j以及市场投资组合收益的标准差σ_M。贝塔系数的经济意义在于：它揭示了证券收益率相对于市场投资组合收益率变动的敏感程度。

如果证券j的贝塔系数是1，则它的收益率等于市场投资组合的收益率，它的风险也等于市场投资组合的风险。

如果证券j的贝塔系数大于1，则其收益率的变动要比市场投资组合收益率的变动幅度大，即其收益率具有更大的不确定性。例如，某一证券的贝塔系数为1.5，则当市场投资组合的收益率增加或减少10%时，该证券的收益率将增加或减少15%。

如果证券j的贝塔系数小于1，则其收益率的变动要小于市场投资组合收益率的变动。例如，某一证券的贝塔系数为0.5，则当市场投资组合的收益率增加或减少10%时，该证券的收益率将增加或减少5%，即其收益率比市场投资组合收益率的不确定性小。

贝塔系数的一个重要特征是，投资组合的贝塔系数是该组合中各个证券贝塔系数的加权平均值，即

$$\beta_p = \sum_{i=1}^{n} w_i \beta_i \quad (4\text{-}17)$$

其中，w_i为证券i在投资组合中所占的比重；β_i为证券i的贝塔值；n为证券投资组合中证券的种数。

进而，当以各种证券的市场价值占市场组合总的市场价值的比重为权数时，所有证券的贝塔系数的加权平均值等于1，即

$$\sum_{i=1}^{N} w_i \beta_i = 1 \quad (4\text{-}18)$$

也就是说，如果将所有的证券按照它们的市场价值进行加权，组合的结果就是市场组合。根据贝塔系数的定义，市场组合的贝塔系数等于1。

---

① 证券j与市场投资组合的相关系数应计为$\text{Corr}(R_j, R_m)$。为方便计算，本书简写为$\text{Corr}(j, M)$。

二、资本资产定价模型

(一) 基本含义与模型

资本资产定价模型（CAPM）的基础是个人投资者可以根据自己所愿意承受的风险程度，来选择无风险资产与一个风险资产的投资组合。只有当风险资产的收益能够抵消其风险时，投资者才会持有这种资产。

由式（4-15）可知，资本市场线上任意一点代表一种有效的投资组合，它的预期收益等于无风险资产收益率加上该投资组合的风险溢价。表示为

$$E(R_p) = R_f + 投资组合的风险溢价 \tag{4-19}$$

当这种投资组合是市场投资组合时，作为一个整体，则证券市场的预期收益为

$$E(R_M) = R_f + 风险溢价 \tag{4-20}$$

即市场的预期收益是无风险资产收益率加上因市场组合内在风险所需的补偿。式（4-20）的左边是指证券市场的预期收益（或期望收益），不是某年或某月的实际收益率。在某一特定时期，实际的市场收益率可能是正值，也可能是负值。

因为投资者要求对所承受的风险进行补偿，因此从理论上风险溢价应该是正值。例如，Roger G Ibbotson 和 Rex A Sinquefield 的实证研究发现[①]，1926—2014 年美国大公司股票的平均收益率为 12.1%，小公司股票的平均收益率为 16.7%，长期公司债券的平均收益率为 6.4%，政府国库券的平均收益率为 3.5%。如果把政府国库券的平均收益率视为无风险资产收益率，则美国大公司和小公司股票的风险溢价分别为 8.6%（12.1%-3.5%）和 13.2%（16.7%-3.5%）。

那么，如何估计单个证券的预期收益呢？换句话说，单一证券的预期收益与风险之间是何关系？

实际上，对于一个单个证券，如果证券市场是充分有效的，则投资者面临的主要风险是系统风险（假设非系统风险已经被分散掉）。一般来说，证券的系统风险越大，投资者期望从该证券获得的收益也越高。根据贝塔系数的含义，单个证券的贝塔系数越大，它的风险就越大，所要求的收益率也就越高。

在有效率的资本市场上，市场均衡意味着所要求的收益率必须等于预期收益率。因此，证券 j 所要求的收益率可以表示为

$$E(R_j) = R_f + \beta_j(R_M - R_f) \tag{4-21}$$

其中，$E(R_j)$ 为证券 j 所要求的收益率；R_f 为无风险资产收益率；R_M 为市场投资组合的预期收益率；β_j 为证券 j 的贝塔系数，$(R_M - R_f)$ 为市场的风险溢价。

如果把证券 j 看成是一种资本资产，而非一种具体的股票，则式（4-21）就成为 CAPM 的一种常见形式。该模型表明，一种资产所要求的收益率等于无风险收益率加上该资产的系统风险溢价。

[①] 数据来源：罗斯，等. 公司理财：第 11 版. 吴世农，等，译. 北京：机械工业出版社，2018.

资本资产定价模型表达的是：投资者对单项资产所要求的收益率应等于市场对无风险投资所要求的收益率加上该资产的风险溢价。而风险溢价取决于两个因素：一是市场的风险溢价$(R_M - R_f)$；二是其贝塔系数β_j。单项资产的预期收益率与它的贝塔系数之间是一种线性关系。

结合式（4-19）和式（4-21），有效的证券投资组合的资本资产定价模型可表示为

$$E(R_p) = R_f + \beta_p(R_M - R_f) \tag{4-22}$$

其中，$E(R_p)$为证券投资组合的预期收益；β_p为该投资组合的贝塔系数。

式（4-22）表明，有效的证券投资组合的预期收益率与风险之间是一种线性关系，投资组合的预期收益会高于无风险资产的预期收益，高出部分是风险投资组合的贝塔系数的一定比例。

【例4-8】AK公司股票的贝塔系数为1.5，ZB公司股票的贝塔系数为0.7。假设无风险资产收益率为8%，市场的预期收益率为18%。如果投资者的一个投资组合为60%购买AK公司股票，40%购买ZB公司股票。计算：(1) AK公司和ZB公司股票的预期收益率。(2) 该投资组合的预期收益率。(3) 该投资组合的贝塔系数。

解 （1）根据资本资产定价模型，即式（4-21），AK公司股票的预期收益率为

$$E(R_{AK}) = R_f + \beta_{AK}(R_M - R_f) = 8\% + 1.5 \times (18\% - 8\%) = 23\%$$

ZB公司股票的预期收益率为

$$E(R_{ZB}) = R_f + \beta_{ZB}(R_M - R_f) = 8\% + 0.7 \times (18\% - 8\%) = 15\%$$

（2）如果按60%购买AK公司股票，40%购买ZB公司股票，则该投资组合的预期收益率为

$$E(R_P) = 0.6 \times 23\% + 0.4 \times 15\% = 19.8\%$$

（3）根据式（4-17），该投资组合的贝塔系数为

$$\beta_p = 0.6 \times 1.5 + 0.4 \times 0.7 = 1.18$$

而根据式（4-22），这一投资组合的预期收益率也是19.8%，即

$$E(R_P) = R_f + \beta_p(R_M - R_f) = 8\% + 1.18 \times (18\% - 8\%) = 19.8\%$$

例4-8的计算结果表明，资本资产定价模型不但对单项资产（单个证券）可以成立，而且对资产投资组合也可以成立。

（二）CAPM的基本假设

资本资产定价模型是在一系列假设的基础上推导出来的，这些假设涉及现实中投资者的行为和资本市场的条件。如果没有这些假设，该模型就难以成立。CAPM的基本假设包括以下几项。

（1）市场是由厌恶风险的投资者组成的，投资者力求规避风险。

(2) 存在无风险资产，所有投资者都可以按相同的无风险利率进行借或贷。

(3) 所有投资者进行的是单期投资决策。

(4) 资本市场上资产数量给定，所有资产可以完全细分，资产是充分流动、可销售、可分散的。

(5) 投资者都是市场价格的接受者，对资产报酬有同质预期，即投资者对未来证券的风险和收益有相同的估计。

(6) 没有交易成本和税收。

(7) 没有通货膨胀，利率水平不变。

(8) 资本市场是有效率的，意味着投资者具有完全信息，市场能达到均衡。

三、证券市场线

根据资本资产定价模型，即式（4-21），均衡时单项资产的预期收益率是其贝塔系数的线性函数，且具有正向关系。这意味着任何资产的预期收益应随其不可分散风险的增加而上升。如果某一证券具有更多的分散化无法减少的风险，那么投资者就会要求更多的收益，这样才能使投资者将该证券保持在他们的投资组合中。

证券市场线（Security Market Line，SML）是表明一项资产的预期收益率与其贝塔系数之间关系的一条直线。

由式（4-21），当 $\beta_j = 0$ 时，$E(R_j) = R_f$；当 $\beta_j = 1$ 时，$E(R_j) = R_M$。以横轴表示某一证券的贝塔系数，纵轴表示该证券的预期收益率，则得证券市场线如图 4-9 所示。

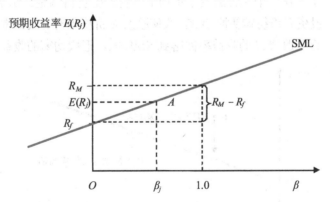

图 4-9　证券市场线：预期收益率与贝塔系数之间的关系

从图 4-9 中可以看出，证券市场线（SML）的截距为 R_f，斜率为 $(R_M - R_f)$。证券市场线是一条具有正斜率的直线。因为市场的投资组合是一个风险资产的组合，所以其预期收益应该大于无风险收益率。

如图 4-9 所示，证券市场线上任一点 A，都表明某一证券 j 的预期收益率与其贝塔系数 β_j 之间的对应关系，即

$$资产 j 的预期收益率 = E(R_j) = R_f + \beta_j \times SML 的斜率$$
$$= R_f + \beta_j (R_M - R_f)$$

上式就是式（4-21）。证券市场线表明了单个证券或市场投资组合的预期收益率与其贝塔系数之间的线性关系，这种关系对于单个证券或市场投资组合都成立。从图 4-9 可看出，由于 β 系数代表了单项资产（证券）面临的系统风险，β 越大，该资产所面临的系统风险越大，其所要求的收益率也就越高。

根据式（4-21）和图 4-9，不难发现：

当 $\beta>1$ 时，$E(R_j)>R_M$，即单项资产的预期收益率大于市场组合的预期收益率。
当 $\beta=1$ 时，$E(R_j)=R_M$，即单项资产的预期收益率与市场组合的预期收益率相同。
当 $0<\beta<1$ 时，$E(R_j)<R_M$，即单项资产的预期收益率小于市场组合的预期收益率。
当 $\beta=0$ 时，$E(R_j)=R_f$，即单项资产的预期收益率与无风险收益率相同。

证券市场线上的点意味着，当资本市场均衡时，一项风险资产（证券或证券组合）所要求的收益率应该等于其预期收益率，而其预期收益率等于无风险收益率加上该项资产的贝塔系数所代表的系统风险溢价。也就是说，一项资产的预期收益率与其贝塔系数的组合点一定位于证券市场线上。

因此，证券市场线具有资产定价的含义：当资本市场均衡时，对一项风险资产（或其组合），投资者所要求的收益率应该在证券市场线上。如果一项资产的预期收益不在证券市场线上，则表示该项资产定价过低（under-priced）或定价过高（over-priced）。

如图 4-10 中的 A 点，股票 X 的预期收益率高于所要求的收益率，股票的价格被低估（定价偏低）了。在一个完善的资本市场上，将产生价格调整。由于股票 X 具有较高的预期收益，投资者纷纷购买股票 X，致使股票 X 价格上升、收益率下降。这种价格调整继续进行，直到股票 X 的收益率回落到 SML 上，形成均衡的收益率。

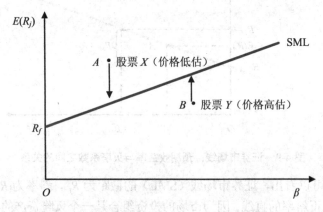

图 4-10　证券市场线（SML）与资产定价

如图 4-10 中的 B 点，股票 Y 的预期收益率低于所要求的收益率，股票的价格被高估（定价偏高）了。在完善的资本市场上，也将产生价格调整。由于股票 Y 具有较低的预期收益，投资者纷纷抛售股票 Y，致使股票 Y 价格下降、收益率上升。这种价格调整不断地进行，直到股票 Y 的收益率上升到 SML 上，形成均衡的收益率。

当资产收益率落在证券市场线上时，资本市场就达到了均衡。均衡价格会保持不变，直到出现资产的系统风险变动、无风险利率变动，或其他变动时才打破均衡。

四、贝塔系数的估计

如前所述，贝塔系数是一种系统风险指数，用来衡量单个证券或资产收益率的变动对市场组合收益率变动的反应程度。在实际分析中，贝塔系数往往不是已知的，需要计算或估计。根据贝塔系数的定义，可用式（4-16）计算某一证券 j 或资产的贝塔系数，即

$$\beta_j = \text{Cov}(R_j, R_M) / \text{Var}(R_M) = \text{Cov}(R_i, R_M) / \sigma_M^2$$

按照定义计算贝塔系数，涉及计算证券 j 收益率与市场收益率之间的协方差和方差。只要给定某一时期证券 j 的各期收益率以及相应的市场收益率数据，就可以利用上述公式计算出证券 j 的贝塔系数。

然而这样计算的贝塔系数会遇到如下一系列问题：贝塔系数可能随时间的推移而变化，计算时的样本容量可能太小，贝塔系数受财务杠杆和经营风险变化的影响等。

因此，在实践中，证券分析师通常利用回归分析的方法，通过大量的单个证券收益率和市场收益率数据，依据资本资产定价模型进行回归估计，从而得出贝塔系数的估计值。

用实证方法估计贝塔系数的基本方法有以下两种。

方法一：

利用资本资产定价模型（CAPM）。单个证券或资产的收益率 R_j 与市场收益率 R_M、无风险收益率 R_f 之间的关系可用模型表示为

$$R_j = R_f + \beta_j(R_M - R_f) + \varepsilon_j \tag{4-23}$$

变形为 $R_j - R_f = \beta_j(R_M - R_f) + \varepsilon_j$，这里 ε_j 为随机扰动项。

令 $\Delta R_j = R_j - R_f$，$\Delta R_M = R_M - R_f$，则有

$$\Delta R_j = \beta_j \Delta R_M + \varepsilon_j \tag{4-24}$$

对式（4-24），利用样本数据，进行过原点的回归分析，即可得出贝塔系数的估计值。

方法二：

由于贝塔系数是度量单个证券收益率对于市场组合收益率变动的反应程度的指标，因此，假设单个证券收益率 R_j 与市场组合收益率 R_M 之间是线性关系，其模型为

$$R_j = \alpha_j + \beta_j R_M + \varepsilon_j \tag{4-25}$$

利用公司与市场的收益率样本数据，直接用 Excel 或 SPSS 等统计软件对式（4-25）进行回归估计，即可得出 α_j 与 β_j 的估计值。

这样估计出来的单个证券收益率与市场组合收益率之间相关关系的一条直线，称为特征线（characteristic line），其斜率就是贝塔系数，如图4-11所示。

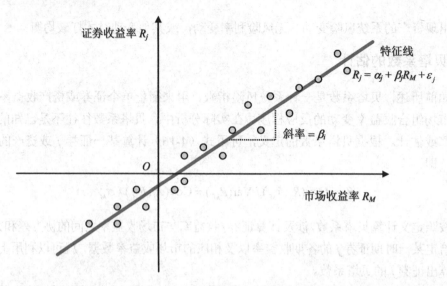

图 4-11 贝塔系数的估计：特征线

表 4-9 给出了美国和中国一些大企业股票的贝塔系数。从中可见，在一定时期不同公司股票的收益变动对证券市场的反应程度不同。例如，微软公司和 3M 公司的贝塔系数分别为 0.69 和 1.23，意味着当市场收益（市场指数）变动 1% 时，这两家公司股票的收益分别与市场同向变动 0.69% 和 1.23%。类似地，贵州茅台和 TCL 集团的贝塔系数分别为 0.693 和 1.779，意味着当上证指数和深证成指分别变动 1% 时，这两家公司股票的收益分别与市场同向变动 0.693% 和 1.779%。

表 4-9 一些企业股票的贝塔系数的估计值

股票	贝塔系数的估计值	股票	贝塔系数的估计值
微软公司	0.69	中国平安	1.085
花旗银行	1.83	贵州茅台	0.693
3M 公司	1.23	格力电器	0.953
谷歌	1.15	TCL 集团	1.779

注：①美国公司数据引自：罗斯，等. 公司理财：第 11 版. 吴世农，等，译. 北京：机械工业出版社，2018.
②中国公司数据为 2017 年综合市场年度贝塔估计值，数据来源：国泰安数据库。

须注意以下几个问题。

（1）在用回归方法估计企业的贝塔系数时，通常用一定时期市场指数的变化率来代表市场收益率，如 S&P 500 指数、道琼斯指数、上证综合指数、深证成分指数的收益率等。

（2）一个企业的贝塔系数不是一成不变的，所用的样本观测数据会影响到贝塔系数的估计。同时，一家企业的贝塔系数在不同时期通常是不同的，具有时间动态性。如果企业所从事的主营业务改变，其贝塔系数可能会随之改变。即使企业主营业务不变，产品系列的变化、技术变迁及市场的变化、金融市场波动等都有可能影响其贝塔系数。

（3）根据企业数据，运用回归分析方法估计企业的贝塔系数是一种常用的方法。但该方法并没有说明贝塔系数是由哪些因素决定的。通常，企业的收入周期、经营杠杆和财务风险是主要的决定因素。

（4）某些企业的贝塔系数还具有一定的行业特征，因此，也可以运用整个行业的贝塔系数来估算企业的贝塔系数。

 附录 　　用 Excel 估计上市公司的贝塔系数

这里仅以上海浦东发展银行（简称"浦发银行"，证券代码：600000）2018年1月2日至2018年12月28日的日交易数据为例，简要介绍如何利用Excel估计证券市场上某公司股票的贝塔系数。具体步骤如下。

1. 获取原始数据

查阅新浪财经（或网易财经、国泰安数据库等）网络数据库，选择"股票—行情—市场指数或个股代码—查询—历史交易数据—下载数据"，可获得2018年1月1日至2018年12月31日浦发银行（600000）和上证指数（sh000001）的日交易数据（收盘价、收盘指数及其涨跌幅），共计243个有效样本数据（这里省略原始数据）。分别记为 P_{pf}^{t}、P_{sh}^{t}，$t=1,2,\cdots,243$。

2. 数据整理

首先，将原始数据下载保存（或生成）为Excel文件，并打开该Excel文件。

其次，去掉该股票公告停牌日的数据（如果有的话），这里为243天交易数据。

最后，对原始数据序列按时间升序排序（2018-01-02—2018-12-28）。

3. 计算个股收益率和市场收益率

通过 Excel 的计算功能（计算与填充柄功能），计算浦发银行的个股收益率 R_{pf}^{t} 和市场收益率 R_{sh}^{t}（以上证指数收益率代表市场收益率），公式为

$$R_{pf}^{t} = \left(\frac{P_{pf}^{t}}{P_{pf}^{t-1}} - 1 \right) \times 100 \text{ 和 } R_{sh}^{t} = \left(\frac{P_{sh}^{t}}{P_{sh}^{t-1}} - 1 \right) \times 100, \quad t=1,2,\cdots,243$$

共得到243个样本数据。也可以在查阅原始数据时，直接选择收盘价和涨跌幅（%）（涨跌幅代表了当日的个股和市场的收益率）。

4. 画散点图和特征线（本步骤也可省略，由下一步骤直接完成）

插入 → 图表（或单击"图表向导"）；

→ 在"图表类型"中选择"XY散点图"，在"子图表类型"中选择第一个，单击"下一步"按钮；

→ 在"数据区域"中输入浦发银行收益率 R_{pf}^{t} 和市场收益率 R_{sh}^{t} 所在区域，单击"下一步"按钮；

→ 在"图表标题""数值（X）轴""数值（Y）轴"中分别输入要设定的"变量"名称，单击"下一步"按钮；

→ 将图标存放在指定位置，单击"完成"按钮，可得到浦发银行与市场收益率的散点图，可配置一条通过或接近大多数散点的直线，即图4-11所示的"特征线"。

5. 回归估计

选择"工具→ 数据分析"（如 Excel 页面菜单中没有"数据分析"项，可先通过单击"加载宏"加载（具体为：文件→选项→加载项→加载宏→分析工具库→确定）。

→ 在数据分析中选择"回归"→ 确定；

→ 在"Y 值输入区域"中输入浦发银行收益率 R^t_{pf} 所在区域（即将 R^t_{pf} 视为因变量），在"X 值输入区域"中输入市场收益率 R^t_{sh} 所在区域（即将 R^t_{sh} 视为自变量），在"残差"选项中，选择"线性拟合图"，单击"确定"按钮；

→ 右键单击图表，选择"图表选项"，对"图表标题、绘图区格式、网格线、数据序列格式、添加趋势线等"进行修改、设置，单击"确定"按钮；

→ 右键单击横轴或纵轴，设置"坐标轴格式"（水平轴、垂直轴），如"线型、颜色、刻度、数字（小数点保留位）、对齐"等，单击"确定"按钮。最后得到完整的散点图与特征线。

完成上述步骤后，Excel 会自动输出一系列表格和图表，即得到回归估计结果、散点图及拟合情况，如表 4-10~表 4-12 和图 4-12 所示。

表 4-10　回归统计（SUMMARY OUTPUT）

Multiple R	0.652 8
R Square	0.426 2
Adjusted R Square	0.423 8
标准误差	1.040 7
观测值	243

表 4-11　方差分析（ANOVA）

	df	SS	MS	F	Significance F
回归分析	1	193.840 2	193.840 2	178.976 8	0.000 0
残差	241	261.014 3	1.083 0		
总计	242	454.854 5			

表 4-12　回归系数其显著性（因变量：R^t_{pf}）

	Coefficients	标准误差	t Stat	P-value
C（常数项）	−0.011 1	0.067 0	−0.165 5	0.868 7
R^t_{sh}	0.721 9	0.054 0	13.378 2	0.000 0

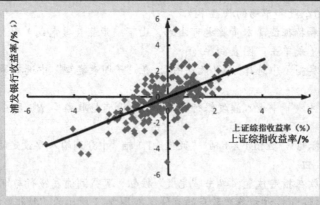

图 4-12　浦发银行贝塔系数的估计（2018 年）：散点图与特征线

6. 结果及解释

根据上述输出结果,对浦发银行股票贝塔系数的估计结果解释如下
(1) 调整后的 R^2=42.38%,F=178.9768,回归方程整体拟合程度可以。
(2) 回归系数估计值为 0.7219,且 t 统计量为 13.3782,说明市场收益率(R^t_{sh})对浦发银行收益率(R^t_{pf})具有显著性的正向影响。
(3) 估计的回归方程可表示为:$R^t_{pf}=-0.0111+0.7219R^t_{sh}$,此即为浦发银行 2018 年度的"特征线",其斜率为 0.7219,这就是浦发银行在此期间(2018 年)的贝塔系数。表明当上证指数变动 1% 时,浦发银行的收益率与上证指数收益率同向变动 0.7219%。
(4) 由于浦发银行在 2018 年的贝塔系数为 0.7219<1,说明 2018 年浦发银行股票的收益率低于市场收益率,但其风险也低于大盘市场风险。

本章小结

1. 风险是指发生不好的结果或发生危险、损失的可能性或机会。从事前看,风险是发生坏结果或损失的可能性;从事后看,是指由于不确定性因素而造成的真正损失。

根据人们偏好的不同,可以将人们对待风险的态度分为风险规避、风险喜好和风险中立三种类型。

2. 单项资产的收益与风险用式(4-1)和式(4-2)来度量,对于样本数据,单项资产的风险用式(4-4)来度量。

3. 两种资产投资组合的收益用式(4-6)计算:$E(R_p) = \sum_{i=1}^{n} w_i \overline{R_i}$。两种资产投资组合的标准差,即投资组合的风险,用式(4-8)计算:$\sigma_p = \sqrt{w_1^2 \sigma_1^2 + 2\rho w_1 w_2 \sigma_1 \sigma_2 + w_2^2 \sigma_2^2}$。

4. 系统风险又称不可分散风险或市场风险,是指某些因素对市场上所有资产都带来损失的可能性,它无法通过分散化(多样化)来消除。

非系统风险又称可分散风险或公司特别风险,是指某些因素对单项资产造成损失的可能性。非系统风险是个别公司或个别资产所特有的,它可以通过分散化(多样化)来消除。

5. 对于风险规避者,多种资产的有效投资组合意味着:对于给定的风险水平,能为投资者提供最高的预期收益;或者,对于给定的预期收益水平,能为投资者提供最小的风险。

从图形上看,有效的投资组合是投资可行集或机会集的"有效前沿";加入无风险资产后,无风险资产与风险(组合)资产的最优投资组合,是无风险资产收益率到"有效前沿"的切线。

6. 资本资产定价模型表明一种资产的预期收益率与其贝塔系数之间是一种线性正相关,用公式表示为:$E(R_j) = R_f + \beta_j(R_M - R_f)$。

该模型表明,一种资产所要求的收益率等于无风险收益率加上该资产的系统风险溢价。

7. 资本市场线是反映有效资产组合的预期收益率 $E(R_p)$ 与其风险 σ_p(标准差)之间关系的一条直线,它是无风险资产收益率到有效前沿的切线,该直线表示由无风险资产的借贷与风险资产组合共同构成的各种组合,其斜率为 $(R_M - R_f)/\sigma_M$。加入无风险资产后的有效投资组合的预期收益率表示为:$E(R_p) = R_f + [(R_M - R_f)/\sigma_M]\sigma_p$。

证券市场线是表明一项资产的预期收益率与它的贝塔系数之间关系的一条直线，二者的关系是：$E(R_p) = R_f + \beta_j(R_M - R_f)$。这种关系对于单个证券或市场投资组合都成立。证券市场线具有资产定价的含义：当资本市场均衡时，对一项风险资产（或其组合），投资者所要求的收益率应该在证券市场线上。

8. 某一证券的贝塔系数定义为该证券收益率与市场投资组合收益率之间的协方差除以市场投资组合收益的方差。它是对不可分散风险或市场风险的一种度量，是单个证券的收益变动对市场组合收益变动的反应程度的指标。

贝塔系数可根据式（4-16）来计算；而投资组合的贝塔系数是该组合中各个证券贝塔系数的加权平均值，即式（4-17）。

在实践中，通常用回归分析的方法来估计某一证券或公司的贝塔系数。方法是假设单个证券收益率 R_j 与市场组合收益率 R_M 之间是线性关系，以一定时期公司证券与市场的收益率为样本数据，可利用 Excel 或 SPSS 等软件对线性模型进行回归估计，得到回归系数 β_j 的估计值，单个证券收益率与市场组合收益率之间的这条直线称为特征线，特征线的斜率就是贝塔系数（即 β_j 的估计值）。

复习思考题

1. 如何理解风险？在现实生活或工作中，可能会遇到哪些风险？你将如何分散或规避这些风险？
2. 如何度量单项资产的风险？两种资产组合的预期收益与风险如何度量？
3. 什么是有效投资组合？投资组合为什么能分散风险，但不能消除全部风险？
4. 两种资产收益间的相关性与有效集的形状之间是什么关系？
5. 什么是资本市场线（CML）和证券市场线（SML）？如何理解二者的区别及联系？
6. 什么是资本资产定价模型（CAPM）？其含义是什么？
7. 资本资产定价模型有哪些关键的假设？
8. 如何判断证券市场上的某只股票的价格是被高估还是被低估？
9. 如何计算贝塔系数？如何理解贝塔系数的基本含义？
10. 在实际中，如何估计证券市场上某一公司股票的贝塔系数？公司股票的贝塔系数的大小说明了什么？

练习题

1. 现有 A、B 两种证券，其中证券 A 每年的预期收益率为 12%，标准差为 9%；而证券 B 每年的预期收益率为 18%，标准差为 25%。计算：

（1）如果用 30% 的证券 A 和 70% 的证券 B 构成一个投资组合，其预期收益率是多少？

（2）如果证券 A、B 收益之间的相关系数为 0.20，则上述组合的风险是多少？

2. 假设有 A、B 两种股票，它们的收益是相互独立的。股票 A 和股票 B 的收益的有关数据如下表所示，计算：

股　票	收益率/%	概　率
A	15	0.4
	10	0.6
B	35	0.5
	-5	0.5

（1）这两种股票的预期收益和标准差分别是多少？它们的收益之间的协方差和相关系数是多少？

（2）如果投资于股票 A 和股票 B 的资金比例各为 50%，则该投资组合的预期收益和标准差为多少？

3. 某只股票的必要收益率为 11%，无风险利率为 7%，市场风险溢价为 4%。计算：

（1）该股票的贝塔系数是多少？

（2）若市场风险溢价增至 6%，则该股票的必要收益率如何变化？假定无风险利率和股票贝塔系数保持不变。

4. 假设投资 30 000 美元购买下列股票：

证　券	投资数量	贝塔系数
StockA	5 000	0.75
StockB	10 000	1.10
StockC	8 000	1.36
StockD	7 000	1.88

假设无风险利率为 4%，市场投资组合的预期收益率为 15%。计算：按资本资产定价模型（CAPM），上述投资组合的预期收益率是多少？

5. 一证券分析师预计无风险利率为 4.5%，市场收益率为 14.5%。股票 A 和股票 B 的收益及其贝塔系数如下表所示，要求：

股　票	预期的收益率/%	贝塔系数
A	16	1.20
B	14	0.80

（1）用图形表示：① 如果资产组合 A 和 B 都按资本资产定价模型正确定价了，画出 A 和 B 在证券市场线上的位置。② 根据表中数据，在同一张图中画出股票 A 和 B。

（2）如果该分析师以证券市场线作为其战略投资决策，分析说明股票 A 和 B 的价值是被低估还是被高估了。

6. 假定能以 9% 的无风险利率借入和贷出资金，市场组合的预期收益率为 15%，标准差为 21%。试计算下列组合的预期收益率和标准差：

（1）将全部财富投资于无风险资产。

(2) 将 1/3 的财富投资于无风险资产，2/3 的财富投资于市场组合。

(3) 全部财富投资于市场组合，额外又借入相当于原来 1/3 的资金投资于市场组合。

7. ECRI 公司是一家有四家子公司的母公司，来自各子公司的业务比例及其贝塔系数如下表所示。计算：

子 公 司	业务所占比例/%	贝 塔 系 数
电力	60	0.70
电报	25	0.90
房地产	10	1.30
国际（特别）项目	5	1.50

(1) 母公司的贝塔系数为多少？

(2) 假定无风险利率为 6%，市场风险溢价为 5%，母公司的必要收益率为多少？

(3) ECRI 公司正考虑改变战略重点，将减少对电力子公司的依赖，电力业务的比率将降为 50%；同时，将国际（特别）项目子公司的业务比例升至 15%。如果该变化被采纳，则股东的必要收益率为多少？

8. 假定你拥有一个股票的资产组合，市值为 50 000 元，估计贝塔系数为 0.90。计算：

(1) 如果市场资产组合的预期收益率为 15%，无风险利率为 6%，则该资产组合的预期均衡收益率是多少？

(2) 假设你决定卖出持有的一只股票，市值为 10 000 元，贝塔系数为 0.75，并将获得的收益投资于另一只贝塔系数为 1.3 的股票。则新的资产组合的预期均衡收益率是多少？

9. 某基金公司持有 A、B、C 三只股票构成的证券组合，贝塔系数分别为 2.1、1.0 和 0.5，在该证券组合中所占的比例分别为 50%、40% 和 10%。若目前的市场收益率为 14%，无风险收益率为 10%。要求：

(1) 计算投资股票 A、B、C 所分别要求的收益率（必要收益率）。

(2) 计算持有 A、B、C 三只股票这一投资组合的预期收益率。

(3) 若该基金公司的投资总额为 30 万元，计算该证券投资组合的风险收益额。

(4) 计算该投资组合所要求的收益率（必要收益率）。

10. 试找一个财经网站（新浪财经、网易财经、同花顺或国泰安数据库），选择一家上市公司股票，查询并下载一定时期的该公司股票市场交易数据，包括大盘市场指数（上证指数或深证成指）、该公司股票收盘价格、涨跌幅等。以六个月或一年期国债利率作为无风险利率，使用周或月度数据。利用 Excel 软件（或 SPSS、Eviews）估计该公司股票的贝塔系数，并通过该股票数据检验 CAPM 模型是否成立。根据计算结果，结合其他信息，讨论该股票价格是被低估还是被高估了，判断应该买入还是卖出该股票。

第五章 证券估价

本章学习目标

- 理解债券价格与收益如何随时间变化。
- 掌握债券估价的基本方法。
- 理解和掌握债券收益率的含义及其计算方法。
- 理解影响债券估价的主要因素。
- 理解和掌握债券价格与利率、到期时间、付息频率的关系。
- 了解股票估价与债券估价的区别。
- 会计算股票的内在价值,掌握股票估价的几种基本形式。
- 理解债券和股票的价值、必要收益率与预期未来现金流量的关系。

第一节 债券估价

债券是企业和政府发行的信用票据,政府债券通常称为国库券,而公司发行的债券通常称为公司债。发行债券是政府和公司资金的一个重要来源。本节主要讨论公司债券。

一、债券的概念

所谓债券是发行者为筹集资金,向债权人发行的、在约定时间支付一定比例的利息,并到期偿还本金的一种有价证券。一般具有以下要素。

(1) 债券面值。债券面值是指设定的票面金额,它代表发行人借入并且承诺于未来某一特定日期偿付给债券持有人的金额。

(2) 债券的票面利率。债券的票面利率是指债券发行者预计一年内向投资者支付的利息占票面金额的比率。

票面利率不同于实际利率。实际利率通常是指按复利计算的一年期的利率。由于债券的计息方式和支付期不同,可能使用单利或复利计息,利息支付也可能每季度一次、半年一次、一年一次等,从而导致实际利率与票面利率的不同。

(3) 债券的到期日。债券的到期日是指偿还本金的日期。债券一般都规定到期日。

二、债券的价值

债券的价值是发行者按照合同规定从现在至到期日所支付的款项的现值。折现率为投资者对该债券的预期收益率,它取决于当前的利率和现金流量的风险水平。

(一)债券估价的基本模型

典型的债券是固定利率、每年计算并支付利息、到期偿还本金。按照这种模式,债券价值计算的基本公式为

$$PV = \frac{I}{(1+r)} + \frac{I}{(1+r)^2} + \cdots + \frac{I}{(1+r)^n} + \frac{F}{(1+r)^n}$$
$$= \sum_{i=1}^{n} \frac{I}{(1+r)^i} + \frac{F}{(1+r)^n} \tag{5-1}$$

其中,PV 为债券的价格(现值);F 为到期本金(面值);I 为每期的利息,$I = F \times$ 票面利率;r 为贴现率;n 为债券到期的期数。

由于贴现率一方面反映了投资者的机会成本,另一方面反映了持有债券的最低可接受的收益。因此,一般用市场利率(如一年期市场利率、一年期国债利率)或必要收益率(投资者所要求的收益率)作为贴现率。

【例 5-1】某公司拟于 2014 年 2 月 1 日发行面值为 1 000 元、票面利率为 8%、期限为 5 年的债券。每年 2 月 1 日计算并支付一次利息。市场上同等风险投资的必要收益率为 10%。不考虑发行费用,公司的发行价格应为多少?

解 根据式(5-1),每期利息 $I = 1\,000 \times 8\% = 80$(元)

$$PV = 80/(1+10\%) + 80/(1+10\%)^2 + 80/(1+10\%)^3 + 80/(1+10\%)^4 +$$
$$(80 + 1\,000)/(1+10\%)^5$$
$$= 924.28 \text{(元)}$$

实际上,债券价格的计算也可以通过 Excel 直接计算:

Excel→f_x→财务→PV,输入:Rate=10%,Nper=5,Pmt=80,FV=1 000 → PV=924.28
(注:这里输出结果为"-",仅表述资金流向,在 Excel 中债券发行时为"-")

由式(5-1)可知,影响债券估价(债券价格)的主要因素有市场利率(或必要收益率,即贴现率)、票面利率、计息期(次数)和到期时间等。

(二)影响债券价值(债券估价)的因素

1. 债券价格与市场利率(或必要收益率)

由式(5-1)可知,计算债券价格所用的贴现率即市场利率(必要收益率),对债券价格有重要影响。二者之间的关系是:当市场利率等于债券票面利率时,债券价格就是其面值,即债券按面值出售;当市场利率高于票面利率时,债券价格就低于面值;当市场利率低于票面利率时,债券价格就高于面值。

因此,债券价格与市场利率(或必要收益率)之间呈反向运动。图 5-1 给出了两种

票面利率相同的长期债券和短期债券的价格随利率变化的情况,可见债券价格是随利率的波动而变化的,债券具有利率风险。

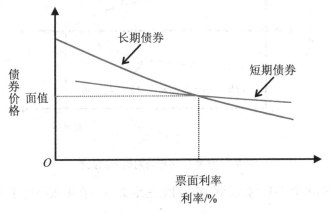

图 5-1 债券价格与市场利率的关系

如例 5-1,假设必要收益率(债券的市场利率)是 8%,则债券价格为[①]

$$PV = 80 \times (PV/A, 8\%, 5) + 1\,000 \times (P/F, 8\%, 5)$$
$$= 80 \times 3.992\,7 + 1\,000 \times 0.680\,6$$
$$= 1\,000(元)$$

如果必要收益率为 6%,则该债券的价格为

$$PV = 80 \times (PV/A, 6\%, 5) + 1\,000 \times (P/F, 6\%, 5)$$
$$= 80 \times 4.212\,4 + 1\,000 \times 0.747\,3$$
$$= 1\,084.29(元)$$

也可以用 Excel 直接计算得 PV=1 084.25(元):

f_x→财务→PV,输入:Rate=6%, Nper=5, Pmt=80, FV=1 000 → PV=1 084.25

2. 债券价格与到期时间

债券价格不仅受贴现率(市场利率或必要收益率)的影响,而且受到期时间的影响。债券的到期时间是指当前日至债券到期日之间的时间间隔。

在市场利率保持不变、分次付息的情况下,不管市场利率高于或低于票面利率,债券价格都随到期时间的临近逐渐向债券面值靠近,至到期日时债券价格等于债券面值。当市场利率高于票面利率时,随着时间向到期日靠近,债券价格逐渐提高,最终等于债券面值;当市场利率等于票面利率时,债券价格一直等于票面价值;当市场利率低于票面利率时,随着时间向到期日靠近,债券价格逐渐下降,最终等于债券价格。这种关系可用图 5-2 表示。

---

① 下面的计算中,$(PV/A,i,n) = A\sum_{t=1}^{n}\dfrac{1}{(1+i)^t}$ 为第三章介绍的年金现值系数;而 $(P/F,i,n) = A\dfrac{1}{(1+i)^n}$ 为复利现值系数。

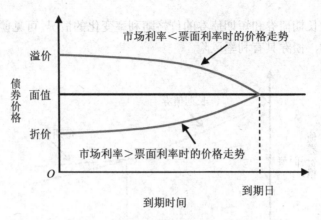

图 5-2 债券价格与到期时间的关系

【例 5-2】仍用例 5-1，如果到期时间缩短至 2 年，在贴现率等于 10%的情况下，债券价格为

$$PV = 80 \times (PV/A, 10\%, 2) + 1000 \times (P/F, 10\%, 2)$$
$$= 80 \times 1.7355 + 1000 \times 0.8264$$
$$= 965.24（元）$$

在贴现率保持不变（10%）的情况下，到期时间为 5 年时债券价格为 924.28 元，3 年后，到期时间为 2 年时债券价格上升至 965.24 元，与面值 1000 元接近了。

在例 5-1 中，如果贴现率（市场利率）变为 6%，到期时间为 2 年，债券价格为

$$PV = 80 \times (PV/A, 6\%, 2) + 1000 \times (P/F, 6\%, 2)$$
$$= 80 \times 1.8334 + 1000 \times 0.8900$$
$$= 1036.67（元）$$

在贴现率为 6%并维持不变的情况下，到期时间为 5 年时，债券价格为 1084.29 元，3 年后下降至 1036.67 元，也与面值 1000 元接近了。

在贴现率为 8%并维持不变的情况下，到期时间为 2 年时，债券价格为

$$PV = 80 \times (PV/A, 8\%, 2) + 1000 \times (P/F, 8\%, 2)$$
$$= 80 \times 1.7833 + 1000 \times 0.8573$$
$$= 1000（元）$$

在贴现率（市场利率）等于票面利率时，到期时间的缩短对债券价格没有影响。

综上所述，当贴现率（市场利率）一直保持至到期日不变时，随着到期时间的缩短，债券价格逐渐接近其票面价值。

如果贴现率（市场利率）在债券发行后发生变动，债券价格也会因此而变动。随着到期时间的缩短，市场利率的变动对债券价格的影响越来越小。也就是说，债券价格对市场利率特定变化的反映越来越不敏感。

3. 债券价格与利息支付频率

实际上，债券利息支付的方式有许多，并非只是每年支付一次利息，不同的利息支

付频率对债券的价值也会产生影响。一般来说，除每年付息外，比较典型的利息支付方式有两种：纯贴现债券和平息债券。

（1）纯贴现债券（pure discount bonds）。纯贴现债券是指承诺在未来某一确定日期作单笔支付的债券。这种债券在到期日前购买不能得到任何现金支付，因此也称为"零息债券"。

纯贴现债券承诺在未来支付的金额称为面值。纯贴现债券购买价格与它到期所付的面值之差，就是投资该债券所得的收益。纯贴现债券的价值为

$$PV = F/(1+i)^n \tag{5-2}$$

【例 5-3】假设有一纯贴现债券，面值为 1 000 元，20 年期。假设投资者所要求的必要收益率为 10%，则该债券的价值为

$$PV = 1\,000/(1+10\%)^{20} = 148.6 \text{（元）}$$

（2）平息债券（level-coupon bonds）。平息债券是指在到期时间内平均支付的债券。支付的频率可能是一年一次、半年一次或每季度一次等。平息债券价值的计算公式为

$$PV = \sum_{t=1}^{mn} \frac{\dfrac{I}{m}}{(1+\dfrac{r}{m})^t} + \frac{F}{(1+\dfrac{r}{m})^{mn}} \tag{5-3}$$

其中，m 为年付利息次数，当 $m=1$ 时，该式就是式（5-1）；n 为到期时间的年数；r 为每年的必要收益率；I 为年付利息；F 为面值或到期日支付额。

【例 5-4】假设有一债券，面值为 1 000 元，票面年利率为 8%，每半年支付一次利息，5 年到期。假设贴现率为 10%，则该债券的价值为

$$PV = 80/2 \times (PV/A, 10\%/2, 5 \times 2) + 1\,000 \times (P/F, 10\%/2, 5 \times 2)$$
$$= 40 \times 7.721\,7 + 1\,000 \times 0.613\,9$$
$$= 922.768 \text{（元）}$$

也可以直接用 Excel 计算如下：

$f_x \rightarrow$ 财务 $\rightarrow PV$，输入：Rate=5%，Nper=10，Pmt=40，FV=1 000 $\rightarrow PV$=922.78

该债券比每年付息一次的价格（924.28 元）降低了。债券付息越短价格越低的现象，仅出现在折价出售的状态。如果溢价出售，情况则正好相反。

（三）流通债券价格

流通债券是指已发行并在二级市场上流通的债券。流通债券与新发行债券的区别主要有：①到期时间小于债券发行在外的时间。②估价的时点不在发行日，可以是任何时点，会产生"非整数计息期"问题。

流通债券的估价方法一般可以采用两种方法：①以现在为折算起点，历年现金流量按非整数计息期折现。②以最近一次付息时间为折算时间点，计算历次现金流量现值，

然后将其折算到现在时点。无论采用哪种方法，都需要用计算非整数期的折现系数。

（四）债券收益率

债券估价除采用内在价值的评估方法之外，人们习惯采用另外一种方法来评估债券，即债券的收益率。债券收益率有以下几种不同的计算方法。

（1）本期收益率，又称当期收益率，是指每年支付利息额除以债券当前价格。其计算公式为

$$\text{本期收益率} = [(\text{债券面值} \times \text{票面利率}) / \text{债券市场价格}] \times 100\% \quad (5\text{-}4)$$

（2）持有期收益率，是指买入债券后持有一段时间，又在债券到期前将其出售而得到的收益，包括持有债券期间的利息收入和资本损益（价差）与债券的买入价格之比。其计算公式为

$$\text{持有期收益率} = [(\text{卖出价格} - \text{购买价格} + \text{持有期间利息}) / \text{购买价格}] \times 100\% \quad (5\text{-}5)$$

（3）到期收益率（Yield to Maturity，YTM），是指以特定价格购买债券并持有至到期日所能获得的收益率，它是使未来现金流量等于购入价格的折现率，反映债券投资按复利计算的实际收益率。它回答了以何种利率合理地确定债券价格的问题。

计算债券到期收益率的方法是求解含有贴现率的方程，即求解未知数 k，它是使债券的价格等于本金现值与利息现值之和的贴现率。

$$\text{债券价格} = \text{每年利息} \times \text{年金现值系数} + \text{面值} \times \text{复利现值系数} \\ P = A \times (PV/A, k, n) + F \times (P/F, k, n) \quad (5\text{-}6)$$

其中，P 为债券的价格；A 为每年的利息；F 为面值；n 为到期的年数；k 为贴现率。详细的计算公式为

$$P_0 = \frac{Ar_0}{(1+K)^1} + \frac{Ar_0}{(1+K)^2} + \cdots + \frac{Ar_0}{(1+K)^n} + \frac{A}{(1+K)^n} \\ = \sum_{i=1}^{n} \frac{Ar_0}{(1+K)^i} + \frac{A}{(1+K)^n} \quad (5\text{-}7)$$

其中，P_0 为债券（现在交易）的价格；r_0 为票面年利率；K 为到期收益率。

【例 5-5】 某公司于 2000 年 2 月 1 日用平价购买了一张面值为 1 000 元的债券，其票面利率为 8%，每年 2 月 1 日计算并支付一次利息，并于 4 年后的 1 月 31 日到期。该公司持有该债券至到期日，计算该债券到期收益率。

$$1\,000 = 80 \times (PV/A, k, 4) + 1\,000 \times (P/F, k, 4)$$

对这类问题一般采用"逐步测试法"，解得 $k = 8\%$。

最简洁的方法是应用 Excel 直接进行计算，详见本章附录。这里操作如下：

$f_x \rightarrow$ 财务 $\rightarrow$ Rate，输入：Nper=4，Pmt=80，$PV = -1\,000$，$FV = 1\,000 \rightarrow$ YTM=Rate=8%

由此可见，平价发行的每年付一次利息的债券，其到期收益率等于票面利率。

债券价格与到期收益率有关：

当到期收益率等于票面利率时，债券价格等于票面价值。

当到期收益率小于票面利率时，债券价格大于票面价值。

当到期收益率大于票面利率时，债券价格小于票面价值。

【例 5-6】如例 5-5，公司如果是以 1 100 元的价格购买该债券，其他条件不变，则到期收益率为

$$1\,100 = 80 \times (PV/A,k,4) + 1\,000 \times (P/F,k,4)$$

用 Excel 进行计算的结果为

f_x→财务→Rate，输入：Nper=4，Pmt=80，PV=−1 000，FV=1 000→YTM=Rate=5.17%

债券价格与到期收益率之间的关系，可用图 5-3 表示。

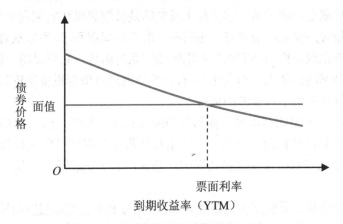

图 5-3　债券价格与到期收益率的关系

需注意的是，如果债券不是定期付息，而是到期时一次还本付息或用其他方式付息，那么即使平价发行，到期收益率也可能与票面利率不同。

【例 5-7】假设你手里有一张票面价值为 1 000 元、20 年期的债券，票面利率为 5.8%，每半年付息一次。(1) 如果该债券目前的市场价格是 960.50 元，则该债券目前的到期收益率是多少？(2) 如果到期收益率为 6.8%，则该债券目前的价格是多少？

解：(1) 用 Excel 直接计算半年的到期收益率为

f_x→财务→Rate，输入：Nper=40，Pmt=29，PV=−960.50，FV=1 000→Rate=3.073%

则该债券目前的年到期收益率为

$$YTM = 3.073\% \times 2 = 6.146\%$$

(2) 用 Excel 直接计算的该债券目前价格为

f_x→财务→PV，输入：Rate=3.4%，Nper=40，Pmt=29，FV=1 000→PV=891.55

即该债券目前的价格是 891.55 元。

须指出的是，债券的到期收益率与一定时间内持有期收益率（或报酬率）存在一定联系：如果债券的到期收益率在持有期内保持不变，债券价格随时间的推移而变化，债券的持有期收益率等于到期收益率。如果市场利率提高，债券的持有期收益率会低于其到期收益率；如果市场利率下降，债券的持有期收益率会高于其到期收益率。

三、利率的期限结构与债券收益率曲线

如前所述，债券价格和债券收益率受到市场利率和期限的影响。公司在融资时，要考虑是发行长期债券还是短期债券，而投资者在决定是买入长期债券还是短期债券时，期限结构是一个必须考虑的重要因素。

（一）利率的期限结构

利率期限结构（term structure of interest rate）是指在某一时点上，不同期限债券的收益率与到期期限之间的关系，它实际上反映的是长期利率和短期利率之间的关系。

由于零息债券的到期收益率等于相同期限的市场即期利率，所以从对应关系上来说，任何时刻的利率期限结构是利率水平和期限相联系的函数，它可以用一条曲线来表示。它揭示了市场利率的总体水平和变化方向，为投资者进行债券投资决策和政府有关部门加强债券市场管理提供了可参考的依据。

当长期利率高于短期利率时，称利率期限结构向上倾斜；而当短期利率高于长期利率时，称利率期限结构向下倾斜。期限结构最常见的形状是向上倾斜的情形。期限结构也可以是呈驼峰状，出现这种情况时，通常是由于在较长到期期限内，利率先上升后下降。

期限结构的形状主要有三个决定因素[①]：① 实际利率。实际利率是投资者对于放弃资金使用权所要求的最低回报，是货币的纯时间价值。实际利率可能会因到期期限的不同而不同，因为其他因素所导致的经济增长预期不同。但实际利率对期限结构形状的影响其实并不大。② 未来的通货膨胀率。如果投资者考虑到借出资金的不同期限的长短，会意识到未来可能发生的通货膨胀将侵蚀所获得的投资回报，因此投资者通过要求更高的名义利率来补偿由通胀产生的损失（见第三章，$r_m=r_e+p$），这种额外的补偿称为通货膨胀溢价。③ 利率风险。利率是经常波动的，由此带来债券价格和收益率的变化。与短期债券相比，长期债券在利率上升时遭受损失的风险更大。投资者如果意识到这类风险，就会要求得到额外的补偿，可通过要求更高的利率来实现，这一额外的补偿称为利率风险溢价。距到期日的时间越长，利率风险就越大，因此，利率风险溢价会随着到期期限的变长而增加。

将上述三个因素结合在一起，可看到期限结构是实际利率、预期通货膨胀率和利率风险这三个因素的综合影响。图5-4给出了这三种因素相互影响而形成的向上倾斜（见图5-4a）和向下倾斜（见图5-4b）的期限结构。但在实际中，期限结构的形状不一定是直线的，可能是复杂的形状，如双峰曲线。

---

① 罗斯，等. 公司理财：第11版. 吴世农，等，译. 北京：机械工业出版社，2018.

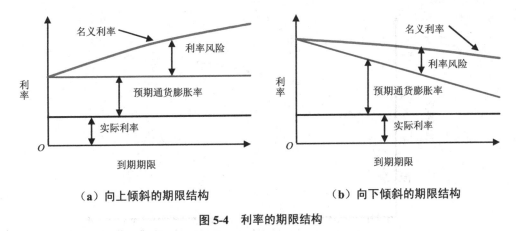

图 5-4 利率的期限结构

资料来源：罗斯，等. 公司理财：第 11 版. 吴世农，等，译. 北京：机械工业出版社，2018.

（二）债券收益率曲线

债券收益率曲线（Yield Cueve），是描述在某一时点上一组可交易债券的收益率与其剩余到期期限之间数量关系的一条曲线，即在坐标系中，以债券剩余到期期限为横坐标，以债券收益率为纵坐标，将二者之间的散点图连成的一条曲线。

一条合理的债券收益率曲线将反映出某一时点上（或某一天）不同期限债券的到期收益率水平。债券收益率曲线的形状可以反映出当时长短期利率水平之间的关系，它是市场对当前经济状况的判断及对未来经济走势预期（包括经济增长、通货膨胀、资本回报率等）的结果。收益率曲线的变化本质上体现了债券的到期收益率与期限之间的关系，即债券的短期利率和长期利率表现的差异性。

债券收益率曲线通常表现为四种形态：① 正向的收益率曲线，即曲线由左向右上伸展，表明在某一时点上债券的投资期限越长，收益率越高，长期利率高于短期利率，也就意味宏观经济处于增长期阶段；② 反向或倒置的收益率曲线，即曲线由左向右下倾斜，表明在某一时点上债券的投资期限越长，收益率越低，长期利率低于短期利率，也就意味着宏观经济进入衰退期；③ 水平的收益率曲线，表明收益率的高低与投资期限的长短无关，无论债券期限如何变化，到期收益率不变，长期利率等于短期利率，也就意味着社会经济出现了极不正常的情况；④ 波动的收益率曲线，表明债券收益率随投资期限不同而呈现波浪变动，也就意味着社会经济未来有可能出现波动。我们称形态①为正向或正常的债券收益率曲线；其他几种形态（②③④）称为逆向或异常的债券收益率曲线。

绘制并研究债券收益率曲线具有重要意义，它能为政策制定者及监管部门、各类债券发行人、债券投资者和债券中介评级机构提供各类债券的合理收益率水平和决策参考。

图 5-5 是一个一般形态的（正常）债券收益率曲线。

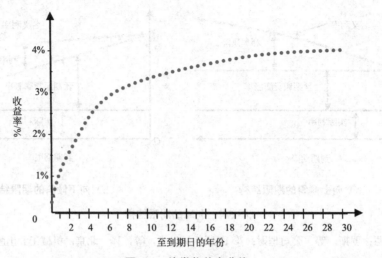

图 5-5 债券收益率曲线

图 5-6 是中国债券信息网（中央国债官网）提供的 2019 年 2 月 26 日中国债券国债收益率曲线。中国债券收益率曲线是一个体系，目前每天提供 60 多条各类债券收益率曲线（详见中国债券信息网，http://yield.chinabond.com.cn/）。实际上每天都可以绘制出不同期限的债券收益率曲线。但随着时间的推移，债券收益率曲线的位置和斜率都可能发生变化，即它具有动态性。

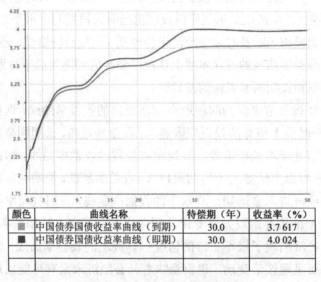

颜色	曲线名称	待偿期（年）	收益率（％）
	中国债券国债收益率曲线（到期）	30.0	3.7617
	中国债券国债收益率曲线（即期）	30.0	4.0024

图 5-6 中国债券国债收益率曲线

资料来源：中国债券信息网，http://yield.chinabond.com.cn/.

引起我们思考的问题是，既然长期债券的收益率较高，为什么有很多投资者仍然不愿去买长期债券，而去购买收益率低的短期债券呢？可能的原因是：一是长期债券的期限长、不确定性大，其债券价格的波动性也比短期债券大得多。因此出于风险考虑，投资者可能更喜欢价格波动小的短期债券。二是如果利率提高，短期债券投资者可能获利，短期债券增强了投资者的流动性，他收回投资后可以在市场上以任何一种利率进行再投资，以获得较高的收益，也能弥补短期债券的较低收益。

从利率期限结构和债券收益率曲线的形状看，二者几乎没有什么差别，区别在于期限结构是基于纯折现债券，而收益率曲线是基于普通债券的收益率。在实际债券估价或收益率计算中，需注意的是：一是国债收益率同样依赖于期限结构的三个主要决定因素，但国债具有无违约风险和较高流动性的特征。二是普通债券（如某些公司债或地方债）具有存在违约的可能（即信用风险（违约风险））和债券流动性不高等风险，因此，债券投资者一般会要求有"风险溢价"来弥补各种风险带来的损失。

第二节 股票估价

一、相关概念

股票是股份公司发给股东的所有权凭证，是股东借以取得股利的一种有价证券。股票持有者即为公司的股东，股东对公司财产收益及剩余享有索取权。

（1）股票价格。股票作为一种凭证，本身是没有价值的。但它代表了某种获得利益的权利，给投资者带来收入，因此，股票也就有了价值形态，成为一种可以用货币计量，即具有价格并可以在市场上买卖的特殊商品。

股票的票面价格是指公司发行的股票上所标明的价格，即股票面值。股票上市后，其实际买卖价格与面值不一定一致，股票在市场上的买卖价格就是股票的市场价格。股票的市场价格受到市场利率、预期股利、公司成长性、股票供求关系等诸多因素的影响，还受社会政治、经济因素以及投资者心理等诸多因素的影响。

（2）股票的价值。股票的价值是未来各期预期的现金流入的现值之和，即每期的预期股利现值和出售时得到的收入现值之和，也称股票的内在价值（intrinsic value）或理论价值。

（3）股利。股利（dividend）是股份公司将其税后利润的一部分分配给股东的一种投资报酬，包括现金股利和红股。

（4）股票预期收益率。投资者所要求的股票预期收益率（expected rate of return）是投资者期望在持有期内所获收益与投入资本之比，包括两部分：预期股利收益率和预期资本利得收益率，即

股票的预期收益率=预期股利收益率+预期资本利得收益率

预期股利收益率是预期股利除以购买股票时的价格，预期资本利得收益率是卖出价与买入价差额除以买入价格。用计算公式表示为

$$E(R) = \frac{D_1 + (P_t - P_{t-1})}{P_{t-1}} \tag{5-8}$$

二、股票的估价

股票价值是指股票能为投资者期望带来的所有未来收益（现金流）的现值。股票的

估价模型一般有三种：①折现的股利模型；②盈利与投资机会模型；③市盈率分析模型。下面分别做一简单介绍。

（一）折现的股利模型

用折现的股利模型（Discounted Dividend Model，DDM）对股票进行估价，就是对股票预期的未来全部现金流进行折现。股票预期的现金流是指支付给股东的股利或公司经营所获得的净现金流。折现的股利模型就是计算股票未来现金流的现值，作为公司股票的价值。

股票带给投资者的现金流包括两部分：股利收入和出售时的售价。本书从投资者投资购买股票并持有一期的情况开始分析。

如果投资者持有一期股票。设 D_1 为下一期期初将支付的股利，P_1 为下一期期末股票的价格，P_0 为股票的现值，K 为折现率（通常是投资者所要求的必要收益率）。则投资者愿意现在购买股票的价格是

$$P_0 = \frac{D_1}{(1+K)} + \frac{P_1}{(1+K)} = \frac{D_1 + P_1}{1+K} \tag{5-9}$$

P_1 如何获得？P_1 是投资者出售股票的价格，当然是另一位投资者在第一期期末购买股票的价格。新的投资者也将通过下面的公式决定股票价格：

$$P_1 = \frac{D_2}{(1+K)} + \frac{P_2}{(1+K)} = \frac{D_2 + P_2}{1+K} \tag{5-10}$$

将式（5-10）代入式（5-9），得到

$$P_0 = \frac{D_1}{(1+K)} + \frac{D_2}{(1+K)^2} + \frac{P_2}{(1+K)^2} \tag{5-11}$$

这相当于投资者持有二期的股票，分别在第一期、第二期得到股利 D_1 和 D_2，然后在第二期期末（第三期期初）以价格 P_2 将股票卖掉。P_2 从何而来？是另一位投资者在第二期期末为了获得股票（在第三期获得股利和售价）而支付了 P_2 购买该股票。

这个过程一直进行下去，可得到

$$P_0 = \frac{D_1}{(1+K)} + \frac{D_2}{(1+K)^2} + \cdots + \frac{D_n}{(1+K)^n} + \cdots = \sum_{t=1}^{\infty} \frac{D_t}{(1+K)^t} \tag{5-12}$$

这里，D_1、D_2、D_3、…、D_n…为各期预期得到的股利。这相当于投资者长期持有股票，并在未来各期获得预期的股利，意味着投资者愿意接受的股票价格将是未来各期股利的现值之和。

在实际运用该模型时，关键是如何预计未来各期的股利，以及如何确定折现率。股利的多少，取决于公司未来的成长性、获利能力以及公司的股利分配政策。由于股票具有无限期的现金流量，因此要准确地预测股利很难。但无论公司未来预期的股利是增长、变动还是固定的，模型（5-12）都是适用的。在实际运用 DDM 模型时，如果股利的变化呈现以下一些基本特征：零增长、固定增长及变动增长，式（5-12）还可以进一步简

化，从而得到如下几种不同的股票估价形式。

（1）零增长股票的价值。所谓零增长是指公司股利的预期增长率为零，即公司的股利保持某一水平不变，其支付过程是一个永续年金。在式（5-12）中，设 $D_1=D_2=D_3=\cdots=D$，$n\to\infty$。此时股票的价值为

$$P_0 = \sum_{t=1}^{\infty} \frac{D}{(1+K)^t} = \frac{D}{K} \tag{5-13}$$

【例 5-8】假设某公司每年分配股利为每股 2 元，要求的最低收益率为 16%，则

$$P_0 = 2 \div 16\% = 12.5 \text{（元）}$$

也就是说，该股票每年会带来 2 元的收益，它相当于 12.5 元在市场利率为 16%时的资本收益，故该股票的价值为 12.5 元。

（2）固定增长率股票的价值。固定增长率的股票是指公司的股利以一个固定不变的比例增长，各期股利的关系是

$$D_1 = D_0(1+g)$$
$$D_2 = D_1(1+g) = D_0(1+g)^2$$
$$D_3 = D_2(1+g) = D_1(1+g)^2 = D_0(1+g)^3$$
$$\cdots$$
$$D_t = D_0(1+g)^t = D_1(1+g)^{t-1}$$

此时股票的价值为

$$P_0 = \sum_{t=1}^{\infty} \frac{D_t}{(1+K)^t} = \sum_{t=1}^{\infty} \frac{D_1(1+g)^{t-1}}{(1+K)^t} = \frac{D_1}{K-g} \tag{5-14}$$

【例 5-9】某公司所要求的收益率为 16%，股利年增长率为 12%。该公司刚刚发放每股 2 元的股利，求该公司的股票价值。

解 这是一个股利固定增长的股票，$D_1=2\times(1+12\%)=2.24$。根据式（5-14）有

$$P_0 = \frac{2.24}{16\%-12\%} = 56 \text{（元）}$$

（3）变动增长率股票的价值。在现实中，由于有众多因素影响公司的收益，公司的股利政策在不同时期也经常发生变化。因此，许多公司的股利通常是不固定的。有的时期呈规则变动，有的时期呈不规则变动；有的时期呈高速增长，有的时期则相对稳定，有的时期股利为零。对这类公司股票价值的计算，则既可以直接用式（5-12）计算，也可以采用分阶段方式计算。

【例 5-10】某公司是一个高速成长的公司，其未来 3 年的股利以每年 8%的比率增长，从第 4 年开始股利以 4%的比率增长。如果投资者的必要收益率为 12%，公司今年支付的股利为每股 2 元。则该公司股票的价格是多少？

解 公司股利增长分为两个阶段,故可采取分阶段方式计算其股票价值。由于 $D_0=2$,$g_1=g_2=g_3=8\%$,则未来3年的股利为

$$D_1 = D_0(1+8\%) = 2\times1.08 = 2.16,\quad D_2 = D_1(1+8\%) = 2.33,\quad D_3 = D_2(1+8\%) = 2.52$$

而 $g_4=g_5=\cdots=4\%$ 呈固定增长,$D_4=D_3(1+4\%)=2.62$,$K=12\%$。则第3年年末股票的价格为

$$P_3 = D_4/(K-g_4) = 2.62/(12\%-4\%) = 32.75$$

这样,该公司股票的价值为

$$P_0 = \frac{D_1}{(1+K)} + \frac{D_2}{(1+K)^2} + \frac{D_3+P_3}{(1+K)^3}$$

$$= \frac{2.16}{(1+12\%)} + \frac{2.33}{(1+12\%)^2} + \frac{2.52+32.75}{(1+12\%)^3} = 28.89(元)$$

(二)盈利与投资机会模型

公司的股利政策并不是股票价值的核心决定因素,核心决定因素是公司盈利能力及投资机会。投资者对公司股票价值的评估主要考虑该公司的未来盈利能力、成长性以及今后的投资获利的机会。例如,一个投资者计划接管某一企业,接管投资者并不关心该企业的未来股利形式。

在实际中,将公司的所有盈利都作为股利可能并不是最佳的策略。许多公司都面临增长机会或有机会投资于盈利的项目。因此,公司通常的做法是只把一部分盈利作为股利支付给股东,而把其余部分保留下来进行投资,以便在未来获得收益。这时股票价值的评估应从盈利和投资机会的角度进行分析。

如果公司不发行新股,那么每期盈利与股利之间的关系为

$$D_t = E_t - \text{NetI}_t$$

其中,D_t 为第 t 年的股利;E_t 为第 t 年的盈利;NetI_t 为第 t 年的净投资。这样,股票价值的一种估计形式为

$$P_0 = \sum_{t=1}^{\infty} \frac{D_t}{(1+K)^t} = \sum_{t=1}^{\infty} \frac{E_t}{(1+K)^t} - \sum_{t=1}^{\infty} \frac{\text{NetI}_t}{(1+K)^t} \tag{5-15}$$

从式(5-15)中可以发现的重要一点,就是一个企业的价值并不等于其未来预期盈利的现值,而是等于其未来预期盈利的现值减去企业用于再投资的盈利的现值。如果仅用未来预期盈利的现值来计算企业的价值,可能会高估或低估企业的市场价值,因为新的净投资可能是正值,也可能是负值。

在一个衰退行业,人们会发现,总投资一般不会大于现有资本全部重置的规模,即净投资是负值,因此,生产能力会随时间的推移而下降。在一个稳定的或不景气的行业,总投资通常与资本重置要求相匹配,即净投资为零,生产能力保持不变。在一个扩张的行业,总投资很可能超过资本重置要求,净投资为正,生产能力随时间的推移而增加。

公司经常会考虑一系列投资获利（增长）机会，这里假设公司只关注一个机会，即一个好的投资项目。假设公司保留本期所有的股利以便投资于某一特定项目。项目价值折现到现在的每股净现值就是"增长机会现值"（Net Present Value of Growth Opportunity, NPVGO）。

如果公司决定在第一期建设该项目，那么公司现在的股票价格应为多少？因为该项目的每股价值与公司原先的股票价值可以直接相加，因此，公司股票的价格就是

公司股票价格=公司原先（没有投资）的股票价值+增长机会现值

$$P_0 = \frac{E_1}{K} + \text{NPVGO} \tag{5-16}$$

式（5-16）说明，依据盈利和投资机会来估计企业价值时，可将企业价值分成两部分：第一部分是公司满足于现状而把所有盈利都作为股利发放给股东时的股票价格，即在现有状态下未来可能获得盈利的现值（原来的股价）；第二部分是保留一部分盈余投资于新项目而增加的价值，即未来增长机会的净现值。

【例 5-11】一家零成长的公司 NG，它的每股盈利为 15 元，公司每年的投资额正好补充所损耗的生产能力，也就是说，每年的净投资为零。因此，公司每年将其全部盈利作为股利支付，而且股利每年保持不变。假设该公司的资本化率（折现率）为 15%，则 NG 公司的股票价格为

$$P_0 = 15 / 0.15 = 100 \text{（元）}$$

考虑另一家增长型公司 GS，其最初的盈利与 NG 相同，但 GS 公司每年把 60% 的盈利用于新的投资项目，这些投资项目的收益率为每年 20%（即高于市场资本化率 5%）。这样，GS 公司在开始时的股利会低于 NG 公司，与 NG 公司把每股 15 元盈利都作为股利不同的是，GS 公司只支付 15 元的 40%，即每股 6 元作为股利。其余的每股 9 元作为再投资，每年获得 20% 的收益。

尽管 GS 公司的每股股利在开始时低于 NG 公司的每股股利，但 GS 公司的每股股利会随时间的推移而增加，GS 公司的股价将高于 NG 公司的股价。为了说明这一点，我们计算 GS 公司的股利增长率，并应用于折现的股利模型（DDM）。

每股盈利和股利增长率的关系为

$$g = \text{留存收益比率} \times \text{新投资的收益率}$$

由此，得到 GS 公司的股利增长率 g 为

$$g = 60\% \times 20\% = 0.12 \text{（或 12\%）}$$

根据固定增长的股票价值式（5-14），可得到 GS 公司股票的价格为

$$P_0 = D_1 / (K - g) = (15 \times 40\%) / (0.15 - 0.12) = 200 \text{（元）}$$

GS 公司未来投资的净现值就是该公司与 NG 公司的每股差价：

$$\text{NPVGO} = 200 - 100 = 100 \text{（元）}$$

这就解释了为什么许多公司选择不支付股利,而公司的股价却在攀升的原因。因为理性的投资者相信他们在将来的某一时间会得到股利或其他类似的收益,人们看好的正是公司的投资机会和增长机会,因为"买股票是在买未来"。

需要注意的是,GS 公司的股票价格高于 NG 公司的原因并不在于增长本身,而在于新投资项目的收益率是否高于市场资本化率。本例中,新投资的收益率(20%)高于市场资本化率(15%),从而使新投资产生净现值,给公司的股票带来增值。假如 GS 公司再投资收益率正好等于 15%,该公司的留存收益比率仍为 60%。则该公司的股利增长率就是 9%,即

$$g=0.6\times0.15=0.09$$

根据固定增长的 DDM 公式,该公司的股票价格为

$$P_0=15\times40\%/(0.15-0.09)=100(元)$$

可见,即使 GS 公司的每股股利预计每年可以增长 9%,但其股票当前的价格与 NG 公司相同。这是因为,GS 公司后来增长的股利与开始减少的股利正好抵消,公司新的投资项目不会给股东带来利益。

在本例中,当新投资的收益率为 20%,而市场资本化率(折现率)为 15%时,NPVGO 为 100 元;当新投资的收益率为 15%,市场资本化率(折现率)也为 15%时,NPVGO 为零;当新投资的收益率低于市场资本化率(折现率)时,NPVGO 将为负。也就是说,增长本身并不增加价值,所增加的是项目的投资机会,这个投资机会能挣得超过市场资本化率(所要求的最低收益率)的收益率。当企业未来投资机会产生的收益率等于市场资本化率(折现率)时,其股票价值可以通过式(5-13)来估计。

【例 5-12】大洋科技公司在其公告中称:公司下年度的每股盈利为 10 元,股利支付率为 40%,且股利固定增长。预计公司留存收益再投资的投资收益率为 20%。假设无风险利率为 8%,证券市场的预期收益率为 18%,该公司股票的贝塔系数为 0.8。试用两种方法估计该公司的股票价格。

解 首先,求出估值所需的折现率 K,即市场资本化率,它是公司所要求的最低收益率。

根据 CAPM,市场资本化率为

$$K = E(R) = R_f + \beta(R_M - R_f) = 8\% + 0.8\times(18\% - 8\%) = 16\%$$

其次,利用股利增长模型估计该公司的股票价格。

这里,该公司的股利增长率 $g = 60\%\times20\% = 12\%$,根据固定增长的股票估值式(5-14),得该公司的股票价格为

$$P_0 = D_1/(K-g) = (10\times40\%)/(0.16-0.12) = 100(元)$$

最后,利用 NPVGO 模型估计该公司的股票价格。

由于在第一期公司每股盈利为 10 元,每股投资 6 元,以后公司每年可得到 20%的收益。因此,在第一期投资的净现值为

$$NPV_1 = -6 + 1.20/0.16 = 1.50（元）$$

即公司为了每年得到 1.20 元，投资 6 元。按 16% 进行折现，该公司在第一期投资机会产生的每股价格为 1.50 元。

注意到盈利和股利的增长率为 12%，因为留存收益是全部盈利的一个固定比例，所以留存收益也以每年 12% 的比率增长，而且所有的投资机会每年产生相同的投资收益率。因此，各期的 NPV 也以每年 12% 的比率增长。各期投资的净现值之和是

$$NPVGO = \frac{1.5}{(1+16\%)} + \frac{1.5 \times (1+12\%)}{(1+16\%)^2} + \frac{1.5 \times (1+12\%)^2}{(1+16\%)^3} + \cdots$$
$$= 1.5 / (16\% - 12\%) = 37.5（元）$$

而如果公司把所有的盈利都作为股利支付给股东，每年的股利为 10 元，由于没有增长机会，每股价格为

$$P_0 = E_1 / K = 10/0.16 = 62.5（元）$$

这样，根据式（5-16），运用 NPVGO 模型计算的该公司股票价格为

$$P_0 = E_1/K + NPVGO = 62.5 + 37.5 = 100（元）$$

因此，无论采用 DDM 模型还是 NPVGO 模型，最终股票的价格是一样的，因为它们都运用了现值的概念。

（三）市盈率分析模型

在实践中，广泛应用于估计一家公司股票价值的一种相对简单的方法，是用其最近期的每股收益（EPS）乘以其市盈率。公司的市盈率等于公司的股票市价与其每股收益的比率。用计算公式表示为

$$每股价格 = 市盈率 \times 每股收益 \tag{5-17}$$
$$P = P/E \times EPS$$

在实际计算中，如果缺少公司的市盈率数据，通常用可比公司市盈率或行业市盈率来代替公司的市盈率。

根据前面的分析，公司股票价格表示为

$$P = EPS / K + NPVGO \tag{5-18}$$

两边同除以 EPS 可得

$$P/EPS = 1/K + NPVGO/EPS$$

式（5-18）左边就是市盈率。由式（5-16）可以看出，市盈率与如下三个因素有关：一是增长机会的净现值。这与投资者对公司的预期有关，通常有增长机会的公司的股票价格较高。例如，一些高科技公司虽未盈利，但股票却以高价出售，这些公司的市盈率通常较高。而铁路、公共事业和钢铁公司等经常以较低的市盈率出售，因为投资者认为它们的增长潜力较差。二是折现率 K，式（5-18）表明市盈率与折现率是负相关的，而折现率与股票的风险或股价的变动幅度呈正相关。因此，市盈率与股票的风险负相关。

三是 EPS，这与公司所选择的会计方法有关。例如，存货的会计计量可以采用先进先出法，也可以采用后进先出法；资产的折旧可以采用直线折旧法，也可以采用加速折旧法。人们普遍接受的一个观点是，采用较保守的会计政策的公司具有较高的市盈率。

 附录 用 Excel 计算债券的到期收益率

到期收益率（Yield to Maturity，YTM）是指以特定的价格购买债券并持有至到期日所能获得的收益率，它是使未来现金流量等于购入价格的折现率，反映债券投资按复利计算的实际收益率。用公式表示为

$$P_0 = \frac{Ar}{(1+K)^1} + \frac{Ar}{(1+K)^2} + \cdots + \frac{Ar}{(1+K)^n} + \frac{A}{(1+K)^n}$$
$$= \sum_{i=1}^{n} \frac{Ar}{(1+K)^i} + \frac{A}{(1+K)^n} \tag{5-19}$$

式中的 r 为票面利率；K 即为到期收益率。

用 Excel 函数功能计算债券的到期收益率（YTM），操作如下：

打开 Excel→插入"函数 f_x"→在"选择类别"中选择"财务"→在"选择函数"中选择"Rate"，分别输入：Nper=n（期限），Pmt=$A*r$（每期利息），PV=$-P_0$（发行价格），FV=A（面值）→"确定"，可得到 Rate（K）=？（即为 YTM）。

一般情形下，设有一固定收益债券，面值为 A，发行价格为 P_0，票面年利率为 $r\%$，每年支付 m 次利息，期限为 n 年。如何求该债券的到期收益率（YTM）？

计算公式为

$$P_0 = \frac{A \times r\%/m}{(1+K)^1} + \frac{A \times r\%/m}{(1+K)^2} + \cdots + \frac{A \times r\%/m}{(1+K)^{mn}} + \frac{A}{(1+K)^{mn}}$$
$$= \sum_{i=1}^{mn} \frac{A \times r\%/m}{(1+K)^i} + \frac{A}{(1+K)^{mn}} \tag{5-20}$$

通过式（5-20）可求得本期的到期收益率 K，则年到期收益率 YTM=$m \times K$

用 Excel 函数功能求解该到期收益率（YTM），简单操作如下：

Excel→函数 f_x→财务→Rate→输入：Nper=$m \times n$，Pmt=$A*r\%/m$，PV=$-P_0$，FV=A，得到 K=？

Excel 会给出本期的到期收益率 K=Rate，则该债券的年到期收益率为 YTM=mK。

 **本章小结**

本章主要应用现值公式对债券和普通股票进行估价或定价。

1. 债券的估价公式是：$PV = \sum_{i=1}^{n} \frac{I}{(1+r)^i} + \frac{F}{(1+r)^n}$。影响债券价格的因素有必要收益率、到期时间、利息支付频率。

2. 债券收益率有三种表示方法：本期收益率、持有期收益率和到期收益率。本期

收益率是指每期支付利息额除以债券当前的价格；持有期收益率是指持有债券期间的利息收入和资本损益（价差）之和与债券买入价格之比；到期收益率是指以特定价格购买债券并持有至到期日所能获得的收益率，它是使未来现金流量等于购入价格的折现率。

3. 利率期限结构是指在某一时点上不同期限债券的收益率与到期期限之间的关系，它实际上反映的是长期利率和短期利率之间的关系。债券收益率曲线反映出某一时点上不同期限债券的到期收益率水平，它的形状可以反映出当时长短期利率水平之间的关系。二者都是政策制定者、债券发行人、债券投资者和债券中介评级机构的重要决策参考。

4. 股票的价值是指股票期望提供的所有未来收益（现金流）的现值，可以通过对其股利的折现来确定。股票的估价模型一般有三种：折现的股利模型（DDM）、盈利与投资机会模型（NPVGO）、市盈率分析模型。

5. 折现的股利模型（DDM）的一般形式是：$P_0 = \dfrac{D_1}{(1+K)} + \dfrac{D_2}{(1+K)^2} + \cdots + \dfrac{D_n}{(1+K)^n} + \cdots = \sum_{t=1}^{\infty} \dfrac{D_t}{(1+K)^t}$。

具体有以下三种不同情况。

（1）零增长的股票价值：$P_0 = \dfrac{D}{K}$。

（2）固定增长率的股票价值：$P_0 = \dfrac{D_1}{K-g}$。

（3）变动增长率的股票价值：可直接用式（5-12）计算，也可采用分阶段方式计算。

6. 股利增长率的一个有效估计是：g = 留存收益率 × 投资的收益率。

7. 盈利与投资机会模型（NPVGO）的公式：$P_0 = \dfrac{E_1}{K} + \text{NPVGO}$。

8. 用市盈率法估计一家公司的股票价格是一种广泛应用而又相对简单的方法，用计算公式表示为：每股价格 = 市盈率 × 每股收益。

在实际计算中，通常用可比公司市盈率或行业市盈率来代替公司的市盈率。

9. 影响市盈率的因素主要有三个：一是增长机会的净现值；二是折现率 K，它反映股票的风险；三是 EPS，这与公司所选择的会计方法有关。

10. 本章还给出了应用 Excel 函数功能计算债券价格以及债券的到期收益率（YTM）。

复习思考题

1. 什么是债券的价值？其估价的基本思想是什么？
2. 影响债券价格的因素有哪些？
3. 什么是债券的到期收益率？如何计算？
4. 债券价格与收益率是如何随时间变化的？
5. 什么是利率的期限结构？它有哪些主要决定因素？其一般形状如何？说明什么？
6. 什么是债券收益率曲线？其常见形态有哪些？绘制债券收益率曲线有何意义？

7. 股票估价的方法有哪些？

8. 股票估价与债券估价的主要区别是什么？

9. 股票估价有哪几种基本形式？

10. 影响公司市盈率的因素有哪些？

练习题

1. ABC 公司欲投资购买债券，目前有三家公司债券可供挑选：

（1）A 公司债券，债券面值为 1 000 元，5 年期，票面利率为 8%，每年付息一次，到期还本，债券发行价格为 1 105 元。若投资人要求的必要收益率为 6%，则公司债券的价值与到期收益率为多少？应否购买？

（2）B 公司债券，债券面值为 1 000 元，5 年期，票面利率为 8%，单利计息，利随本清，债券发行价格为 1 105 元。若投资人要求的必要收益率为 6%，则公司债券的价值与到期收益率为多少？应否购买？

（3）C 公司债券属于纯贴现债券，债券面值为 1 000 元，5 年期，债券发行价格为 600 元，期内不付息，到期还本。若投资人要求的必要收益率为 6%，则公司债券的价值与到期收益率为多少？应否购买？

（4）若 ABC 公司持有 B 公司债券两年后，将其以 1 200 元的价格出售，则投资收益率为多少？

2. C 公司在 2011 年 1 月 1 日发行 5 年期债券，面值 1 000 元，票面利率 10%，于每年 12 月 31 日付息，到期时一次还本。计算：

（1）假定 2011 年 1 月 1 日金融市场上与该债券同类风险投资的利率是 9%，该债券的发行价应定为多少？

（2）假定 1 年后该债券的市场价格为 1 049.06 元，该债券于 2012 年 1 月 1 日的到期收益率是多少？

（3）该债券发行 4 年后该公司被揭露出会计账目有欺诈嫌疑，这一不利消息使得该债券价格在 2015 年 1 月 1 日由开盘的 1 018.52 元跌至收盘的 900 元，跌价后该债券的到期收益率是多少？（假设能够全部按时收回本息）

3. 今有 A、B 两只债券，除了票面利息和相应的价格外，其他条件都相同，期限都是 12 年。如果 A 债券票面利率为 10%，现在市价为 935.08 元（假设面值是 1 000 元）。B 债券票面利率为 12%。你认为 B 债券现在的价格应为多少？

4. 假设你手里有一张票面价值为 1 000 元、10 年期的债券，票面利率为 8%，每半年付息一次。（1）如果该债券目前的市场价格是 960 元，则该债券目前的到期收益率是多少？（2）如果到期收益率为 9%，则该债券目前的价格是多少？

5. 某上市公司本年度的净收益为 20 000 万元，每股支付股利 2 元，预计该公司未来 3 年进入成长期，净收益第 1 年增长 14%，第 2 年增长 14%，第 3 年增长 8%，第 4 年及以后将保持其净收益水平。该公司一直采用固定支付率的股利政策，并打算今后继续实行该政策。该公司没有增发普通股和发行优先股的计划。要求：

（1）假定投资人要求的收益率为 10%，计算该公司股票的价值。

（2）假定股票的价格为 24.89 元，计算该股票的预期收益率（精确到 1%）。

6. ABC 企业计划利用一笔长期资金投资购买股票，现有甲公司和乙公司的股票可供选择。已知甲公司股票现行市价为每股 10 元，上年每股股利为 0.3 元，预计以后每年以 3%的增长率增长。乙公司股票现行市价为每股 4 元，上年每股股利为 0.4 元，股利分配政策将一贯坚持固定股利政策，ABC 企业所要求的投资必要收益率为 8%。要求：

（1）利用股利估价模式，分别计算甲、乙公司股票价值。

（2）请替 ABC 企业做出股票投资决策。

7. DZJ 公司是一家高科技公司，目前正处于高速增长期。预期每股盈利和股利在未来两年的增长率为 18%，第 3 年的增长率为 15%，之后的增长率固定为 6%。该公司本年刚支付的股利为每股 1.15 元。假定市场资本化率（即所要求的收益率）为 12%。计算：该公司股票的现在价格。

8. CL 公司在公告中预测，公司下年度的每股收益为 10 元，股利支付率为 40%，且股利固定增长。预计公司留存收益再投资的投资收益率为 20%。假设无风险资产收益率为 10%，证券市场投资组合的预期收益率为 15%，该公司股票的贝塔系数为 1.2。要求：用两种方法估计该公司的股票价格。

9. 某投资者想购买一种股票，准备持有 3 年，股票的市价为 15 元，预计 3 年后股票市价上涨为 40 元。预计股利发放情况为：第一年每股 1 元，第二年每股 2 元，第三年每股 2.5 元，投资者要求的预期收益率为 10%。要求：分析投资者是否会购买该股票。

10. 在上海或深圳证券交易所选择一家上市公司，收集该公司的各种相关信息。利用股票估价模型计算该股票的内在价值，并将估计的内在价值与该股票的实际价格相比较。基于你的研究，你是否愿意做出投资于该股票的决策？为什么？

案例　　　　华锐风电的高价发行与破发

"华锐风电"可以说是我国证券市场的一朵奇葩，也是我国证券市场中 IPO 定价的一个典型案例。2011 年 1 月 13 日，主板市场 20 年来发行价最高的个股华锐风电科技（集团）股份有限公司（简称"华锐风电"，证券代码：601558）在上海证券交易所上市。然而，让市场大跌眼镜的是，这只被誉为"十二五"战略性新兴产业第一股的股票，却在上市挂牌首日破发。华锐风电首发定价为 90 元/股，对应发行市盈率为 48.83 倍，首次公开发行（IPO）1.051 亿股。上市首日开盘 87 元/股，收报 81.37 元/股，跌 9.59%，创造了 2009 年 A 股 IPO 重启以来新股上市首日跌幅第二的纪录。上市首日即破发，令人迷惑：这只股票怎么了？

一、上市融资与资本扩张

华锐风电设立于 2006 年 2 月 9 日，由大重成套、新能华起、方海生惠、东方现代、西藏新盟等五家法人单位出资设立，成立时注册资本为人民币 10 000 万元。2008 年 7 月 11 日，公司增加天华中泰和 FUTURE 作为公司股东，注册资本变更为 15 000 万元。2009 年 1 月 5 日，经一系列股权无偿划转及转让后，公司股东变为 22 家，注册资本仍为 15 000 万元，其中西藏新盟投资持股 10 500 万股，为第四大股东，瑞华丰能持股 3 570 万股，为第七大股东。而尉文渊持有 85%西藏新盟股权，阚治东则持有 32.8%瑞华丰能股权，分别间接持有华锐风电股权为 8 925 万股和 1 170.96 万股。2009 年 9 月 16 日，公司以 2009 年 3 月 31 日经审计的净资产 96 087.69 万元，按 1∶0.936 6 比例折股，整体变更为股份公司，注册资本变更为 90 000 万元。公司主营范围为开发、设计、生产、销售风力发电设备，货物进出口、技术进出口、代理进出口，以及信息咨询等。公司法人、董事长和总经理均为韩俊良（韩俊良于 2006 年起任董事长、总裁，2012 年 8 月卸任总裁，2013 年 3 月卸任董事长）。

华锐风电招股说明书称：公司首次公开发行 A 股 10 510 万股，占发行后总股本的 10.46%。每股面值 1.0 元，每股发行价格 90.0 元。募集资金将投向 3MW 级以上风力发电机组研发项目、3MW 海上和陆地风电机组产能建设项目、海上风电机组装运基地建设项目。公司于 2010 年 12 月下旬在沪进行 A 股 IPO 招股路演，发行日期 2011 年 1 月 5 日（网上申购），发行后总股本为 100 510 万股。发行人和联席主承销商根据网下申购情况，综合考虑发行人基本面、所处行业、可比公司估值水平及市场情况等，确定此次发行价格为人民币 90.0 元/股，其对应的市盈率为 48.83 倍（每股收益按经会计师事务所审计、遵照中国会计准则确定的 2009 年净利润除以本次发行后的总股数计算）。

公司 2010 年 12 月 24 日发行前股本 90 000 万股，全部限售；2011 年 1 月 13 日 IPO 后股本 100 510 万股，限售股 90 000 万股；2011 年 4 月 13 日部分限售股解禁，股本未变，流通股 10 510 万股，限售股 90 000 万股；2011 年 6 月 8 日经过送股、转股，总股本为 201 020 万股，限售 180 000 万股。

二、市场预期与机构估值

华锐风电的上市"首秀"令包括机构在内的所有新股投资者大失所望。在此之前，华锐风电被绝大多数机构看好，不少机构大胆地给出其高股价预测。2010 年新股发行制度二次改革后，新增百家询价对象。按理说，多方询价机构给出的价格应该更科学、更合理。但机构投资者出于"无风险套利"动机，使华锐风电的报价一直居高不下。华锐风电保荐人（主承销商）安信证券在路演现场发给机构的研究报告称："预测公司 2010—2012 年每股收益分别是 2.82 元、3.81 元、4.92 元。结合相对估值、绝对估值，认为合理价值区间在 95.25 元～106.68 元。"对应 2009 年市盈率在 45.35 倍，比同行可比公司 39.14 倍平均市盈率略高一些。但实际上安信证券夸大了华锐风电的价值，其最终选择价格区间为 80 元～90 元；由 60 家询价对象管理的 107 家配售对象给出的初步询价，报价在发行下限以上的不到 7 成，最低询价 60 元。第一创业给出两个最高价格：按 2010 年、2011 年两年的盈利估值，对应 135 元；按 2009 年的估值，对应 85 元～95 元。而德邦证券也判断，华锐风电上市首日涨幅约在 15%左右。

从发行前公司基本面看，华锐风电是我国第一家开发、设计、制造和销售适应不同风资源和环境条件的陆地、海上和潮间带大型风电机组的高新技术企业。在过去 5 年，华锐风电已发展成为国内第一、全球第三的风电装备制造企业。公司财报显示，2008—2009 年华锐风电的净利润增长率为 396.92%、200.16%，保持超高速发展态势，其新增风电装机容量从 2008 年至 2010 年连续 3 年行业排名全国第一。公司的销售毛利率不断提高，从 2007 年的 12.53%上升到 2010 年年中的 22.52%。华锐风电副总裁陶刚在接受采访时表示，公司将用一个 5 年规划来实现经营发展的全面跃升，主营产品将在 2013 年全面改为 3 兆瓦、5 兆瓦和 6 兆瓦的大型机组，提升盈利能力。他预计，作为高速增长的风电行业龙头企业，华锐风电未来 5 年的复合增长率有望保持在 30%左右，"十二五"期间销售额预计将突破 1 000 亿元。公司另一个新增长点是风机出口，华锐风电已将目光瞄向了海外，已投入运营美国、加拿大、澳大利亚、巴西等分公司,并制定了 2015 年国际市场占其销售总额 30%～50%的目标。

政策面上也获大力支持。科技部官员透露,"十二五"期间我国将重点扶持 3～5 兆瓦陆上以及 5～10 兆瓦海上风机的研发制造。有机构预测,未来 5 年,我国风电新增装机速度将保持在每年 1 000 万千瓦以上,新装风机更加倾向"大型化"。新增装机容量连续 3 年排名国内第一的华锐风电或成为最大的受益者。2010 年 10 月,华锐风电自主研发的我国首台 5 兆瓦风电机组正式出产,其全球最先进的单机容量 6 兆瓦风力发电机组研发工作进展顺利。另外,10 兆瓦风机研发项目也已经展开。国家能源局明确表态:要加快开发新能源和可再生能源,扶持大型风电企业发展,鼓励我国风电企业和风电设备"走出去"。上海东海大桥项目是我国第一个海上风电国家示范工程,2010 年由华锐风电自主研发的 34 台 3 兆瓦海上风电机组全部并网发电,揭开了我国自主建设海上风电项目的序幕。

华锐风电之所以备受关注,还有一个重要原因是公司大股东中有昔日(20 世纪 90 年代)"上海滩证券三猛人"[①]之中的两人:一个是原申银证券总裁、深圳创新投董事长兼总经理、南方证券总裁阚治东;另一个是上海证券交易所第一任总经理尉文渊。人们普遍猜测,华锐风电之所以以天价发行,估计跟股东中有这两位证券业"大佬"有关。而在风电业内,韩俊良却是华锐风电的灵魂人物。华锐风电自创办不到 5 年,从低调创办到迅速崛起,从引进技术到融通关系,从借力资本到斩获市场,一切都在董事长兼总经理韩俊良的"设计"和掌控之中。但二级市场走势并不会因为"明星效应"就能受到追捧,毕竟股价要靠业绩支撑。

从风电设备行业看,尽管华锐风电有着新型产业题材、未来高增长可期,但从其估值因素与业绩持续性、竞争与产业角度来看,其未来盈利具有不确定性,风险因素不容忽视。2008 年以后,由于风电行业政策支持力度明显加大,我国出现了风电机组整机企业一哄而上、技术良莠不齐的现象。目前风电机组整机与部分零部件投资均出现过热,整机生产企业已超过 80 家,行业重新洗牌尚未开始,但价格战仍将继续,这可能导致未来风电机组制造企业利润率呈现下降趋势。从国际市场对风电品种的定位估值看,一般都是 20 倍左右市盈率。国内与华锐风电形成强有力竞争的公司是新疆风电企业金风科技,后者于 2007 年 12 月 6 日上市,发行 5 000 万股,当时 IPO 募集的资金为 18 亿元。金风科技 2011 年 1 月的动态市盈率才 24 倍,股价也只有 15 元多。从华锐风电的动态市盈率来看,明显存在高估。如果行业竞争加剧,其业绩就存在不确定性。"破发"的原因有很多,既有二级市场低迷、新股集中上市的因素,又有新股发行"三高"的原因。世基投资认为,华锐风电首日大幅破发与其高市盈率、高发行价不无关系,高价、高市盈率发行意味着高风险。

证券分析师邵明慧在 2010 年 12 月发布的研究报告中称:"金风科技和华锐风电同为国内风电设备生产行业的龙头,实力不相伯仲。"而东海证券分析师陶正傲表示,从毛利率看,到 2010 上半年,华锐风电还略低于金风科技。公开资料显示,2010 年上半年,金风科技的毛利率为 24.62%,华锐风电则为 22.53%。从整体装机容量看,华锐风电和金风科技目前也不相上下,分别是 5 652 兆瓦和 5 351.05 兆瓦。

三、业绩与利润分配

华锐风电的招股书显示,公司 2007—2009 年的净利润分别为 1.27 亿元、6.31 亿元和 18.93 亿元,2010 年上半年净利润为 12.74 亿元。公司股票上市以来历年的财务数据、主要财务指标、财务报表数据、股权结构变动及公司公告等,可在新浪财经或网易财经等网站

---

① 20 世纪 90 年代上半段,时任申银证券总裁的阚治东与万国证券总裁管金生和上交所总经理尉文渊被称为"上海滩证券三猛人"。

上查询①。

2011年5月13日，华锐风电召开2010年度股东大会，审议通过了2010年度利润分配方案：以IPO并上市后总股本100 510万股为基数，向全体股东每10股送红股10股、派发现金红利10元，即每股送红股1股、派发现金红利1元（含税）。扣税后（所得税税率10%）实际发放现金红利人民币0.8元/股。2011年5月31日华锐风电发布了2010年度利润分配方案实施公告。2014年12月26日，华锐风电发布了公积金转增股本的公告，以每10股转增5股。此后，华锐风电再也没有进行过利润分配。

四、东窗事发与股价走势

华锐风电上市首日（2011年1月13日）即破发，收盘价为81.37元，大跌9.59%。此后便一路振荡下滑，即使是大盘阶段反弹或牛市时，该公司股价也没有像样的表现，走势持续低迷。到上市3个月时，即2011年5月12日报收65.34元；在分红送股前的6月3日报收60.56元；除权除息后的6月7日收30.03元；至2011年7月3日上市半年时，报收29.92元；2012年6月26日再次除权后，收于7.5元；到上市3周年时，即2014年1月13日收于3.54元；2014年5月5日被第一次"*ST"时，收于3.17元；2015年5月4日首次摘掉ST时，股价为7.79元；2017年4月26日公司再次被"*ST"时，股价已经跌破2元，收于1.92元；2018年4月12日开始被"ST"时，股价为1.4元；到2019年1月14日，即华锐风电上市整整8周年时，股价报收于1.16元。已经彻底沦为上市公司的一只"不死鸟"。具体股价可通过网易财经或新浪财经等网站查询。图5-7给出了该公司股票上市以来，以半年为时间间隔的股价走势。

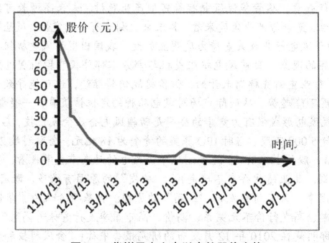

图5-7　华锐风电上市以来的股价走势

资料来源：网易财经，http://quotes.money.163.com/trade/lsjysj_601558.html#01b07。

华锐风电于2015年11月11日发布公告，称公司于2015年11月10日收到中国证监会下发的《行政处罚决定书》（〔2015〕66号）及《市场禁入决定书》（〔2015〕9号）。证监会查明确认，华锐风电在2012年4月11日披露的"华锐风电2011年年报"中，存在2011年虚增收入等违法行为，其违法事实为："……受风电行业政策的影响，2011年全行业业绩急剧下滑。为粉饰上市首年业绩，在韩俊良（时任董事长）安排下，华锐风电财务、生产、销售、客服等4个部门通过伪造单据等方式，提前确认收入，在2011年度提前确认风电机

---

① 如新浪财经，https://finance.sina.com.cn/realstock/company/sh601558/nc.shtml。

组收入 413 台,对 2011 年度财务报告产生了较大影响:虚增营业收入约 24.31 亿元、营业成本约 20 亿元,多预提运费约 3 135 万元,多计提坏账约 1.18 亿元,虚增利润总额约 2.77 亿元,占 2011 年利润总额的 37.58%。"

证监会的处罚决定是:对公司给予警告,并处以 60 万元罚款;对时任董事长韩俊良给予警告,处以 30 万元罚款,并采取终身证券市场禁入措施;对时任财务总监陶刚等公司高管给予警告,并分别处以 30 万元罚款,并对陶刚采取 10 年证券市场禁入措施;对常运东等时任公司董事给予警告,并分别处以 10 万元罚款。

与华锐风电直接有关的两家中介机构,也受到了中国证监会的处罚:① 华锐风电股票上市的保荐机构安信证券(获得 1.28 亿元的巨额承销费),由于在华锐风电上市后持续督导期间未勤勉尽责,导致没有及时发现华锐风电的财务造假行为,被暂停 3 个月保荐机构资格。② 华锐风电 2011 年年度报告的审计机构利安达会计师事务所(简称利安达),也被中国证监会行政处罚([2015]67 号),责令利安达改正,没收业务收入 95 万元,并处以 95 万元罚款;对 2011 年度审计报告签字注册会计师温京辉、王伟给予警告,并分别处以 10 万元罚款。

讨论:

1. 影响股票发行定价的主要因素有哪些?
2. 股票定价的方法有哪些?你认为华锐风电的 IPO 定价适合用哪一种?华锐风电 IPO 定价的合理区间应该是多少?
3. 以当时的情形看,你认为华锐风电的发行价是否过高?IPO 定价为 90 元的依据是什么?各大投资机构为何在询价过程中都给出了较高估值?
4. 与同行业上市公司,特别是与金风科技(股票代码 002202)相比,你认为华锐风电(当时)的股价是高还是低?为什么?
5. 通过新浪财经或雅虎财经等网站查阅并收集 2011 年前 10 个月的上证综指和华锐风电股价,用 Excel 估计华锐风电股票的贝塔系数,进而估计该公司股票的价值(假设无风险利率为 3.5%),并讨论该股票的价值与风险。
6. 结合各方面情况,你认为华锐风电目前的股价是否合理?从行业前景、产业政策、公司经营现状、经营业绩以及风险等角度看,试给出华锐风电目前股价的合理区间。以目前华锐风电的股价,是否值得你投资或继续持有该公司股票?
7. 华锐风电高溢价发行的过程中,中介机构扮演了怎样的角色,起到了什么作用?
8. 从华锐风电的案例中,我们可以得到哪些启示或教训?

第三篇　长期融资决策

▶▶ 第六章　长期融资概述
▶▶ 第七章　长期负债与融资租赁
▶▶ 第八章　普通股与优先股融资
▶▶ 第九章　认股权证与可转换债券

第六章 长期融资概述

本章学习目标

- 了解企业筹资的动机与原则。
- 掌握企业筹资的渠道与筹资方式。
- 了解各种融资模式。

第一节 企业融资的动机与原则

企业融资是指企业为了生产经营而筹集所需要的资金,是企业财务管理的一项重要内容,对企业的创建和生产经营活动均有重要意义。企业融资是市场经济发展的客观要求,企业只有以较低的资本成本从不同渠道筹集经营和发展所需的资金,才能在激烈的市场竞争中获得优势。

一、企业融资的动机

企业融资的基本目的是自身的维持和发展。但每次具体的融资活动,则往往受特定动机的驱使。企业融资的具体动机是多种多样的,归纳起来有四类,即新建融资动机、扩张融资动机、偿债融资动机和混合融资动机。

(一)新建融资动机

新建融资动机是在企业新建时为满足正常生产经营活动所需的铺底资金而产生的融资动机。企业新建时,要按照经营方针所确定的生产经营规模核定固定资金需要量和流动资金需要量,同时筹集相应数额的资本金——所有者权益,资本金不足部分则需筹集短期或长期的银行借款(或发行债券)。

(二)扩张融资动机

扩张融资动机是企业因扩大生产经营规模或追加额外投资而产生的融资动机。具有良好发展前景、处于成长时期的企业,通常会产生扩张融资动机。例如,企业生产经营的产品供不应求,需要购置设备以增加市场供应,需要引进技术开发生产适销对路的新产品,扩大有利的对外投资规模,开拓有发展前途的对外投资领域等。扩张融资动机所产生的直接结果是企业的资产总额和权益总额的增加。

(三)偿债融资动机

偿债融资动机是企业为了偿还某项债务而形成的借款动机,即借新债还旧债。偿债融资有两种情况:一是调整性偿债融资,即企业具有足够的能力支付到期旧债,但为了调整原有的资本结构,举借一种新债务,从而使资本结构更加合理;二是恶化性偿债融资,即企业现有的支付能力已不足以偿付到期旧债,被迫举新债还旧债,这表明企业的财务状况已经恶化。

(四)混合融资动机

企业既需要扩大经营的长期资金又需要偿还债务的现金而形成的融资动机,即混合融资动机。这种融资包含了扩张融资和偿债融资两种动机,其结果既会增大企业资产总额,又能调整企业资本结构。

二、企业融资的原则

(一)合理性原则

不论采取什么方式融资,都必须预先合理确定资金的需求量,以需定筹。既要避免筹资不足,影响生产经营的正常进行,又要防止筹资过多,造成资金闲置。所以筹资前应采用一定的方法进行预测,合理确定筹资规模,以防止筹资效果低下。

(二)及时性原则

按照货币时间价值的原理,同等数量的资金在不同时点上具有不同的价值。企业筹集资金应根据资金投放使用的时间来合理安排,使筹资和用资在时间上相衔接。既要避免过早筹资使资金过早到位而形成资金投放前的闲置,又要避免资金到位滞后而丧失资金投放的最佳时机。

(三)效益性原则

企业不论从何种渠道、以何种方式筹资,都必须付出一定的代价,即资本成本。不同资金来源的资本成本各不相同,取得资金的难易程度也有差异,筹集资金应从资金需求的实际情况出发,采用合适的方式操作,追求降低资本成本,谋求最大的经济效益。

(四)结构合理原则

企业的资本结构一般由借入资金和自有资金构成,合理负债能提高自有资金利润率,又能缓解资金紧张的矛盾,若负债过多,则企业会产生较大的财务风险,甚至丧失偿债能力而面临破产。因此,企业要安排合理的资本结构比例,同时其长期资金和短期资金也应保持适当比例。资金筹集应注意这两方面的比例关系,减少企业财务风险,优化资金结构。

(五)依法筹措原则

依法筹措是指企业在融资过程中,必须根据国家有关法律、法规及政策的指导,依法融资,履行约定的责任,维护投资者权益。

当然,企业融资原则只是重要的指导因素,企业在具体融资时可能会受到内部和外部各种因素的制约。其中,资本成本是融资的基本问题。

第二节 企业融资的渠道与融资方式

资金筹集渠道与筹集方式,两者既有联系又有区别。融资渠道是指融资的方向与通道,体现着融资的源泉和流量。融资方式是指融资所采取的具体形式,体现着融资的方法特性。一般来说,不同渠道的资金适用于不同的融资方式。但有时同一渠道的资金,也可以采取多种方式筹集。融资渠道和融资方式不同,其资金成本不同,融资风险不同,融资的难易程度也不同。企业融资首先应了解有哪些融资渠道和融资方式,这些融资方式有哪些特点和利弊,以便选择适宜的融资渠道和融资方式。

一、融资渠道

融资渠道是指融资资金的来源方向与通道,体现着资金的来源与流量,属于资金供应的范畴。我国企业的资金来源渠道主要有以下几个方面。

(一)国家财政资金

国家财政资金是指各级财政(代表国家)对企业投入的资金。我国现有的股份制企业大都由原来的国有企业改制而成,其股份总额中的国家股就是国家以各种方式向原国有企业投入的资本。公司制企业实现了政企分开、两权分离,国家一般不再向企业拨款。但是,我国是社会主义国家,对于符合国家发展规划和产业政策的重点建设项目,如交通、能源、原材料等基础设施建设,国家仍通过低息或无息贷款的方式向企业提供资金。另外,对某些关系国计民生的大型重点企业和骨干企业,国家可以采用控股、参股的方式向企业注入资金,大力发展国民经济,巩固和壮大社会主义经济基础。所以说,国家财政资金仍是企业的一条重要融资渠道。有资格的企业应积极创造条件,尽量争取国家财政资金。

(二)银行和非银行金融机构的资金

我国的银行包括中央银行、商业银行和政策性银行,其中,能向各类企业提供贷款的银行是商业银行。商业银行是以盈利为主要目标的信用机构,包括国有商业银行、股份制商业银行和区域合作银行等。

政策性银行是国务院直属政策性金融机构,是以贯彻国家产业政策和区域性发展战略为基本职能的政府金融机构,其特点是不以盈利为目的。其资金投向是商业银行不愿承担的那些社会发展急需、符合国家产业政策、社会效益好,但经济效益并不高的项目。

非银行金融机构是指除银行以外的提供金融服务的金融机构,包括保险公司、信托投资公司、金融租赁公司、证券公司、公司集团财务公司等。我国的非银行金融机构随市场经济的发展而不断发展和健全,已成为企业融资的一条重要渠道。

(三)企业内部资金

企业内部资金是指所有权属于本企业,但暂时没有利用或没有充分利用的那一部分资金,包括资本公积金、未分配利润、积压闲置的资产以及企业的其他资产,这些资产通过变卖、转让取得的收入,也可以作为一种资金来源用以发展生产。

(四)其他企业的资金

企业在生产经营过程中,往往有一部分暂时闲置或多余的资金。在本企业产品市场饱和的情况下,为了充分利用这些资金,它们愿意向其他企业进行投资,或直接投资,或购买其发行的股票、债券等,以便获得更多的投资收益。这相对于被投资企业来讲,就构成了一种资金来源。

(五)民间资金

民间资金是指我国城乡广大居民手中的闲置资金。改革开放四十多年,特别是近二十年来,中国经济持续高速发展,城乡人民的收入水平普遍有了巨大提高。考虑到通货膨胀因素和银行实际利率情况,人们已经不再满足于将钱仅存入银行,而是要寻找其他可能投资获益的渠道。而随着我国资本市场的不断发展,人们的投资渠道也越来越多。很多人愿意购买企业股票、企业债券等,以期获得更高的投资回报。民间资金已成为现代企业直接融资的一条重要渠道。

(六)境外资金

境外资金通常是指我国大陆以外的资金,包括我国台湾、香港、澳门地区的资金,外国银行、国际金融组织以及外国厂商的资金。改革开放以来,我国积极稳妥地利用外资。随着我国投资环境的日臻完善,越来越多的外国大公司愿意来我国投资。另外,我国一些著名的大公司、大集团和高科技民营企业也采用多种方式到国际资本市场上去融资。所以,境外资金已成为我国企业的一条十分重要的融资渠道。

二、企业融资的方式及其利弊

融资方式,是指企业筹措资金所采取的主要方式。目前,我国企业的融资方式较多,但不一定都适合于每一个企业。作为财务管理人员,应全面了解这些融资方式及其利弊,以便选择适宜的融资方式,并在此基础上优化融资组合,确定最佳的融资结构。

(一)吸收直接投资

吸收直接投资,就是直接吸收国家、法人、个人和外商等投入的资金。投资的形式可以是现金、实物资产或无形资产。吸收直接投资是非股份制企业筹措自有资本的一种基本方式。

吸收直接投资的主要途径是举办联营企业,包括吸收国家投资、吸收法人投资、合资经营、吸收社会公众投资等。这种融资方式的优点包括以下几方面。

(1)所筹的资金属自有资金,不需支付利息和偿还本金,不存在偿债风险。

(2)以资本为纽带进行联营,有利于壮大企业规模,增强抵御风险的能力,有利于解决我国企业普遍存在的资金不足问题,使社会资源得到合理利用。

(3)有利于分散经营风险。企业万一经营失败,各方投资者按其投资比率承担有限责任。国有企业吸收直接投资,可减轻财政压力和损失。

（4）通过吸收外商直接投资，不仅能够缓解资金不足的矛盾，还有利于吸收外国的先进技术和先进管理方法。

吸收直接投资的缺点体现在以下几点。

（1）资金成本较高。原因有两个：一是投资者的投资目的主要是为了获利，作为被投资企业来讲，应支付较高的投资报酬；二是投资报酬在税后分配，企业不能获得税收优惠。

（2）容易分散控制权。因为投资者的投资目的不尽相同，有的是为了单纯获利，而有的则是为了取得被投资企业的控制权。当投资者的投资数额达到一定比例时就会获得相应的控制权和管理权，从而会威胁到原经营者的权限。

（3）吸收外商直接投资创办联营企业，如不谨慎，则容易造成国有资产流失。因为有些外商往往通过对自己出资的设备高估价，而对我方出资的设备低估价或其他不正当手段转移利润、逃避税收，使国有资产蒙受损失。

（4）不易进行产权交易。吸收投入资本由于没有有价证券为媒介，不利于产权交易，难以进行产权转让。

（二）发行股票

发行股票是股份制企业筹措自有资本的基本方式，它是企业直接向社会融资的方式之一。目前我国已有越来越多的各类企业选择发行股票进行融资。

（三）发行债券

发行债券即企业通过发行企业的长期债券、短期债券或可转换债券等方式进行融资，是企业筹集资金的重要方式之一。

（四）向金融机构借款

向金融机构借款，是指企业根据借款合同从银行或非银行金融机构取得资金的筹资方式。向金融机构借款的优点体现在以下几点。

（1）资金成本较低。因借款利息可在所得税前列支，故可减少企业实际负担的利息。由于借款属于间接融资，故融资费用很少。

（2）可以发挥财务杠杆的作用，有利于增加股东财富。

（3）融资速度快，程序较为简单，可以快速取得资金。

（4）借款种类多，既有短期借款，又有长期借款，能适应企业不同期限的投资对资金的需要。

（5）借款弹性较大。借款时，企业与银行直接商定贷款的时间、数额和利率等。在用款期间，如果企业财务状况发生某些变化，亦可与银行再行协商，变更借款数量及还款期限。

向金融机构借款的缺点有以下两方面。

（1）风险大。因为借款要按时还本付息，企业万一经营不利，无法偿还到期债务时，不仅影响企业的信誉，使日后融资更加困难，还有可能引起破产危险。

（2）限制条款较多，不利于企业灵活使用资金。

（五）租赁

租赁是出租人以收取租金为条件，在合同规定的期限内，将资产出租给承租人使用的业务活动。企业资产的租赁按其性质分为经营性租赁和融资性租赁两种。经营性租赁具有短期融资的作用，与企业筹集长期资金直接相关的是融资性租赁。

（六）商业信用

商业信用是指企业之间在商品交易中以延期付款或预付货款方式进行购销活动而形成的借贷关系，是企业之间相互直接提供的信用。其主要形式有两种：一是先取货，后付款；二是先付款，后取货。商业信用是企业筹集短期资金的一种方式。

商业信用融资的优点有以下几点。

（1）买卖双方同时受益。如采用延期付款时，对买方企业来说，可以在资金短缺的情况下及时取得原材料等物资，保证再生产活动顺利进行。对卖方企业来说，则扩大了商品销售，以免造成商品积压。如采用预收货款时可解决卖方企业的资金不足，又能使买方企业获得稳定的货源。这种方式通常用于紧俏商品或生产周期较长、投入资金较大的商品交易。

（2）有助于搞活商品市场和金融市场，这对发展商品经济十分有利。

商业信用融资的缺点有以下几点。

（1）具有局限性，仅限于有往来关系的企业之间采用。

（2）容易衍生"三角"债务链，造成结算秩序混乱，坏账损失倍增。

（3）容易产生投机行为，买空卖空，扰乱金融秩序。

（七）留存收益

留存收益是指企业从税后净利润中提取的盈余公积金以及从企业可供分配利润中留存的未分配利润。留存收益是企业将当年利润转化为股东对企业追加投资的过程，是一种股权筹资方式。

留存收益融资的优点有以下几点。

（1）不发生实际的现金支出：不同于负债筹资，不必支付定期的利息，也不同于股票筹资，不必支付股利。

（2）保持企业举债能力：留存收益实质上属于股东权益的一部分，可以作为企业对外举债的基础。

（3）企业的控制权不受影响：增加发行股票，原股东的控制权分散；发行债券或增加负债，债权人可能对企业施加限制性条件。而采用留存收益筹资则不会存在此类问题。

留存收益融资的缺点有以下几点。

（1）期间限制：企业必须经过一定时期的积累才可能拥有一定数量的留存收益，从而使企业难以在短期内获得扩大再生产所需资金。

（2）与股利政策的权衡：如果留存收益过高，现金股利过少，则可能影响企业的形象，并给今后进一步的筹资增加困难。

融资渠道与融资方式有着密切的关系。企业筹集资金时，必须实现两者的合理配合。融资渠道与融资方式的配合情况如表6-1所示。

表6-1　融资渠道与融资方式的配合

融资方式＼融资渠道	使用直接投资	发行股票	机构借款	商业信用	发行债券	租赁	留存收益
国家财政资金	√	√					
银行资金	√	√	√				
非银行金融机构的资金	√	√	√		√	√	
企业内部资金	√	√					√
其他企业的资金				√	√	√	
民间资金	√	√			√		
境外资金	√	√					

上述各种不同的融资方式是与不同的资金投向及筹集渠道相关联的，因此企业必须进行合理的选择。为了保护企业的长远利益，企业应以内部积累为首要融资方式，以提高企业的适应能力。其他方式融资，则应从融资速度、融资弹性、融资成本、风险大小等因素进行综合分析，并做出选择。

第三节　融资模式

公司融资模式（the financing patterns of corporations）通常是指非金融公司从哪些渠道获得其投资所需的资金，即公司是如何为其投资而融资的。

一、国外企业的融资模式

（一）英美企业以证券为主导的融资模式

由于英美是典型的自由市场经济国家，资本市场非常发达，企业的投融资行为也已高度市场化。因此，英美企业主要通过发行企业债券和股票方式从资本市场上筹集长期资本，证券融资成为企业外源融资的主导形式。由于美国企业融资模式更具有代表性，我们着重从美国企业融资的实际来进行介绍。

经过长期演进和发展，美国的金融市场体系已经相当成熟和完善，企业制度也已非常完善，企业投融资行为通常很理性。一般地，美国企业融资方式的选择，遵循的是所谓的优序融资理论，即按照：内源融资＞债务融资＞股权融资的先后顺序，换言之，企业先依靠内部融资（留存收益和折旧），然后再求助于外部融资，而在外部融资中，企业一般优先选择发行债券融资，资金不足时再发行股票融资。这一融资顺序的选择反映在企业资本结构中是内部融资占最重要地位，其次是银行贷款和债券融资，最后是发行新股融资。

（二）日本及东亚国家企业以银行贷款为主导的融资模式

相对于英美等国家以证券融资为主导的外源融资模式，日本、韩国等东亚国家的外部资金来源主要是从银行获取贷款。在这种融资模式中，以日本的主银行融资模式最为典型和突出。日本的主银行制度包括三个相互补充的部分：① 银行与企业建立关系型契约；② 银行之间形成相互委托监管的特殊关系；③ 监管当局采取一整套特别的监管手段，如市场准入管制、"金融约束"、存款担保及对市场融资的限制等。

（三）德国企业的全能银行融资模式

德国企业的融资模式基本上与日本相同，都是以银行贷款融资为主，不过，德国实行的是一种全能银行融资体制。顾名思义，德国的全能银行是"全能的"，可以自主地从事从商业银行到投资银行的广泛业务，银行既可以从事吸收存款、发放贷款的业务，也可以直接进行证券投资；并且，全能银行可以持有任何非金融企业任何数量的股票。

与英美等国融资模式相比，德国企业制度体现的是"社会市场经济"。德国企业许多都是由家族企业发展而来的，家族思想对企业的影响一直很大。一个显著的影响就是德国企业普遍推崇追求长期价值，由此产生的融资方式主要依靠自身积累再投资和银行贷款。

二、国内企业的融资模式

任何企业融资结构和融资方式的选择都是在一定的市场环境背景下进行的。在特定的经济和金融市场环境中，单个企业选择的具体融资方式可能不同，但是大多数企业融资方式的选择却具有某种共性，即经常以某种融资方式为主，如以银行贷款融资为主或以发行证券融资为主，这就是企业融资的模式问题。融资模式与融资方式都是反映储蓄向投资转化的方式，但融资模式的内涵要比融资方式的大，前者包含后者，是多种融资方式的组合。

融资模式在不同的视觉下，也就是说，针对不同的主体，具有不同的划分方式。

（一）债权融资模式

1. 国内银行贷款

国内银行贷款是指银行将一定额度的资金及一定的利率，贷发给资金需求者，并约定期限付利还本的一种经济行为。国内银行贷款的特点是手续相对简单、融资速度比较快、融资成本比较低、贷款利息计入企业成本、按期付利、到期还本。目前国内银行贷款的期限，短期贷款是一年之内，中期贷款是一至三年，长期贷款是三年以上。贷款的种类有信用贷款、担保贷款、抵押贷款。但国内银行贷款也有严格的审批制度、对企业的资信调查和信用评级等。

2. 国外银行贷款

国外银行贷款指的是为进行某一项目进行筹集资金，借款人在国际金融市场上向外国银行贷款的一种融资模式。

外国商业银行贷款的特点：第一，外国商业银行是非限制性贷款，不限贷款用途，不限贷款金额，不限贷款的币种；第二，外国商业银行的贷款利率比较高，按国际金融市场平均利率计算，硬通货币的利率要高于软通货币的利率；第三，国外商业银行贷款看重的是贷款人的信誉，这个信誉非常重要。国外商业银行贷款的期限，短期贷款是一年，中期贷款是一至七年，长期贷款是七年以上。周转贷款在规定的期限内，可借与还重复周转。但国外银行贷款对企业的资信调查和信用评级等可能更为严格。

3. 发行债权融资

债权融资，是有偿使用企业外部资金的一种融资方式。包括银行贷款、银行短期融资（票据、应收账款、信用证等）、企业短期融资券、企业债券、资产支持下的中长期债券融资、金融租赁、政府贴息贷款、政府间贷款、世界金融组织贷款和私募债权基金等。

债权融资所获得的资金，企业首先要承担资金的利息，另外在借款到期后要向债券人偿还资金的本金。债权融资的特点决定了其用途主要是解决企业营运资金短缺的问题，而不是用于资本项下的开支；股权融资是指企业的股东愿意让出部分企业所有权，通过企业增资的方式引进新的股东的融资方式。股权融资所获得的资金，企业无须还本付息，但新股东将与老股东同样分享企业的盈利与增长。股权融资的特点决定了其用途的广泛性，既可以充实企业的营运资金，也可以用于企业的投资活动。

4. 民间借贷融资

民间借贷是指公民之间、公民与法人之间、公民与其他组织之间借贷。只要双方当事人意见表示真实即可认定有效，因借贷产生的抵押相应有效，但利率不得超过人民银行规定的相关利率。民间借贷是一种直接融资渠道，银行借贷则是一种间接融资渠道。民间借贷是民间资本的一种投资渠道，是民间金融的一种形式。根据《合同法》第二百一十一条规定："自然人之间的借款合同约定支付利息的，借款的利率不得违反国家有关限制借款利率的规定。"同时根据最高人民法院《关于人民法院审理借贷案件的若干意见》的有关规定："民间借贷的利率可以适当高于银行的利率，但最高不得超过银行同类贷款利率的四倍。"

5. 金融租赁融资

由出租人根据承租人的请求，按双方的事先合同约定，向承租人指定的出卖人购买承租人指定的固定资产，在出租人拥有该固定资产所有权的前提下，以承租人支付所有租金为条件，将一个时期的该固定资产的占有、使用和收益权让渡给承租人。这种租赁具有融物和融资的双重功能。金融租赁可以分为三种：直接融资租赁、经营租赁和出售回租。

（二）股权融资模式

1. 股权出让融资

股权出让融资是指企业出让企业部分股权，以筹集企业所需要的资金。企业进行股权出让融资，实际上是吸引直接投资、引入新的合作者的过程，但这将对企业的发展目标、经营管理方式产生重大的影响。

2. 增资扩股融资

增资扩股是指企业向社会募集股份、发行股票、新股东投资入股或原股东增加投资扩大股权，从而增加企业的资本金。对于有限责任公司来说，增资扩股一般指企业增加注册资本，增加的部分由新股东认购或新股东与老股东共同认购，企业的经济实力增强，并可以用增加的注册资本投资于必要的项目。对于股份有限公司来说，增资扩股指企业向社会募集股份、发行股票、新股东投资入股或原股东增加投资扩大股权，从而增加企业的资本金。

3. 杠杆收购融资

杠杆收购（Leveraged Buy-out，LBO）是指公司或个体利用自己的资产作为债务抵押，收购另一家公司的策略。交易过程中，收购方的现金开支降低到最低程度。换句话说，杠杆收购是一种获取或控制其他公司的方法。杠杆收购的突出特点是，收购方为了进行收购，大规模融资借贷去支付（大部分的）交易费用。通常为总购价的70%或全部。同时，收购方以目标公司资产及未来收益作为借贷抵押。借贷利息将通过被收购公司的未来现金流来支付。

杠杆收购的主体一般是专业的金融投资公司，投资公司收购目标企业的目的是以合适的价钱买下公司，通过经营使公司增值，并通过财务杠杆增加投资收益。通常投资公司只出小部分的钱，资金大部分来自银行抵押借款、机构借款和发行垃圾债券（高利率高风险债券），由被收购公司的资产和未来现金流量及收益作担保并用来还本付息。如果收购成功并取得预期效益，贷款者不能分享公司资产升值所带来的收益（除非有债转股协议）。在操作过程中可能要先安排过桥贷款（bridge loan）作为短期融资，然后通过举债完成收购。杠杆收购在国外往往是由被收购企业发行大量的垃圾债券，成立一个股权高度集中、财务结构高杠杆性的新公司。在中国由于垃圾债券尚未兴起，收购者大都是用被收购公司的股权作质押向银行借贷来完成收购的。

4. 风险投资融资

风险投资融资模式是指资金的融通通过吸引从事风险投资经营者投资的一种资金融通方式。风险投资（venture capital，VC），广义的风险投资泛指一切具有高风险、高潜在收益的投资；狭义的风险投资是指以高新技术为基础，生产与经营技术密集型产品的投资。根据美国全美风险投资协会的定义，风险投资是由职业金融家投入到新兴的、迅速发展的、具有巨大竞争潜力的企业中的一种权益资本。

风险投资一般采取风险投资基金的方式运作。风险投资基金在法律结构上是采取有限合伙的形式。风险投资具有如下特征。

（1）投资对象为处于创业期（start-up）的中小型企业，而且多为高新技术企业。

（2）投资期限 3～5 年以上，投资方式一般为股权投资，通常占被投资企业30%左右股权，而不要求控股权，也不需要任何担保或抵押。

（3）投资决策建立在高度专业化和程序化的基础之上。

（4）风险投资人（venture capitalist）一般积极参与被投资企业的经营管理，提供增值服务；除了种子期（seed）融资外，风险投资人一般也对被投资企业以后各发展阶段的融资需求予以满足。

（5）由于投资目的是追求超额回报，当被投资企业增值后，风险投资人会通过上市、收购兼并或其他股权转让方式撤出资本，实现增值。

5. 国内上市融资

国内上市融资是指企业根据国家《公司法》及《证券法》要求的条件，经过中国证监会批准上市发行股票的一种融资模式。

6. 境外上市融资

境外上市即直接以国内公司的名义向国外证券主管部门申请发行的登记注册，并发行股票（或其他衍生金融工具），向当地证券交易所申请挂牌上市交易。即我们通常说的 H 股、N 股、S 股等。H 股是指中国企业在香港联合交易所发行股票并上市，N 股是指中国企业在纽约交易所发行股票并上市，S 股是指中国企业在新加坡交易所上市。

通常，境外直接上市都是采取 IPO（首次公开募集）方式进行。境外直接上市的主要困难在于：国内法律与境外法律不同，对公司的管理、股票发行和交易的要求也不同。进行境外直接上市的公司需通过与中介机构密切配合，探讨出能符合境内、外法规及交易所要求的上市方案。

境外直接上市的工作主要包括两大部分：国内重组、审批（目前，证监会已不再出具境外上市"无异议函"，也即取消对涉及境内权益的境外公司在境外发行股票和上市的法律意见书的审阅）和境外申请上市。

7. 买壳上市融资

买壳上市（反向收购）是指非上市公司股东通过收购一家壳公司（上市公司）的股份控制该公司，再由该公司反向收购非上市公司的资产和业务，使之成为上市公司的子公司，原非上市公司的股东一般可以获得上市公司 70%～90%的控股权。一个典型的买壳上市由两个交易步骤组成。一是买壳交易，非上市公司股东以收购上市公司股份的形式，绝对或相对地控制一家已经上市的股份公司；二是资产转让交易，上市公司收购非上市公司而控制非上市公司的资产及营运。一般而言，买壳上市是民营企业的较佳选择。由于受所有制因素困扰，无法直接上市。

（三）内部融资模式

1. 留存收益融资

留存收益融资是指企业将留存收益转化为投资的过程，将企业生产经营所实现的净收益留在企业，而不作为股利分配给股东，其实质为原股东对企业追加投资。

2. 资产管理融资

资产管理融资是指企业通过对资产进行科学有效的管理，节省企业在资产上的资金占用，增强资金流转率的一种变相融资模式。资产管理融资属于企业的内源融资，中小企业可以将其资产通过抵押、质押等手段融资。

（1）应收账款的抵押。通过应收账款的抵押可以取得应收账款抵押借款，提供这种借款的通常是商业银行或者工业金融公司。卖方取得借款的金额一般在应收账款面值的 50%～80%。

应收账款抵押借款分为通知性方式与非通知性方式。前者是指借款企业要将应收账款已作为担保品的情况告知其客户，并须通知客户将应付账款直接转入发放借款的银行；后者则不要求借款企业将应收账款已作担保品的情况告知其有关客户。大部分应收账款抵押借款是以不通知方式为基础办理的。

（2）应收账款的代理。在西方国家，应收账款的代理可将应收账款售出，事实上等于将应收账款卖给了代理人，这时贷款人通常没有向借款人的追索权。在代理中，明确告知货物买方将贷款直接付给代理金融单位。代理公司鉴于坏账风险必须进行详尽的信用调查。

(3) 国际保理业务。国际保理业务又称国际保付代理（international factoring），承购出口应收账款业务等，它是商业银行或附属机构通过收购消费品出口债券而向出口商提供的一项综合性金融业务，其核心内容是以收购出口债券的方式向出口商提供出口融资和风险担保，其特色在于，将一揽子服务综合起来由一个窗口提供，并可根据客户需求提供灵活的服务项目组合。

3. 票据贴现融资

票据贴现融资，是指票据持有人在资金不足时，将商业票据转让给银行，银行按票面金额扣除贴现利息后将余额支付给收款人的一项银行授信业务，是企业为加快资金周转促进商品交易而向银行提出的金融需求。票据一经贴现便归贴现银行所有，贴现银行到期可凭票直接向承兑银行收取票款。

4. 商业信用融资

商业信用融资是指企业之间在买卖商品时，以商品形式提供的借贷活动，是经济活动中的一种最普遍的债权债务关系。商业信用的存在对于扩大生产和促进流通起到了十分积极的作用，但不可避免的也存在着一些消极的影响。

(1) 应付账款融资。对于融资企业而言，意味着放弃了现金交易的折扣，同时还需要负担一定的成本，因为往往付款越早，折扣越多。

(2) 商业票据融资。也就是企业在延期付款交易时开具的债权债务票据。对于一些财力和声誉良好的企业，其发行的商业票据可以直接从货币市场上筹集到短期货币资金。

(3) 预收货款融资。这是买方向卖方提供的商业信用，是卖方的一种短期资金来源，信用形式应用非常有限，仅限于市场紧缺商品、买方急需或必需商品、生产周期较长且投入较大的建筑业、重型制造等。

（四）贸易融资模式

1. 国际贸易融资

国际贸易是指外汇银行在为进出口商办理汇款托收和信用证项下的结算业务时对进口商和出口商提供的与结算相关的短期和长期的融资便利。国际贸易融资方式很多，其实广义上的国际贸易融资是指外汇银行对进出口商提供的与进出口贸易结算有关的一切融资活动，其包括以上的狭义的常规贸易融资外，还包括在此基础上的各种创新。

国际贸易融资方式包括以下几种形式：①减免保证金开证；②进口押汇；③提货担保；④打包放款；⑤出口押汇。一般《国际贸易》教科书中都有详细介绍，在此不再重复。

2. 补偿贸易融资

补偿贸易融资是指国外向国内公司提供机器设备、技术、培训人员等相关服务等作为投资，待该项目生产经营后，国内公司以该项目的产品或以商定的方法予以偿还的一种融资模式。包括：①直接产品补偿；②其他产品补偿；③综合补偿。

（五）项目融资模式

1. TOT 模式

TOT 模式（Transfer-Operate-Transfer）是"移交-经营-移交"的简称，具体是指东道国在与外国投资者签订特许经营协议后，把已经投产运行的基础设施项目移交给外国投资者经营，凭借该设施在未来若干年内的收益，一次性地从外国投资者手中融得资金，用于建设新的基础设施项目；特许经营期满后，外国投资者再把该基础设施无偿移交给东道国或其公司。

2. ABS 模式

ABS 模式（Asset-Backed-Securitization）即"资产证券化"的简称。它是以项目资产可以带来的预期收益为保证，通过一套提高信用等级计划在资本市场发行债券来募集资金的一种项目融资方式。具体运作过程是：① 组建一个特别目标公司。② 目标公司选择能进行资产证券化融资的对象。③ 以合同、协议等方式将政府项目未来现金收入的权利转让给目标公司。④ 目标公司直接在资本市场发行债券募集资金或者由目标公司信用担保，由其他机构组织发行，并将募集到的资金用于项目建设。⑤ 目标公司通过项目资产的现金流入清偿债券本息。

3. PFI 模式

PFI 模式（Private-Finance-Initiative）即民间主动融资模式，对于基础设施项目和公用事业项目，政府通过项目招标的方式确定民间投资主体，并授权后者负责项目的融资、建设与运行，作为对该民间投资主体的回报，政府在授权的期限内每年以财政性资金向其支付一定的使用费或租赁费，授权经营期结束时，民间投资主体将该项目无偿转让给政府。PFI 模式主要用于一些不向大众收费的项目，如免费的桥梁、隧道等。

4. ST 模式

ST 模式（Shadow-Tolling）即影子收费模式，是指对于基础设施和公用事业项目，政府通过招标的方式确定民间投资主体，并授权后者负责项目的融资、建设与运营，作为对该民间主体的回报，政府在授权期限内每年以财政性资金或其他形式基金向其支付一定的补偿费用，补偿其免费为公众提供服务应得的利益；授权经营期结束时，民间投资主体无偿转让项目给政府。

5. PPP 模式

PPP 模式（Private-Public-partnership）即"公司合伙制"，指公共部门通过与私人部门建立伙伴关系提供公共产品或服务的一种方式。PPP 包含 BOT、TOT 等多种模式，主要强调合作过程中的风险分担机制和项目的货币价值原则。PPP 模式是在基础设施和公用事业项目建设中发展起来的一种优化的项目融资与实施模式，是一种以参与方的"双赢"或"多赢"为合作理念的现代融资模式。

6. BOT 模式及其变种

BOT 模式（Build-Operate-Transfer）即"建设-经营-转让"的英文缩写，指的是政府或政府授权的公司将拟建设的某个基础设施项目，通过合同约定并授权另一投资企业来融资、投资、建设、经营、维护，该投资企业在协议规定的时期内通过经营来获取收益，并承担风险。政府或政府授权的公司在此期间保留对该项目的监督调控权。协议期满，据协议由授权的投资企业将该项目转交给政府或政府授权的公司。BOT 适用于现在不能盈利而未来却有较好或一定盈利潜力的项目。

BOT 模式很重要，除了上述的普通模式，BOT 还有 20 多种演化模式，比较常见的有 BOO（建设-经营-拥有）、BT（建设-转交）、TOT（移交-经营-移交）、BOOT

（建设-经营-拥有-转让）、BLT（建设-租赁-转让）、BTO（建设-转让-经营）等。

7. BT 模式

BT 模式（Build-Transfer）即"建设-移交"的简称，是 PPP 模式在实际运用中的具体演变，其特点是协议授权的投资者只负责该项目的投融资和建设，项目竣工经验收合格后，即由政府或其授权的单位按合同规定赎回。BT 模式主要适用于项目建成后无法直接向公众提供产品并收取费用的情形，所以只能由政府直接向主办人支付该项目的款项，并使该项目服务公众。BT 模式是一种创新的投融资模式，近年来在基础设施和公用事业项目建设中得到广泛应用。

本章小结

1. 企业融资的具体动机归纳起来有新建融资动机、扩张融资动机、偿债融资动机和混合融资动机四类。

2. 企业融资的一般原则是有合理性原则、及时性原则、效益性原则、结构合理原则、依法筹措原则。

3. 融资渠道是指融资的方向与通道，体现着融资的来源和流量；融资方式是指融资所采取的具体形式，体现着融资的方法特性。我国企业的融资渠道包括国家财政资金、银行和非银行金融机构的资金、企业内部资金、其他企业的资金、民间资金、境外资金等；融资方式包括吸收直接投资、发行股票、发行债券、向金融机构借款、租赁、商业信用及留存收益等。

4. 国内企业融资模式通常有债券融资模式、股权融资模式、内部融资模式、贸易融资模式和项目融资模式五种。企业可以根据自身的情况和需要来选择适当的融资模式。

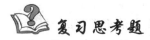
复习思考题

1. 企业融资的动机与原则是什么？
2. 我国企业的资金来源渠道主要有哪些？
3. 商业信用融资的优缺点有哪些？
4. 企业的融资模式有哪些？

第七章　长期负债与融资租赁

本章学习目标

- 了解负债筹资的特点。
- 掌握长期借款筹资的特征、筹资成本及其优缺点。
- 了解长期债券筹资的概念及意义、要素与发行。
- 掌握长期债券筹资的分类、动因、价格计算及其优缺点。
- 掌握长期债券筹资的分类、价格计算及其优缺点。
- 了解租赁的含义与分类。
- 掌握融资租赁的含义、动因、特征及优缺点。

第一节　长期负债融资概述

一、负债融资的概念及特点

（一）负债融资的概念

负债融资是指企业以已有的自有资金作为基础，为了维系企业的正常营运、扩大经营规模、开创新事业等，产生财务需求，发生现金流量不足，通过银行借款、商业信用和发行债券等形式吸收资金，并运用这笔资金从事生产经营活动，使企业资产不断得到补偿、增值和更新的一种现代企业融资的经营方式。

从所需要的资金特性来说，流动资产可分为变动性和经常性两种。变动性流动资产是指在短期内可转变为现金资产的投资。因此在出现短期性资金需求时，即增加变动性流动资产时，应采用较为短期的负债融资方法。相反，当经常性流动资产增加时，即企业发展所引起的对较长期流动资产的资金需求时，因时期较长则应采用较为长久的负债融资方法。对企业长期性固定资产的需求，则可采用长期负债融资的方法，以提供长期性的资金。

（二）负债融资的特点

负债融资是与权益融资（普通股融资）性质不同的融资方式。与后者相比，负债融资的特点表现为以下几点。

（1）筹集的资金具有时限性，需到期偿还。

（2）不论企业经营好坏，需固定支付债务利息，从而形成企业固定的负债。

（3）资本成本一般比普通股融资成本低。
（4）不会分散投资者对企业的控制权。

二、负债的期限分类

通常，按照所融资金可使用时间的长短，负债融资可分为长期负债融资和短期负债融资两大类[①]。短期负债融资所融资金的可使用时间（即偿付期）较短，一般不超过1年。长期负债是指预期偿付期限超过1年的负债。

筹措长期负债资金，可以解决企业长期资金的不足，如满足长期发展对固定资产的需要；同时，由于长期负债的归还期长，债务人可对债务的归还作长期安排，还债压力或风险相对较小。但长期负债融资成本较高，即长期负债的利率一般会高于短期负债的利率；负债的限制较多，即债权人经常会向债务人提出一些限制性的条件，以保证其能够及时、足额偿还债务本金和支付利息，从而形成对债务人的种种约束。长期负债一般包括长期借款、长期债券及融资租赁等方式。

三、负债融资对企业的影响

长期负债融资的主要作用是为企业所有者提供长期资产所需的那部分资金。但如果筹集的资金比实际长期需要的资金更多，或者筹措的债款数额超出了它相对于所有者权益的基数，以及为短期需要而筹措长期资金，都会导致企业筹集长期资金成本的增加，这种做法是不经济、不适当的。

利用债务来筹措所需的长久性资金，在举债的整个期间，将使企业的现金流转受到明显的影响。如企业发行债券，由于承担了义务而产生直接影响，企业的财务主管人员必须对支付利息和分期偿还本金时的现金状况予以充分估计。同时因企业发行债券，对改变企业营业和其他方面的现金流转会产生间接的影响。

企业采用何种长期债务形式是借贷者之间直接谈判的结果。对企业借款人来说，只有预计债务产生的收益大于借入资金的成本时，才是可取的。因此，必须研究和熟悉债务的各种形式和特点。

第二节 长 期 借 款

一、长期借款融资的概念

企业长期借款融资是指企业向银行和其他金融机构借入的期限较长的资金来源。长期借款融资和中期借款融资在时间上并无十分严格的界限，不同的企业与不同的国家往往在确定标准上会有很大差异。商业银行往往将其提供的1～5年的贷款称为中期贷款，而5年以上的为长期贷款。也有国家把10年以上的贷款才称为长期贷款。而在会计实

[①] 关于负债期限的划分，并无严格、统一的标准。也有人从财务管理角度，将偿还期在1年以内的负债称为短期负债，偿还期在1～5年的负债称为中期负债，偿还期超过5年期限的负债称为长期负债。

务中,往往将 1 年以上的贷款均统称为长期借款,这实际是为了会计业务处理的方便。但从财务管理的角度看,中期和长期借款是有本质区别的。这种区别并不在于借款金额的大小,而在于长期借款往往在一定时期内被企业作为一种永续性借款,因而被视为企业可长期占有的资金来源。如无特殊情况,在一定借款期限内,贷款机构一般不会随意抽回。而中期借款则不能作为企业一种永续性资金来源来看待。

长期贷款是一种负债契约。一般契约都规定借款人必须在指定日期支付利息和本金给贷款人。提供长期贷款的国际、国内金融机构一般多为一些商业银行、储蓄银行、人寿保险公司、各种财务机构和基金会等。它们从存户和投保人那里吸收了大量资金,为了获取利息收入,又以较长的期限将其中的一部分资金贷放出去,以满足企业及资金需求者的不同需要。这种供求双方进行的长期资金借贷的交易,构成了长期资金市场。长期贷款的额度与条件是借款企业与贷款机构直接谈判的结果。

二、长期借款融资的原因

企业长期借款大多可分期还本付息,这对于债权人和债务人都较为有利。因为对于债权人来讲,分期收回借款本息要比到贷款期限终止收回更安全,贷款的风险更小。而对于债务人来讲,由于分期偿还债务的期限和金额都已确定,则可以分期均匀地进行资金调度和现金流出,便于预先在财务上作合理的安排和调控。采用长期借款融资对企业的另一好处在于,它可以用项目投资创造的盈利分期偿还借款本息。所以,当企业需要数额大、期限长的资金,而又没有发行股票进行权益融资的条件和能力时,则可以采用长期借款融资方法来筹集企业需要的资金。

一般地,企业采用长期借款方式进行融资,主要出于如下几个基本原因。

(一)扩大生产能力

企业为了扩大生产能力,急需购置一定数量的设备和其他设施,或要对原设备进行更新改造等情况下,通常可采用长期借款融资方式,因为长期借款速度快、效益高、资金到位及时。如采用权益融资或发行债券融资往往要花费大量的时间。

(二)扩大经营能力

企业为了扩大经营能力,需要增加适量的持续使用的资金,如要长期增加企业的库存,扩大企业的现金流量和更广泛地使用商业信用手段等,但企业又不想盲目扩大其注册资本,这时大多会采用长期借款融资方式。

(三)证券市场的利率水平过高

有时企业虽然有能力发行证券进行融资(如发行债券),但由于当时证券市场的利率水平过高,融资成本过高而对企业不利。如企业有借款的渠道,则可采用借款方式融资,待证券市场情况对企业更有利时,再及时发行证券融资,取得资金后再归还借款。

(四)未来预期的资金供应日趋紧张

企业有时对未来资金需求情况虽不能十分精确地预测,但根据企业经营情况和资金市场情况,未来预期的资金供应将日趋紧张,而当前资本市场上的借款利率对企业又十分有利。这时企业可以先取得长期借款，以备未来的需要。如将来资金确有多余，则可以进行对外证券投资或进行适当调度，也可以暂时融通给其他企业。

总之，长期借款融资适用于资金占有时间较长、资金需求量较大、作为企业长期资金来源调度使用的情况。

三、长期借款融资的种类

（一）按照用途分类

按照用途，可以分为固定资产投资借款、更新改造借款、科技开发和新产品试制借款等。

（二）按照提供贷款的机构分类

按照提供贷款的机构，可以分为政策性银行贷款、商业银行贷款等。此外，企业还可以从信托投资公司取得实物或货币形式的信托投资贷款，从财务公司取得各种中长期贷款等。

（三）按照有无担保分类

按照有无担保，可以分为信用贷款和抵押贷款。信用贷款是指不需企业提供抵押品，仅凭其信用或担保人信誉而发放的贷款。抵押贷款是指要求企业以抵押品作为担保的贷款。长期贷款的抵押品常常是房屋、建筑物、机器设备、股票、债券等。

四、长期借款的程序和保护性条款

（一）长期借款的程序

（1）企业提出借款申请。企业要向银行借入资金，必须向银行提出申请，填写包括借款金额、借款用途、偿还能力、还款方式等内容的《借款申请书》并提供有关资料。

（2）银行进行审查。银行对企业的借款申请要从企业的信用等级、基本财务情况、投资项目的经济效益、偿债能力等多方面作必要的审查，以决定是否提供贷款。

（3）签订借款合同。借款合同是规定借款企业和银行双方的权利、义务与经济责任的法律文件。借款合同包括基本条款保证条款、违约条款及其他附属条款等内容。

（4）企业取得借款。双方签订借款合同后，银行应如期向企业发放贷款。

（5）企业归还借款。企业应按借款合同规定按时足额归还借款本息，如因故不能按期归还，应在借款到期之前的3~5天内提出展期申请，由贷款银行审定是否给予展期。

（二）保护性条款

长期借款的金额高、期限长、风险大，除借款合同的基本条款之外，债权人通常还在借款合同中附加各种保护性条款，以确保企业按要求使用借款和按时足额偿还借款。

保护性条款一般有以下三类。

1. 例行性保护条款

这类条款作为例行常规，在大多数借款合同中都会出现。主要包括：①定期向提供贷款的金融机构提交公司财务报表，以使债权人随时掌握公司的财务状况和经营成果；

②保持存货储备量，不准在正常情况下出售较多的非产成品存货，以保持企业正常生产经营能力；③及时清偿债务，包括到期清偿应缴纳税金和其他债务，以防被罚款而造成不必要的现金流失；④不准以资产作其他承诺的担保或抵押；⑤不准贴现应收票据或出售应收账款，以避免或有负债等。

2. 一般性保护条款

一般性保护条款是对企业资产的流动性及偿债能力等方面的要求条款，这类条款应用于大多数借款合同，主要包括：①保持企业的资产流动性。要求企业需持有一定最低额度的货币资金及其他流动资产，以保持企业资产的流动性和偿债能力，一般规定了企业必须保持的最低营运资金数额和最低流动比率数值；②限制企业非经营性支出。如限制支付现金股利、购入股票和职工加薪的数额规模，以减少企业资金的过度外流；③限制企业资本支出的规模。控制企业资产结构中的长期性资产的比例，以减少公司日后不得不变卖固定资产以偿还贷款的可能性；④限制公司再举债规模。目的是防止其他债权人取得对公司资产的优先索偿权；⑤限制公司的长期投资。如规定公司不准投资于短期内不能收回资金的项目，不能未经银行等债权人同意而与其他公司合并等。

3. 特殊性保护条款

这类条款是针对某些特殊情况而出现在部分借款合同中的条款，只有在特殊情况下才能生效，主要包括：要求公司的主要领导人购买人身保险；借款的用途不得改变；违约惩罚条款；等等。

上述各项条款结合使用，将有利于全面保护银行等债权人的权益。但借款合同是经双方充分协商后决定的，其最终结果取决于双方谈判能力的大小，而不是完全取决于银行等债权人的主观愿望。

五、长期借款融资的成本

利息是形成企业长期借款成本的重要因素。通常，长期借款的利息率要高于短期借款的利息率，但信誉好或抵押品流动性强的借款企业，仍然可以争取到较低的长期借款利率。长期借款的利率通常分为固定利率和变动利率两种。

（一）固定利率

固定利率的确定，通常是借贷双方找出一家风险类似于借款企业的其他企业，再以这家可比企业发行的期限与长期借款期限相同的长期债券的利率作为参照物，来确定长期借款的利率。固定利率计息方式一般适用于资金市场利率波动不大，资金供应较为平稳的情况。如果资本市场供求变化大，利率波动大，银行等债权人便不愿发放固定利率的长期借款。

（二）变动利率

变动利率是指长期借款在借款期限内的利率不是固定不变的，而是在某些情况下需要做些调整。主要有以下三种情形。

（1）分期调整利率。分期调整利率是指借贷双方根据协商，在贷款协议中规定可分期调整的利率。一般在基准利率的基础上，根据资金市场的情况每半年或一年调整一次利率,借款企业未偿还的本金按调整后的利率计算利息。

(2) 浮动利率。浮动利率是指借贷双方根据协商,在贷款协议中规定其利率可根据资金市场的变动情况而随时调整的利率。企业借入资金时一般应开出浮动利率期票,票据上载明借款期限和票面基本利率。但到期利率则要在票面基本利率的基础上,根据市场利率的变动加以调整计算。而其基本利率通常可以市场上信誉较好的企业的商业票据利率为参考,或以市场上相同借款期的公认利率为准,再在此基础上规定一定的浮动百分比限度,作为票据定期计息的浮动利率。

(3) 期货利率。期货利率是指借贷双方在贷款协议中规定到期的借款利率按期货业务的利率来计算。借款到期或在借款期内规定付息日时,应按当时期货币市场利率计算付息额,到期按面值还本。

随着经济业务的发展和环境的复杂多变,还会出现其他形式的变动利率。企业财务人员应在长期借款时根据具体情况合理地应用不同的利率策略,使其既对债权人有吸引力,又对企业有利。例如,融资时估计市场利率已达到顶峰,预期将下降的,则可以先进行短期贷款,或采用浮动利率,也可以发行可提前赎回的优先股等,获取短期资本。待利率水平下跌后,再借入利率较低的长期借款,减少企业的利息费用。如融资时市场利率较低,则可以借入固定利率的长期借款,这能大大降低企业的融资成本。同时,企业财务人员应对还款方式和单复利计算等各种条件进行仔细研究,选择对企业最有利的借款和还款方式。

除了利息之外,银行还会向借款企业收取其他费用,包括附加利率而产生的利息费用、管理费用、代理费用、杂费、承担费等。附加利率的高低与借款期限有关;管理费用的性质近似手续费,它在契约时一次性付清;代理费是向代理行支付的,它是组织参与银行按时提供贷款时发生的电报、办公费等支出;杂费主要用于签订负债契约前发生的律师费、车旅费等;承担费(或称为承诺费)的性质为赔偿费,主要是借款企业未按契约规定使用所贷款项,致使贷款机构准备的资金被闲置,从而造成贷款机构的损失。

六、长期借款融资的优缺点

(一) 长期借款融资的优点

(1) 融资速度快。长期借款通过借贷双方直接谈判,企业即可与贷款方签署负债契约并获得长期借款所需的资金,资金到位迅速在短期内能解决企业资金的急需。如发行各种有价证券融资,则要做许多发行前的准备工作,发行也要花费大量时间,使企业不能迅速获取资金。

(2) 融资成本低。利用长期借款融资不但能省下大量融资成本,而且由于长期借款利息可在税前支付,使企业可实际少负担利息费用,故长期借款融资有明显的抵税作用。这些使长期借款融资的成本会大大低于债券或股票融资的成本。

(3) 融资弹性大。长期借款融资的弹性,主要表现在今后企业有对借款契约规定的各种条款进行修改的可能性。同时,借款企业在与贷款机构协商贷款业务时,也可就其借款的数额、偿还时间、利率等进行充分的谈判。企业感到能接受便借款,如实在无法接受可以不借款。如企业财务状况确有重大变化的，则可与贷款机构再进行磋商，改变某些借款条款的有关规定。而如果是发行有价证券融资，则企业想单方面修改某些条款几乎是不可能的。

（4）具有杠杆作用。企业利用长期借款融资，会使企业资金总额中负债比例提高，从而改变企业原有的资本结构。在企业投资收益率大于其借款利率时，通过长期借款能使企业获取超过借款利率的差额利润，提高企业的每股净收益。

（二）长期借款融资的缺点

虽然长期借款有上述许多优点，但也有不足之处。这主要表现在扩大企业长期借款融资的规模便相应增加了企业的财务风险，使企业的偿债能力相应降低。同时，由于长期借款合同中有许多限制性条款，企业必须严格遵循，从而使企业在财务管理和生产经营上受到某种程度的制约，以致可能会对企业今后的融资和投资活动产生影响。另外，长期借款的数量往往也较有限，它受到贷款机构本身贷款能力的制约，不像债券或股票那样能筹集到数额巨大的资金。

第三节　长　期　债　券

一、长期债券融资的意义和特点

债券融资是企业作为债务人为了筹集资金，向债权人承诺在未来一定时期还本付息而发行的一种有价证券融资方式。企业发行的债券称为企业债券，如果是股份公司发行的债券称为公司债券。

企业随着经营规模的扩展，需要购置先进的技术装备或要购建厂房建筑物及追加流动资金，往往在一定时期内需要大量的资金投入，而且这种资金的占用期限一般均较长。所以发行债券融资是企业资金筹集经常使用的一种方法，其实质是企业向债券投资者获取资金的使用权，并支付一定的利息代价。因此，债券实际是一种借贷双方的书面凭证，是一种特殊的有价证券，它代表了企业作为债券人与投资者（即债权人）之间的各种权利和义务。债券投资者在企业收入的分配上具有优先权，在分配的程序上，债券持有者优先于股东，包括普通股和优先股股东。这使债券投资的投资风险要小于股票投资，因而债券的收益率一般也低于股票投资要求的收益率。另外，债券持有人作为企业的债权人，在一般情况下，他们不能参与企业的经营管理，也不能分享企业的红利。

发行债券融资和长期借款融资都是企业长期负债融资的主要形式，都要按期还本付息。但两者在一些方面却有很大区别。债券融资的范围比借款大，债券的融资对象广泛，既可以向各类银行或金融机构融资，也可以向非银行的各单位、个人融资。借款却只能向银行或金融机构取得。债券可以流通和交易，债券持有者可以凭债券向银行或金融机构申请抵押或办理贴现，也可以直接转让予他人。而长期借款一般均不能转让。从这点讲，债券融资比借款融资更具灵活性。

债券的这些特点会对企业选择债券融资的决策产生直接影响，企业财务人员必须充分注意债券融资的特殊性,有效地利用这项融资手段。

二、长期债券融资的动因

企业之所以要采用发行债券的方式来融资,一般出于如下动因。

(一)其他方式融资的不足

企业权益筹集的资本尚不能满足企业发展的资金需要,或者在短期内不能满足资金的紧急需要,必须要开辟新的融资渠道。但向银行借款却受到国家金融政策的制约,或受银行借款限额的限制等,使企业不能稳定地从银行等金融机构长期获取必要的资金来源。在这种情况下,如果企业经营状况良好,又有良好的发展前景,发行债券融资则不失为一种最合理的选择。

(二)不影响企业原有股东对企业的控制权

企业发行债券融资的另一目的可能是为了不影响企业原有股东对企业的控制权。因为债券投资者只能定期从企业获取固定的利息收益,但无权参与企业的经营管理,这样企业原有股东既筹集到资金,又不失去原来拥有对企业的控制权。

(三)抵税作用

债券融资具有抵税作用,因为债券利息费用可在企业税前成本中列支,而不是企业净利润的分配,使企业能相应地少缴所得税,从而在一定程度上降低了企业实际的融资成本。这一点与长期借款是相同的。

(四)充分利用财务杠杆作用

债券融资能充分利用财务杠杆作用,提高企业的获利能力,增加每股净收益。因为债券的利率一般是固定的,而且不参与利润分配。在债券的有效期限内,企业除了支付利息外,不会面临偿债的要求,因而可以把债券筹措的资金作较长期的投资安排,以获取持久的投资收益。只要企业投资收益率大于其债券利率,债券持有者获取固定利率后,剩余的收益部分便归企业所有者拥有,这样便能增加企业权益资金的实际盈利能力。

(五)债券融资方法的相对灵活性

债券融资的灵活性与长期借款融资相比体现在不同的方面。如企业对于债券发行的面值、发行的价格、利率、偿还期和偿还方式等均可以根据企业当时市场的实际情况自行研究决定,这可能对企业是十分有利的。如在当时市场利率较高的情况下,企业可以发行期限较短的债券,以供企业短期的资金急需。等到市场利率下跌后便按期回收,再发行一种较低利率的长期债券来取而代之。相反,当时市场利率较低,对企业融资有利时,则可以发行期限较长的债券,以保证企业在以后市场利率上升时不受影响,并确保企业资金的长期供应。

三、债券的基本要素

债券的基本要素是指发行的债券上必须载明的基本内容,这是明确债权人和债务人权利义务的主要约定。

（一）面值

债券的面值是指债券的票面价值，也是企业对债券持有人在债券到期后应偿还的本金数额，也是企业向债券持有人按期支付利息的计算依据。债券面值包括币种和票面金额两个基本内容。币种是指以何种货币作为债券价值的计量标准。票面金额是指票面所标明金额的大小。债券的面值与债券实际的发行价格并非一致，企业可以在特定情况下溢价或折价发行企业的债券。从吸引投资者和便于流通的角度看，企业债券的面值不易过大，因为面值太大的债券会使一般大众投资者的能力所不及，从而影响其销售和流通，会使企业难以达到融资目的。

（二）利率

债券的利率是指债券利息与债券面值的比率，也是债券发行企业承诺以后一定时期支付给债券持有者资金使用报酬的计算标准。债券利率与发行时的市场利率可能是不一致的，故称为"名义利率"。债券利率的确定主要由银行利率、发行者的资信情况、偿还期限和利息计算方法及当时资金市场上的资金供求情况等因素决定。债券利率一经确定，一般在发行期内是不变的，并大多用年利率表示。当企业债券的名义利率大于发行当时的市场利率时，这种债券则可溢价发行，即按大于债券面值的金额发行；相反，当债券的"名义利率"小于发行当时的市场利率时，这种债券可折价发行。

（三）付息期

债券的付息期是指企业发行债券的利息是如何支付的。它可以是到期一次支付，或 1 年、半年或 3 个月支付一次。由于债券面值和利率是固定不变的，所以不论每年付息次数多少，全年或整个债券期限内的付息额是不变的。付息次数越多，每次付息额越小。

债券付息期的不同，在考虑货币时间价值和通货膨胀的因素下，对债券投资者的实际收益有很大影响。企业在确定债券利息支付期时，必须做仔细的测算与研究。

（四）偿还期

债券偿还期是指企业债券上载明的偿还债券本金的期限，即债券发行日至到期日之间的时期。融资者在确定债券偿还期时，首先要考虑债券资金的周转期长短，如企业长期占用此项资金的，则偿还期也要延长。同时，要充分考虑市场利率的变动趋势。如果市场利率呈上升趋势，宜采用长期债券。如市场利率呈下降趋势，宜采用较短期的债券，这样才能使企业不受损失。另外，偿还期的确定还要考虑债券流通市场的发达程度。如流通市场发达，债券变现能力强，则可延长债券偿还期。因为投资人如果需要资金，便可随时到流动市场上转让债券后获取资金。相反，如果债券流通市场不发达，则发行较短期的债券为好，当然还应考虑投资人的意向、其他同类债券期限和通货膨胀补贴等问题，来制定企业债券的偿还期。但在一定偿还期下，企业对偿还方式可以事先研究确定，如可以到期一次偿还、期内分次偿还和提前偿还等，也可以用旧债券换取新债券等，当然也可以采用到期转换普通股的可转换债券等。

四、债券的分类

（一）按是否记名，分为记名债券和无记名债券

记名公司债券，应当在公司债券存根簿上载明债券持有人的姓名及住所、债券持有人取得债券的日期及债券的编号等信息。记名公司债券，由债券持有人以背书方式或者法律、行政法规规定的其他方式转让；转让后由公司将受让人的姓名或者名称及住所记载于公司债券存根簿。

无记名公司债券，应当在公司债券存根簿上载明债券总额、利率、偿还期限和方式、发行日期及债券的编号。无记名公司债券的转让，由债券持有人将该债券交付给受让人后即发生转让的效力。

（二）按是否能够转换成公司股权，分为可转换债券与不可转换债券

可转换债券，是指债券持有者可以在规定的时间内按规定的价格转换为发债公司股票的一种债券。这种债券在发行时，对债券转换为股票的价格和比率等都做了详细规定。《公司法》规定，可转换债券的发行主体是股份有限公司中的上市公司。不可转换债券，是指不能转换为发债公司股票的债券，大多数公司债券属于这种类型。

（三）按有无特定财产担保，分为担保债券和信用债券

担保债券是指以抵押方式担保发行人按期还本付息的债券，主要是指抵押债券。抵押债券按其抵押品的不同，又分为不动产抵押债券、动产抵押债券和证券信托抵押债券。

信用债券是无担保债券，是仅凭公司自身的信用发行的、没有抵押品作抵押担保的债券。在公司清算时，信用债券的持有人因无特定的资产做担保品，只能作为一般债权人参与剩余财产的分配。

五、企业债券的发行

（一）企业债券发行的基本条件

在企业债券发行实践中，我国政府及有关部门对企业债券的发行、交易及管理等都做出了具体详细的规定，如国务院 2011 年发布的《企业债券管理条例》[①]（2011 年 1 月 8 日修正版）和中国证监会 2015 年发布的《公司债券发行与交易管理办法》[②]。

这里只简要介绍下我国《公司法》和《证券法》中的一些规定。

我国《公司法》中规定，股份有限公司和有限责任公司具有发行债券的资格。而《证券法》[③]规定，公开发行公司债券，应当符合下列条件：① 股份有限公司的净资产不低于人民币 3 000 万元，有限责任公司的净资产不低于人民币 6 000 万元；② 累计债券余额不超过公司净资产的 40%；③ 最近 3 年平均可分配利润足以支付公司债券 1 年的利息；④ 筹集的资金投向符合国家产业政策；⑤ 债券的利率不超过国务院限定的利率水平；⑥ 国务院规定的其他条件。

---

① 资料来源：http://www.gov.cn/gongbao/content/2011/content_1860733.htm。

② 资料来源：中国证监会〔第 113 号令〕，http://www.csrc.gov.cn/pub/zjhpublic/G00306201/201501/t20150116_266700.htm。

③ 这里的《公司法》和《证券法》，均是指经全国人民代表大会常务委员会修订后的最新版本。详细可到中国证监会网站查询：http://www.csrc.gov.cn/pub/newsite/flb/flfg/。

公开发行公司债券筹集的资金,必须用于核准的用途,不得用于弥补亏损和非生产性支出。《证券法》还规定,公司债券要上市交易,应当进一步符合下列条件:① 公司债券的期限为 1 年以上;② 公司债券实际发行额不少于人民币 5 000 万元;③ 公司申请债券上市时仍符合法定的公司债券发行条件。

(二)债券发行的方式

债券的发行方式有委托发行和自行发行。委托发行是指企业委托银行或其他金融机构承销全部债券,并按总面额的一定比例支付手续费。自行发行是指债券发行企业不经机构直接把债券配售给投资单位或个人。

(三)债券发行价格

债券的发行价格是指债券原始投资者购入债券时应支付的市场价格。它与债券的面值可能是一致的,也可能是不一致的。因为,债券的市价受到市场利率的影响。

公司债券发行价格的高低,主要取决于下述四项因素。

(1)债券面额。债券的票面金额是决定债券发行价格的最基本因素。债券发行价格的高低,从根本上取决于债券面额的大小。一般而言,债券面额越大,发行价格越高。但是,如果不考虑利息因素,债券面额是债券到期价值,即债券的未来价值,而不是债券的现在价值,即发行价格。

(2)票面利率。债券的票面利率是债券的名义利率,通常在发行债券之前即已确定,并注明于债券票面上。一般而言,债券的票面利率越高,发行价格也越高;反之,就越低。

(3)市场利率。债券发行时的市场利率是衡量债券票面利率高低的参照系,两者往往不一致,因此共同影响债券的发行价格。一般来说,债券的市场利率越高,债券的发行价格越低;反之,则越高。

(4)债券期限。同银行借款一样,债券的期限越长,债权人的风险越大,要求的利息收益则越高,债券的发行价格就可能较低;反之,可能较高。

债券的发行价格一般是由债券的面值和支付的年利息按发行当时的市场利率折算成现值来确定的。其基本计算公式为

$$债券发行价格 = \frac{债券面值}{(1+市场利率)^n} + \sum_{t=1}^{n} \frac{债券面值 \times 票面利率}{(1+市场利率)^n} \tag{7-1}$$

其中,n 为债券期限;t 为付息期数。

(四)债券评级

公司公开发行债券通常需要由评信机构评定债券信用等级。债券的信用等级对于发行公司和购买人都至关重要。这是因为:① 债券评级是度量违约风险的一个重要指标,债券的信用等级对于债务融资的利率以及公司债务成本有着直接的影响。一般来说,信用等级高的债券,能够以较低的利率发行;信用等级低的债券,风险较大,只能以较高的利率发行。另外,许多机构投资者将投资范围限制在特定等级的债券之内。② 债券信用评级方便投资者进行债券投资决策。对广大投资者,尤其是中小投资者来说,由于

受时间、知识和信息的限制，无法对众多债券进行分析和选择，因此需要专业机构对债券还本付息的可靠程度进行客观、公正和权威的评定，为投资者决策提供参考。

目前国际上公认的最具权威性的信用评级机构主要有美国标准·普尔公司（Standard and Poor's）和穆迪投资服务公司（Moody's）。上述两家公司负责评级的债券很广泛，包括地方政府债券、公司债券、外国债券等，甚至对国家主权债务也进行评级。由于它们占有详尽的资料，采用科学的分析技术，又有丰富的实践经验和大量的专门人才，因此它们所做出的信用评级具有很高的权威性。

国际上流行的债券等级是三等九级。AAA 级为最高级，AA 级为高级，A 级为上中级，BBB 级为中级，BB 级为中下级，B 级为投机级，CCC 级为完全投机级，CC 级为最大投机级，C 级为最低级，如表 7-1 所示。

表 7-1　各信用等级的含义

等级	含义	说明
AAA	信誉极好，几乎无风险	表示企业信用程度高，资金实力雄厚，资产质量优良，各项指标先进，经济效益明显，清偿支付能力强，企业陷入财务困境的可能性极小
AA	信誉优良，基本无风险	表示企业信用程度较高，企业资金实力较强，资产质量较好，各项指标先进，经营管理状况良好，经济效益稳定，有较强的清偿与支付能力
A	信誉较好，具备支付能力，风险较小	表示企业信用程度良好，企业资金实力、资产质量一般，有一定实力，各项经济指标处于中上等水平，经济效益不够稳定，清偿与支付能力尚可，受外部经济条件影响，偿债能力产生波动，但无大的风险
BBB	信誉一般，基本具备支付能力，稍有风险	企业信用程度一般，企业资产和财务状况一般，各项经济指标处于中等水平，可能受到不确定因素影响，有一定风险
BB	信誉欠佳，支付能力不稳定，有一定的风险	企业信用程度较差，企业资产和财务状况差，各项经济指标处于较低水平，清偿与支付能力不佳，容易受到不确定因素影响，有风险。该类企业具有较多不良信用记录，未来发展前景不明朗，含有投机性因素
B	信誉较差，近期内支付能力不稳定，有很大风险	企业的信用程度差，偿债能力较弱，管理水平和财务水平偏低。虽然目前尚能偿债，但无更多财务保障。而其一旦处于较为恶劣的经济环境下，则有可能发生违约
CCC	信誉很差，偿债能力不可靠，可能违约	企业信用程度很差，企业盈利能力和偿债能力很弱，对投资者而言投资安全保障较小，存在重大风险和不稳定性，偿债能力低下
CC	信誉太差，偿还能力差	企业信用程度极差，企业已处于亏损状态，对投资者而言具有高度的投机性，偿债能力极低
C	信誉极差，完全丧失支付能力	企业无信用，企业基本无力偿还债务本息，亏损严重，接近破产，几乎完全丧失偿债能力
D	违约	企业破产，债务违约

我国的债券信用评级工作也已经开展多年，但尚无统一的债券等级标准和系统评级制度。根据中国人民银行的有关规定，凡是向社会公开发行的企业债券，需要由经中国人民银行认可的资信评级机构进行评信。这些机构对发行债券企业的企业素质、财务质量、项目状况、项目前景和偿债能力进行评分，以此评定信用级别。

（五）债券契约

债券发行的企业要与投资者之间订立原始契约。另外，企业也要与债券发行机构订立信托契约，这些都被广义地称为"债券契约"。它的主要内容有保护性条款、赎回条款和偿债基金条款等，下面加以说明。

1. 保护性条款

保护性条款是保护投资者利益的条款，一般在条款内对债券本身的形式、特点、持券人的权力、保护投资者的具体措施及责任都有明确说明，并规定借款企业必须在指定的日期支付利息与本金给债券的持有人。

保护投资者利益的条款，主要是为防止借款企业有任何形式对债权人产生不利效果的行动。它一般包括对今后将发生负债融资的限制，现金股息的限制，股利发放总额的限制，对固定资产购置和清理的限制等。债券受托人即为债权人的代表，通常是指银行或其他金融机构。债券受托人的权力和责任是：审核债务契约的细节，监督借款企业的行为是否符合契约中各项条款的规定；一旦发现借款企业未能履行契约时，应代表债权人采取行动，以维护债权人的利益。

制定完整的保护投资利益的条款能要求企业切实履行其各种义务，及时纠正企业各种可能损害投资者利益的行为，使投资者更有保障。在债券契约中设立适当、合理的保护性条款可令债券对投资者更具有吸引力，也有利于企业较大规模地发行债券融资。

2. 赎回条款

赎回条款可使发行企业在债券到期之前有提前清偿债券的选择权。因此，大多数债券契约中都附有赎回条款，并使得发行公司融资弹性增加。如当市场利率下降时，公司可发行成本较低的债券以取代高成本的债券。

赎回债券的价格一般高于债券的面值，两者之间的差额为赎回溢价，赎回溢价按赎回日期的减少而递减，即公司赎回债券越早，溢价就越高。

赎回条款对发行公司的财务运用有利，但对投资者会带来不利影响。如果市场利率下降时，公司将债券赎回，投资者就会失去一个比市场利率高的获利机会。若市场利率高于债券面值时，投资者又会因发行公司不会履行赎回条款而失去增加利息收入的机会。因此，可赎回债券的票面利率通常高于不可赎回债券的票面利率才会为投资者所接受。

3. 偿债基金条款

一般的债券契约都包括偿债基金条款，其作用是保证公司能定期逐渐偿还债务。偿债基金的数额通常按契约中规定的条件固定拨付。若不固定，则一般随公司每年的销售量或盈利而变动。

（六）公司债券发行的程序

1. 做出发债决议

拟发行公司债券的公司，需要由公司董事会制订公司债券发行的方案，并由公司股东大会批准，做出决议。

2. 提出发债申请

根据《证券法》规定，上市公司申请发行债券由国务院证券监督管理部门批准。公司申请应提交公司登记证明、公司章程、公司债券募集办法、资产评估报告和验资报告等正式文件。

3. 公告募集办法

企业发行债券的申请经批准后，要向社会公告公司债券的募集办法。公司债券募集分为私募发行和公募发行。私募发行是以特定的少数投资者为指定对象发行债券，公募发行是在证券市场上以非特定的广大投资者为对象公开发行债券。

4. 委托证券经营机构发售

按照我国公司债券发行的相关法律规定，公司债券的公募发行采取间接发行方式。在这种发行方式下，发行公司与承销团签订承销协议。承销团由数家证券公司或投资银行组成，承销方式有代销和包销两种。代销是指承销机构代为推销债券，在约定期限内未售出的余额可退还发行公司，承销机构不承担发行风险。包销是由承销团先购入发行公司拟发行的全部债券，然后再售给社会上的投资者，如果约定期限内未能全部售出，余额要由承销团负责认购。

5. 交付债券，收缴债券款

债券购买人向债券承销机构付款购买债券，承销机构向购买人交付债券。然后，债券发行公司向承销机构收缴债券款，登记债券存根簿，并结算发行代理费。

（七）债券的偿还

债券偿还时间按其实际发生与规定的到期日之间的关系，分为提前偿还与到期偿还两类，其中后者又包括分批偿还和一次偿还两种。

1. 提前偿还

提前偿还又称提前赎回或收回，是指在债券尚未到期之前就予以偿还。只有在公司发行债券的契约中明确规定了有关允许提前偿还的条款，公司才可以进行此项操作。提前偿还所支付的价格通常要高于债券的面值，并随到期日的临近而逐渐下降。具有提前偿还条款的债券可以使公司筹资有较大的弹性。当公司资金有结余时，可以提前赎回债券；当预测利率下降时，也可以提前赎回债券，而后以较低的利率来发行新债券。

2. 到期分批偿还

如果一个公司在发行同一种债券的当时就为不同编号或不同发行对象的债券规定了不同的到期日，这种债券就是分批偿还债券。因为各批债券的到期日不同，它们各自的发行价格和票面利率也可能不相同，从而导致发行费较高；但由于这种债券便于投资人挑选最合适的到期日，因而便于发行。

3. 到期一次偿还

多数情况下，发行债券的公司在债券到期日一次性归还债券本金，并结算债券利息。

六、长期债券融资的优缺点

（一）长期债券融资的优点

（1）债券成本低。与股票融资相比，债息在所得税前支付，因而具有节税功能，成本也相对较低。

(2) 可利用财务杠杆作用。由于债券的利息固定，能为股东带来杠杆效益，增加股东公司的财富。

(3) 有利于保障股东对公司的控制权。债券持有者无权参与企业管理决策，因此，通过债券融资，既不会稀释股东对公司的控制权，又能扩大公司的投资规模。

(4) 有利于调整资本结构。公司在做发行种类决策时，如果适时选择可转换债券或可提前收兑债券，则对企业调整其资本结构十分有利。

（二）长期债券融资的缺陷

虽然债券融资有许多好处，但也有某些特定的不足之处。

(1) 增加企业的财务风险。债券融资与长期借款融资一样，都会增加企业的财务风险。当企业经营不善时，特别是当其资金利润率大大低于其债券利率水平时，沉重的利息包袱会使企业不胜负担。

(2) 按期还本付息。企业债券融资不像权益融资那样是一种可供永久性使用的主权资本，没有偿还期。债券必须要按期还本付息，这就要求定期在财务的资金调度上准备充分的现金流出，加重了对企业资金平衡的要求，因而对企业财务管理提出了更高的要求。

(3) 债权人有权要求企业破产。债权投资者是企业的债权人，一旦债券到期，企业无力偿还时，债权人有权要求企业破产，并优先分享企业的剩余财产。

(4) 降低企业的偿债能力。企业债券发行量的过度增加会大大降低企业的偿债能力，使企业进一步融资产生困难，也可能引起企业的财务危机。所以，许多国家都对企业债券融资的总额有所限制。如我国法规规定，企业发行债券融资的总额不能大于该企业的自有资产净值。所以，企业应适度运用债券融资手段，合理安排好企业的主权资本与债务资本的结构关系，这是企业理财人员要做好的一项重要工作。

第四节 融资租赁

一、租赁的含义与分类

（一）租赁的含义

租赁，是指通过签订资产出让合同的方式，使用资产的一方（承租方）通过支付租金，向出让资产的一方（出租方）取得资产使用权的一种交易行为。在这项交易中，承租方通过得到所需资产的使用权，完成了筹集资金的行为。

（二）租赁的原因

1. 节税

如果承租方的有效税率高于出租方，并且租赁费可以抵税的情况下，通过租赁可以节税。即资产的使用者如处于较高税率级别，在购买方式下它从折旧中获得的抵税利益较少；在租赁方式下可获得较多的抵税利益。在竞争性的市场上，承租方和出租方分享税率差别引起的减税，会使资产使用者倾向于采用租赁方式。

2. 降低交易成本

租赁公司可以大批量购置某种资产，从而获得价格优惠。对于租赁资产的维修，租赁公司可能更内行或者更有效率。对于旧资产的处置，租赁公司更有经验。交易成本的差别是短期租赁存在的主要原因。租赁公司由于信用、规模和其他原因，融资成本往往比承租人低。这也是租赁存在的原因之一。尤其是中小企业融资成本比较高或者不能迅速借到款项，会倾向采用租赁融资。

3. 减少不确定性

租赁的风险主要与租赁期满时租赁资产的余值有关。承租人不拥有租赁资产的所有权，不承担与此有关的风险。资产使用者如果自行购置，他就必须承担该项风险。

（三）租赁的分类

按租赁业务的性质，可将租赁分为经营租赁和融资租赁两种。

1. 经营租赁

经营租赁是由租赁公司向承租单位在短期内提供设备，并提供维修、保养、人员培训等的一种服务性业务，又称服务性租赁。

经营租赁的特点主要包括：① 出租的设备一般由租赁公司根据市场需要选定，然后再寻找承租企业；② 租赁期较短，短于资产的有效使用期，在合理的限制条件内承租企业可以中途解约；③ 租赁设备的维修、保养由租赁公司负责；④ 租赁期满或合同中止以后，出租资产由租赁公司收回。经营租赁比较适用于租用技术过时较快的生产设备。

2. 融资租赁

融资租赁是由租赁公司按承租单位要求出资购买设备，在较长的合同期内提供给承租单位使用的融资信用业务，它是以融通资金为主要目的的租赁。

融资租赁的主要特点包括：① 出租的设备根据承租企业提出的要求购买，或者由承租企业直接从制造商或销售商那里选定；② 租赁期较长，接近于资产的有效使用期，在租赁期间双方无权取消合同；③ 由承租企业负责设备的维修、保养；④ 租赁期满，按事先约定的方法处理设备，包括退还租赁公司，或继续租赁，或企业留购。通常采用企业留购办法，即以很少的"名义价格"（相当于设备残值）买下设备。

二、融资租赁的形式

（一）直接租赁

直接租赁又称自营租赁，是融资性租赁业务中比较普遍的一种形式。租赁公司根据承租人的申请，以自有或筹措的资金向国内外厂商购进用户所需设备，租给承租人使用。租期一般定在3年以上。租赁期间，产权属于出租人。租赁期满，承租人按设备残值向出租人支付产权转让费取得设备所有权。承租人用租入设备所提取的折旧和新增利润等支付租金。租赁设备的维修、保养及保险由承租人负担。租赁期内有关各方不得中途解约。

（二）回租租赁

回租租赁是在企业急需筹措资金用于新的设备投资时，可以先把自己拥有的设备按现值（净值）卖给租赁公司（需要签订销售或购买合同），再作为承租人向租赁公司租回原设备继续使用，并按期向租赁公司交付租金。回租租赁实际上是一种紧急融资的方式。作为租赁物的设备就是企业的在用设备，未作任何转移，其销售只是形式。承租人既保持了原有设备的使用权，又能使这些设备所占用的资金转化为增加其他设备的投资的资金需要，使企业固定资产流动化，增强企业资金营运的灵活性。

（三）杠杆租赁

杠杆租赁是由融资租赁派生的一种特殊租赁形式。这种方式往往是当出租人不能单独承担资金密集项目，如飞机、船舶等的巨额投资时，以待购设备作为贷款的抵押，以转让收取租金的权利作为贷款的额外保证，从银行、保险公司、信用公司等金融机构获得购买设备的 60%~80%的借款，由出租人自筹解决 20%~40%。这种业务一般涉及多个当事人和若干个协议，情况复杂，手续烦琐。出租人购进设备后，租给承租人使用，以租金偿还借款。在国外，这种租赁形式还可以享有全部的加速折旧或投资减税的优惠。不仅可以扩大出租人的投资能力，而且可以取得较高的投资报酬，因此称为杠杆租赁。有时，出租人会把这些优惠通过降低租金间接转移给承租人，因而杠杆租赁的租赁费用往往低于其他租赁形式。

三、融资租赁的条件

国家有关部门规定了租赁项目必须具备的一些特定的条件。企业运用融资租赁方式筹集所需资金时，应当考虑这些租赁项目条件。综合而言，融资租赁项目主要是为企业更新设备、增添固定资产服务的。因此，租赁项目一般都是固定资产投资项目，包括基本建设（新建）与技术改造项目（扩建、更新设备）。

租赁项目通常应具备的条件如下：①具有独立的法人资格，实行独立核算，并持有国家工商行政管理机关签发的营业执照。②有经批准的项目投资计划文件。③有较高的投资效益。④有可靠的交纳租金的来源。⑤有一定比例的自有资金。一般来说，新建项目企业的自有资金不低于项目总投资的 50%，技术改造项目企业的自有资金不低于项目总投资的 30%。⑥有必要的经济担保。承租企业提供经济担保一般采取租金担保函的形式，即担保人必须是具有法律上认可的有债务担保资格的经济实体，也可以采取有价证券和动产、不动产作抵押品的担保形式。

四、融资租赁的程序

（一）选择租赁公司，提出委托申请

当企业决定采用融资租赁方式以获取某项设备时，需要了解各个租赁公司的资信情况、融资条件和租赁费率等，通过分析比较，选定一家作为出租单位。然后向租赁公司申请办理融资租赁。

（二）签订购货协议

由承租企业和租赁公司中的一方或双方与选定的设备供应厂商进行购买设备的技术谈判和商务谈判，在此基础上与设备供应厂商签订购货协议。

（三）签订租赁合同

承租企业与租赁公司签订租赁设备的合同，如需要进口设备，还应办理设备进口手续。租赁合同是租赁业务的重要文件，具有法律效力。融资租赁合同的内容可分为一般条款和特殊条款两部分。

（四）交货验收

设备供应厂商将设备发运到指定地点，承租企业要办理验收手续。验收合格后签发交货及验收证书交给租赁公司，作为其支付货款的依据。

（五）定期交付租金

承租企业按租赁合同规定，分期交纳租金，这也就是承租企业对所筹资金的分期还款。

（六）合同期满处理设备

承租企业根据合同约定，对设备续租、退租或留购。

五、影响租赁决策的因素

影响租赁决策的因素很多，对这些因素的分析大致可归纳为下列几种。

（一）租赁费用

租赁费用是指企业为租赁设备而发生的全部有关的现金流出量，包括租金、设备安装调试费、利息、手续费、维修费、保险费、担保费和名义购买费等。在实际工作中，安装调试费、利息、手续费、维修费、保险费可能已包含在租金中。这些费用究竟是否包含在租金中，由承租人和出租人在租赁谈判中确定，并写入租赁合同中。

（1）租金。决定租金大小的主要因素是租赁设备的价款。设备的价款主要有设备的买价、运费和途中保险三大因素。

（2）设备安装调试费。在非租赁业务中，企业取得设备的价款中包含设备的安装调试费，但在计算租赁的租金时，设备价款中是否应包含设备的安装调试费，要视具体情况而定。

（3）利息。融资租赁的实质是一种融资行为，因此出租人理所当然要按一定的利率收取利息。利息的高低取决于市场平均利率、租赁公司的融资费用、利差风险及税收等因素。影响利息的因素，除利率外还有租金的支付方式，以何种形式支付租金，会影响承租企业的资金安排。

（4）手续费。手续费是出租人为了补偿各种日常开支，如办公费、工资、差旅费、广告费等而收取的费用。手续费的计算一般有两种方法：一种是按资产价款的一定比例收取；另一种是包括在租金之中。租赁手续费率的高低没有固定标准，一般视租赁业务的难易程度和租赁项目融资金额的大小而定。

(5) 保险费。为了防止意外损失，承租企业不但要直接或间接地承担设备的运输保险费，还要直接或间接地承担设备使用过程中的保险费。不同的融资方案和不同的租赁形式，保险费的表现形式不同。

(6) 名义购买费。融资租赁方式下，租赁期满后，根据租赁合同，承租企业可能会以一定的价款将原租赁设备买下来。其留购费可能远低于留购时的资产实际价值，也可能等于现行市价。如低于市价，两者差额可能已计入以前的租金之中。不管以什么价格留购，这部分支出都是企业的现金流出，承租企业在租赁决策时必须予以考虑。

(7) 维修费。设备的维修费用也是企业为获得设备的使用权而支付的费用。从形式上看，设备由谁维修，则由谁承担相应的费用。

(8) 担保费。由于各种原因，承租人不能如期支付租金，或租赁设备由于使用不当导致损坏或损耗过快，因此出租人要承担各种风险。出租人为避免损失常要求承租人物色一个有信誉的机构作担保。因此需支付担保机构的担保费。

(二) 现金流量

一种融资方式的好坏，除了要考虑现金流出量的大小外，还应考虑现金流转期。考虑现金流转期要解决两个问题：其一，现金流转期限；其二，现金流量的分布。这两个问题同时决定着现金流量现值的大小。

1. 现金流转期限

确定现金流转期限就是要确定现金流转到哪一年为限。在租赁决策中，现金流转的期限决定于租赁期的长短、租赁期满后租赁资产的处理方式和租赁资产本身的经济寿命期三个因素。

租赁期满后资产的处理方式一般有以下三种情况：① 退租，即租赁期满后承租人将租赁资产退还给出租人。② 续租，即租赁期满后租赁双方重签租约继续租赁，可以正常租金续租，也可以按名义租金续租。③ 租赁期满后出租人将租赁设备的所有权转让给承租人。

如果租赁期满租赁资产无偿留给承租人，或按名义价格留购，或按名义租金续租，可以推断出租人在租赁期内已收回全部或大部分投资，承租人支付了全部或大部分资产价款，这时的现金流转期限应按租赁期确定。如果租赁期满后退租，或按正常租金续租，或按资产正常市价留购，就不能按租赁期作为现金流转期限。假如承租人在租赁决策时就决定租赁期满后按正常租金续租或按正常价格留购资产，那么，现金流转期限可按租赁资产的经济寿命期确定。

在租赁决策时，如果承租人尚未决定租赁期末是否按正常租金续租或按正常价格留购资产，现金流转期限的确定有两种变通的方法：① 按租赁期确定，但是在租赁期末，租赁资产当时市价评估的价值则会作为其他融资方式的现金流入量。此时，残值估计数有可能左右各种融资方式的取舍。② 以设备的经济寿命期作为现金流转期限。这时即使企业没有打算续租或留购，也要假定企业有意按正常租金续租，或按正常价格留购。

2. 现金流量的分布

在进行租赁决策时有两方面的机会成本要考虑：① 不同投资方案的机会成本；② 同

一投资方案下不同融资方式的机会成本。在融资方式决策中,机会成本的问题可转化为增量成本问题来考虑,其结果应和其他决策方式相同。

总之,在租赁决策中,有众多因素需要加以考虑。这些因素随时间、地点、条件的改变而改变,变化着的众多因素都是不确定因素,它们构成了租赁决策中的不确定性,即风险因素。因此,在租赁决策时需深入探讨分析这些不确定因素对各方案经济效益的影响。

六、租金的计算

租金的计算方法很多,下面着重介绍平均分摊法和等额年金法两种。

(一)平均分摊法

平均分摊法是先以商定的利息率和手续费率计算出租赁期间的利息和手续费,然后连同设备成本按支付次数平均。这种方法没有充分考虑货币的时间价值因素。每次应付租金的计算公式可列示如下:

$$A=\frac{(C-S)+I+F}{N} \quad (7\text{-}2)$$

其中,A 为每次支付租金;C 为租赁设备购置成本;S 为租赁设备预计残值;I 为租赁期间利息;F 为租赁期间手续费;N 为租期内的租金支付次数。

【例 7-1】某企业采用融资租赁方式从租赁公司租入一套甲设备,设备价款 60 万元,租期 5 年,到期后设备归企业所有。租赁公司规定的年利息率为 10%,租赁手续费为设备价值的 2%,租金每年末支付一次。则租赁甲设备的年租金支付额可计算如下:

$$A=\frac{60\times(1+10\%)^5+60\times 2\%}{5}=19.57\ (万元)$$

(二)等额年金法

等额年金法是利用年金现值的计算公式经变换后计算每期应付租金额的方法。在这种方法下,通常以租赁公司的融资成本、手续费综合率为贴现率,分为每期期末支付(后付租金)和每期期初支付(先付租金)两种情况。

若租金在每期期末支付,表现为普通年金形式,则有以下计算公式:

$$A=\frac{P}{\dfrac{1-(1+i)^{-n}}{i}} \quad (7\text{-}3)$$

即 $A=P/(PV_A,i,n)$,这里,记 $(PV_A,i,n)=[1-(1+i)^{-n}]/i$。其中,$A$ 为每期期末支付的租金额;P 为租赁设备购置成本;n 为租期;I 为贴现率。

【例 7-2】根据例 7-1 的资料,假定贴现率为 12%,则租赁甲设备每年末租金支付额可计算如下:

$$A=60/(PV_A,12\%,5)=16.65\ (万元)$$

若租金在每期期初支付，表现为即付年金形式，则有如下计算公式：

$$A = \frac{P}{\frac{1-(1+i)^{-(n-1)}}{i}+1} \tag{7-4}$$

即 $\qquad A = P/[(PV_A,i,n)+1]$

或 $\qquad A = P/(PV_A,i,n)(1+i)$

仍依据例 7-1，假定贴现率为 12%，则租赁甲设备每年初租金支付额可计算如下：

$$A = 60/(PV_A,12\%,5)\times(1+12\%) = 18.65 \text{（万元）}$$

七、融资租赁的优劣分析

（一）融资租赁的优点

融资租赁是企业新的融资方式，与其他融资方式相比，具有以下优点。

（1）节约资金，提高资金的使用效益。通过租赁，企业可以不必筹措一笔相当于设备款的资金，即可以取得设备完整的使用权。

（2）简化企业管理，降低管理成本。融资租赁集融物与融资于一身，既是企业的融资行为，又是企业的投资行为，具有简化管理的优点。

（3）融资速度快。租赁往往比借款购置设备更迅速、更灵活，因为租赁是融资与设备购置同时进行，可以缩短设备的购进、安装时间，使企业尽快形成生产能力，有利于企业尽快占领市场，打开销路。

（4）设备淘汰风险小。当今，科学技术发展迅速，固定资产更新周期日趋缩短，企业设备陈旧过时的风险很大，利用租赁融资可减少这一风险。

（5）到期还本负担轻。租金在整个租期内分摊，不用到期归还大量本金。许多借款都在到期日一次偿还本金，这会给财务基础较弱的公司造成相当大的困难，有时会造成不能偿付的风险。而租赁则把这种风险在整个租期内分摊，可适当减少不能偿付的风险。

（6）税收负担轻。租金可在税前扣除，具有抵免所得税的作用。

（二）融资租赁的缺陷

（1）融资成本高。租赁的隐含报酬（租金）通常要高于债券利息。在企业发生财务困难时，固定的租赁费也会构成一项较沉重的负担。

（2）丧失资产的残值。租赁期满，资产的残值一般归出租人享有。

本章小结

1．通常将偿还期在 1 年以内的负债视为短期负债，偿还期在 1 年以上的负债视为长期负债。

2．企业长期借款融资是指企业向银行和其他金融机构借入的期限较长的资金来源。

企业采用长期借款方式进行融资，主要出于如下动因：扩大生产能力，扩大经营能力，证券市场的利率水平过高，企业预测未来资金供应将日趋紧张。

3. 长期借款融资的优点有融资速度快、融资成本低、融资弹性大、具有杠杆作用。长期借款融资的缺点主要表现在借款融资规模扩大的同时也增加了企业的财务风险，使企业的偿债能力相应降低。

4. 债券融资是企业作为债务人为了筹集资金，向债权人承诺在未来一定时期还本付息而发行的一种有价证券融资方式。通过发行债券的方式来融资的一般目的在于：其他方式融资不足，不影响企业原有股东对企业的控制权，抵税作用，充分利用财务杠杆作用，债券融资具有相对灵活性。

5. 债券按是否记名，分为记名债券和无记名债券；按是否能够转换成公司股权，分为可转换债券与不可转换债券；按有无特定财产担保，分为担保债券和信用债券。

6. 债券发行价格一般是由债券的面值和要支付的年利息按发行当时的市场利率折算成现值来确定的。其基本计算公式为：债券发行价格 $= \dfrac{债券面值}{(1+市场利率)^n} + \sum\limits_{t=1}^{n}\dfrac{债券面值 \times 票面利率}{(1+市场利率)^n}$。其中，$n$ 为债券期限；t 为付息期数。

7. 长期债券融资的优点是：债券成本低；可利用财务杠杆作用；有利于保障股东对公司的控制权；不会稀释股东对公司的控制权，又能扩大公司投资规模；利于调整资本结构。其不足之处是：增加了企业的财务风险，按期还本付息，债权人有权要求企业破产，降低了企业的偿债能力。

8. 租赁是出租人以收取租金为条件，在契约或合同规定的期限内，将资产租给承租人使用的一种经济行为。按租赁业务性质，可将租赁分为经营租赁和融资租赁两种。融资租赁的优点是：节约资金，降低管理成本，融资速度快，具有抵免所得税的效用。融资租赁的缺陷是：融资成本高，丧失资产的残值。

复习思考题

1. 长期负债融资有什么特点？
2. 长期借款融资的特征是什么？长期借款融资的优缺点有哪些？
3. 长期债券融资的动因有哪些？
4. 如何对长期债券融资进行分类？
5. 长期债券融资的分类有哪些？长期债券融资的优缺点有哪些？
6. 简述租赁的含义与分类。
7. 融资租赁的含义与特征是什么？
8. 融资租赁有哪些优缺点？

第八章　普通股与优先股融资

本章学习目标

- 了解股票的含义，掌握股票的种类。
- 掌握企业发行股票的目的，理解发行股票给企业带来的影响。
- 了解股票发行的条件、程序、方式与发行价格。
- 掌握普通股的权利与义务、特征及其优缺点。
- 掌握优先股的权利与义务、特征及其优缺点。

第一节　权益融资概述

任何一家以盈利为目的的企业，在其初创阶段，都必须首先以权益资本的方式从公司发起人或其他原始投资者那里获得其所需要的原始资本，这部分权益资本通常构成企业的原始资金来源，而且是该公司后来吸收其他投资或筹措各种债务资本的基础和保证。

一、股票的含义与种类

（一）股票的含义

股票（stock）是股份公司发给股东用来证明其在公司投资入股的权益凭证。股票作为一种所有权凭证，代表着对一定经济利益的分配和支配权，股票持有人作为企业的股东享有《公司法》和公司章程所规定的权利和义务。由于股票持有者可以定期从发行股票的公司那里获得一定的股利收入，因此，股票具有价格，可以在资本市场上买卖和流通，甚至可以作为负债融资的抵押品。

股票和股份是两个密切相关的概念。股份一词有两个含义：一是指构成股本的成分，是股本的最小计量单位。股份公司的一个重要特点就是将股本划分为若干个均等的单位，一个单位计为一个股份。因此，公司的股本等于全部股份金额的总和。二是指股东权利义务的来源，是股东地位的象征。每个股东的权利、义务来源于其持有的公司股份，权利义务的大小取决于每个股东所持有的股份在公司全部股份中所占的比例。公司股份一般采用股票的形式。因此，股票只不过是股份的表现形式，股票的特征是由股份的特征派生出来的，其数量的大小表示股票持有者拥有公司股份的多少。

(二)股票的主要分类

不同的投资者对股票的需求存在很大的差异。例如,有些投资者对于风险的承受能力较强,有些投资者对于风险的承受能力则较弱,因此,采用一定的方法对股票进行适当的分类是必要的。

(1)按股东权利和义务,分为普通股股票和优先股股票。

普通股股票简称普通股,是公司发行的代表着股东享有平等的权利、义务,不加特别限制的,股利不固定的股票。普通股是最基本的股票,股份有限公司通常情况下只发行普通股。

优先股股票简称优先股,是公司发行的相对于普通股具有一定优先权的股票。其优先权利主要表现在股利分配优先权和分取剩余财产优先权上。优先股股东在股东大会上无表决权,在参与公司经营管理上受到一定限制,仅对涉及优先股权利的问题有表决权。

(2)按票面是否记名,分为记名股票和无记名股票。

记名股票是在股票票面上记载有股东姓名或将名称记入公司股东名册的股票,无记名股票不登记股东名称,公司只记载股票数量、编号及发行日期。

我国《公司法》规定,公司向发起人、国家授权投资机构、法人发行的股票,为记名股票;向社会公众发行的股票,可以为记名股票,也可以为无记名股票。

(3)按发行对象和上市地点,分为A股、B股、H股、N股和S股等。

A股即人民币普通股票,由我国境内公司发行,境内上市交易,它以人民币标明面值,以人民币认购和交易。B股即人民币特种股票,由我国境内公司发行,境内上市交易,它以人民币标明面值,以外币认购和交易。H股是注册地在内地、在香港上市的股票,依此类推,在纽约和新加坡上市的股票,就分别称为N股和S股。

二、股票的特点与股东的权利

(一)股票的特点

(1)永久性。公司发行股票所筹集的资金属于公司的长期自有资金,没有期限,无须归还。换言之,股东在购买股票之后,一般情况下不能要求发行企业退还股金。

(2)流通性。股票作为一种有价证券,在资本市场上可以自由流通,也可以继承、赠送或作为抵押品。股票特别是上市公司发行的股票具有很强的变现能力,流动性很强。

(3)风险性。由于股票的永久性,股东成为企业风险的主要承担者。风险的表现形式有股票价格的波动性、红利的不确定性、破产清算时股东处于剩余财产分配的最后顺序等。

(4)参与性。股东作为股份公司的所有者,拥有参与企业管理的权利,包括重大决策权、经营者选择权、财务监控权、公司经营的建议和质询权等。此外,股东还有承担有限责任、遵守公司章程等义务。

(二)股东的权利

股东最基本的权利是按投入公司的股份额,依法享有公司收益获取权、公司重大决策参与权和选择公司管理者的权利,并以其所持股份为限对公司承担责任。

（1）公司管理权。股东对公司的管理权主要体现在重大决策参与权、经营者选择权、财务监控权、公司经营的建议和质询权、股东大会召集权等方面。

（2）收益分享权。股东有权通过股利方式获取公司的税后利润，利润分配方案由董事会提出并经过股东大会批准。

（3）股份转让权。股东有权将其所持有的股票出售或转让。

（4）优先认股权。原有股东拥有优先认购本公司增发股票的权利。

（5）剩余财产要求权。当公司解散、清算时，股东有对清偿债务、清偿优先股股东以后的剩余财产索取的权利。

三、股票发行的原因和目的

股份公司发行股票的原因和目的是多种多样的，但是，概括起来可以分为两类：一是为筹集资金而发行股票，这是股份公司发行股票基本的原因和目的；二是股份公司出于其他特殊目的而发行股票。

（一）为筹集资金而发行股票

股份公司成立之初，常以发行新股的方式来筹集公司的权益资本。发行股票是筹集原始权益资本的主要途径。公司的权益资本是公司实力的重要标志，股份公司通过发行股票，吸收投资者购买股票，成为公司的股东，以获得长期稳定的经营资金，增加公司的权益资本，从而加强公司的实力，有利于公司业务的开展。

股份公司成立以后，会因为扩大经营范围和规模，提高公司的竞争力而新建项目或购置先进设备需要筹集资金。发行股票，是筹集资金最有力和最直接的手段。已成立的股份公司为筹措资金而发行新股称为增资扩股。

（二）为其他特殊目的而发行股票

（1）扩大公司影响。有些经营状况良好的公司发行股票并非因资金短缺需募集资金，它们发行股票的目的是提高公司的知名度。发行股票，尤其是将股票进入证券交易所公开上市交易，必须经过严格审查，企业的资产、负债、业务经营范围、经营成果都须公布于众。这实际上是替公司作一次免费广告，能有效地宣传公司的产品，有力地证明公司的实力，能极大地提高公司的信誉，扩大公司的影响力。当然，为此目的新股发行会给公司募集到大量的资金。

（2）分散经营风险。公司在成立和发展初期阶段，主要用发起人自有的资金。随着公司的发展，尤其是公司要继续扩大经营规模，更新现有生产设施，原投资者不仅会面临财力限制问题，而且面临经营风险增大的问题。为了解决这两方面阻碍发展的因素，原投资者会通过发行股票，一方面把一部分投入资本兑现，另一方面通过权益转让又吸引了更多的资本，从而把经营风险分散给其他股东，达到了一举两得的目的。

（3）将公积金转化为资本金。公司的公积金积累到一定数额，可将其一部分通过发行股票转化为股本。此时股票的发行不是面向社会公开募股，而是把转化为股本的那部分公积金按原有股份的比例以股票发行的形式分发给原股东，股东无须缴纳股本。

（4）兼并与反兼并。公司成立以后，必然试图发展壮大。公司扩展有两条途径：一是依靠自己的力量不断积累壮大；二是兼并其他公司。而后者对公司的扩展更为快捷。公司兼并其他企业或公司，常常采用发行本公司的新股票换购被兼并公司股票的方式，或用发行新股募集的资金购买被兼并公司的方式进行。同样，被列为兼并对象的公司若要维持公司的经营权，解除被接管的威胁，也常以发行新股的方式使对方的计划落空。

（5）股票的分割。股票的分割又称为拆股。公司经营成功，成长迅速，往往会引起股价迅速上涨。当股价上涨到一定程度，可以将原有股票按一定比例进行分割，以降低股票的票面价格。降低公司股票的价格，也是公司发行新股的重要原因。公司这样做的原因有两个：其一，股票的面值降低，更便于人们购买和互相转让，以吸引更多的大众投资者，进而可能提高股票的市场价格；其二，股票的适当价格有利于公司价值的最大化。

（6）其他目的。公司发行新股除了出于上述原因和目的外，还存在其他一些原因。例如，向股东派发股票股利；将公司发行的可转换证券转换为股票；将公司资产重估时的增值部分转化为资本金；公司为了达到上市公司的条件，常采用发行新股的方法；甚至有时为了发行更多的债券而发行股票，有些国家规定，公司债券发行限度为公司股本准备金的合计数。

四、股票发行

（一）股票首次发行的程序

（1）提出募集股份申请。
（2）公告招股说明书，制作认股书，签订承销协议和代收股款协议。
（3）招认股份，缴纳股款。
（4）召开创立大会，选举董事会、监事会。
（5）办理设立登记，交割股票。

（二）首次上市公开发行股票（IPO）

首次上市公开发行股票（Initial Public Offering，IPO），是指股份有限公司对社会公开发行股票并上市流通和交易。实施 IPO 的公司，自股份有限公司成立后，持续经营时间应当在 3 年以上（经国务院特别批准的除外），应当符合中国证监会《首次公开发行股票并上市管理办法》规定的相关条件，并经中国证监会核准。

实施 IPO 发行的基本程序是：① 公司董事会应当依法就本次股票发行的具体方案、本次募集资金使用的可行性及其他事项做出决议，并提请股东大会批准；② 公司股东大会就本次发行股票做出的决议；③ 由保荐人保荐并向证监会申报；④ 证监会受理，并审批核准；⑤ 自证监会核准发行之日起，公司应在 6 个月内公开发行股票，超过 6 个月未发行的，核准失效，须经证监会重新核准后方可发行。

（三）股权再融资

上市公司利用证券市场进行再融资是国际证券市场的通行做法，是其能够持续发展的重要动力源泉之一，也是发挥证券市场资源配置功能的基本方式。再融资包含股权再融资、债权再融资和混合证券再融资等几种形式，其中股权再融资（Seasoned Equity Offering，SEO）的方式包括向现有股东配股和增发新股融资。

配股是指向原普通股股东按其持股比例、以低于市价的某一特定价格配售一定数量新发行股票的融资行为。增发新股是指上市公司为了筹集权益资本而再次发行股票的融资行为，包括面向不特定对象的公开增发和面向特定对象的非公开增发，也称定向增发。其中，配股和公开增发属于公开发行，非公开增发属于非公开发行。

（四）股票发行方式、销售方式和发行价格

股份公司发行股票，应当选择适宜的股票发行方式和销售方式，并制定恰当的发行价格，以便及时足额地募集股本。

1. 股票发行方式

股票发行方式是指公司通过何种途径发行股票。总的来讲，股票的发行方式可分为如下两种。

（1）公开间接发行。公开间接发行是指公司通过中介机构公开向社会公众发行股票。我国股份有限公司采用募集设立方式和向社会公开发行新股时，须由证券经营机构承销的做法，就属于股票的公开间接发行。这种发行方式的发行范围广，发行对象多，易于足额募集资本；股票的变现性强，流通性好；股票的公开发行还有助于提高发行公司的知名度和扩大影响力。但这种发行方式也有不足，主要是手续繁杂，发行成本高。

（2）不公开直接发行。不公开直接发行是指公司不公开对外发行股票，只向少数特定的对象直接发行，因而不需经中介机构承销。我国股份有限公司采用发起设立方式和以不向社会公开募集的方式发行新股，即属于股票的不公开直接发行方式。

2. 股票的销售方式

股票的销售方式是指股份有限公司向社会公开发行股票时所采取的销售方法。股票的销售方式有以下两类。

（1）自销方式。自销方式是指发行公司自己直接将股票销售给认购者。这种销售方式可由发行公司直接控制发行过程，实现发行意图，并节省发行费用。但往往融资时间较长，发行公司要承担全部发行风险，并需要发行公司有较高的知名度、信誉和实力。

（2）承销方式。承销方式是指发行公司将股票销售业务委托证券经营机构代理。这种销售方式是发行股票所普遍采用的。我国《公司法》规定，股份有限公司向社会公开发行股票，必须与依法设立的证券经营机构签订承销协议，由证券经营机构承销。

股票承销又分为包销和代销两种具体办法。所谓包销，是根据承销协议商定的价格，证券经营机构一次性全部购进发行公司公开募集的全部股份，然后以较高的价格出售给社会上的认购者。对发行公司来说，包销的办法可及时筹足资本，免于承担发行风险（股款未募足的风险由承销商承担）。但股票以较低的价格售给承销商会损失部分溢价。所谓代销，是证券经营机构仅替发行公司代售股票，并由此获取一定佣金，但不承担股款未募足的风险。

3. 股票的发行价格

股票的发行价格是股票发行时所使用的价格，也就是投资者认购股票时所支付的价格。股票的发行通常由发行公司根据股票面额、股市行情和其他有关因素决定。以募集设之方式设立公司首次发行的股票价格，由发起人决定；公司增资发行新股的股票价格，由股东大会决定。股票的发行价格可以和股票的面额一致，但多数情况不一致。股票的发行价格一般有以下三种。

（1）等价。等价就是以股票的票面价（par value 或 face value）为发行价格，也称为平价发行。这种发行价格，一般在股票的初次发行或在股东内部分摊增资的情况下采用。等价发行股票容易推销，但无从取得股票溢价收入。

（2）时价。时价就是以本公司股票在流通市场上买卖的实际价格为基准确定的股票发行价格。选用时价发行股票，考虑了股票的现行市场价值，对投资者也有较大的吸引力。

（3）中间价。中间价就是以时价和等价的中间值确定的股票发行价格。

按时价或中间价发行股票，股票发行价格会高于或低于其面额。前者称为溢价（overpricing）发行，后者称为折价（underpricing）发行。如属于溢价发行，发行公司所获的溢价款列入资本公积。我国《公司法》规定，股票发行价格可以按票面金额（等价），也可以超过票面金额（溢价），但不得低于票面金额（折价）。

股票发行价格的确定受法律等外在因素的限制，就其内在价值所决定的价格而言，公司确定股票发行价格首先必须对其价值进行评价，常见的方法有每股净资产法、清算价值法、市盈率法和未来收益现值法。

① 每股净资产法。每股净资产是所有资产按准确的账面价值，在支付了全部债务（含优先股）后，每股公司所有者权益的价值。它等于公司账面总资产减去负债后的资产净值除以公开发行在外的平均普通股总数。由于这一价值假定资产是按账面价值清算的，一般情况下它不是每股股票的最低价值，从而可以成为发行价格确定的依据。

② 清算价值法。每股清算价值与每股净资产不同，它是公司资产被出售以清偿公司债务、在支付了债权人和优先股东的权益之后，每一普通股东期望得到的实际价值。它等于售出资产的实际价值减去全部债务后除以公开发行的普通股数。应该说，每股清算价值是每股股票的最低价值，是公司股票发行的底价。

③ 市盈率法。市盈率是指每股市价与每股收益的比率，它反映股票市价（即股东购买的成本）与股票收益间的对应关系，即价格对收益的倍数。因此，公司可以用每股收益额乘以某参考市盈率（如行业平均数），来确定其股票发行价格：

$$发行价格 = 预期每股收益 \times 市盈率$$

④ 未来收益现值法。投资者购买股票是因为凭借股票而得到股息，因此每股股票的价值预期未来可收到的全部股息的现值为

$$P = \frac{D_1}{(1+K_S)^1} + \frac{D_2}{(1+K_S)^2} + \cdots + \frac{D_n}{(1+K_S)^n} = \sum_{t=1}^{n} \frac{D_t}{(1+K_S)^t} \qquad (8-1)$$

其中，P 表示普通股每股现值；D_t 表示第 t 年年底预期得到的每股股息；K_s 表示股票投资者应得的必要收益率（或要求的最低收益率）；n 表示年数。

五、引入战略投资者

（一）战略投资者的概念与要求

我国在新股发行中引入战略投资者，允许战略投资者在公司发行新股中参与配售。按中国证监会的规则解释，战略投资者是指与发行人具有合作关系或有合作意向和潜力，与发行公司业务联系紧密且欲长期持有发行公司股票的法人。从国外风险投资机构对战略投资者的定义来看，一般认为战略投资者是指能够通过帮助公司融资，提供营销与销售支持的业务或通过个人关系增加投资价值的机构或个人投资者。

一般来说，对战略投资者的基本要求是：① 要与公司的经营业务联系紧密；② 要出于长期投资目的而较长时期持有股票；③ 要具有相当的资金实力，且持股数量较多。

（二）引入战略投资者的作用

战略投资者具有资金、技术、管理、市场、人才等方面的优势，能够增强企业核心竞争力和创新能力。上市公司引入战略投资者，能够和上市公司之间形成紧密的、伙伴式的合作关系，并由此增强公司经营实力、提高公司管理水平、改善公司治理结构。因此，对战略投资者的基本资质条件要求是：拥有比较雄厚的资金、核心的技术、先进的管理等，有较好的实业基础和较强的投融资能力。

1. 提升公司形象，提高资本市场认同度

战略投资者往往都是实力雄厚的境内外大公司、大集团，甚至是国际、国内 500 强，他们对公司股票的认购，是对公司潜在未来价值的认可和期望。

2. 优化股权结构，健全公司法人治理

战略投资者占一定股权份额并长期持股，能够分散公司控制权，吸引战略投资者参与公司管理，改善公司治理结构。战略投资者带来的不仅是资金和技术，更重要的是能带来先进的管理水平和优秀的管理团队。

3. 提高公司资源整合能力，增强公司的核心竞争力

战略投资者往往都有较好的实业基础，能够带来先进的工艺技术和广阔的产品营销市场，并致力于长期投资合作，能促进公司的产品结构、产业结构的调整升级，有助于形成产业集群，整合公司的经营资源。

4. 达到阶段性的融资目标，加快实现公司上市融资的进程

战略投资者具有较强的资金实力，并与发行人签订有关配售协议，长期持有发行人股票，能够给新上市的公司提供长期稳定的资本，帮助上市公司用较低的成本融得较多的资金，提高了公司的融资效率。

从现实情况来看，目前我国上市公司确定战略投资者还处于募集资金最大化的实用原则阶段。谁的申购价格高，谁就能够成为战略投资者，管理型、技术型的战略投资者还很少见。资本市场中的战略投资者，目前多是追逐持股价差、有较大承受能力的股票持有者，一般都是大型证券投资机构或基金公司。2018 年 6 月，中国证监会批准了华夏、南方、嘉实、汇添富、招商、易方达等六家公募基金公司成立和发行"战略配售基金"，这是首批以战略配售股票为主要投资标的的基金，可投资以首次公开募股（IPO）、中国存托凭证（CDR）形式回归 A 股的科技公司，以及可以参与科创板股票的战略配售。

第二节 普通股融资

一、普通股股东的权利和义务

发行普通股股票（common stock）筹集的资金称为普通股股本。普通股股本是股份公司的首要资金来源，是据以组织股份公司并筹措其他资金（包括优先股本）的基础。普通股股票持有者称为普通股股东。普通股股东的出资总额即为普通股股本。普通股股本体现普通股股东对公司的所有权。

普通股股东是股份公司真正的所有者。作为公司的所有者，自然而然地享受一定的权利，承担必要的义务。

（一）普通股的权利

普通股股东的各种权利是由有关法律和股份公司的章程来规定的。普通股股东的权利可分为个人行使的权利和普通股股东整体行使的权利。普通股股东的权利可能因公司章程的规定不同而有所差异，但许多规定都是相似的。普通股股东的一般权利如下。

1. 对公司的管理权

普通股股东具有对公司的管理权。对大公司来说，普通股股东成千上万，不可能每个人都直接对公司进行管理。普通股股东的管理权主要体现在其在董事会选举中有选举权和被选举权，通过选出的董事会代表所有股东对企业进行控制和管理。具体来说，普通股股东的管理权主要表现在以下方面。

（1）投票权。普通股股东有权选举公司董事会成员，并对修改公司章程、改变公司资金结构、批准出售公司某些资产、吸收或兼并其他公司等重大问题进行投票表决。

如果公司章程规定采用多数投票制（majority voting system），那么每个董事席位分别对应不同的选票，股东投票时一股一票。多数投票制即简单多数或大多数通过的投票选举制度，又称为直接投票（straight voting）制，是指股东们拥有和股份数量相等的选票，董事会的每个位置有自己的选举。这种投票制度有排斥小股东的倾向。

如果公司章程规定的是累计投票制（cumulative voting），那么董事席位的选票是累计的，如果股东愿意，他们可以把所有选票都投给同一个候选人。在累计投票制下，首先确定每位股东可以投票的票数，通常是用待选举（出）的董事人数乘以股东拥有或控制的股份数。只要股东们愿意，他们可以将手中的选票用来选举一位或几位候选人。即股东在投票选举董事时，每一股份拥有与应选出董事人数相等的表决权，股东可以将全部表决权集中于一个或几个特定的候选人，按得票多少决定董事人选，这样有利于中小股东将自己推荐的人选选入董事会。下面举一例说明累积投票制。

【例 8-1】假设某公司有 100 股股票，共有 20 位股东。其中，2 位大股东拥有 51%

的股份，18位小股东拥有49%的股份。现要选举5名董事组成董事会。这时，大股东推荐5名自己的候选人，而小股东也推荐2名自己的候选人。

在直接投票制下：按照一股一票的原则，大股东推荐的5名候选人每人至少各得51票，全部能当选，而小股东推荐的2名候选人则无法当选。

在累计投票制下：总票数=5×100=500票，大股东所拥有的票数=51%×100×5=255票，小股东拥有的票数=49%×100×5=245票。如果大股东把自己拥有的表决票平均分给自己推荐的5个人，则每人可得255/5 = 51票。而小股东把自己拥有的表决票累加后平均分给自己推荐的2个人，则每人得245/2 = 122票。

这样，大股东推荐的人选每个人当选的可能性仅为51/500 = 10.2%，而小股东推荐的人选每个人当选的可能性为122/500 = 24.4%。

如果2位大股东退而求其次，把自己拥有的表决票平均分给自己推荐的4个人，则每人得255/4 = 63票。而18位小股东仍把自己拥有的表决票平均分给自己推荐的2个人，仍得245/2 =122票。

这样，按得票多少，小股东推荐的2个人首先当选，大股东推荐的4个人中有3人当选。如果大股东为稳妥起见，直接把自己拥有的表决票平均分给自己推荐的3个人，则每人得255/3 =85票。小股东仍把自己拥有的表决票平均分给自己推荐的2个人，仍得245/2 = 122票。从而，按得票多少，小股东推荐的2个人首先当选，大股东推荐的5个人中有3个人也当选。

累计投票制下选出特定人数所需的最低票数，可用式（8-2）计算：

$$选出特定数目的董事所需要最低票数 = \frac{总股数 \times 要选出的特定人数}{将要选出的董事总数 + 1} + 1 \quad (8\text{-}2)$$

在本例中，大股东要选出自己指定的5人，则按式（8-2），每人需要的最低票数=(100×5)/(5+1)+1 = 84票，但他们手中只有255票，故只能集中选3人，每人各得85票。而如果大股东要选出自己指定的3人，则按式（8-2），每人需要的最低票数=(100×3)/(5+1)+1 = 51票，这是他们手中拥有的股份。

小股东要选出自己指定的2人，则按式（8-2），每人需要的最低票数=(100×2)/(5+1)+1 =34票。实际上，小股东们很容易把手中的245票集中分配给指定的2名候选人，每人实际得票=245/2=122（票）。

在累计投票制下，如果知道发行在外的多数股数和少数股数，并希望决定可能被选上的董事数，则可用式（8-3）计算：

$$可能被选上的董事数 = \frac{(拥有的有效股数 - 1) \times (要选出的董事数 + 1)}{发行在外总股数} + 1 \quad (8\text{-}3)$$

在本例中，2位大股东希望可能被选上的董事数=(51-1)×(5+1)/100=3个，18位小股东希望可能被选上的董事数=(49-1)×(5+1)/100=2个[①]。

从本例中可以看出，在多数投票制下，任何拥有50%以上的大股东都可以选出其

---

① 如计算结果不是整数，则取不超过该数的最大整数。本例中结果为2.88，取整为2。

推荐的人选。在多数投票制下,无法选出代表少数股东(小股东)利益的董事。而在累计投票制下,持股小于 50%的少数股东,也可以选出自己推荐的人选。也就是说,累计投票制使中小股东有机会选自己的代言人进入公司董事会,进而直接参与公司决策。但需要注意的是,这种累计投票制只适合应用于公司董事的差额选举中。

(2)查账权。从原则上讲,普通股股东具有查账权。但由于保密的原因,这种权利常常受到限制。因此,并不是每个股东都可以自由查账,但股东可以委托会计师事务所代表其审查公司有关的账目。

(3)阻止越权的权利。当公司的管理当局越权进行经营时,股东有权予以阻止。

2. 分享盈余的权利

分享盈余也是普通股股东的一项基本权利。盈余的分配方案由股东大会决定,每一个会计年度由董事会根据企业的盈利数额和财务状况来决定分发股利的多少并经股东大会投票表决。企业的盈余首先用来发放优先股股利,然后才能用来发放普通股股利。

3. 出售或转让股份的权利

股东有权出售或转让股票,这也是普通股股东的一项基本权利。股东出售股票的原因可能有以下几种。

(1)对公司的选择。有的股东由于与管理当局的意见不一致,又没有足够的力量对管理当局进行控制,便出售其股票而购买其他公司的股票。

(2)对报酬的考虑。有的股东认为现有股票的报酬低于所期望的报酬,便出售现有的股票,寻求更有利的投资机会。

(3)对资金的需求。有的股东由于一些原因需要大量现金,不得不出售其股票收回资金。

4. 优先认股权

当公司增发普通股股票时,原有股东有权按持有公司投票的比例,优先认购新股票。这主要是为了现有股东保持其在公司股份中原来所占的百分比,以保证他们的控制权。

5. 剩余财产的索取权

当公司解散、清算时,普通股股东对剩余财产有索取权。

(二)普通股股东的义务

享受权利,必须承担义务。权利和义务犹如一对孪生兄弟。普通股股东购买股票后,不得退股,依其所持股份为限,对公司的债务承担有限责任,甚至承担可能的损失以及法律责任等。作为股东,必须遵守公司章程以及承担章程规定的义务。普通股股东的义务主要包括以下几方面。

(1)不得退股的义务。普通股股东购买公司的股票之后,对于公司来说,即获得了一笔可以长期永久使用的资金。一般情况下,普通股股东不能在中途向公司要求退股和抽回资金。

(2)承担风险的义务。普通股股东对公司的亏损及债务承担相应责任。表现在:①普通股股东的股利收益是不固定的,视公司的盈利状况及发展需要而定。②公司破产、清算时,普通股股东的分配顺序排在最后,从而为债权人和优先股股东提供了一种担保，缓冲或减轻了他们可能遭受的损失。可见，普通股股东是公司风险的最终承担者。当然，就股份有限公司来说，普通股股东的这种责任是有限的，以其在公司的全部投资（即所持股份）为限。

（3）遵守公司章程及公司章程规定的其他义务。

二、普通股的特征

（一）长期性

普通股是公司最基本的资金来源。只要公司不解散，不破产清理，作为公司股权资本的普通股一般不能退还给投资者。股东对这笔资金的所有权只能体现在公司按股本赋予股东的相应的权益上。如果股东要抽回股本，可在股票市场公开转让其股票，或在法律允许的范围内私下转让，但无权向公司索回投入的资金。

（二）责任上的有限性

公司对外的所有负债都应视为股东的负债。一旦公司破产倒闭，股东应承担偿还公司债务的责任。但其偿还只限于股东的出资额，对超过股本部分的债务，股东不负责偿还。

（三）收益上的剩余性

公司在经营过程中创造的收益应首先支付到期债务本息、各种税款、优先股股息以及提取各种公益金。在此之后，有多少剩余收益便支付给普通股股东多少报酬。剩余收益越多，报酬就越多，既不受股票面值的影响，也没有一个事先严格规定的封顶标准。若没有剩余收益，则不支付任何报酬。

（四）清偿上的附属性

股份有限公司宣布清偿时，要首先偿还除普通股股东以外的所有公司债权人的债务，如债务利息、政府税款、未支付的工资等。只有在债权人的债务分别清偿完毕，法律才允许公司将剩下的（如果有）固定资产和其他资产变卖以偿还普通股股东的股本。

三、普通股融资评价

普通股融资是股份公司的一种主要的权益资本融资方式，是进行其他融资的基础。因此，从发行公司的立场来考察和评价普通股融资，可以归纳出如下的优点和缺点。

（一）普通股融资的优点

（1）发行普通股没有固定的支付负担。普通股没有到期日，投资者一旦购买便不得退股，其筹集的资金成为公司长期稳定的资本供给，公司不必像债券融资那样经常要考虑如何调集现金还本付息。股份公司支付股利的政策也有很大的灵活性，公司盈利较多时，可以向股东发放股利，公司没有盈利或盈利较少，或因其他原因，可以不发放股利，不像公司债券有定期支付利息的义务。因此，普通股融资不存在不能偿付的风险。

（2）变现现有投资分散经营风险。公司的原有投资者在考虑公司长远发展和增大经营规模时，可能出于对经营风险的审慎，以及对其他项目发展的兴趣。因此，通过发行普通股,一方面,套现部分原有投资,以便作其他用途;另一方面,通过持股比例减少,相应降低了所承担的经营风险。

(3)收购融资。公司如有合适的对象进行收购或有重大资产(如物业、大型设施)需要购置,因所涉及金额巨大,公司一时无法调动现金,而又不愿提高公司负债比例,这时可以通过发行普通股,以此替代现金或负债来支付款项,达到一举两得的目的。

(4)增加公司的举债能力,提高公司的信誉。公司发行股票并成功上市,一方面公司能够筹集到公司发展所需要的资金;另一方面公司在市场上的形象和地位也会因此提高。发行较多的普通股,意味着有了更多的权益资金,为债权人提供了更大的保障,从而能提高公司的信用价值,有效地增强公司的举债能力。

(5)改善公司组织和财务上的结构。公司在普通股发行和上市的过程中,得到各专业中介机构,如承销商、会计师、律师等的协助和调查,从而会从这些专业人士那里得到许多具有建设性的意见和建议,因而可以对公司组织结构和财务管理的完善做出进一步调整,以便增加公司整体管理水平。

(6)激励职工士气,增强职工归宿感。公司在股票发行和上市的过程中,通过安排职工购买公司股份,令其成为公司股东,从而可以直接参与公司的重大决策,把自身利益与公司前途密切结合。这样的安排有助于提高公司职工的工作效率,挽留住重要的管理人员。

(二)普通股融资的缺点

(1)增加了公司对社会公众股东的责任。公司上市以后,实际上变成了一个公众公司。按照监管部门和证券市场的要求,其经营成果、财务状况、重大投资事项和人事变动等都要公开披露,接受公众股东的监督。不仅如此,公司的经营活动必须遵循法规,不得做出损害股东利益的行为。

(2)公司需承担相当高的融资成本。公司股票上市发行,需要聘请承销商、会计师、律师、评估师、出版商等一大批专业人士从事咨询、调查、评估、审核工作,因此整个发行工作需要投入大量人力、物力、财力。一般情况下,公司承担的发行费用估计占股票发行所得的 5%~10%。

(3)被收购的风险增大。公司股票一经上市,其经营状况会受到社会的广泛重视,理所当然也会受到某些大公司的垂青。一旦公司经营出现问题或遇到财务问题,公司便会面临被他人收购的危险。

(4)公司治理上的困难。公司公开发行股票并上市后,公司的治理结构将发生很大变化,通过证券市场交易,公司的股东可能随时发生变化。因此,公司治理中的典型委托代理问题可能变得更为复杂。

(5)权益转让和股息分配。公司发行股票,意味着原投资者转让了部分公司权益,削弱了其对公司的绝对控制权,也降低了利益分享部分。而且由于社会公众股东的加入,会对公司派息造成压力。公司如不维持稳定及上升的股息率,会令市场对公司发展失去信心,从而危及公司的正常运作。

第三节 优先股融资

一、优先股的含义及特征

（一）优先股的含义

优先股（preferred stock）是介于普通股和债券之间的一种混合证券，是指股份有限公司发行的具有优先权利、相对优先于一般普通股的股份种类。在利润分配及剩余财产清偿分配的权利方面，优先股持有人优先于普通股股东；但在参与公司决策管理等方面，优先股的权利受到限制。

（二）优先股的特征

1. 约定股息

相对于普通股而言，优先股的股利收益是事先约定的，也是相对固定的。由于优先股的股息率事先已作规定，因此优先股的股息一般不会随公司经营情况而变化，而且优先股一般也不再参与公司普通股的利润分红。但优先股的固定股息率各年可以不同，另外，优先股也可以采用浮动股息率分配利润。公司章程中规定优先股采用固定股息率的，可以在优先股存续期内采取相同的固定股息率，或明确每年的固定股息率，各年度的股息率可以不同；公司章程中规定优先股采用浮动股息率的，应当明确优先股存续期内票面股息率的计算方法。

2. 权利优先

优先股在年度利润分配和剩余财产清偿分配方面，具有比普通股股东优先的权利。优先股可以先于普通股获得股息，公司的可分配利润先分给优先股，剩余部分再分给普通股。在剩余财产方面，优先股的清偿顺序先于普通股而次于债权人。一旦公司处于清算，剩余财产先分给债权人，再分给优先股股东，最后分给普通股股东。

优先股的优先权利是相对于普通股而言的，与公司债权人不同，优先股股东不可以要求经营成果不佳无法分配股利的公司支付固定股息；优先股股东也不可以要求无法支付股息的公司进入破产程序，不能向人民法院提出企业重整、和解或者破产清算申请。

3. 权利范围小

优先股股东一般没有选举权和被选举权，对股份公司的重大经营事项无表决权。仅在股东大会表决与优先股股东自身利益直接相关的特定事项时，具有有限表决权，例如修改公司章程中与优先股股东利益相关的事项条款时，优先股股东才有表决权。

二、优先股的分类

按照不同的分类标准，可以将优先股作如下划分。

（一）固定股息率优先股和浮动股息率优先股

优先股股息率在股权存续期内不作调整的，称为固定股息率优先股；优先股股息率根据约定的计算方法进行调整的，称为浮动股息率优先股。优先股采用浮动股息率的，在优先股存续期内票面股息率的计算方法在公司章程中要事先明确。

（二）强制分红优先股与非强制分红优先股

公司在章程中规定，在有可分配税后利润时必须向优先股股东分配利润的，称之为强制分红优先股，否则即为非强制分红优先股。

（三）累积优先股和非累积优先股

根据公司因当年可分配利润不足而未向优先股股东足额派发股息，差额部分是否累积到下一会计年度，可分为累积优先股和非累积优先股。累积优先股是指公司在某一时期所获盈利不足，导致当年可分配利润不足以支付优先股股息时，则将应付股息累积到次年或以后某一年盈利时，在普通股的股息发放之前，连同本年优先股股息一并发放。

非累积优先股则是指公司不足以支付优先股的全部股息时，对所欠股息部分，优先股股东不能要求公司在以后年度补发。

（四）参与优先股和非参与优先股

根据优先股股东按照确定的股息率分配股息后，是否有权同普通股股东一起参加剩余税后利润分配，可分为参与优先股和非参与优先股。持有人只能获取一定股息但不能参加公司额外分红的优先股，称为非参与优先股。持有人除可按规定的股息率优先获得股息外，还可与普通股股东分享公司的剩余收益的优先股，称为参与优先股。对于有权同普通股股东一起参加剩余利润分配的参与优先股，公司章程应明确优先股股东参与剩余利润分配的比例、条件等事项。

（五）可转换优先股和不可转换优先股

根据优先股是否可以转换成普通股，可分为可转换优先股和不可转换优先股。可转换优先股是指在规定的时间内，优先股股东或发行人可以按照一定的转换比率把优先股换成该公司普通股。否则是不可转换优先股。

（六）可回购优先股和不可回购优先股

根据发行人或优先股股东是否享有要求公司回购优先股的权利，可分为可回购优先股和不可回购优先股。可回购优先股是指允许发行公司按发行价加上一定比例的补偿收益回购的优先股。公司通常在认为可以用较低股息率发行新的优先股时，用此方法回购已发行的优先股股票。不附有回购条款的优先股，则被称为不可回购优先股。回购优先股包括发行人要求赎回优先股和投资者要求回售优先股两种情况，应在公司章程和招股文件中规定其具体条件。发行人要求赎回优先股的，必须完全支付所欠股息。

根据我国 2014 年起实行的《优先股试点管理办法》：优先股每股票面金额为 100 元；上市公司不得发行可转换为普通股的优先股；上市公司公开发行的优先股，应当在公司章程中规定以下事项。

（1）采取固定股息率。
（2）在有可分配税后利润的情况下必须向优先股股东分配股息。
（3）未向优先股股东足额派发股息的差额部分应当累积到下一会计年度。

（4）优先股股东按照约定的股息率分配股息后，不再同普通股股东一起参与剩余利润分配。

三、优先股融资的利弊分析

（一）优先股融资的优点

（1）优先股融资保持了目前普通股股东的控制权。因为大多数优先股是非参与性的，没有投票权和表决权，不能参与公司管理（除非是一些特定事项或者满足一些特定条件）。

（2）优先股融资具有一定的灵活性。例如，没有固定的到期日，不必偿还本金，优先股股利的支付不构成公司的法定义务，在财务状况不佳时，公司可以暂停优先股股利的支付，不会因此导致偿债危机及公司的破产。

（3）优先股融资在法律上是一种自有资金的筹集。可以增加公司的权益基础并改善公司的资本结构，从而提高公司进一步负债融资的能力。同时，优先股融资不必像债券融资那样提供抵押资产，可以保存公司的借款能力。

（二）优先股融资的缺点

（1）优先股的融资成本较高。这主要是由于一方面优先股股利要用税后净利发放，不能像债券利息在税前列支；另一方面优先股的风险也比债券要高。

（2）过分采用优先股融资，会导致在公司中优先于普通股的求偿权过多，对普通股股东而言形成了一项较重的财务负担，从而使公司支付普通股股利的能力大大削弱，在公司税后净利不稳定时尤为如此，这将导致公司价值的下降。

本章小结

1. 股票是股份公司发给股东用来证明其在公司投资入股的权益凭证。股票作为一种所有权凭证，代表着对一定经济利益的分配和支配权，股票持有人作为企业的股东享有《公司法》和公司章程所规定的权利和义务。

股票按股东权利和义务，分为普通股股票和优先股股票；按票面是否记名，分为记名股票和无记名股票；按发行对象和上市地点，分为 A 股、B 股、H 股、N 股和 S 股等。

2. 股份公司发行股票的原因和目的多种多样，可概括为两类：一是为筹集资金而发行股票；二是股份公司出于其他特殊目的而发行股票。

3. 股票的发行价格一般有三种：平价发行、时价发行、中间价。按时价或中间价发行股票，股票发行价格会高于或低于其面额，分别又称为溢价发行和折价发行。

4. 普通股股东的一般权利有：对公司的管理权、分享盈余的权利、出售或转让股份的权利、优先认股权、剩余财产的索取权。

5. 普通股的特征有：长期性、责任上的有限性、收益上的剩余性、清偿上的附属性。

6. 普通股融资的优点是：发行普通股没有固定的支付负担；变现现有投资分散经

营风险；收购融资；增加公司的举债能力，提高公司的信誉；改善公司组织和财务上的结构；激励员工士气，增强职工的归属感。普通股融资的不利之处是：增加了公司对社会公众股东的责任；公司需承担相当高的融资成本；被收购的风险增大；治理公司的困难；权益转让和股息分配。

7. 关于普通股的投票权。普通股股东有权选举公司董事会成员，并对修改公司章程、改变公司资金结构、批准出售公司某些资产、吸收或兼并其他公司等重大问题进行投票表决。有两种投票制度：多数投票制和累计投票制。

多数投票制即简单多数或大多数通过的投票选举制度，又称为直接投票制，是指股东们拥有和股份数量相等的选票（即一股一票）。这种投票制度有排斥小股东的倾向。

累计投票制是指股东在投票选举董事时，每一股份拥有与应选出董事人数相等的表决权，股东可以将全部表决权集中于一个或几个特定的候选人，按得票多少决定董事人选。这样有利于中小股东将自己推荐的人选选入董事会。

8. 优先股是介于普通股和债券之间的一种混合证券。其主要特征是：优先股股东领取股息先于普通股股东；对公司剩余财产的索偿权先于普通股股东，但次于债权人；优先股股息一般在事先确定。

优先股按照不同的分类方式可以分为：固定股息率优先股和浮动股息率优先股；强制分红优先股与非强制分红优先股；累积优先股和非累积优先股；参与优先股和非参与优先股；可转换优先股和不可转换优先股；可回购优先股和不可回购优先股。

9. 优先股筹资的优点是：保持了目前普通股股东的控制权；具有一定的灵活性；将提高公司进一步负债筹资的能力。同时不必像债券筹资那样提供抵押资产，这将保存公司的借款能力。优先股筹资的缺点是：筹资成本较高；过分采用优先股筹资，会导致在公司中优先于普通股的求偿权过多，对普通股股东而言形成了一项较重的财务负担，从而使公司支付普通股股利的能力大大削弱，这将导致公司价值的下降。

复习思考题

1. 股票的种类有哪些？
2. 结合一个企业公开发行股票并上市的实际例子，讨论企业为什么要发行股票并上市？发行股票并上市究竟能给企业带来什么？
3. 普通股股东的权利与义务有哪些？
4. 普通股的种类有哪些？普通股融资的优缺点是什么？
5. 什么是战略投资者？引入战略投资者有什么作用？
6. 优先股的种类有哪些？优先股筹资的利弊有哪些？
7. 什么是累计投票制？其特点是什么？它与直接投票制有何不同？
8. 试结合企业发行股票和上市实际，讨论影响 IPO 定价的因素有哪些？如何正确地对 IPO 定价或对企业股票进行估值？
9. 请查阅《证券法》和《公司法》以及《首次公开发行股票并上市管理办法》，并查阅一家首发上市公司的招股说明书。阐述企业公开发行股票的条件、程序及新股发行过程。

练习题

1. 霍克公司经批准于 2018 年增发股票融资，目前公司已发股票每股市价为 12 元。该公司 2017 年当期缴纳所得税为 500 万元，税后利润的 20% 提出作为公积金和公益金，剩余部分用于分配股东利润，公司已经发行股票 100 万股。预计 2018 年公司增资后，公司股票的市盈率将下降 25%，每股收益将下降为 7 元/股，该公司的所得税税率为 30%。

要求：
(1) 计算税前利润、税后利润和可分配的利润。
(2) 计算每股收益、实际和预计的市盈率。
(3) 计算股票的发行价格。

2. 某国有企业拟在明年年初改制为独家发起的股份有限公司。现有净资产评估价值 3 亿元，全部投入到新公司中折股，折股比率为 0.8，每股面值为 1 元。按其计划经营规模需要总资产 6 亿元，合理的资产负债率为 30%。预计明年税后利润为 9 000 万元。请回答下列互不关联的问题：
(1) 通过发行股票应筹集多少股权资金？
(2) 若股票发行溢价倍数为 10 倍的折股倍数，股票发行价格是多少？
(3) 若按每股 3 元发行，并满足（1）中筹集股权资金的需求，至少要发行多少社会公众股？发行后，每股盈余是多少？市盈率是多少？
(4) 若满足资本结构的要求，按《公司法》规定，社会公开发行的股份的比例为 25% 以上，则对社会公众股发行价格最高可定为多少？

3. 假定 AAA 公司的股份为 1 000 股，公司只有两位股东：Smith 先生和 Wesson 小姐。其中 Smith 先生占 60% 股份（600 股），Wesson 小姐占 40% 股份（400 股）。公司拟选举三个席位组成董事会。试说明在累计投票制下 Smith 先生和 Wesson 小姐将如何投票，并讨论直接投票制和累计投票制下的结果有何不同。

案例   **境内资本市场首支优先股发行**[①]

  随着 2014 年 11 月 28 日上海证交所交易大厅早市开盘前的一声锣响，"农行优 1(360001)" 在上海证券交易所挂牌转让。中国境内资本市场的第一支优先股由此诞生，这也标志着中国农业银行（601288）优先股发行工作取得圆满成功。根据此前公告，农业银行总共将发行 800 亿元优先股，首次发行 400 亿元，其余部分将在未来 24 个月内完成发行。

  对于农业银行优先股的成功发行，无论是金融同业还是境内外资本市场都给予较高评

---
① 资料来源：和讯网，http://www.hexun.com/。

价和赞誉。作为境内资本市场发行的首支优先股产品，农业银行优先股在发行方案、流程和定价等方面也实现了重大创新和突破，成为后续优先股发行的行业标杆。农业银行又一次在资本市场创新方面拔得头筹，展示了作为国有控股大型上市银行的实力和形象。

农业银行优先股的发行首先是在国务院发布《关于开展优先股试点的指导意见》[①]（国发〔2013〕46 号）之后开始内部启动的。可以说，没有国家的政策支持，农业银行优先股发行将无从谈起。更值得一提的是，在簿记发行前适逢货币政策定向宽松，市场流动性充足，作为定价基准的五年期国债收益率持续下行，簿记当日更是创下年内新低。结果，农业银行优先股在簿记时不但获得了多倍的超额认购，而且实现了询价区间下限 6.0%的最终定价。

优先股的顺利发行，对农业银行而言补充了资本金，丰富和优化了资本结构，有利于提高服务实体经济的实力，降低资本成本，并对估值修复产生正面影响；对市场而言，廓清了整个发行流程和监管要求，打通了所有合格投资者的参与渠道，摸索了发行定价的市场规律，为同业树立了先行标杆和成功范例。更重要的是，优先股的发行也为农业银行乃至金融业今后并购重组、国有股减持、员工持股计划、混合所有制改革、完善公司治理预留了接口，这无疑将成为见证中国金融改革发展的重要里程碑！

讨论：
1. 农业银行发行优先股的动因是什么？
2. 发行优先股的优缺点有哪些？对农业银行可能有哪些影响？
3. 通过查找我国资本市场数据，说明我国资本市场优先股发展的现状。

---

① http://www.gov.cn/zwgk/2013-11/30/content_2539046.htm.

第九章 认股权证与可转换债券

本章学习目标

- 了解认股权证的含义,掌握认股权证的特征及其优缺点。
- 理解认股权证的内在价值与市场价值、股票价格的关系。
- 理解可转换债券的含义,掌握可转换债券的特征及其优缺点。
- 了解并掌握可转换债券的定价方法。
- 理解 B-S 期权定价模型并应用该模型进行期权定价。

第一节 认 股 权 证

一、认股权证的含义与特征

(一)认股权证的含义

认股权证(warrants),简称认股证,是持有者购买公司股票的一种凭证,它允许持有人按某一特定价格在规定的期限内购买一定数量的公司股票。从本质上看,认股权证是以股票或其他某种类型的证券为标的物的一种长期买进期权(option)。期权的买方为投资者,期权的卖方为发行公司。

(二)认股权证与股票看涨期权的关系

1. 认股权证与股票看涨期权的共同点

(1)均以股票为标的资产,其价值随股票价格变动。
(2)均在到期前可以选择执行或不执行,具有选择权。
(3)均有一个固定的执行价格。

2. 认股权证与股票看涨期权的区别

(1)股票看涨期权执行时,其股票来自二级市场,而当认股权执行时,股票是新发股票。认股权证的执行会引起股份数的增加,从而稀释每股收益和股价。股票看涨期权不存在稀释问题。标准化的期权合约,在行权时只是与发行方结清价差,根本不涉及股票交易。

(2)股票看涨期权时间短,通常只有几个月。认股权证期限长,可以长达 10 年,甚至更长。

(3)布莱克-斯科尔斯模型(Black-Scholes Model)假设没有股利支付,股票看涨期权可以适用。认股权证不能假设有效期限内不分红,5~10 年不分红很不现实,不能用布莱克-斯科尔斯模型定价。

（三）认股权证的特征

（1）认股权证是公司授权持有人优先购买一定数额普通股股票的凭证。

（2）认股权证规定股票的购买价格，该价格也称行使价格（exercise price）或执行价格。行使价格一般高出该种股票当前市场价格的10%~30%。行使价格可以是固定的，也可以随时间推移逐渐提高。

（3）认股权证有规定的购股期限。持有人可以行使认股权力，也可以放弃认股权力。

（4）认股权证一般随公司债券发行。债券与认股权证可以分离，也可以不分离。当债券与认股权证可分离时，意味着持有人可以分开出售债券与认股权证。例如，持有人保留债券，售出认股权证，或者相反。当债券与认股权证不可分离时，持有人只能同时持有或者售出债券与认股权证。

二、发行认股权证的动因

企业选择认股权证筹集资金的原因有以下几个方面。

（一）认股权证可以改善企业的筹资条件

当企业发行大量债券时，附有认股权证可以增强债券发行的销路，降低债券利率。尤其是新建和处于发展阶段的企业，由于前景不确定，投资者不愿购买企业发行的债券，但企业如果以认股权证作为"诱饵"或附加利益与债券一起发行，则会改善债券的发行状况。

（二）适时满足企业对资金的需求

利用认股权证筹资，有助于实现只有在企业需要资金时，才向企业提供资金的理想模式。例如，当企业处于成长阶段时，一般都需要筹措新的资金，而与此同时，企业的成长势必导致普通股股价上涨，促使认股权证持有者用现金换购普通股，使企业获得额外的权益资金；相反，如果公司经营不善，发展缓慢，则所需的资金自然就会减少，这样公司的股价就不会涨到足以诱使认股权证持有者去行使换购普通股的权利。

（三）增加企业筹资的灵活性

出于认股权证具有可分割的特性，当投资者买下附有认股权证的债券后，如果没有认购能力或不打算认购新股，则可以将认股权证和债券分开，单独交易。这样，一方面使得认购率提高，使企业的股票顺利发行；另一方面使原有投资者在转让认股权证中取得收益，促进股票价格提高，从而有效地保护了股东的权益。

三、认股权证合约的内容

认股权证合约一般包括如下内容。

（1）相关股票。即认股权证可转换的对象。它可以是单只股票，也可以是一揽子股票，相关股票一般是交易活跃的绩优股。

（2）有效期限。即认股权证的权利期限。在有效期限内，认股权证持有者可随时要求将其转换成股票。

（3）转换比率。即每一份认股权证可转换的相关股票数量。

（4）认购价格。又称换股价，是指认股权证持有者行使转换权时的结算价格，相当于一般标准期权的履约价格。

四、认股权证的内在价值

认股权证的价值分为内在价值（intrinsic value）和时间价值（time value），认股权证的内在价值可表示为

$$V_w = q \times (P-E) \tag{9-1}$$

其中，V_w 为认股权证的内在价值；q 为每个认股权证可以认购的普通股票数量；P 为普通股票当前的市场价格；E 为认股权证认购公司股票时的认购价格（执行价格）。

【例 9-1】 某公司股票的市场价格为 50 元，认股权证规定的执行价格为 40 元，每个认股权证可以购买的普通股票为 0.5 股，则该认股权证的内在价值为

$$V_w = 0.5 \times (50-40) = 5 \text{（元）}$$

如果这个认股权证的市场价格为 4 元，那么，投资者就可以从市场上购入两个认股权证，然后行使认股权，以 40 元的执行价格买入一只股票，总支出为 48 元。接着，在市场上以 50 元的价格出售，净收入为 2 元，这样就不会存在风险。如果每个投资者都按此进行投资，那么，随着时间的推移，认股权证的价格就会上升，而股票的市场价格就会下降。这种无风险套利机会在市场上不可能长期存在，因此，认股权证的市场价格不会低于 V_w。

与一般股票期权一样，认股权证的市场价格要高于其内在价值，两者之差即为该认股权证的时间价值。从理论上看，认股权证的时间价值主要受期限的长短和标的物（股票）市场价格变动性大小的影响。距到期日的时间越长，股票价格的变动性越大，在认股权证有效期内标的股票的市场价格越高，投资者获利的机会就越大，认股权证的时间价值也就越高；反之，认股权证的时间价值就越低。

由于选择权对收益的高杠杆作用，以及投资者对股票价格的预期，一般情况下，随着股票价格的上升，认股权证的市场价格与理论价格逐渐接近。当股票的价格逐渐升高时，如果约定价格不变，认股权证的市场价格也会升高，因此它的杠杆作用将减弱，而风险增大，溢价减小，从而市场价格接近内在价格（理论价格），如图 9-1 所示。

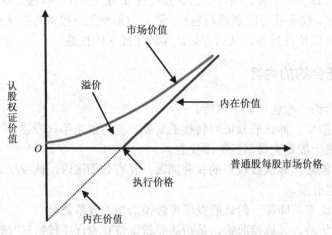

图 9-1 认股权证价值与普通股市场价格的关系

五、认股权证筹资的利弊

（一）认股权证筹资的优点

认股权证筹资的利弊与可转换债券基本相同。对发行公司来说，其主要优点表现为以下几点。

（1）吸引投资者。认股权证为投资者提供了一个以小博大的投资理财工具，可有效刺激投资者的投资欲，使公司较容易筹到所需资金。

（2）筹资成本较低。由于认股权证具有价值，因此附认股权证债券的票面利率低于纯债券利率。同时，认股权证还是一种潜在的资金来源。当认股权证被行使时，即刻增加公司的现金流量。

（3）套期保值。发行公司可以利用认股权证的期权性为手中持有的股票进行套期保值。

（4）兼并目标公司的融资工具。

（5）解决代理问题。例如，许多公司给予其高级经理人员以优惠价格购买本公司股票的期权，从而使代理人的利益与委托人的利益与公司效益联为一体，促使代理人的行为不偏离委托人的目标。

（二）认股权证筹资的缺点

认股权证筹资的缺点主要表现在以下两方面。

（1）认股权证行使期权的时间不确定性。认股权证作为持有者的一种买进期权，何时行使权利往往不能为公司所控制。在公司急需资金时，这笔资金的数额不能满足需要，但又不便采取其他筹资方式时，会使公司处于既有潜在的资金来源又无资金可用的困境之中。

（2）稀释每股普通股收益。当认股权证行使时，普通股股份增多，每股收益下降，同时也稀释了原股东对公司的控制。

第二节　可转换债券

一、可转换债券的含义与特征

可转换债券（convertible bonds）是一种以公司债券为载体，允许持有人在规定的时间内按规定的价格转换为发行公司或其他公司普通股的金融工具。

可转换债券的特征如下。

（1）期权性。主要体现在可转换的选择权。在规定的转换期限内，投资者可以选择按照转换价格（即一般期权的合约价格）转换为一定数量的股票，也可以放弃转换权利，任何公司不得"强制"投资者将其手中的可转换债券转换为股票。由于可转换债券持有人具有将来买入股票（而不是卖出）的权利，因此，可将它看成是一种买进期权，期权的卖方为发行公司。

(2) 债券性。主要体现在它具有定期领收息票和债券本金的偿还上。投资者购买了可转换债券后，若在转换期间未将其转换成股票，则发行公司到期必须无条件还本付息。

(3) 回购性。可转换债券的回购性是指可转换债券一般带有回购条款。它规定发债公司在可转换债券到期之前可以按一定条件赎回债券。发行者行使赎回权，其目的是为了迫使投资者将债权转换为股权。如果股价长期高于转换价格（如高于30%），投资者出于投机的目的仍不实行转换，则发行公司可在赎回期开始时按规定的债券价格购回债券。如果投资者觉察发行公司的赎回意图后，多会选择将可转换债券转换为股票，而不愿让发行公司以较低的价格赎回。在这种情况下，可转换债券的转换就有了一定的"强迫性"。但是为了保护投资者的利益（实际上也是为了吸引投资者购买可转换债券），回赎条款不能明显地赋予发行公司过大的回购权利，所以回购条件只能作为可转换债券的一个隐含属性。

(4) 股权性。可转换债券的股权性与其期权性相联系。由于可转换债券是股权衍生出来的产品，它赋予投资者按一定价格买入一定数量股票的权利。只要投资者愿意，可随时将手中的可转换债券转换为股票，成为股权投资者。可转换性确保了投资者能获得股票投资者的所有利益。虽然可转换债券投资者有可能转换为股权投资者，但并不能说明他已经是股权投资者。因此，股权性也只能作为可转换债券的一个隐含属性。

二、可转换债券的意义

在大多数情况下，企业发行可转换债券是出于如下考虑。

(1) 在预测企业发展前景良好的情况下，发行可转换证券可以减轻股权的分散，保护现有股东的权益。可转换证券初发行时表现为企业债券或优先股，究其实质是延期发行的普通股。在普通股市价较低而预期未来收益较理想时，发行可转换证券对企业尤为有利。

(2) 可转换证券筹资的资金成本较低。因为对投资者来讲，可转换证券具有双重收益，灵活性极强。股票市价上升，可将可转换证券兑换为普通股票以求较多的股息；股票市价下跌，持有可转换证券以保证其基本的利息收益。

(3) 有利于解除企业债务，增加企业净值。许多企业为了保证可转换证券的转换，在可转换证券合约上明确规定公司具有收兑权并订出收兑价格。并在普通股价格高出收兑价格足够程度（如15%～20%）时行使收兑的权力。为避免收兑损失，投资者只能被迫转换。

(4) 有利于企业现金流量的稳定。可转换证券可以直接替代发行债券以筹措资金，可以避免清偿债务时大额的现金流出，有利于稳定企业的财务状况。但是，发行可转换债券也会为公司带来一些不利的因素。例如，当普通股价格大幅度上涨时，可转换债券持有人行使权力，会使公司股东利益的一部分转移给新股东。如若股价下降，公司又可能处于负债过度的困境。同时，转换发生时也会降低公司低利融资的优势。

三、可转换债券合约的内容

可转换债券条款中一般包括下列内容。

（一）标的股票

可转换债券转换期权的标的物就是可转换成的公司股票。标的股票一般是发行公司自己的普通股票，不过也可以是其他公司的股票，如该公司的上市子公司的股票。

（二）票面利率

可转换债券的票面利率一般会低于普通债券的票面利率，有时甚至还低于同期银行存款利率。因为可转换债券的投资收益中，除了债券的利息收益外，还附加了股票买入期权的收益部分。一个设计合理的可转换债券在大多数情况下，其股票买入期权的收益是用来弥补债券利息收益的差额。

（三）转换价格

转换价格是指可转换债券在转换期间内据以转换为普通股的折算价格，即将可转换债券转换为普通股的每股普通股的价格。如每股30元，即指可转换债券到期时，将债券金额按每股30元转换为相应股数的股票。由于可转换债券在未来可以行权转换成股票，在债券发售时，所确定的转换价格一般比发售日股票市场价格高出一定比例，如高出10%～30%。我国《可转换债券管理暂行办法》规定，上市公司发行可转换债券，以发行前1个月股票的平均价格为基准，上浮一定幅度作为转股价格。

（四）转换比率

转换比率是指每一份可转换债券在既定的转换价格下能转换为普通股股票的数量。在债券面值和转换价格确定的前提下，转换比率为债券面值与转换价格之比：

$$转换比率 = \frac{债券面值}{转换价格} \qquad (9\text{-}2)$$

（五）转换期

转换期是指可转换债券持有人能够行使转换权的有效期限。可转换债券的转换期可以与债券的期限相同，也可以短于债券的期限。转换期间的设定通常有四种情形：债券发行日至到期日；发行日至到期前；发行后某日至到期日；发行后某日至到期前。至于选择哪种，要看公司的资本使用状况、项目情况、投资者要求等。由于转换价格高于公司发债时的股价，投资者一般不会在发行后立即行使转换权。

（六）赎回条款

赎回条款是指发债公司按事先约定的价格买回未转股债券的条件规定，赎回一般发生在公司股票价格在一段时期内连续高于转股价格达到某一幅度时。赎回条款通常包括不可赎回期间与赎回期、赎回价格（一般高于可转换债券的面值）和赎回条件（分为无条件赎回和有条件赎回）等。

发债公司在赎回债券前,要向债券持有人发出赎回通知,要求他们在将债券转股与卖回给发债公司之间做出选择。一般情况下,投资者大多会将债券转换为普通股。设置赎回条款最主要的功能是强制债券持有者积极行使转股权,因此又被称为加速条款。同时也能使发债公司避免在市场利率下降后,继续向债券持有人支付较高的债券利率所蒙受的损失。

(七)回售条款

回售条款是指债券持有人有权按照事前约定的价格将债券卖回给发债公司的条件规定。回售一般发生在公司股票价格在一段时期内连续低于转股价格达到某一幅度时。回售对于投资者而言实际上是一种卖权,有利于降低投资者的持券风险。与赎回一样,回售条款也有回售时间、回售价格和回售条件等规定。

(八)强制性转换调整条款

强制性转换调整条款是指在某些条件具备之后,债券持有人必须将可转换债券转换为股票,无权要求偿还债权本金的规定。可转换债券发行之后,其股票价格可能出现巨大波动。如果股价长期表现不佳,又未设计回售条款,投资者就不会转股。公司可设置强制性转换调整条款,保证可转换债券顺利地转换成股票,预防投资者到期集中挤兑引发公司破产的悲剧。

四、可转换债券的定价

可转换债券是一种含权债券,兼有公司债券和股票的双重特征。转股以前,它是一种公司债券,具备债券的特性,在规定的利率和期限体现的是债权、债务关系,持有者是债权人;转股以后,它变成了股票,具备股票的特性,体现的是所有权关系,持有者由债权人转变成了股权所有者。在价值形态上,可转换债券赋予投资者一个保底收入,即债券利息支付与到期本金偿还构成的普通附息券的价值;同时,它还赋予投资者在股票上涨到一定价格条件下转换成发行人普通股票的权益,即看涨期权(美式期权[①])的价值。

可转换债券实质上是一种由普通债权和股票期权两个基本工具构成的复合融资工具,投资者购买可转换债券等价于同时购买了一个普通债券和一个对公司股票的看涨期权(call option)。可转换债券的价值可以看作是普通债券与股票期权的组合体,它可以分为三部分:单纯债券价值、转换价值和期权价值。

(一)单纯债券价值

单纯债券价值(straight bond value)又称为直接价值,是指可转换债券不具有可转换的特征。此时,由于可转换债券的债息收入固定,可以采用现金流贴现法来确定纯债券的价值,即将未来一系列债券利息加上面值按一定的市场利率折成的现值,可由下式计算:

---

① 美式期权(american option)是指在到期日前的任何时间都可以执行合同的一种期权。相反,欧式期权(european option)则要求其持有者只能在到期日而非之前执行合同。

$$PV = \frac{I}{(1+r)} + \frac{I}{(1+r)^2} + \cdots + \frac{I}{(1+r)^n} + \frac{F}{(1+r)^n}$$
$$= \sum_{i=1}^{n} \frac{I}{(1+r)^i} + \frac{F}{(1+r)^n}$$
(9-3)

其中，PV 为债券的价值（现值）；F 为到期本金（面值）；I 为每期的利息，$I=F\times$ 票面利率；r 为折现率；n 为债券到期的期数。

（二）转换价值

$$CV = P \times R \tag{9-4}$$

其中，CV 为转换价值；P 为股票价格；R 为转换比例。

可转换债券具有一定的转换期限，在不同时点上，股票价格不同，转换价值也不相同。

【例 9-2】 某公司以面值 1 000 元的价格发行可转换债券，债券利率是 5%，期限是 20 年，转换率是 50（即每张债券可转换为 50 股普通股票）。发行可转换债券时股票的市场价格是 18 元，债券市场的期望收益率是 10%。计算：该公司可转换债券的初始价格、转换价值（理论价值）和单纯债券价格。

解 该公司可转换债券的初始价格就是 1 000 元。如果到期时的股票市场价格为每股 18 元，则该可转换债券的理论价值为 18×50=900 元；如果到期时的股票市场价格为 20 元，则该可转换债券的理论价值为 20×50=1 000 元；如果到期时的股票市场价格上升到 25 元，则该可转换债券的理论价值为 50×25=1 250 元。而单纯债券的初始价格为

$$p = \sum_{t=1}^{20} \frac{1\,000 \times 5\%}{(1+10\%)^t} + \frac{1\,000}{(1+10\%)^{20}} = 537.70 \text{（元）}$$

可转换债券不能以低于转换价值的价格卖出，否则就会出现无风险市场套利。因此，可转换债券有个底价（floor value），该底价=Max{单纯债券价格，转换价值}，而转换价值是由公司的普通股价值所决定。

（三）期权价值

可转换债券的价值通常会高于单纯债券价格和转换价值。这是因为：可转换债券的持有者不必立即转换，相反，持有者可以通过等待并在将来利用单纯债券价值与转换价值二者孰高来选择对自己有利的策略。这份通过等待而得到的期权也有价值，它导致可转换债券的价值高于单纯债券价格和转换价值。

当公司普通股价值比较低时，可转换债券的价值主要受其基本价值（如单纯债券价值）的影响；当公司普通股价值比较高时，可转换债券的价值主要由基本转换价值决定。可转换债券的价值可用公式表示为

可转换债券的价值= Max{单纯债券价格，转换价值}+期权价值   (9-5)

可转换债券的价值用图形表示如图 9-2 所示。

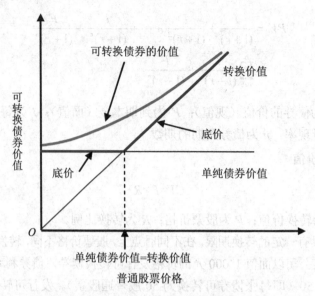

图 9-2　可转换债券价值与普通股价格的关系

既然可转换债券是一种期权，那么就可用期权定价模型（Option Pricing Model，OPM）对可转换债券进行估价。布莱克（Fischer Black）和斯科尔斯（Myron Scholes）提出了一个非常有用的期权估价模型，简称为 B-S 期权定价模型。该模型的基本假设前提是：① 股票可被自由买进或卖出；② 期权是欧式期权；③ 在期权到期日前，股票无股息支付；④ 存在一个固定的、无风险的利率，投资者可以此利率无限制地借入或贷出；⑤ 不存在影响收益的任何外部因素，股票收益仅来自价格变动；⑥ 股票的价格变动呈正态分布。

B-S 期权定价模型是

$$C = P_0 N(d_1) - S N(d_2) \mathrm{e}^{-rt} \tag{9-6}$$

其中，
$$d_1 = \frac{\ln(P_0/S) + (r + 1/2\sigma^2)t}{\sigma\sqrt{t}} \tag{9-7}$$

$$d_2 = d_1 - \sigma\sqrt{t} \tag{9-8}$$

其中：C 是买入期权（call option）价格；$N(d)$ 是随机变量 d 的标准正态分布函数；σ 是股票（或称为原始资产（underlying asset））的连续收益的标准差（每年）；t 是至期权到期日的时间（年）；r 是连续复利的无风险资产年收益率；S 是期权的敲定价格（strike price），又称为执行价格（exercise price）；P_0 是股票（或原始资产）的现行（市场）价格；ln 是以 e 为底的自然对数。

仔细看一下式（9-6）：P_0 是当前的股票价格；$S\mathrm{e}^{-rt}$ 是执行价格的现值（如果执行看涨期权，在未来的支付现值）。可知，对任一给定的执行价格，股票的市场价格越高，看涨期权的价值越大；对任一给定的股票（资产）价格，执行价格越高，看涨期权的价值越低。因此，看涨期权的价值将随 P_0 增加而随 S 下降。概率 $N(d_1)$ 和 $N(d_2)$ 考虑到了相关的不确定性：未来股票价格、从结果看期权是否执行，以及要是执行的话就会实现价值等。

式（9-6）适用于不支付股利的欧式看涨期权的定价。根据"买方期权—卖方期权平价"（call-put parity）原理，可以得出具有同样执行价格和期权期限的欧式卖方期权（又称看跌期权，put option）价格 P：

$$P = C - (P_0 - S)e^{-rt} \tag{9-9}$$

B-S 期权定价模型非常实用，原因有两个：一是除 σ 以外，需要输入的参数在期权合约中是指定的，或者是在当前运行的市场是可观察的；二是该模型对期权的真正价值常提供一个很好的近似，尽管模型的某些假设并不能完全满足。也就是说，任何人在给定的若干参数下都能计算期权的价值，因为股票现行价格 P_0、执行价格 S、利率 r 和距到期日的时间 t 都是已知或可观测的，人们要做的只有估计收益的标准差 σ（或方差 $σ^2$）。

【例 9-3】假设某一只未支付股利的股票当前市价为每股 28 元。拥有该股票的收益标准差可从近期历史数据中估计出来，设为 0.30（每年）。连续复利的无风险收益率为 6%，期权的执行价格是 30 元，还有 9 个月到期。则该股票的（看涨）期权价值是多少？

解 应用 B-S 期权定价模型，这里 P_0=28，S=30，$σ$=0.30，r=6%，t= 9/12=0.75 年。

首先，计算 d_1 和 d_2：

$$d_1 = \frac{\ln(28/30) + (0.06 + 1/2 \times 0.30^2) \times 0.75}{0.30 \times \sqrt{0.75}} = 0.037\,6 \approx 0.04$$

$$d_2 = 0.037\,6 - 0.30 \times \sqrt{0.75} = -0.222\,2 \approx -0.22$$

其次，计算 $N(d_1)$ 和 $N(d_2)$：
查标准正态分布表，可得

$$N(d_1)=N(0.04)=0.516\,0$$

$$N(d_2)=N(-0.22)=1-N(0.22)=0.412\,9$$

最后，计算看涨期权价格：

$$C = P_0 N(d_1) - SN(d_2)e^{-rt} = 28 \times 0.516\,0 - 30 \times 0.412\,9 \times e^{-0.045} = 2.61(元)$$

同时也可以计算看跌期权价格：

$$P = C + Se^{-rt} - P_0 = 2.61 + 30 \times e^{-0.045} - 28 = 3.29 （元）$$

值得一提的是，本例中关于 $N(d_1)$ 和 $N(d_2)$ 的计算，还有一种更容易的方法，即利用 Excel 的函数功能。操作如下：

打开 Excel→插入→统计→NORMSDIST→在对话框中（z=）输入"0.04"→计算结果为 0.516 0（保留小数点后 4 位）。如果计算 $N(-0.22)$，则先按上述操作计算 $N(0.22)$=0.587 1，然后 $N(-0.22)$=1-$N(0.22)$=0.412 9。

期权定价的方法除了 B-S 模型外，还有二叉树期权定价模型（又称 Cox-Ross-

Robinstein 模型）和适用于欧式期权估价的蒙特卡罗模拟方法，在此不做介绍，有兴趣的读者可以参考期权定价方面的相关教材。

五、认股权证与可转换债券的关系

认股权证与可转换债券虽然都属于股票期权的变种，但两者也有许多不同之处。

（1）认股权证一般以定向募集的方式发行；而可转换债券则大多数为公开发行。

（2）认股权证既可以伴随公司长期债券一起出售，也可以和债券相脱离而独立流通；可转换债券的转换性质则不能脱离债券独立存在。

（3）认股权证行使转换权时，持有者支出现金，使公司的现金流量增加；可转换债券行使转换权时，持有者付出的是债券，未给公司带来任何现金流量的变化。结果是认股权证行使增加了公司股权资本而不改变负债；可转换债券行使将公司的负债转变为股权资本。前者使公司总资产发生变化，而后者保持公司资产总额不变。与此同时，两者所导致的公司资本结构也不相同。

（4）认股权证行使后，低票面利率的债券仍然继续流通在外；可转换债券行使后，债券被公司收回，公司不再拥有低资金成本的优势。

（5）认股权证一般是不可赎回的；可转换债券一般是可赎回的。

六、可转换债券筹资的利弊

（一）发行可转换债券的优点

（1）发行初期资本成本较低。就发行公司而言，可转换债券的利率通常低于纯债券利率，但这种低成本是有时间限制的。由于可转换债券相当于公司出售买权给债券持有者，这一买权在将来有可能迫使公司付出极大的代价（当可转换债券转换为普通股后）。只有在市场高估了这种买权的价值情况下，公司筹资成本才会降低。

（2）转换价格高于发行股票市价。公司发行可转换债券的初衷是为了出售股票，而非债券。但因某种原因，普通股市价偏低，如现在发售新股，势必要发行比正常水平更多的新股数量才能筹措到足够的资金。如果公司发行可转换债券，则可将普通股的转换价格定在高于当期股价的某一水平。当可转换债券转换为普通股时，普通股的实际新增数量会较原来减少相应水平，从而保护现有股东权益。但这种好处是以公司盈利能力增加和普通股票市价上涨为前提的。

（3）有利于解决代理问题，协调股东和债权人之间的矛盾。从本质上看，可转换债券是一种使股东和债权人共担风险共享收益的一种筹资方式。如果公司经营失败，股价很低，股东和债权人都受损失（股价低，因而转换不会发生，债权人为转换所付出的代价不可能取得收益）。如果公司经营成功，股价很高，债权人可通过转换取得利益。

（4）公司合并筹资。在公司合并时，目标公司股东转让公司股票时，如收到现金，则必须支付资本利得税。相反，如果使用普通股、优先股或转换债券，特别是可转换优先股票时，可推迟缴纳资本利得税。因此，购并公司常常采用可转换债券或可转换优先股筹资。采用可转换优先股代替普通股票，对优先股股东来说，不但可享有固定股息收益，而且当普通股股价上升时，还通过转换获得资本利得收益。对接收公司来说，可转换优先股转换为普通股时，普通股每股收益降低相对较少。

（5）风险中立（risk synergy）。通常，可转换债券包括纯债券和以公司股票为标的物的买权两部分。公司风险越高，虽然降低了可转换债券中纯债券部分的价值，但提高了买权部分的价值（风险越大，股价波动越大，买权价值越大）；公司风险越低，虽然提高了纯债券价值，但降低了买权价值。因此无论公司风险如何变动，可转换债券中的纯债券部分价值和买权部分价值损益可相互抵消。因此，在不同的风险条件下，纯债券利率高于可转换债券利率。

可转换债券的低息支付和转换权的特点使一些信用等级低、经营规模小、无形资产大、财务杠杆高的公司有可能通过发行可转换债券筹到其他筹资方式难以筹到的资金。

（二）发行可转换债券的缺点

（1）稀释股权（dilution）。由于可转换债券可能转换为普通股，一旦转换，则普通股每股收益将下降。事实上，在转换并未发生时，公司财务报表规定公布"充分稀释"之后的每股收益。所谓充分稀释，就是假定转换全部发生后普通股的每股收益。

（2）呆滞债券（即"悬挂"（overhang）现象）。可转换债券通常可看作是递延的股权资金，但如果转换价格定得太高，这种债券未必被转换；即使转换价格较低，如果股票价格不上涨或实际下降，转换也不会发生。在这种情况下，可转换债券称为呆滞债券。呆滞债券的出现，有可能降低公司筹资的灵活性，增加公司的财务风险。这种呆滞性，在某种程度上抵消了可转换债券按高于普通股市价发行所带来的好处。

（3）低成本筹资的时限性。当可转换债券转换为普通股时这种低成本的优势就将丧失。

本章小结

1. 认股权证是持有者购买公司股票的一种凭证，它允许持有人按某一特定价格在规定的期限内购买一定数量的公司股票。认股权证的主要特征：它是公司授权持有人优先购买一定数额普通股股票的凭证；规定股票的购买价格；有规定的购股期限；持有人可以行使认股权力，也可以放弃认股权力；认股权证一般随公司债券发行。

认股权证筹资的主要优点是：吸引投资者；筹资成本较低；套期保值；兼并目标公司的融资工具；解决代理问题。其缺点主要表现在：认股权证行使期权时间的不确定性；稀释每股普通股收益。

2. 可转换债券是一种以公司债券为载体，允许持有人在规定的时间内按规定的价格转换为发行公司或其他公司普通股的金融工具。可转换债券的特征：期权性、债券性、回购性、股权性。

3. 可转换债券的价值可以看作是普通债券与股票期权的组合体，它可以分为单纯债券价值、转换价值和期权价值。

4. 可转换债券的期权价值可用 B-S 期权定价模型进行定价。

5. 发行可转换债券的优点是：发行初期资本成本较低；转换价格高于发行股票市价；有利于解决代理问题，协调股东和债权人之间的矛盾；公司合并筹资；风险中立。发行可转换债券的缺点有：稀释股权；呆滞债券，即所谓"悬挂"现象；低成本筹资的时限性。

 复习思考题

1. 认股权证的特征是什么？
2. 认股权证的市场价值、内在价值及股票市场价格之间是何关系？
3. 企业为什么要发行可转换债券？可转换债券有哪些特征？投资者购买企业发行的可转换债券有哪些好处和风险？
4. 可转换债券的价值包括哪几部分？可转换债券的市场价值与股票价格是什么关系？

练习题

1. 某公司股票的市场价格为 100 元，认股权证规定的执行价格为 60 元，每个认股权证可以购买的普通股票为 0.5 股。计算：该认股权证的内在价值。
2. 计算下列各可转换债券的转换价格：
（1）面额为 100 元的债券转换为 20 股普通股。
（2）每股价值为 104 元的优先股可转换 13 股普通股。
（3）面额为 100 元的债券转换为 50 股普通股。
（4）每股价值为 90 元的优先股可转换为 6 股普通股。
3. 计算下列各证券的转换比率：
（1）面额为 115 元的优先股按每股 20 元转换为普通股。
（2）面额为 1 000 元的公司债券按每股 25 元的价格转换为普通股。
（3）面额为 80 元的优先股按每股 5 元转换为普通股。
（4）面额为 600 元的公司债券按每股 30 元的价格转换为普通股。
4. 计算下表中各证券的转换价值、转换溢价。

可转换证券	每股价值/美元	转 换 比 率	当前每股市价/美元
（1）	1 000	25	42.50
（2）	800	16	50.00
（3）	1 000	0	44.00
（4）	100	5	19.50

5. 假设 P&E 公司在 2019 年 10 月 4 日的 4 月份到期、执行价为 49 元的看涨期权的收盘价为 4 元。股票当前按 50 元售出。在 10 月 4 日该期权还有 199 天到期。连续计息的无风险利率为 7%（年）。公司股票收益率的方差估计值为 9%（年）。求：
（1）运用 B-S 模型给该看涨期权定价。

（2）求对应的该期权的卖出期权价格。

（3）评价该看涨期权定价是高还是低，如果你是投资者，你是否会买入该看涨期权？

 案例

宝安集团可转换债券——我国第一只上市公司的A股可转换债券

中国宝安集团股份有限公司（以下简称宝安集团）是一个综合类股份制集团公司，成立于1983年7月，主营业务是高新技术业、房地产业和生物医药业。

1992年中国宝安集团股份有限公司在发行可转换公司债券，也是我国第一只上市公司的A股可转换债券。宝安转债发行总额为5亿元人民币，期限为3年（1992年12月至1995年12月），票面利率为3%，面值为5000元。1993年6月1日至到期日可转换，转换价格为25元/股，即以2500元的债券为一个单位可转换100股股票，1993年6月1日以前公司分红或增股时转换价格会作相应调整。转债发行两年半以后至到期日的半年内，宝安公司可按5150元的价格赎回宝安转债，宝安转债没有设置回售条款。当时同期的银行利率为8.28%，三年期企业债券利率为9.94%，1992年三年期国债的利率为9.5%，并保值。发行时宝安股票的市场价格为21元/股左右，发行转换溢价率为19.05%，即（25元-21元）/21元。

从宝安转债设计情况看，有以下几个特点。

（1）票面利率低，5亿元转债利息总额仅为0.45亿元，如按10%的票面利率计算，利息总额将达1.5亿元。

（2）发行转换溢价率较高，达19.05%。

（3）期限较短，仅三年，但所筹资金的投资期限基本上都超过3年，有相当一部分投向房地产。

（4）只规定在1993年6月1日以前转换价格可以进行调整，而1993年和1994年的两次分红送股均不作调整。

宝安转债的发行较为成功，投资者认购了发行总量的83.24%，剩余由承销商包销。上市后颇受市场欢迎，每张可转换债券的最高价曾达2.68元。但由于种种原因（如A股市场低迷），当时深宝安A股市价远远低于转换价格，再加上公司业绩滑坡等因素，宝安转债在到期日只有2.7%的债券转股，其余部分97.3%的债券转股失败。

资料来源：根据网上资料整理。

讨论：

1. 宝安转债转股的失败的原因有哪些？
2. 上市公司发行可转换债券会面临什么样的风险？
3. 通过查找我国上市公司数据，说明我国上市公司发行可转换债券的现状。

第四篇　资本成本、资本结构及股利政策

- 第十章　资本成本
- 第十一章　资本结构
- 第十二章　股利政策

第十章 资本成本

本章学习目标

- 掌握资本成本的概念、性质及其内容。
- 了解分析资本成本的意义及其影响因素。
- 掌握个别资本成本的计算。
- 掌握加权平均资本成本的计算。
- 了解边际资本成本及其计算。

第一节 资本成本的概念

筹资和投资是企业财务管理中的两个最基本问题。筹资离不开筹资成本的分析和计算,而投资所需资本的供应渠道的选择也必须以筹资成本作为决策依据。这里所说的筹资成本可统称为资本成本。

一、资本成本的含义和性质

(一) 资本成本的含义

简单地说,资本成本就是使用资本的代价。在现代商品经济条件下,企业从各种渠道筹集到的资本,不外乎来自于投资人与债权人两种途径。前者称为自有资本,后者称为借入资本。投资者将资本投入企业,其目的是为了取得一定的投资报酬,而债权人把资本贷出的目的也是为了能获得一定的贷款利息。由此可见,作为资本的使用者,其资本的筹集不论来自于投资者,还是来自于债权人,都必须为此付出一定的代价,而绝不可能无偿地使用这些资本。因此,简言之,资本成本就是企业因筹集或使用资本所付出的代价。

从理论上来讲,在商品经济社会,资本成本是资本所有权与资本使用权相分离的产物。作为资本的所有者,它绝不会将资本无偿地让渡给资本需要者去使用,因为资本的让渡意味着资本的所有者失去了凭资本获取其他盈利的机会与条件。同样,作为资本的使用者,也不能无偿地占用他人的资本。使用者在得到了资本的使用权以后,也就获得了使用资本获取盈利的机会,这也要求资本使用者将获取的利益与资本所有者共同分享。

总而言之,资本成本实质上是资本使用者支付给资本所有者的报酬。这一报酬的形式视资本投入的性质而有所区别,如果是吸引投资者投入的资本,那么这一报酬的表现形式就是投资利润。如果是从债权人处借入的资本,那么这一报酬形式就是借款利息。因此,资本成本不能理解为产品成本或商品流通费。它只是劳动者的剩余劳动所创造的价值的一部分,体现了资本使用者与资本所有者之间的利益分配关系。

资本成本与资本的时间价值这两个概念往往容易混淆。事实上,两者既有区别,又有联系。一般认为,资本的时间价值基于这样一个前提,即资本参与任何交易活动都是有代价的。因此,资本的时间价值着重反映资本随其运动时间的不断延续而不断增值的性质。具体地说,资本的时间价值是资本所有者在一定时期内从资本使用者那里获得的报酬。而资本成本则是指资本使用者由于使用他人资本而付出的代价。它们都是以利息、股利等作为其表现形式,是资本运动分别在其所有者及使用者的体现。两者的主要区别是:第一,资本的时间价值表现为资本所有者的利息收入,而资本成本是资本使用者的筹资费用。第二,资本的时间价值一般表现为时间的函数,而资本成本则表现为资本占用额的函数。

(二)资本成本的性质

(1)从资本成本的价值属性看,它属于投资收益的再分配,属于利润范畴。资本成本的产生是由于资本所有权与使用权的分离,属于资本使用者向其所有者或中介人支付的费用,构成资本所有者或中介人的各种投资收益。在会计核算中,有的资本成本计入企业的成本费用之中,如利息;有的则作为利润分配项目,如股息。

(2)从资本成本的支付基础看,它属于资金使用付费,在会计上称为财务费用,即非生产经营费用,也就是说,这种成本只与资金的使用有关,并不直接构成产品的生产成本。

(3)从资本成本的计算与应用价值看,它属于预测成本。作为规划筹资方案的一种有效手段,计算不同筹资方式下的成本,有利于降低其投资成本,提高投资效益。因此,资本成本计算是规划筹资方案的一项基础性工作,相应地,其计算结果也为预测数。

二、资本成本的构成内容

前已述及,资本成本是资本使用者为获取资本的使用权而付出的代价。这一代价由两部分组成,即资本筹集成本与资本使用成本。

(一)资本筹集成本

资本筹集成本是指企业在筹措资本的过程中所花费的各项有关开支。它包括银行借款的手续费,发行股票、发行债券所支付的各项代理发行费用等。筹资成本一般都属于一次性费用,与筹资的次数有关,因而,通常是将其作为所筹资本的一项扣除。

(二)资本使用成本

资本使用成本是指资本使用者支付给资本所有者的资本使用报酬,如支付给股东的投资股利、支付给银行的贷款利息,以及支付给其他债权人的各种利息费用。资本的使用成本一般与所筹集资本额的大小以及所筹集资本额使用时间的长短有关,往往具有经常性、定期性支付的特征,构成了资本成本的主要内容。

在实务中，为了计算资本成本的大小，以便企业能做出正确的筹资决策，通常用筹集的使用成本与所筹资本数额的比值来表示资本成本的大小。其计算公式为

$$K = \frac{D}{P \times (1-F)} \quad (10\text{-}1)$$

其中，K 为资本成本，以百分率表示；D 为资本税后使用成本；P 为所筹的资本数；F 为资本筹集成本率，通常用%表示。

在式（10-1）中，D 的确定由所筹资本的性质而定。若是从银行借入的资本，或是发行债券所筹的资本，则它就是指税后利息费用。若是吸收投资人作为投资投入的资本，D 就是指预计的股利等。

在实务中，要视具体的筹资方式分别计算不同形式的资本成本。这些形式包括个别资本成本、综合资本成本以及边际资本成本等。不同形式的资本成本，其计算方法有所不同，下面将作详细介绍。

三、决定资本成本高低的因素

在市场经营环境中，多方面因素的综合作用决定着企业资本成本的高低。其中主要有总体经济环境、证券市场条件、企业内部的经营和融资状况、融资规模。

（一）总体经济环境

总体经济环境决定了整个经济中资本的供给和需求，以及预期通货膨胀水平。总体经济环境变化的影响，反映在无风险收益率上。如果整个社会经济中的资金需求和供给发生变动，或通货膨胀水平发生变化，投资者也会相应改变其所要求的收益率。具体地说，如果货币需求增加而供给没有相应增加，投资人便会提高其投资收益率，使企业资本成本上升；反之，则会降低其投资收益率，使资本成本下降。如果预期通货膨胀水平上升，货币购买力下降，投资者也会提出更高的收益率来补偿预期投资损失，导致企业资本成本上升。

（二）证券市场条件

证券市场条件影响证券投资的风险。证券市场条件包括证券的市场流动难易程度。如果某种证券的市场流动性不好，投资者想买进或卖出证券相对困难，变现风险加大，要求的收益率就会提高。或者虽然存在对某证券的需求，但其价格波动较大，投资的风险大，要求的收益率也会提高。

（三）企业内部的经营和融资状况

企业内部的经营和融资状况是指经营风险和财务风险的大小。经营风险是企业投资决策的结果，表现在资产收益率的变动上；财务风险是企业筹资决策的结果，表现在普通收益率的变动上。如果企业的经营风险和财务风险大，投资者便会有较高的收益率要求。

（四）融资规模

融资规模是影响企业资本成本的另一个因素。企业的融资规模大，资本成本较高。

例如，企业发行的证券金额很大，资金筹集费和资金占用费都会上升，而且证券发行规模的增大还会降低其发行价格，由此也会增加企业的资本成本。

四、分析资本成本的意义

企业都希望以最小的资本成本获取最大的资本数额。因此，分析资本成本可以有助于筹资人选择筹资方案，确定筹资结构以及最大限度地提高筹资的效益。具体有以下作用。

（一）选择筹资方式的重要依据

资本成本是企业选择资本来源、拟订筹资方案的依据。不同的资本来源，具有不同的成本。为了以较少的支出取得企业所需资本，就必须分析各种资本成本的高低，并加以合理配置。资本成本对企业筹资决策的影响主要有以下几个方面。

（1）资本成本是影响企业筹资总额的一个重要因素。随着筹资数量的增加，资本成本不断变化。当企业筹资数量很大，资本的边际成本超过企业的承受能力时，企业便不能再增加筹资数额。因此，资本成本是限制企业筹资数量的一个重要因素。

（2）资本成本是选择资本来源的依据。企业的资本可以从许多方面来筹集。就长期借款来说，可以向商业银行借款，也可以向保险公司或其他金融机构借款，还可以向政府申请借款。企业究竟选用哪种来源，首先要考虑的因素就是资本成本的高低。

（3）资本成本是选用筹资方式的标准。企业可以利用的筹资方式是多种多样的。在选用筹资方式时，需要考虑的因素很多，但也必须考虑资本成本这一经济标准。

（4）资本成本是确定最优资本结构所必须考虑的因素。不同的资本结构会给企业带来不同的风险和成本，从而引起股票价格的变动。在确定最优资本结构时，考虑的因素主要有资本成本和财务风险。

资本成本并不是企业筹资决策中所要考虑的唯一因素。企业筹资还要考虑财务风险、资本期限、偿还方式、限制条件等。但资本成本作为一项重要的因素，直接关系到企业的经济效益，是筹资决策时需要考虑的一个首要问题。

（二）评价各种投资项目是否可行的一个重要尺度

资本成本在企业分析投资项目的可行性、选择投资方案时也有重要作用。

（1）在利用净现值指标进行决策时，常以资本成本作为贴现率。当净现值为正时，投资项目可行；反之，如果净现值为负，则该项目不可行。因此，采用净现值指标评价投资项目时，离不开资本成本。

（2）在利用内部收益率指标进行决策时，一般以资本成本作为基准率。即只有当投资项目的内部收益率高于资本成本时，投资项目才可行；反之，当投资项目的内部收益率低于资本成本时，投资项目不可行。因此，国际上通常将资本成本视为投资项目的最低收益率或是否采用投资项目的标准，是比较、选择投资方案的主要依据。

（三）衡量企业经营业绩的一项重要标准

资本成本可以促使其资本的使用者充分挖掘资本的潜力，节约资本的占用，提高资本的使用效益。我们知道，借入资本的利息是利润前的一项扣除。若投资收益率低于或大致等于利息率，则企业就没有利润。同样，对于投资者投入的资本，企业要以投资利润加以回报，若投资收益率低于投资的资本成本，就会大大降低投资者的信心。

第二节 资本成本的计算

资本成本的计算受不同资本来源渠道的影响。同时，在企业的日常生产经营活动中，资本往往是由多种来源组合而成的，每一种资本来源的筹集都有其特定的成本，这里，先来分析个别资本成本的计算，在此基础上，再进一步计算企业的综合资本成本。最后，讨论边际资本成本的计算方法。

一、个别资本成本的计算

这里讨论的个别资本成本是指长期资本的成本，在西方，又称为个别资本成本。它主要是指长期借款、企业发行的长期债券，以及优先股、普通股、留存收益等。一般将长期借款和长期债券的资本成本称为债务成本；而将优先股、普通股和留存收益统称为权益成本。债务资本成本与权益资本成本的计算有较大差别，现分述如下。

（一）债务资本成本的计算

一般而言，长期债务资本有如下特点：第一，资本成本的具体表现形式是利息。利息率的高低是预先设定的，不受企业经营业绩的影响。第二，在长期债务生效期内，利息一般固定不变，并且利息应该按期支付。第三，利息费用是税前的扣除项目。第四，债务本金应按期偿还。

由上可知，利息费用构成了债务资本成本的基本内容。由于利息费用是企业缴纳所得税之前的一项扣除，因而债务资本成本实质上存在两种计算方法：① 当企业盈利时，由于利息费用是税前列支，故有减免企业所得税的效应。因此，对企业来说，债务资本的实际成本是利息费用扣除由扣减的利息而少缴纳所得税之后的净额。② 当企业没有利润时，由于事实上得不到减税的好处，所以实际发生的利息费用就是债务资本的实际成本。

（1）长期借款的资本成本。长期银行借款的成本一般由借款利息及银行借款手续费两部分组成。银行借款的年利息费用直接构成了它的资本成本。

若不考虑资本时间价值，则

$$长期借款成本 = \frac{年利息 \times (1-所得税税率)}{筹资额 \times (1-筹资费用率)} \quad (10\text{-}2)$$

若考虑时间价值，求贴现率 k，则

$$L(1-F_1) = \sum_{t=1}^{n} \frac{I_t}{(1+k)^t} + \frac{P}{(1+k)^n} \quad (10\text{-}3)$$

$$k_1 = k(1-T)$$

其中，I_t 为长期借款年利息；L 为长期借款筹资额；F_1 为长期借款筹资费用率；k

为所得税前的长期借款资本成本率；k_1 为所得税后的长期借款资本成本率；P 为第 n 年年末应偿还的本金；T 为所得税税率。

【例 10-1】 某公司向银行取得 200 万元的长期借款，年利息率为 10%，期限为 5 年，每年付息一次，到期一次还本。假定筹资费用率为 0.3%，所得税税率为 33%，则该长期借款的资本成本率可计算如下：

$$k_1 = 200 \times 10\% \times (1-33\%) / [200 \times (1-0.3\%)] = 6.72\%$$

在实务中，由于银行手续费（即筹资费用）的数额相对较小，为了简化计算，也可以忽略不计。这样，上式中的资本成本率也可以用下式计算：

$$k_1 = 10\% \times (1-33\%) = 6.7\%$$

（2）公司债券资本成本的计算。公司债券资本成本的计算事实上与长期借款资本成本的计算基本相同。其基本要素也包含债券利息的支付、公司债券筹资的费用以及债券发行与还本的方式等。

债券利息的支付方式一般有两种，即分次付息和到期一次还本付息，两种付息方式下资本成本的计算完全不同，下面将分别加以讨论。公司债券的筹资费用往往高于长期借款的筹资费用，一般包括发行债券的手续费、注册费用、印刷费以及上市推销费用等。这些费用的发生与债券发行有一定的联系，但不是线性关系。

债券的发行价格有平价发行、溢价发行以及折价发行三种。这些价格的区别体现了债券票面利率与市场利率之间的关系。但不管债券是以什么价格发行，有两点必须明确：一是债券利息应按面值计算；二是债券的筹资费用应该按具体的发行价格进行计算。

若不考虑时间价值，则

$$K_b = \frac{I_b(1-T)}{B(1-F_b)} \tag{10-4}$$

其中，K_b 为债券资本成本率；I_b 为债券年利息；T 为所得税税率；B 为债券筹资额；F_b 为债券筹资费用率。

若债券溢价或折价发行，为更精确地计算资本成本，应以实际发行价格作为债券筹资额。

若考虑时间价值，求贴现率 k，则与长期借款资本成本的计算相同：

$$L(1-F_1) = \sum_{t=1}^{n} \frac{I_t}{(1+k)^t} + \frac{P}{(1+k)^n} \tag{10-5}$$

$$K_b = k(1-T)$$

【例 10-2】 ABC 公司拟发行 30 年期的债券，面值 1 000 元，利率 10%（按年付息），所得税税率 40%，发行费用率为面值的 1%。

将数据带入上述公式：可得 $k = 10.11\%$，则税后债务成本为

$$K_b = 10.11\% \times (1-40\%) = 6.07\%$$

如果不考虑发行费用，税后债务成本为

$$K_b = I \times (1-T) = 10\% \times (1-40\%) = 6\%$$

（二）权益资本成本的计算

权益资本是指企业的所有者投入企业的资本。根据它们的不同形式，可分为优先股、普通股以及留存收益等。权益资本的成本也包含两大内容：一是投资者的预期投资报酬；二是筹资费用。权益资本的成本计算具有较大的不确定性。这是由于投资报酬不是事先规定的（优先股例外），而完全是由企业的经营效益所决定。另外，与债券的利息不同，权益资本报酬，也就是股利，是以税后利润支付的，因此不会减少企业的所得税上缴。所以，权益资本成本的计算有其自身的特点。

（1）优先股资本成本的计算。优先股是享有某种优先权利的股票，同时兼有普通股与债券的双重性质。其特征表现为：投资报酬表现为股利形式，股利率固定，本金不需偿还。优先股的成本也包含两部分，即筹资费用与预定的股利。可以按下式计算优先股的资本成本率：

$$K = \frac{D}{P_0(1-F)} \quad (10\text{-}6)$$

其中，D 为优先股的年股利额；P_0 为优先股的发行价格；F 为筹资费用率。

【例 10-3】某股份制企业发行总面值为 150 万元的优先股股票。其实际发行所得为 180 万元，合约规定优先股股利率为每年 15%，筹资费用率为发行价的 5.5%。利用式（10-6），可计算优先股资本成本率：

$$K = \frac{150 \times 15\%}{180 \times (1-5.5\%)} = 13.2\%$$

因为优先股股利是税后利润，而债券利息是税前的费用，因此，债权人的求偿权是优先于优先股的。由此可见，优先股的风险比债券大。在实务中，优先股的资本成本应高于债券的资本成本。

（2）普通股资本成本的计算。普通股是构成股份公司原始资本和权益的主要成分。其特征与优先股相比，除了具有参与公司经营决策权外，主要表现为股利的分配是不确定的。从理论上分析，人们认为普通股的成本是普通股股东在一定风险条件下所要求的最低投资报酬。

如果普通股的股利是固定不变的，普通股的资本成本率计算公式为

$$K_c = D/P \quad (10\text{-}7)$$

企业在正常情况下，普通股的最低投资收益率应该表现为逐年增长。因此，基于以上基本假设，需要对最低投资收益率以及股利的逐年增长率加以合理估计。普通股的资本成本率计算公式为

$$K_c = [D_1/P(1-F)] + g \quad (10\text{-}8)$$

其中，g 为预计股利的年增长率；D_1 为预期的第一年股利；其他符号意义不变。

【例 10-4】 某公司发行面值为 1 元的普通股 1 000 万股,每股发行价格为 10 元,筹资费用率为全部发行所得资本的 6%。第 1 年的股利率为 10%,以后每年递增 5%,则可计算普通股的资本成本率:

$$K_c = \frac{1\ 000 \times 10\%}{1\ 000 \times 10 \times (1-6\%)} + 5\% = 6.06\%$$

除了以上以股利为基础来计算普通股的资本成本以外,还可以以风险大小为基础来计算普通股的资本成本。由于普通股股利实际上是一种风险报酬,它的高低取决于投资者所冒风险的大小。因此只需计算某种股票在证券市场的组合风险系数,就可以根据这一风险系数来预计股票的资本成本。这时可用资本资产定价模型来计算某股票的资本成本率:

$$K_c = R_f + \beta(R_m - R_f)$$

其中,R_f 为无风险投资收益率;R_m 为市场组合证券的平均预期收益率;β 为该种股票的贝塔系数。这里,视普通股的资本成本是投资于该股票所要求的最低报酬率。

【例 10-5】 某企业普通股的贝塔系数为 1.2,并且它将政府长期债券利率视同为无风险收益率。假定政府长期债券利率为 10%,证券市场的组合证券平均预期收益率为 12%,则可以计算该公司的普通股资本成本率为

$$K_c = 10\% + 1.2 \times (12\% - 10\%) = 12.4\%$$

(3)留存收益资本成本的计算。留存收益是企业税后净利在扣除所宣布派发股利后形成的,包括提取的盈余公积和未分配利润。留存收益的所有权属于普通股股东所有。它既可以用作未来股利的分配,也可以作为企业扩大再生产的资本来源。一般将留存收益再投资称为留存收益资本化,它是企业一个重要的筹资来源。

从表面上看,留存收益属于公司股东,使用这部分资本好像不需要任何代价。但事实上,它的使用存在一种机会成本。因为如前所述,对资本的所有者来说,资本的任何一种运用都是有代价的。同样,对于股东来说,如何处理留存收益可有多种选择,它可以作为现金股利发放,也可以用作本企业或其他企业的投资,但不论是哪一种选择都会使股东付出代价,因此,留存收益也有成本。一般而言,人们将留存收益视同普通股东对企业的再投资,并参照普通股的方法计算其资本成本,只是留存收益没有筹资费用。

二、综合资本成本的计算

我们知道,企业的资本不可能来自于单一的渠道。对于大多数企业来讲,其正常经营所得的资本实际上是不同来源资本的组合。因此,要全面衡量一个企业的筹资成本,除了分别计算不同来源的资本成本以外,还要计算全部资本的成本。所谓综合资本成本是指企业全部长期资本的总成本。它一般是以各种个别资本占全部资本的比重作为权重,并对个别资本成本进行加权,从而确定加权平均资本成本,即综合资本成本率:

$$K_w = \sum_{i=1}^{n} K_i W_i \tag{10-9}$$

其中，K_w 为加权平均资本成本率；K_i 为某一个别资本成本率；W_i 为相应的个别资本权重；n 为企业资本的种类。

由式（10-9）可以看出，综合资本成本的计算是由两大因素构成的，即个别资本成本和该资本的权重。因此在实际计算时，可分以下三个步骤进行。

第一步，计算个别资本成本。
第二步，计算各资本的权重。
第三步，利用式（10-9）计算出综合资本成本。
计算加权平均资本成本的方法有以下三种。

第一种是以各类资本的账面价值为基础，计算各类资本占总资本的比重，并以此为权重计算全部资本成本的一种方法。使用账面价值法易于从资产负债表中取得这种资料，而且计算结果相对稳定。但是如果债券和股票的市场价值已经脱离账面价值时，就会错误估计加权平均资本成本，不利于决策。

第二种是以各类资本来源的市场价值为基础计算各类资本的市场价值占总资本市场价值的比重，并以此为权重，计算全部资本的加权平均成本。使用账面价值法易于从资产负债表中取得这种资料，而且计算结果相对稳定。但是如果债券和股票的市场价值已经脱离账面价值时，就会错误估计加权平均资本成本，不利于决策。采用市场价值法可反映公司目前实际的资本成本水平，有利于筹资决策。但市场价值权重也有不足之处，即证券市场价值处于经常变动之中，因而不易于取得。

第三种方法是以目标价值为权重进行加权平均。按债券、股票未来预计的目标市场价值确定权重，能够体现期望的资本结构，但实际上客观合理地确定目标价值权重是一件比较困难的事。

【例 10-6】假定某公司 2018 年共有长期资本 4 000 万元，有关资料如表 10-1 所示。

表 10-1　各种资本成本数据

资 本 来 源	账面金额/万元	资本成本/%
长期借款	100	10
公司债券	500	6.5
普通股	2 000	13.2
优先股	800	12
留存收益	600	11.3
合计	4 000	

首先计算个别资本占全部资本的权重（比例）：
长期借款：W_1= 100/4 000 =2.5%；　　公司债券：W_2= 500/4 000 =12.5%；
普通股：W_3=2 000/4 000 =50%；　　　优先股：W_4= 800/4 000 =20%；
留存收益：W_5= 600/4 000 =15%。
然后计算加权平均资本成本率：
K_w = 2.5%×10% + 12.5%×6.5%+50%×13.2%+20%×12%+15%×11.3% = 11.76%

第三节　边际资本成本

边际资本成本是指企业追加筹措资本的成本。追加筹资以及追加投资的决策中应该考虑边际资本成本的高低以及相应的变动。

从经济学意义上讲，边际资本成本可以理解为：企业每增加1元资本所带来的资本成本的增加。但在实务中，这一定义的适用性较小。这是由于企业追加投资数额大小不一，而且同一种类资本的成本随资本数额的变动也会发生变化，并且追加投资项目以及所需资本来源都不可能是单一的。因此，这里将边际资本成本的含义广义地理解为企业因追加筹资所带来的资本成本。

一、计算边际资本成本应考虑的要素

（一）个别资本成本的变动

在前面计算个别资本成本以及综合资本成本时，都假定这一资本成本是过去筹资的成本或目前使用的资本成本。但如果从未来的情况看，随着时间与筹资数额发生变化，这一个别的资本成本也会发生相应的变动。个别资本成本的变动必然会引起综合资本成本发生相应变化。因此，应分别考虑不同筹资范围的资本成本，以供决策所用。

（二）选择适当的筹资数额

一般地说，筹资数额的大小主要受两个因素的影响：一是单一投资项目对资本的需求。由于受项目资本需求量的硬性约束，在保证追加筹资所需资本的前提下，应该选择最小边际资本成本的筹资方案。二是同时存在多个投资项目的情况下，如何加以选择地决策。前已述及，筹资数额的大小将直接导致不同的资本成本，因此正确选择适量的投资项目，就能够保证达到最优的筹资成本。

（三）确立一定的资本结构

在一般情况下，企业应该保持一个合理的资本结构。但是，当企业的资本结构一旦确定后，它就会直接影响到筹资数额的大小以及投资方案的选择，这也会反过来影响企业的筹资成本。

综上所述，在计算企业边际资本成本时，应该仔细分析以上三大因素，弄清它们之间的关系，从而为筹资决策提供有用的信息。

二、追加筹资的资本成本保持不变时边际资本成本的计算

假定各项新增的资本成本仍然等同于原有同类资本的成本时，其新增资本的加权平均资本成本取决于资本结构的变化。当追加筹资仍然保持原来的资本结构时，不管追加筹集的数额发生什么变化，加权平均边际资本成本与原来的加权平均资本成本相等。如果新增资本改变了原有的资本结构，则加权平均边际资本成本就不同于原来的资本成本。这时可以重新根据新的资本结构来计算加权平均边际资本成本。

【例 10-7】ABC 公司原有资本结构为债券占 25%，长期借款占 10%，优先股占 25%，普通股占 40%。现准备追加筹资 500 万元，仍保持原有的资本结构。各类资本的成本分别为债券 5%，长期借款 6%，优先股 8%，普通股 12%。

该公司追加筹资前加权平均资本成本率为

$$K_w = 25\% \times 5\% + 10\% \times 6\% + 25\% \times 8\% + 40\% \times 12\% = 8.65\%$$

追加筹资后，如果公司仍保持原来的资本结构，则该公司的加权平均资本成本如表 10-2 所示。

表 10-2 追加筹资后资本结构不变时的加权平均资本成本

资 本 来 源	资本结构/%	追加筹资/万元	个别资本成本/%	加权平均资本成本/%
长期借款	10	50	6	0.6
债券	25	125	5	1.25
普通股	40	200	12	4.8
优先股	25	125	8	2
合计	100	500		8.65

由上述计算可以得知，追加筹资前后加权平均资本成本是一致的。这是因为追加筹资的资本结构与原有资本结构相同。

若资本结构发生变化，则资本成本也会发生变化。仍沿用例 10-7，假定追加筹资仍为 500 万元，并假定新筹资的资本结构为长期借款 15%，债券 20%，优先股 20%，普通股 45%，可重新计算加权平均（边际）资本成本如表 10-3 所示。

表 10-3 追加筹资后资本结构变化时的加权平均资本成本

资 本 来 源	资本结构/%	追加筹资/万元	个别资本成本/%	加权平均资本成本/%
长期借款	15	75	6	0.9
债券	20	100	5	1
普通股	45	225	12	5.4
优先股	20	100	8	1.6
合计	100	500		8.9

三、追加筹资的资本成本随筹资规模的扩大而不断上升时，边际资本成本的计算

当资本成本随筹资额的增加而发生相应变化时，可按照以下步骤来计算边际资本成本。

（1）根据金融市场的资本供求情况，确定各类资本的成本分界点。所谓资本的成本分界点，是指资本成本发生变化前的最大筹资额。例如，企业利用发行债券的方式，在 20 万元以内，债券成本为 8%，如果超过 20 万元，则资本成本就要上升为 10%，我们将 20 万元看成是债券筹资方式的资本成本分界点。

（2）确定目标资本结构。追加筹资既可以维持原有的资本结构，也可以改变原来的资本结构。如何选择合理的资本结构不是本章讨论的范围，但应该强调，确立目标资

本结构是计算边际资本成本的一个重要因素。

（3）确定筹资总额的成本分界点。根据各类资本的成本分界点以及目标资本结构计算筹资总额的成本分界点，同时列出相应的筹资范围。

（4）计算边际资本成本。根据以上列出的筹资范围，就可以分别计算每一个筹资范围的边际资本成本，以供决策需要。

【例 10-8】 某企业拥有长期资金 400 万元，其中长期借款 60 万元，资本成本 3%；长期债券 100 万元，资本成本 10%；普通股 240 万元，资本成本 13%。平均资本成本为 10.75%。由于扩大经营规模的需要，拟筹集新资金。经分析，认为筹集新资金后仍应保持目前的资本结构，即长期借款占 15%，长期债券占 25%，普通股占 60%，并测算出了随筹资的增加各种资本成本的变化，如表 10-4 所示。

表 10-4 筹资增加与资本成本

资本种类	目标资本结构/%	新筹资额	资本成本/%
长期借款	15	45 000 元以内	3
		45 000~90 000 元	5
		90 000 元以上	7
长期债券	25	200 000 元以内	10
		200 000~400 000 元	11
		400 000 元以上	12
普通股	60	300 000 元以内	13
		300 000~600 000 元	14
		600 000 元以上	15

解 （1）确定追加筹资的资本结构。首先应根据原有资本结构和目标资本结构的差距，确定出追加筹资的资本结构。在本例中，假定企业财务人员已经分析研究，认为应保持目前的资本结构，即长期借款资本结构仍为 15%，长期债券仍为 25%，普通股仍为 60%。

（2）计算筹资总额分界点。从表 10-4 中可以看出，对于每一种资本，花费一定的资本成本只能筹集到一定限额的资金，超过这个限额就会引起资本的阶段性跳跃，因此应知道发生阶段性跳跃时相应的追加筹资总额。这时的筹资总额，既对应个别资本成本的阶段性跳跃，也对应着边际资本成本阶段性跳跃，具有明显的分界特征，所以称为筹资总额分界点。其计算公式为

$$BP_i = \frac{TF_i}{W_i} \tag{10-10}$$

其中，BP_i 为筹资总额分界点；TF_i 为第 i 种资本的成本（追加筹资）分界点；W_i 为目标资本结构中第 i 种资本的比重。

当资本成本为 3% 时，取得的长期借款筹资限额为 45 000 元，其筹资分界点为

$$45\,000 \div 15\% = 300\,000（元）$$

当资本成本为 5% 时，取得的长期借款筹资限额为 90 000 元，则其筹资分界点为

$$90\,000 \div 15\% = 600\,000（元）$$

依此类推,各种情况下的筹资分界点的计算结果如表 10-5 所示。

表 10-5 各筹资分界点的计算结果

资本种类	目标资本结构/%	资本成本%	新筹资额	筹资分界点	筹资总额的范围
长期借款	15	3	45 000 元以内	300 000 元	300 000 元以内
		5	45 000~90 000 元	600 000 元	300 000~600 000 元
		7	90 000 元以上		600 000 元以上
长期债券	25	10	200 000 元以内	800 000 元	800 000 元以内
		11	200 000~400 000 元	1 600 000 元	800 000~1 600 000 元
		12	400 000 元以上		1 600 000 元以上
普通股	60	13	300 000 元以内	500 000 元	500 000 元以内
		14	300 000~600 000 元	1 000 000 元	500 000~1 000 000 元
		15	600 000 元以上		1 000 000 元以上

(3) 计算边际资本成本。根据筹资总额分界点的计算,可以得出追加筹资总额按边际资本成本分界的范围。最后分别计算出各段范围内追加筹资总额的边际资本成本,如表 10-6 所示。

表 10-6 筹资增加与边际资本成本

筹资总额范围	资本种类	资本结构/%	资本成本/%	加权平均资本成本/%
300 000 元以内	长期借款	15	3	0.45
	长期债券	25	10	2.5
	普通股	60	13	7.8
	合计			10.75
300 000~500 000 元	长期借款	15	5	0.75
	长期债券	25	10	2.5
	普通股	60	13	7.8
	合计			11.05
500 000~600 000 元	长期借款	15	5	0.75
	长期债券	25	10	2.5
	普通股	60	14	8.4
	合计			11.65
600 000~800 000 元	长期借款	15	7	1.05
	长期债券	25	10	2.5
	普通股	60	14	8.4
	合计			11.95
800 000~1 000 000 元	长期借款	15	7	1.05
	长期债券	25	11	2.75
	普通股	60	14	8.4
	合计			12.2
1 000 000~1 600 000 元	长期借款	15	7	1.05
	长期债券	25	11	2.75
	普通股	60	15	9
	合计			12.8

续表

筹资总额范围	资本种类	资本结构/%	资本成本/%	加权平均资本成本/%
1 600 000 元以上	长期借款	15	7	1.05
	长期债券	25	12	3
	普通股	60	15	9
合计				13.05

本章小结

1. 资本成本是资本使用者为获取资本的使用权而付出的代价，这一代价由两部分组成：一是资本筹集成本；二是资本使用成本。多因素的综合作用决定着企业资本成本的高低，主要有总体经济环境、证券市场条件、企业内部的经营和融资状况、融资规模等。

2. 资本成本的计算。

（1）长期银行借款的成本一般由借款利息及银行借款手续费两部分组成。银行借款的年利息费用直接构成了资本成本。

若不考虑资本时间价值：长期借款成本 $= \dfrac{\text{年利息} \times (1 - \text{所得税税率})}{\text{筹资额} \times (1 - \text{筹资费用率})}$。

若考虑时间价值：$L(1-F_1) = \sum\limits_{t=1}^{n} \dfrac{I_t}{(1+k)^t} + \dfrac{P}{(1+k)^n}$；

$k_1 = k(1-T)$。

（2）公司债券资本成本。

若不考虑资本时间价值：债券资本成本 $K_b = \dfrac{I_b(1-T)}{B(1-F_b)}$。

若考虑时间价值：$L(1-F_1) = \sum\limits_{t=1}^{n} \dfrac{I_t}{(1+k)^t} + \dfrac{P}{(1+k)^n}$；

$k_b = k(1-T)$。

（3）优先股的资本成本。

$$K = \dfrac{D}{P_0(1-F)}。$$

（4）普通股的资本成本。根据股利折现模型确定为 $K_c = D/P$ 或 $K_c = [D_1/P(1-F)] + g$。也可以用 CAPM 公式计算普通股资本成本：$K_c = R_f + \beta(R_m - R_f)$。

（5）留存收益。留存收益是企业税后净利在扣除所宣布派发股利后形成的，它包括提取的盈余公积和未分配利润。一般将留存收益视同普通股股东对企业的再投资，并参照普通股的方法计算其资本成本，不考虑筹资费用。

3．综合资本成本。综合资本成本是指企业全部长期资本的总平均成本，一般通过个别资本成本的加权平均来计算综合资本成本：$K_w = \sum_{i=1}^{n} K_i W_i$。

4．边际资本成本。边际资本成本是指企业追加筹资时所增加的成本。边际资本成本的计算要考虑追加筹资时个别资本的变动、追加筹资后资本结构是否变化及筹资规模增加等因素。

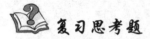复习思考题

1．什么是资本成本？资本成本的内容和意义是什么？
2．影响资本成本的因素有哪些？
3．长期债务资本的特点是什么？
4．什么是资本资产定价模型？其作用是什么？
5．什么是边际资本成本？计算边际资本成本应考虑的要素有哪些？

练习题

1．一张面值为1 000元的债券，其市场价格为970元，票面利率为10%，每张债券的发行成本为5%，债券期限为10年，公司税率为46%。计算：债券的资本成本。

2．EE公司请你为它计算其普通股的资本成本。在未来12个月，该公司预计可支付每股1.5元的股利，该股票目前市价为每股30元，预期成长率为8%。计算：

（1）留存收益的资本成本。

（2）如果发行成本为2元，则发行新普通股的资本成本为多少？

3．某公司拟筹资5 000万元，投资于一条新的生产线，准备采用以下三种方式筹资：

（1）向银行借款1 750万元，借款年利率为15%，借款手续费率为1%。

（2）按面值发行债券1 000万元，债券年利率为18%，债券发行费用占发行总额的4.5%。

（3）按面值发行普通股2 250万元，预计第1年股利率为15%，以后每年增长5%，股票发行费用为101.25万元。

该公司所得税税率为30%。预计该项目投产后，每年可获得收益额825万元。计算：

（1）个别资本成本。

（2）该方案的加权平均资本成本。

4. 沪北公司初建时筹集资金 500 万元，筹资情况如下表所示。

沪北公司的筹资情况

筹资方式	初始筹资方案	
	筹资额/万元	个别资本成本/%
长期借款	80	7.0
公司债券	120	8.5
普通股票	300	14.0
合计	500	

该公司现拟追加筹资 200 万元，目前有 A、B、C 三个筹资方案可供选择，有关资料如下表所示。

筹资方式	追加筹资方案 A		追加筹资方案 B		追加筹资方案 C	
	筹资额/万元	个别资本成本/%	筹资额/万元	个别资本成本/%	筹资额/万元	个别资本成本/%
长期借款	25	7	75	8	50	7.50
公司债券	75	9	25	8	50	8.25
优先股票	75	12	25	12	50	12.00
普通股票	25	14	75	14	50	14.00
合计	200		200		200	

要求：

（1）测算该公司 A、B、C 三个追加筹资方案的综合资本成本，并比较选择最优追加筹资方案。

（2）确定该公司追加筹资后的资本结构，计算其综合资本成本。

5. 森纳公司有三个投资方案，每一方案的投资成本与预期收益率如下表所示。

投资方案	投资成本/美元	内含收益率/%
A	165 000	16
B	200 000	13
C	125 000	12

公司打算 40%通过负债筹资，60%通过普通股筹资，未超过 120 000 美元的负债的税后成本为 7%，120 000 美元的负债税后利率为 11%，可用来发放普通股的留存收益 180 000 美元，普通股股东要求的收益率为 19%。若发放新的普通股，其资本成本为 22%。

问：森纳公司应该接受哪些投资方案？

6. 某企业拥有资金 500 万元，其中，银行借款 200 万元，普通股 300 万元。该公司计划筹集新的资金，并保持目前的资金结构不变。随着筹资额的增加，各筹资方式的资金成本变化如下表所示。

筹 资 方 式	新 筹 资 额	资本成本/%
银行借款	30 万元及以下	8
	30 万~80 万元	9
	80 万元以上	10
普通股	60 万元及以下	14
	60 万元以上	16

计算：

（1）各筹资额的分界点。

（2）各筹资总额范围内资金的边际成本。

7. 某公司的有关资料如下：总负债为 200 万元，均为长期债券，平均利息率 10%；息税前利润为 800 万元，所得税税率为 40%；预期普通股收益率为 15%。发行在外总股数 600 000 股（每股面值 1 元）；每股账面价值 10 元。假设该公司产品市场相当稳定，预期无成长，所有盈余全部用于发放股利，并假定股票价格与其内在价值相等。要求：

（1）计算该公司每股盈余及股票价格。

（2）该公司可以增加 400 万元的负债，使负债总额成为 600 万元，以便现行价格下购回股票（购回股票数四舍五入取整）。假定此项举措将使负债平均利息率上升到 12%，普通股权益成本由 15%提高到 16%，息税前利润保持不变。问：该公司是否应改变其资本结构？

第十一章 资本结构

本章学习目标

- 了解资本结构的含义。
- 了解现代资本结构的主要理论。
- 熟悉影响企业资本结构的因素。
- 理解最佳资本结构的含义和判断标准。
- 理解资本成本、资本结构与公司价值的关系。
- 掌握并能够利用资本结构决策的基本方法进行资本结构决策。
- 理解财务杠杆、经营杠杆以及联合杠杆的含义及应用。

第一节 资本结构及其基本问题

资本结构是企业筹资决策的核心。在筹资管理过程中,采用适当的方法以确定最佳资本结构,是筹资管理的主要任务之一。

一、资本结构的含义

资本结构是指企业各种资本的构成及其比例关系。资本结构是企业筹资决策的核心问题,实践中有众多的资本结构可供企业选择。企业应综合考虑有关影响因素,运用适当的方法确定最佳的资本结构,并在以后追加筹资中继续保持最佳结构。如企业现有资本结构不合理,则应通过筹资活动进行调整,使其趋于合理化。

在实务中,资本结构有广义和狭义之分。狭义的资本结构是指长期资本结构;广义的资本结构是指全部资本(包括长期资本和短期资本)的结构。企业的资本结构是由企业采用的各种筹资方式筹集资本而形成的,各种筹资方式的不同组合类型决定着企业资本结构及其变化。企业筹资方式虽然很多,但总的来看分为负债资本和权益资本两类。因此,资本结构问题总的来说是负债资本的比率问题,即负债在企业全部资本中所占的比重。

资本结构问题的简单研究方法是圆饼模型(pie model)。圆饼为公司筹资权之和,即负债和所有者权益。定义公司的价值为负债和所有者权益之和。因此:

$$V = B + S \tag{11-1}$$

其中，V 为公司的价值；B 为负债的市场价值；S 为所有者权益的市场价值。

图 11-1 表示了两种在股票和债务之间划分圆饼的可能方式：40%～60%和 60%～40%。如果企业管理当局的目标是尽可能地使企业增值，那么企业应选择使圆饼——公司总价值尽可能大的负债—权益比。

图 11-1 资本结构的两个圆饼模型

二、资本结构的基本问题

圆饼模型引发出以下两个重要问题。

（1）为什么企业的股东关注整个企业价值的最大化？根据定义，企业的价值是负债和所有者权益之和，然而为什么股东并不偏爱仅仅使他们的利益最大化的战略？

（2）使股东利益最大化的负债—权益比是多少？

关于第二个问题将在本章的第二节中进行阐述，本节主要探讨企业价值最大化和股东利益最大化问题。

【例 11-1】假设 S 公司的市场价值是 1 000 万元，目前公司没有负债，有 100 万股股票，每股市价为 10 元。类似 S 公司这样无任何债务的公司被称为无财务杠杆公司。进一步假设 S 公司计划借入 500 万元作为每股 5 元的额外现金股利支付给股东。债务发行之后，公司变为有财务杠杆的企业。公司的投资将不因这项交易而改变。在重新调整的计划之后，企业的价值将是多少？

解 根据定义，管理层认识到重新调整只会产生三种结果中的一种：重新调整后的公司价值或者高于初始的 1 000 万元的企业价值；或者等于 1 000 万元；或者低于 1 000 万元。与投资银行家们商议之后，假设管理层相信无论出现哪种结果，重新调整不会使公司价值的变化超过 250 万元。因此，他们把 1 250 万元、1 000 万元和 750 万元视为公司价值的适宜范围。初始资本结构和在新资本结构下的三种可能如表 11-1 所示。

表 11-1 S 公司的公司价值与所有者权益　　　　　　　　　　单位：万元

项目	无债务（初始资本结构）	股利支付后的债务与权益价值		
		1（预期好）	2（预期一般）	3（预期不好）
债务	0	500	500	500
所有者权益	1 000	750	500	250
公司价值	1 000	1 250	1 000	750

注意：权益的价值在三种可能情况下都低于 1 000 万元，这可以从两个方面来解释：首先，表 11-1 表明了在额外的现金股利支付之后的权益价值。由于现金的支付，股利代表了公司的部分清算值。因此，股利支付之后股东可拥有的公司价值将减少。其次，

当未来公司清算发生时，只有在清偿所有债权人的债权后，股东才能得到偿还。因此，债务是一种公司的负担，它减少了权益的价值。

当然，管理层意识到有无数种可能的结果，上述三种仅是假设的具有代表性的可能结果。现在确定在这三种可能情况下股东的盈利，如表11-2所示。

表11-2　S公司重新调整后的股东盈利　　　　　　　　　　　　单位：万元

项目	重新调整后的股东盈利		
	1（预期好）	2（预期一般）	3（预期不好）
资本利得	-250	-500	-750
股利	500	500	500
股东的净收益或净损失	250	0	-250

没有人能预先确知会出现这三种结果中的哪一种。然而，假设管理者认为结果1的可能性最大，毫无疑问他们将重新调整公司的资本结构。因为股东们可赚得250万元，即尽管股票价值跌落到750万元，下降了250万元，但股东们仍可获得500万元股利，其净收益是250万元（-250+500）。同时，公司的价值将提高250万元（1 250-1 000）。

假设管理者认为结果3最有可能发生，预期这种情况下股东将有250万元的净损失。他们将不调整公司的资本结构，即股票价值跌落了750万元（250-1 000），仅为250万元。股东获得500万元的股利，净损失是-250万元（-750+500）。同时，公司的价值下降了250万元（750-1 000）。

最后，假设管理者认为结果2最有可能发生，资本结构的调整将不影响股东的利益。因为在这种情况下，股东的净收入为0。如果这种结果发生，公司的价值将保持不变。

例11-1说明了为什么管理者要努力使公司价值最大化。从这个例子中可以发现：当且仅当企业的价值上升时，资本结构的变化对股东有利。相反地，当且仅当企业的价值减少时，资本结构的变化不利于股东。

对许多不同种类的资本结构变化，这个结论仍然成立。因此，管理者应该选择他们认为可使公司价值最高的资本结构，因为该资本结构将对公司的股东最有利。

【例11-2】N、H两家公司资产均为100万元。除了有无负债的差别外，其他方面均相同。N公司无负债，H公司负债为50万元。进一步假设两家公司的息税前利润（EBIT）为12万元，所得税税率为40%。表11-3是负债利率分别为10%和15%时，两家公司的权益收益率及比较。

表11-3　N公司与H公司的权益收益率的比　　　　　　　　　　单位：万元

项目	N公司无负债	H公司负债	
		利率10%	利率15%
资产/万元	100	100	100
负债/万元	0	50	50
权益/万元	100	50	50
EBIT/万元	12	12	12
利息/万元	0	5	7.5

续表

项　　目	N 公司无负债	H 公司负债	
		利率 10%	利率 15%
应税所得/万元	12	7	4.5
所得税/万元	4.8	2.8	1.8
净收益/万元	7.2	4.2	2.7
权益收益率（ROE）/%	7.2	8.4	5.4

从表 11-3 中可以看出：① 当利率为 10% 时，负债的 H 公司的权益收益率为 8.4%，大于无负债的 N 公司的 7.2%。此时，有负债的资本结构对公司和股东有利。② 同样是在负债的情况下，当利率不同时，负债对 H 公司的权益收益率的影响不同。当利率为 10% 时，H 公司的权益收益率为 8.4%；而当利率为 15% 时，其权益收益率为 5.4%。意味着资本结构的不同对公司价值和股东权益具有重要影响，但这种影响是有条件和限度的。

三、资本结构的趋势

（一）国外企业的资本结构

表 11-4 给出了 7 个发达国家 2001—2003 年的实际企业融资结构比重。内源融资在这些国家中均是主要的融资方式。其中，以美国的内源融资居首，高达 77%；德国和意大利其次，为 67%；日本最低，但也达到了 44%。而在外源融资中，债务融资结构也占较大比例，其中，美国、日本、德国、英国和加拿大的债务融资在外源融资中所占比例都达到 70% 以上。股权融资所占比例相对较小，其中美国、日本、德国、英国和加拿大的股权融资比例都在 30% 以下。

表 11-4　主要发达国家融资结构比例（2001—2003 年）

国　　家	内源融资的比重	外源融资的比重	外源融资的组成	
			债务融资	股权融资
美国	0.77	0.23	1.34	−0.34
日本	0.44	0.56	0.85	0.15
德国	0.67	0.33	0.87	0.13
法国	0.65	0.35	0.39	0.61
意大利	0.67	0.33	0.65	0.35
英国	0.51	0.49	0.72	0.28
加拿大	0.58	0.42	0.72	0.28

注：其中股权融资为负值说明有股票回购。

资料来源：管征. 上市公司股权再融资. 北京：社会科学文献出版社，2006.

（二）我国上市公司的资本结构

我国证券市场自沪深两个证券交易所于 1990 年年底相继成立以来，迄今已有近 30 年发展历史。上市公司数量不断增加，从 1991 年的 13 家增加到 2018 年年底的 3 590 家（主板）（此外还有中小板上市公司 908 家，创业板上市公司 744 家）；融资规模及公司资产规模不断扩大。证券市场的发展为大量企业上市融资提供了极为便利的条件和重要途径，也为我国企业改革与经济发展做出了重要贡献。表 11-5 给出了 1992—2017 年我国上市公司的资本结构情况。表中选取了 1992—2017 年中国沪深两市全部（主板）上市公司，以上市公司年度报告数据为依据，计算了各年度上市公司的资产负债率、股东权益比率、负债权益比率三个指标的平均值，反映了我国上市公司资本结构的变化情况及其趋势。

表 11-5　1992—2017 年中国上市公司资本结构相关比率（均值）

年　份	公　司　数	资产负债率	股东权益比率	负债权益比率
1992	52	0.474	0.518	0.915
1993	176	0.383	0.603	0.635
1994	283	0.400	0.586	0.884
1995	307	0.458	0.524	0.683
1996	510	0.440	0.545	0.839
1997	715	0.416	0.568	0.732
1998	926	0.428	0.552	0.775
1999	1 024	0.446	0.532	0.838
2000	1 171	0.455	0.521	0.873
2001	1 252	0.506	0.467	1.083
2002	1 315	0.522	0.448	1.165
2003	1 287	0.545	0.423	1.288
2004	1 347	0.595	0.371	1.603
2005	1 368	0.631	0.334	1.889
2006	1 430	1.262	−0.296	4.263
2007	1 657	0.791	0.174	4.545
2008	1 712	0.818	0.146	5.602
2009	1 859	0.718	0.249	2.883
2010	2 213	0.558	0.414	1.347
2011	2 362	0.476	0.496	0.959
2012	2 475	0.445	0.555	0.802
2013	2 489	0.472	0.528	0.894
2014	2 564	0.607	0.393	1.554
2015	2 827	0.436	0.564	0.773
2016	3 337	0.413	0.587	0.703
2017	3 467	0.456	0.544	0.838

资料来源：根据国泰安 CSMAR 数据库中的各公司年度报告数据整理计算。

从表 11-5 中不难看出，我国上市公司的资本结构呈现阶段性变化：① 2001 年以前，上市公司的平均资产负债率在 40%～45%，平均股东权益比率在 0.5～0.6。② 2001—2006 年，平均资产负债率在 50%～63%，平均股东权益比率在 0.33～0.47。③ 1997—2006 年，平均资产负债率都是逐年增加的，平均股东权益比率则逐年减小。④ 2006—2009 年，平均资产负债率都在 70%以上，平均股东权益比率在 0.25 以下，这既反映了我国上市公司快速发展与规模扩张的情况，也反映了上市公司普遍负债偏高、资金紧缺的情况。其中 2006 年的数值较为特殊，可能与当年的股权分置改革有关。⑤ 2011 年以后，除 2014 年外，平均资产负债率都保持在 0.4～0.5，平均股东权益比率在 0.5～0.6；特别是 2015 年中央经济工作会议提出"三去一降一补"以后，A 股整体平均资产负债率下降明显。

第二节 资本结构理论

企业的资本结构又称融资结构，是指企业取得长期资本的各项来源、组成及其相互关系。由于企业的资本结构影响企业的融资成本、市场价值、治理结构和宏观经济增长与稳定，因此，企业如何通过融资方式的选择来实现其市场价值最大化，即如何确定最优资本结构一直是财务理论和实践中人们十分关注的问题。

一、现代资本结构理论

人们公认为最有影响的现代资本结构理论是 MM 理论，即莫迪利安尼—米勒（Modigliani-Miller）模型。莫迪利安尼（Modigliani）和米勒（Miller）于 1958 年发表了题为《资本成本、公司财务与投资理论》的奠基性文献，并在此基础上形成了著名的 MM 理论。该论文深入考察了企业资本结构与企业市场价值的关系，提出在完善的市场条件下，企业的资本结构与企业的市场价值无关，或者说，企业选择怎样的融资方式均不会影响企业市场价值的观点。MM 理论又称 MM 定理[①]，该理论被认为是现代资本结构理论或公司金融理论的基石，他们提出的理论分析框架和论证方法对公司金融理论的发展产生了巨大影响。因此，莫迪利安尼和米勒分别于 1985 年和 1990 年获得了诺贝尔经济学奖。

（一）MM 定理

1. 无公司所得税的 MM 模型

MM 定理分为命题 I 和命题 II 两个部分。

（1）MM 命题 I。MM 命题 I 的基本假设如下。

① 公司处于没有税收的经济环境。
② 投资者对所有公司未来盈利及风险的预期完全相同。
③ 存在完善的资本市场。这意味着：无交易成本；资本可以充分地自由流动；利率相同，个人可以充分借贷。
④ 个人与公司的负债均无风险，即负债利率属于无风险利率。
⑤ 公司的派息政策与企业价值无关，公司发行新债时不会影响已有债务的市场价值。
⑥ 公司无破产成本。

[①] MM 理论是弗朗克·莫迪利安尼（Franco Modigliani）和默顿·米勒（Merton M. Miller）考察企业资本结构与企业价值之间的关系时，于 1956 年提出的。莫迪利安尼和米勒在 1956 年 12 月美国计量经济学年会上宣读了他们的著名论文《资本成本、公司财务与投资理论》(*The Cost of Capital, Corporation Finance and the Theory of Investment*)，该文经修改后发表在 1958 年 American Economic Review（June, 1958）《美国经济评论》上。

MM 命题 I：负债企业的价值与无负债企业的价值相等。即

$$V_L = V_U \tag{11-2}$$

其中，V_L 为负债企业的价值；V_U 为无负债企业的价值。

命题 I 意味着，在完善的资本市场上，企业的价值与其资本结构无关。换句话说，无论企业负债与否，企业的加权平均资本成本不变。企业不能通过改变资本结构而改变其市场价值。企业的价值由其实际资产决定，而不是取决于这些实际资产的取得是以何种方式来筹资的。

MM 命题 I 奠定了现代资本结构理论的基础，但这一命题看起来似乎与现实并不相符，与人们的直观感觉也不一致。需要强调的是，作为一种理论分析框架，MM 命题是在对现实生活的复杂因素做了严格的抽象和假定后得出的。

（2）MM 命题 II。

MM 命题 II：负债企业的权益资本成本按照负债/股权比率（B/S）的一部分增长，增长率取决于企业无负债的权益资本成本与企业的负债成本之间的差额。用公式表示为

$$K_S = K_0 + (B/S)(K_0 - K_B) \tag{11-3}$$

其中，K_S 为企业的权益资本成本；K_0 为无负债时的资本成本（即完全权益的资本成本）；K_B 为企业负债的资本成本；B 为企业债务的价值；S 为企业股票的市场价值。

负债企业的权益资本成本，实际上可看成是有负债时权益融资所要求的最低收益率（hurdle rate of return），即权益收益率。由 MM 命题 II 可知，负债企业的权益收益率是企业负债—权益比（B/S）的线性函数。当 K_0 超过 K_B 时，权益收益率（权益的资本成本）随负债—权益比的增加而上升。意味着公司在无风险债务或债务风险水平较低的条件下，企业改变资本结构可以改变股权收益率。但是，在现实中，无风险的债务并不存在，因此，考虑债务风险因素，企业借债越多，债务风险越大，股权收益 K_S 随 B/S 的增长而逐渐减缓，而债务收益率则由于风险增加而提高。

MM 命题 II 的结论似乎与命题 I 不一致。按照命题 I，企业负债比例提高不会改变企业价值；而按照命题 II，企业负债比例提高又会提高权益的预期收益率，而预期收益率提高又是促进股票升值的重要因素。其实，二者并不矛盾。这里的关键因素是债务风险。企业负债率增加后，股东的收益风险相应地提高，所要求的最低收益率也必然提高，所要求的最低收益率的提高，抵消了预期收益率对股价上升的推动作用。

实际上，将式（11-3）代入到加权平均资本成本的计算公式中，不难得到

$$\begin{aligned} K_W &= \frac{B}{B+S}K_B + \frac{S}{B+S}K_S \\ &= \frac{B}{B+S}K_B + \frac{S}{B+S}\left[K_0 + \frac{B}{S}(K_0 - K_B)\right] = K_0 \end{aligned}$$

因此，由 MM 命题 II 也可以推论出：在无企业所得税的情况下，资本结构并不影响企业的（加权平均）资本成本。从这个意义上看，命题 I 和命题 II 是一致的。图 11-2 是 MM 命题 I 和命题 II 的图示说明。

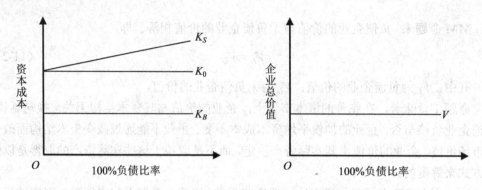

图 11-2　无公司税时的 MM 定理

2. 有公司所得税的 MM 模型

莫迪利安尼和米勒在前期研究成果的基础上，于 1963 年发表的论文中，将公司所得税引入 MM 定理，并对原来的 MM 定理进行了修正，得出：在有公司税（企业所得税）时，企业负债会因利息具有抵税作用而增加企业的价值，对投资者来说，意味着可获取更多的可分配利润。有公司税情况下的 MM 定理，仍有以下两个命题。

（1）MM 定理命题 I。

命题 I： 负债企业的价值等于无负债企业的价值加上税负节约价值（税盾效应）。即

$$V_L = V_U + T \times B \tag{11-4}$$

其中，V_L 为有公司税时有负债的企业价值；V_U 为无负债的企业价值；T 为公司所得税税率；B 为企业的负债价值；$T \times B$ 为企业的免税现值。

式（11-4）的推导较为简单：

假设企业的负债是永久性的（借新债还旧债），并假定免税仅取决于税率和企业债务的获利能力，则有负债时所支付的税金减少额为

$$\text{所得税税率} \times \text{利息额} = T \times K_B \times B$$

假设该式的现金流具有与债务利息相同的风险，并且是永续的，则其现值为

$$(T \times K_B \times B) / K_B = T \times B$$

而无负债企业的价值为 EBIT×(1−T) 的现值，即

$$V_U = [\text{EBIT} \times (1-T)] / K_0$$

于是，有负债的企业价值 = 无负债的企业价值 + 免税的现值（税盾价值）

$$V_L = [\text{EBIT} \times (1-T)] / K_0 + (T \times K_B \times B) / K_B$$
$$= V_U + T \times B$$

由命题 I 可知，在存在所得税的情况下，负债的增加提高了企业的价值。即由于税盾随负债的增大而增加，企业通过用债务替代权益来增加现金流量和公司价值。意味着，企业的负债越多，其市场价值越大；当负债比率达到 100%时，企业的价值最大。

（2）MM 命题 II。

命题 II： 存在所得税时，负债企业的权益资本成本等于无负债企业的权益资本成本加上风险溢价。该溢价取决于无负债企业的权益资本成本、负债的资本成本、负债—权益比率以及所得税税率。用公式表示为

$$K_S = K_0 + (B/S)(1-T)(K_0 - K_B) \tag{11-5}$$

其中，K_S 为企业的权益资本成本；K_0 为无负债时的资本成本（即完全权益的资本成本）；K_B 为企业负债的资本成本；B 为企业债务的价值；S 为企业权益的市场价值；T 为公司所得税税率。

由命题 II 可知，在存在所得税的情况下，随着企业负债的增加，企业的权益资本成本也在增加。

图 11-3 为存在所得税的情况下，MM 模型中命题 I 和命题 II 的图示说明。

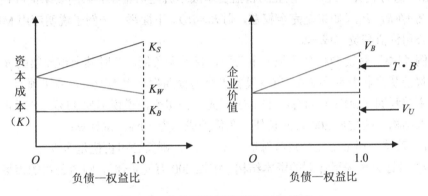

图 11-3　有公司所得税时的 MM 模型

存在所得税的情况下，负债企业的加权平均资本成本为

$$K_W = \frac{B}{B+S}K_B(1-T) + \frac{S}{B+S}K_S \tag{11-6}$$

将式（11-6）代入式（11-7）中，整理可得

$$K_W = K_0(1-TL) \tag{11-7}$$

其中，$L = B/(B+S)$ 为负债在公司价值中所占的比例。

该式说明了在有所得税的情况下，负债企业的加权平均资本成本与负债比率、所得税税率间的关系。可见，负债比率 L 值越大，企业的加权平均资本成本越低，企业价值越大。

3．MM 定理的应用——公司价值和资本成本的估计

一般情况下，企业是存在税收的。在有公司所得税的情况下，如果 MM 定理的条件满足，则可以利用式（11-4）~式（11-6）估计公司价值和资本成本等。

在有负债且存在公司所得税时，权益价值与权益资本成本之间、公司价值与加权平均资本成本之间有如下关系：

$$S = \frac{(\text{EBIT} - K_B B) \times (1-T)}{K_S} \tag{11-8}$$

式（11-8）中分子为杠杆（有负债）企业的权益的息税后预期现金流量，分母则是将权益资本成本作为权益现金流量的折现率。

$$V_L = \frac{\text{EBIT} \times (1-T)}{K_W} \tag{11-9}$$

同样，式（11-9）中分子为杠杆（有负债）企业的息税后预期现金流量，分母是将加权平均资本成本作为企业现金流量的折现率。

而如果资本资产定价模型成立，则可以将其融入 MM 模型。也就是说，在存在所得税的情况下，估计上市企业的公司价值和资本成本时，也可以利用资本资产定价模型（CAPM）进行估计。此时，企业的权益资本成本就是该企业股票所要求的收益率，即 $K_S = R_j = R_f + \beta(R_M - R_f)$（如果是完全权益，则 $K_0 = R_j$）。下面举一个例子说明应用 MM 定理来估计公司价值和资本成本。

【例 11-3】 假设 DA 公司是上市公司，目前无负债，此时其上市股票的 β 系数为 1.5，无风险资产收益率为 8%，市场投资组合的预期收益率为 16%。公司预期将产生永续的息税前利润（EBIT）为每年 153.85 万元，公司所得税税率为 35%。公司正考虑调整其资本结构，欲增加 200 万元负债，负债的成本为 10%。试计算：

（1）若该公司采用完全权益融资（无负债），则其公司价值是多少？

（2）若该公司采用计划的资本结构（增加 200 万元负债），则该公司的市场价值是多少？

（3）若该公司采用计划的资本结构，则该公司的权益资本成本和加权平均资本成本是多少？

解（1）完全权益时，由 CAPM，$K_S = R_j = R_f + \beta(R_M - R_f) = 8\% + 1.5 \times (16\% - 8\%) = 20\%$，则由式（11-8），有：$V_U = [\text{EBIT} \times (1-T)]/K_S = [153.85 \times 65\%]/20\% = 500$ 万元。

（2）有负债时，由式（11-4），$V_L = V_U + T \times B = 500 + 35\% \times 200 = 570$ 万元，此时的权益价值 $S = V_L - B = 570 - 200 = 370$ 万元。

（3）由式（11-5），权益资本成本 $K_S = 20\% + [200/370] \times (1-35\%) \times (20\% - 10\%) = 23.51\%$。由式（11-6），加权平均资本成本 $K_W = [200/570] \times 10\% \times (1-35\%) + [370/570] \times 23.51\% = 17.54\%$。

或由式（11-7），$K_W = 20\% \times [1 - 35\% \times (200/570)] = 17.54\%$。

问题（2）也可以通过式（11-8）和式（11-9）得到：

由式（11-8），权益价值 $S = [(153.85 - 10\% \times 200) \times (1-35\%)]/23.51\% = 370$ 万元；

由式（11-9），公司价值 $V_L = [153.85 \times (1-35\%)]/17.54\% = 570$ 万元。

4. 米勒模型

米勒（Miller）于 1977 年提出了同时考虑企业所得税和个人所得税模型来估计财务杠杆（或负债）对企业价值的影响，即米勒模型。该模型保留了 MM 理论中的所有假设，同时加上个人所得税。则财务杠杆（或负债）企业的价值可以表示为

$$V_L = V_U + \left[1 - \frac{(1-T) \times (1-T_S)}{(1-T_B)}\right] \times B \qquad (11\text{-}10)$$

其中，T 仍为公司所得税税率；T_S 是权益分配的个人所得税税率；T_B 是债务收入（如利息）的个人所得税税率。

不难看出，米勒模型是对 MM 模型的一般化。米勒模型具有如下含义。

（1）式中第二项表示杠杆收益，它取代了仅考虑企业所得税时 MM 定理中命题 I（即式（11-4））中的 T×B。

（2）如果 $T=T_S=T_B=0$，则米勒模型就变成了无税时的 MM 模型命题 I（即式（11-2））。

（3）如果 $T_S=T_B=0$，即不考虑个人所得税，则米勒模型就变成了有税时的 MM 模型命题 I（即式（11-4））。

（4）如果 $T_S=T_B$，即权益收入和债务收入的个人所得税相同，则米勒模型也与有税时的 MM 模型命题 I（即式（11-4））相同。

（5）如果 $(1-T)\times(1-T_S)=(1-T_B)$，则综合杠杆收益为 0。意味着企业因负债带来的减税利益被投资者的个人所得税所抵消，此时资本结构对公司价值或资本成本没有影响。与无税时的 MM 模型命题 I（即式（11-2））相同。

（二）权衡理论

按照上述修正的 MM 定理，在有所得税的情况下，企业的负债越多，其市场价值越大。因此，以市场价值最大化作为目标的企业，最佳的资本结构应该百分之百的负债。这在现实中显然不存在。现实中的企业，几乎没有百分之百负债的。究竟是什么原因阻碍了企业无限扩大负债比率，成为现代资本结构理论试图解决的一个谜。在探索此问题答案的过程中，形成了权衡理论。

权衡模型实际上是在 MM 理论基础上引进财务困境成本和代理成本后修正的一种模型。我们知道，许多企业每年总要经历资金短缺的困扰，甚至有的企业走向终止破产。由此，企业会发生两类成本：财务困境成本和代理成本。

1. 财务困境成本

财务困境成本主要包括直接成本和间接成本两类。

（1）直接成本。因企业财务困境而诱发的直接成本，主要是指物质损耗支出和法律行政方面的支出。包括：① 企业所有者与债权人之间的经济纠纷往往会延缓企业资产的清偿，从而导致企业的存货及其他资产在物质上发生破损或陈旧过时。破产纠纷要等若干年才能有结果，在这期间，企业的设备可能会生锈、功能会降低；建筑物可能会年久失修；存货因过期而变质、失效等现象均有可能发生。② 律师费、法庭收费及企业行政支出会吞掉企业大量资金，使企业不堪重负。

（2）间接成本。间接成本是指由于企业决策者的短期行为，客户、供应商及资金提供者等行为造成的成本支出。包括：① 企业因管理不善面临破产危机。为缓解燃眉之急，企业决策者在短期内会采取诸如推迟设备的维修与养护、降低产品质量、拍卖变现资产等行为。这些短期行为会严重损害企业的长期市场价值。② 经营受到影响。破产阻碍了企业与客户及供应商的正常生意往来。当企业资金短缺、陷入财务困境时，由于客户担心服务受到影响以及信用丧失,致使企业失去生意,从而使企业的经营受到影响。

当然,即使企业不破产,其财务困境成本也会发生,只不过破产是这些成本持续发展的结果。假如考虑所有的因素,财务困境的直接成本和间接成本会相当高。并且,财务困境只会发生在有负债的企业。企业负债越多,固定利息越大,收益下降而导致财务困境及其成本发生的概率则越高。财务困境成本的增加将会降低企业价值,提高其资本成本。

2. 代理成本

两权分离条件下,企业所有者委托经营者管理企业,企业管理者为搞好经营而举借债务,由此产生了股东与管理者之间、股东与债权人之间的各种代理关系。有效而合理地处理各种代理关系所发生的成本即为代理成本。

一般情况下,假若没有任何限制条件,企业管理者会借用企业债权人的资金为企业所有者谋取利益。企业经营得好,股东将获取纳税付息后的全部收益;若经营不利,高负债的企业亏损风险的大部分会转移到企业债权人身上,即收益时股东失去得多,亏损时股东失去得少。因此,由于客观上存在股东利用各种方式和手段从企业债权人身上获利的可能性,债券持有者为保护其自身利益,会提出债券发行必须有若干保护性约束条款,并且要求企业对这些条款的执行进行监督。这样,这些保护性条款在一定程度上会约束企业的合法经营。企业进行监督的成本费用也以较高的负债成本加在股东身上。效率降低和监督成本(即代理成本)的存在会提高企业负债成本而降低企业负债利益。

企业财务困境成本和代理成本的客观存在,必然会使企业产生一定的损失。用财务危机的成本现值来表示包括财务困境成本和代理成本在内的破产成本,这样,负债企业的价值用公式可表示为

$$负债企业价值 = 无负债企业价值 + 税收节税 - 财务危机成本的现值$$
$$V_L = V_U + TB - \text{PVCFD} \tag{11-11}$$

其中,PVCFD(Present Value of Costs of Financial Distress)为财务危机成本的现值,包括财务困境成本和代理成本。权衡理论模型可用图 11-4 表示。

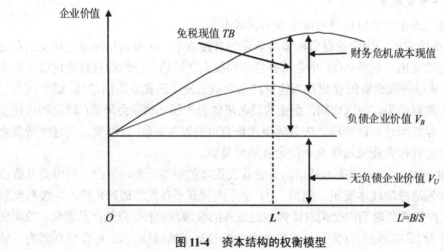

图 11-4　资本结构的权衡模型

从图 11-4 中可以看出，随着企业负债比率的增大，虽然企业可以得到免税所带来的利益，但企业的财务危机成本越来越大，企业的实际价值先上升后下降。这样，就存在一个最佳的负债比率 L^*，使得企业的价值在此时达到最大。L^* 所对应的资本结构就是有税情况下，考虑到企业财务困境成本时的企业最佳资本结构。

二、资本结构理论的发展

随着对资本结构问题研究的深入，理论界进一步放宽 MM 定理的基本假设。以詹森（Jensen）、罗斯（Ross）、迈尔斯（Myers）、哈里斯（Harris）、哈特（Hart）等学者为代表的现代资本结构理论的代表人物一改经典资本结构理论以负债税收利益与负债破产风险为重点的研究方法，把信息非对称引入资本结构的研究领域，将资本结构理论向前大大推进了一步。主要包括代理理论、信号传递理论、优序融资理论、考虑公司控制权的资本结构理论等内容。这些理论从不同的侧面反映了信息非对称条件下企业资本结构对企业行为及其绩效的影响，为企业的融资活动提供了理论指南。

（一）代理理论

詹森（Jensen）和麦克灵（Meckling）提出了两类利益冲突：一类是经理和全体股东的利益冲突；另一类是全体股东和债权人的利益冲突。最优资本结构则是债务源于代理成本的收益与成本平衡的结果。

股东和经理之间的代理成本是由于经理不是所经营公司的全资股东。经理努力工作所创造的财富并不全归他们所有，他们享受奢侈品，但又不必承担相应的所有成本。按照詹森和麦克灵的模型，给定一个公司的投资总额和内部股本（即经理人员的持股数，设为 a，且 $0 \leqslant a \leqslant 1$），则该公司举债越多，所需的外部股本就越少，那么同样的内部股本数所占总股本的比例就越高。即提高负债率相应增加了经理层持有公司股票的百分比，可能有助于减少公司经理与股东之间的利益冲突。所以，相对于经理人员只有部分股权的公司来说，经理人员具有全部股权的公司市场价值较高。由负债带来的股东与经理利益冲突的减少构成了债务融资的好处。

全体股东和债权人的利益冲突表现为，由于债务合约缺乏对股东进行次优投资的制约机制，诱使股东选择风险更大的项目进行投资。当项目盈利时，股东占有债券的超额盈利部分；当项目亏损时，由于股东存在"有限责任"保护，债权人将承担部分后果。随着举债比例的上升，股东将选择更具风险的项目。这种债权人承担了本应股东负担的次优投资后果的现象称为资产替代效应（assets substitution effect）。然而由于理性的债权人将正确地预期到股东的资产替代行为并在合约中加以限制，股东就要承担由于借债造成投资价值递减项目所发生的成本。这就是债务融资的代理成本。

总之，随着债务比例的增加，股东的代理成本将减少，债务的代理成本将增加，因此，最优的资本结构就是使总代理成本最小。

（二）信号传递理论

罗斯（1977）首次系统地将非对称信息引入企业的资本结构分析。他保留了 MM 定理的全部假定，仅仅放松了完全、充分信息的假定。假定企业经营者掌握企业未来收益和投资风险的信息,而投资者没有,即经营者与投资者之间存在信息不对称。因此,投资者必须通过由企业输出的信息间接地评价企业的市场价值。企业负债比率就是一个信号,负债比率的上升表明企业经营者对未来有较高的预期,企业的市场价值也可能随之增加;而投资者也可能会把负债比率看作是企业经营风险的一个信号。

总之,在信号传递理论看来,信息不对称扭曲了企业的市场价值,从而导致投资决策无效率;不同的资本结构向市场传递着不同的企业价值信号,经营者或"内部人"通过选择适宜的资本结构向市场传递有关企业的各种信号(负债、奉献、预期收益、经营质量等),并力求避免负面信息的传递。

(三)优序融资理论

在罗斯的基础上,迈尔斯和麦吉勒夫(Majluf)进一步考察了不对称信息对投资成本的影响,发现这种信息会促使企业尽可能少用股票筹资。因为企业通过发行股票筹资时,会被市场误解,认为其前景不佳,由此造成股票价值下跌。但多发行债券又会使企业受到财务危机的制约。

按照梅耶(Myers)的观点,任何公司可能并不存在最佳或目标资本结构,相反,公司资本结构的变动是随着内部现金流量、净现金股利支付和可行的投资机会三者关系的变动而改变的。这就是说,当投资机会所需现金超过内部现金流量时,公司会发行新债而使负债比率提高;反过来,盈利较高而投资机会又有限的公司,将趋于低负债比率。在这种情况下,公司实际上是建立了一种财务宽松区间(financial slack)。管理者偏好理论表明:

① 与外部筹资(发行证券)相比,公司偏好内部筹资(留存收益再投资),原因在于:一方面内部筹资相对成本较低;另一方面内部筹资可避免外部筹资所引起的监督与控制,从而使成本降低。② 如果外部筹资确实必需,管理者会偏好于新债发行,这是因为新债的发行成本低于新股的发行成本。③ 按照信号理论,新股发行的市场信号将对股市产生消极影响,而新债的信号不影响股市。④ 如果新债发行过量而外部筹资又必需,则公司倾向于可转换债券的发行,作为最后一招,才可能涉及新股发行。

综上所述,企业一般采取的融资顺序是:内部筹资、发行新债券、发行股票,并安排其资本结构。这一顺序在资本结构理论上被称为优序或啄序(pecking order)融资理论[①]。

企业融资实践与优序融资理论的验证如下。

表 11-6 给出了 1991—1996 年主要国家企业融资结构情况。从表中不难看出,各国公司融资模式有如下几个特点:① 内部融资成为各国企业资金的主要来源,所占比例基本上在 50%以上,其中美国最高为 82.8%。② 外部融资占资金来源的比例,除日本为 50.8%以外,均在 50%以下,其中美国只有 17.2%。③ 在外部融资中,通过债务融资所占比例占绝大部分比例。④ 与其他发达国家相比,美国公司更多地通过内部现金流筹集资金,而其他国家的公司依靠外部权益融资的比例要比美国公司高得多。

---

① MYERS SC. The Capital Structure Puzzle. Journal of Finance, 1984(3):575-592.

表 11-6 1991—1996 年各主要国家企业融资结构　　　　　　　单位：%

资金来源	美国	日本	英国	德国	加拿大	法国
	100	100	100	100	100	100
内部融资比例	82.8	49.3	68.3	65.5	58.3	54
外部融资比例	17.2	50.8	31.7	34.5	41.7	46
长期负债增加	17.4	35.9	7.4	31.4	37.5	6.9
短期负债增加	−3.7	9.7	6.1	—	3.8	10.6
股票融资增加	3.5	5.1	16.9	—	10.3	12.4

资料来源：罗斯. 公司理财：第6版. 北京：机械工业出版社，2002.

从表 11-6 中可以看到，在美国及其他几个发达国家的企业融资实践中，资金来源各部分所占比重与优序融资理论是一致的，即按照内部融资—外部融资—发行新债券—发行新股的顺序进行融资。

另外，对我国 2008—2016 年上市公司在资本市场上的股权融资与债权融资数据进行了统计分析，如表 11-7 所示。从中可以看到，2011 年以前股权融资所占比重都在 70% 以上，最低是 72.85%，而债权融资占比都在 30% 以下；2012 年以后，由于证券市场政策变化（如 2013 年全年、2014 年第二季度、2015 年第三季度暂停 IPO），股权融资占比有所下降，债权融资占比有所提高；2008—2016 年股权融资平均占比约为 60%，而债权融资平均占比为 40%。表明由于我国上市公司所有权结构和资本市场制度安排等原因，上市公司具有较强烈的股权偏好倾向。我国上市公司的融资实践与优序融资理论完全不符甚至相反。

表 11-7 2008—2016 年中国上市公司资本市场融资结构情况

时间/年	股权融资占比/%	债权融资占比/%
2008	72.85	27.15
2009	84.49	15.51
2010	87.15	12.85
2011	74.82	25.18
2012	53.46	45.62
2013	40.71	59.29
2014	57.63	42.37
2015	27.90	72.10
2016	39.21	60.79
平均值	59.80	40.10

资料来源：根据中国证监会官方网站"统计数据"整理、计算得，http://www.csrc.gov.cn/pub/newsite/sjtj/。

（四）考虑公司控制权的资本结构理论

20 世纪 80 年代后期，有关资本结构的研究重点转向探讨公司控制权市场与资本结构的关系。这个理论认为，管理者在通常情况下是不会从股东的最大利益出发的，因此必须给予他们以监督与戒律。而债务正是作为一种惩戒工具，不仅使股东具有法律上的权利，而且还强制管理者提供有关企业各方面的信息，所以最优的负债数量取决于在信息和惩戒管理者机会的价值与发生调查成本的概率之间的平衡。

第三节　资本结构的影响因素及最佳资本结构

一、影响资本结构的因素

资本结构除受资本成本、财务风险等因素影响外，还要受到其他因素的影响。主要有以下几方面。

（一）企业因素

（1）股东和经理的态度。股东和经理的态度对资本结构特征的形成有重要影响，因为他们是企业决策的拟订者和最终确定者。

一个企业的股票如果被众多投资者所持有，谁也没有绝对的控制权，这个企业可能会更多地采用发行股票的方式来筹集资本，因为企业所有者并不担心控制权的旁落。反之，有的企业被少数股东控制，股东们很重视控制权问题。企业为了保证少数股东的绝对控制权，一般尽量避免普通股筹资，而是更多地采用优先股或负债的方式筹集资本。

经理的态度之所以影响资本结构的形成，其原因在于每个人对风险的态度是不一样的。喜欢冒险的经理人员，可能会安排比较高的负债比例；反之，持稳健态度的经理人员则较少使用负债。企业经理人员对风险之所以有不尽相同的态度，除了文化背景等方面的因素外，还受到经理约束机制的严重影响。在不完善的经理约束机制下，经理会不顾或较少顾及企业的长期安全性，而是较多或片面地追求眼前效益，因而就会偏好更多地利用负债。

（2）综合财务状况。企业财务状况主要表现在短期流动性（偿债能力）、长期安全性和盈利性（获利能力）等方面。每一方面虽然能够从一定程度上反映企业财务状况的特征，但若只是孤立地看某一方面，就容易得出片面的判断。一个有着较强的短期偿债能力和获利能力的企业，较多地举债融资既有必要（充分利用财务杠杆效应），又有可能（对债券投资者或信贷机构有吸引力）。当然，实践中也必然存在一些企业，虽然获利能力和短期偿债能力较弱，但负债比例很高的情况。

（3）企业成长性。成长性好的企业，在固定成本既定的情况下，其主营业务收入和营业利润会随销售的增长而更为快速地增长。因此，一般来说，企业成长性越强，预期利润增长越快，就越可以更多地举债融资。不过，企业成长过程的稳定性或波动性，也是影响企业资本结构形成的一个重要方面。企业成长过程的波动性越大，说明企业的经营风险越大，预期利润就越不稳定。这样的企业就应对负债持更为慎重的态度。

（二）环境因素

（1）债权人的态度。企业的债权人主要有两类：一是债券投资者；二是以银行为代表的信贷机构。一般而言，债权人不希望公司的负债比例太高。因为，过高的负债意味着企业的经营风险将更多地由股东转嫁给债权人承担。银行等金融机构必须考虑贷款的安全性、流动性与收益性。

（2）信用评估机构的意见。信用评估机构的意见对企业的对外筹资能力起着举足轻重的作用。实践中，公司信用评级机构或债券评级机构可能会因企业负债太多而降低企业或企业债券的信用等级。这会对债权人的债券投资决策或信贷决策产生重要影响。

（3）税收因素。债务利息从税前支付，从而具备节税功能，税率变动对企业资本结构变动具有某种导向作用。企业利用负债所能获得的节税利益与所得税税率的高低成正比。所以，在其他因素既定的条件下，所得税税率越高，企业就越倾向于高负债。

（4）利率水平。利率水平也是影响企业资本结构安排的一个重要因素。利率水平偏高，会增加负债企业的固定财务费用负担，故企业只能将负债比例调低一些。此外，利率对企业资本结构安排的影响，还表现在预期利率变动趋势对企业筹资方式选择的影响方面。预期利率趋于上涨时，企业在当前会较多地利用长期负债筹资方式；预期利率趋于下跌时，企业则会谨慎地利用长期负债筹资方式。

（5）行业差别。同行业所处的经济环境、资产构成及运营效率、行业经营风险等都不尽相同。因此，上述各种因素的变动直接导致行业资本结构的变动，从而体现其行业特征。

以上所进行的概括和阐述，只是从理论上说明这些因素可能对公司资本结构的影响。在实践中，企业的情况十分复杂与多样，结论也就很难统一或一致。因此，需要从实证角度进行检验或验证。目前，国内外已有大量关于资本结构影响因素的实证研究，但由于采用的样本不同、变量不同、方法不同和模型不同，实证研究的结论也并不统一和一致。

关于我国上市公司资本结构影响因素的实证研究也有很多。朱武祥等（2005）[1]指出，除了宏观经济变量外，在公司层面上决定其负债水平最重要的因素包括破产成本、资产结构、节税效应、盈利能力、公司成长性、公司规模、股利政策、国有股与流通股比例等。他们通过2000年年底前在上海和深圳上市的1 039家样本公司进行实证分析，得出了一部分因素对资本结构具有显著性影响的基本结论。张春（2008）[2]总结概括了近十多年来我国上市公司资本结构的影响因素的实证研究现状，指出国内学者大都以公司规模、盈利能力、资产担保、盈利波动性、增长机会、税率、非债务税盾、行业因素等作为我国上市公司资本结构的主要影响因素进行实证研究。国内的代表性实证研究结果显示，仅在公司规模、盈利能力方面得到了比较一致的结论，即公司规模对资本结构具有显著正影响，而盈利能力则对资本结构具有显著负影响。至于其他因素的影响，多数实证研究的结论并不一致，甚至相反。张春本人利用1999—2005年我国A股非金融类上市公司的实际数据，以税率、非债务税盾、大股东持股、公司规模、盈利能力、有形资产比例、增长机会、盈利波动性等九个变量作为我国上市公司资本结构的主要影响因素，并分别按国有上市公司、非国有上市公司，按个同方法计算的债务资产比以及分年份等分别进行了回归分析。其实证研究结果显示：国有上市公司的财务杠杆与公司税

---

[1] 朱武祥，蒋殿春，张新. 中国公司金融学. 上海：上海三联书店，2005：15-28.
[2] 张春. 公司金融学. 北京：中国人民大学出版社，2008：59-105.

率显著正相关，与非债务税盾显著负相关；国有上市公司的财务杠杆与第一大股东持股显著负相关；在大多数年份，国有上市公司的财务杠杆与盈利能力、非债务税盾和增长机会显著负相关，但与公司规模、资产的担保价值显著正相关；非国有上市公司的财务杠杆与第一大股东持股、盈利能力显著负相关，而与其他变量之间不具有稳定的、显著的相关性。总之，他认为大多数结论可以由权衡理论、优序融资理论以及代理理论等得到解释或部分解释。

二、资本结构对企业经营的影响

一个企业的债务资本是企业外部债权人对企业的投资，企业使用债权人的投资进行经营就是举债经营。通过举债经营为企业和股东创造更大的经济利益，被认为是最精明的举动。因为在经济处于上升阶段和通货膨胀比较严重的情况下，举债经营无论对企业还是对股东都是有益处的，原因如下。

（1）举债可以降低资本成本。债务资本的利息一般低于企业权益资本的股息率或分红率；并且，债务的利息在税前支付，企业可以减少所得税，因而债务资本成本总是低于权益资本成本。

（2）举债可以获得杠杆利益。由于债务利息一般是相对固定的，随着息税前利润的增加，单位利润所负担的固定利息就会减少，企业所有者所分得的税后利润就会随之增加。

（3）举债可以增加权益资本收益。除了杠杆利益的原因之外，还由于在经济上升阶段，企业经营比较顺利，获利水平往往较高。特别是投资收益率大于债务资本利息率时，企业举债越多，其权益资本的收益率就会提高，从而给股东带来超额利润。

（4）举债可以减少货币贬值的损失。在通货膨胀日益加重的情况下，利用举债扩大再生产，比利用权益资本更为有利，可以减少通货膨胀造成的贬值损失。

但是，举债经营并非完美无缺，也存在一些缺陷，主要有以下几方面。

（1）资本来源不稳定。如果权益资本比重过低，负债比例过大，企业再举债会因风险过大而被贷款方拒绝。

（2）资本成本可能升高。虽然债务资本成本一般都小于权益资本成本，似乎举债始终是有利的，但是，随着企业负债比例的逐步提高，债权人在提供贷款时会逐步提高利息率或提出额外要求，这势必增加资本成本，给企业经营带来压力。在企业负债率超过一定幅度之后，使用债务资本的资本成本会超过使用权益资本的资本成本。

（3）财务杠杆风险会出现。由于企业举债后的资本使用不当，或者出现整个宏观经济不景气，企业投资收益率甚至低于借款利息率，这就会降低股东的净资产利润率。

（4）现金流量需求的增加。举债以后意味着要定期向债权人付出现金，如果企业收益质量稍差或财务状况不佳，企业的信誉与财务形象将受到损害，再融资的资本成本会提高。过度的负债、对未来盲目乐观、不善的经营管理和财务管理是很多问题企业破产或被兼并的主要原因。

三、最佳资本结构

所谓最佳资本结构是指企业在一定时期内，使加权平均资本成本最低、公司价值最大时的资本结构。最佳资本结构的判断标准有三个：① 有利于最大限度地增加所有者财富，能使企业价值最大化。② 企业加权平均资本成本最低。③ 资产保持适当的流动，并使资本结构具有弹性。其中，加权资本成本最低是其主要标准。

从前面的分析中可以看出，负债筹资具有节税、降低资本成本、使权益资本利润率不断提高等杠杆作用和功能，因此，对外负债是企业采用的主要筹资方式。但是，随着负债筹资比例的不断扩大，负债利率趋于上升，破产风险加大。因此，如何选择最佳的负债点（即最佳资本结构），使得负债筹资的优点得以充分发挥，同时又避免其不足，是筹资管理的关键。财务管理上将最佳负债点的选择称为资本结构决策。

至少从理论上讲，最优资本结构是存在的，但由于企业内部条件和外部环境经常发生变化，因此，企业的最佳资本结构实际上是动态的，寻找真正的最优资本结构实际上是很困难的。下面探讨的有关确定资本结构的方法，可以有效地帮助财务管理人员确定合理的资本结构。但这些方法并不能当作绝对的判别标准，在应用这些方法时，还应结合其他因素，以使资本结构趋于最优。

四、资本结构决策的方法

资本结构的决策方法基本上包括三种：比较资本成本分析法、每股收益无差异点分析法以及公司价值分析法。

（一）比较资本成本分析法

比较资本成本分析法是通过计算不同资本结构的加权平均资本成本，并以此为标准，选择其中加权平均资本成本最低的资本结构。

其决策过程如下。

（1）确定各方案的资本结构。

（2）确定各结构的加权资本成本。

（3）进行比较，选择加权资本成本最低的结构为最优结构。

（二）每股收益无差异点分析法

每股收益无差异点分析法又称 EBIT-EPS 分析法。该种方法判断资本结构是否合理，是通过分析每股收益的变化来衡量。该方法假定能提高每股收益的资本结构是合理的，反之则不够合理。但每股收益的高低不仅受资本结构的影响，还受到销售水平的影响。处理以上二者的关系，可运用融资的每股收益分析方法，它是利用每股收益的无差别点进行的。

每股收益无差别点，是指每股收益不受融资方式影响（追加权益筹资的每股收益=追加负债筹资的每股收益）的销售（或息税前利润）水平。

无差别点有三种表达方式：第一种用无差别点的息税前利润（EBIT）来表达；第二种用无差别点的销售收入来表达；第三种用无差别点的销售量来表达。

根据每股收益无差别点，可以分析判断在什么样的销售水平下适于采用何种资本结

构。那么，究竟息税前利润（EBIT）为多少时，采用哪种增资方法更为有利呢？可以通过无差异点法进行分析，其计算公式为

$$\frac{(\overline{EBIT}-I_1)(1-T)-D_1}{N_1}=\frac{(\overline{EBIT}-I_2)(1-T)-D_2}{N_2} \qquad (11\text{-}12)$$

其中，$\overline{EBIT}$ 为息税前利润无差异点，即每股利润无差异点；I_1、I_2 为两种筹资方式下的年利息；D_1、D_2 为两种筹资方式下的年优先股股利；N_1、N_2 为两种筹资方式下的普通股股数；T 为所得税税率。

无差异点分析确定最佳资本结构，以税后资本利润率（或每股净收益）最大为分析起点，它直接将资本结构与企业财务目标、企业市场价值等相关因素结合起来，是企业在追加筹资时经常采用的一种决策方法。

（三）公司价值分析法

公司价值分析法也称比较公司价值法，是通过计算和比较各种资金结构下公司的市场总价值来确定最佳资本结构的方法。最佳资本结构亦即公司市场价值最大的资本结构。

比较公司价值法根据资本结构的理论进行最优资本结构决策时，应综合考虑资本成本和财务风险对企业价值的影响，通过比较不同资本结构下的公司价值，选择公司价值最大时的资本结构。由于该方法全面考虑了资本成本和财务风险对公司价值的影响，以公司价值最大化作为确定最优资本结构的目标，因此符合现代公司财务管理的基本目标。

一般地，比较公司价值法的基本原理包括以下几个步骤。

（1）测算公司价值。根据资本结构理论的有关假设，公司价值实际上是未来现金流量的现值。相应地，债券和股票的价值都应按其未来现金流量进行折现。

（2）测算公司资本成本率。根据前述假定，在公司的总资本只包括长期债券和普通股的情况下，公司的综合资本成本就是长期债券资本成本和普通股资本成本的加权平均数。

（3）公司最佳资本结构的测算与判断。分别测算不同资本结构下的公司价值和综合资本成本，选择公司价值最大、综合资本成本最低的资本结构作为企业最优的资本结构。

从公司价值的内容来看，它不仅包括了公司股票的价值，而且还包括公司长期债务的价值；从公司净收益的归属来看，它属于公司的所有者，即属于股东。因此，在测算公司价值时，可用式（11-1）计算，即

$$V=B+S$$

其中，V 为公司的总价值，即公司总的折现价值；B 为公司长期债务的折现价值；S 为公司权益价值的折现价值。

为简化测算起见，设长期债务（含长期借款和长期债券）的现值等于其面值（或本金）；权益（股票）的现值按公司未来净收益的折现现值测算，则测算公式就是式（11-8）：

$$S=\frac{(EBIT-I)(1-T)}{K_s}$$

其中，S 为公司权益价值的折现价值；EBIT 为公司未来的年息税前利润；$I=K_B \cdot B$ 为公司长期债务年利息；T 为公司所得税税率；K_s 为公司权益资本成本率。

如果公司的全部长期资本由长期债务和普通股组成，则公司的全部资本成本率（即加权平均资本成本率）可按式（11-6）进行测算。有了企业的加权平均资本成本，公司的总价值（即公司总折现价值）就可用式（11-9）进行计算。

五、应用举例

【例11-4】某公司拟筹资规模确定为1 000万元，有三个备选方案，其资本结构及相对应的个别资本成本如表11-8所示。

表11-8 不同筹资方案的筹资额及资本成本

筹资方式	方案A		方案B		方案C	
	筹资额/万元	资本成本/%	筹资额/万元	资本成本/%	筹资额/万元	资本成本/%
长期借款	100	8	200	9	300	10
债券	300	10	300	9	300	8.5
普通股	600	15	500	15	400	15
合计	1 000		1 000		1 000	

解 计算各方案的综合资本成本：

$K_W(A)=10\%\times8\%+30\%\times10\%+60\%\times15\%=12.8\%$；

$K_W(B)=20\%\times9\%+30\%\times9\%+50\%\times15\%=12\%$；

$K_W(C)=30\%\times10\%+30\%\times8.5\%+40\%\times15\%=11.55\%$。

经过计算与比较分析，方案C的综合资本成本最低。因此，选择方案C的资本结构最为可行。

【例11-5】某公司目前的资本总额为1 000万元，其结构为：债务资本400万元，股本600万元，每股面值10元。现准备追加筹资500万元。有两种追加筹资方案：A增加股本，B增加负债。已知：①增资前负债利率为8%，若采用负债增资方案，则全部负债利率提高到10%。②所得税税率为40%。③增资后息税前利润可达20%。试比较并选择方案。

解 根据上述资料，可列表如表11-9所示。

表11-9 EBIT为300万元时不同增资方案的每股利润　　　　单位：万元

项 目	A（增发新股）	B（增加债务）
债务	400	900
股本	1 100	600
资本总额	1 500	1 500
息税前利润	300	300
减：利息	32	90
税前利润	268	210
减：所得税	107.2	84
税后利润	160.8	126
普通股股数（万股）	110	60
每股利润	1.46	2.1

由表 11-9 可以看出，不同增资方式下，普通股每股利润是不同的。当息税前利润为 20%时，增加债务时每股利润较高，即当息税前利润为 300 万元时，采用负债筹资比追加股本更为可行。

将题中数据代入式（11-12）可得

$$\frac{(\overline{EBIT}-32)(1-40\%)}{110}=\frac{(\overline{EBIT}-90)(1-40\%)}{60}$$

可得，$\overline{EBIT}$=159.6 万元，即当息税前利润为 159.6 万元时，增发普通股与增加债务后的每股利润是相等的，如表 11-10 所示。

表 11-10　EBIT 为 159.6 万元时不同增资方案的每股利润　　　　单位：万元

项　　目	A（增发新股）	B（增加债务）
息税前利润	159.6	159.6
减：利息	32	90
税前利润	127.6	69.6
减：所得税	51.04	27.84
税后利润	76.56	41.76
普通股股数（万股）	110	60
每股利润	0.696	0.696

将上述结果绘成图形，如图 11-5 所示。

当 EBIT<159.6 万元时，用股票筹资带来的每股利润较高。

当 EBIT>159.6 万元时，用债券筹资带来的每股利润较高。

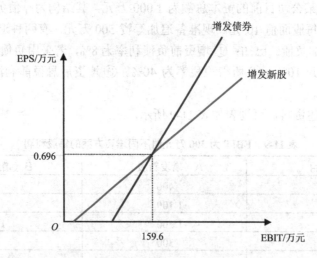

图 11-5　EBIT-EPS 分析图

【例 11-6】光明公司现有全部长期资本均为普通股资本，无长期债务和优先股，账面价值 20 000 万元。公司认为这种资本结构不合理，没有发挥财务杠杆的作用，准备举借长期债务购回部分普通股予以调整。公司预计息税前利润为 5 000 万元，公司所得税税率为 33%。长期债务年利率和普通股资本成本率列入表 11-11。

表 11-11 光明公司不同债务规模与资本成本率测算表

B/万元	K_B/%	β	R_F/%	R_M/%	K_S/%
0	—	1.20	10	14	14.8
2 000	10	1.25	10	14	15.0
4 000	10	1.30	10	14	15.2
6 000	12	1.40	10	14	15.6
8 000	14	1.55	10	14	16.2
10 000	16	2.10	10	14	18.4

当 B=2 000 万元，β=1.25，R_F=10%，R_M=14%时，K_S=10%+1.25×(14%-10%)=15.0%；其余同理计算。

根据表 11-11 的资料，运用前述公司价值和公司资本成本率的测算方法，可以测算在不同长期债务规模下的公司价值和公司资本成本率，列入表 11-12，据此可比较确定公司最佳资本结构。

表 11-12 不同长期债务规模下的公司价值和公司资本成本率测算表

B/万元	S/万元	V/万元	K_B/%	K_S/%	K_W/%
0	22 640	22 640	—	14.8	14.8
2 000	21 440	23 440	10	15.0	14.29
4 000	20 280	24 280	10	15.2	13.79
6 000	18 380	24 380	12	15.6	13.74
8 000	16 050	24 050	14	16.2	13.93
10 000	12 380	22 380	16	18.4	15.69

在表 11-12 中，当 B=2 000 万元，K_B=10%，K_S=15.0%以及 EBIT=5 000 万元时，

$$S = \frac{(5\,000 - 2\,000 \times 10\%) \times (1-33\%)}{15\%} = 21\,440 \text{（万元）；}$$

V=2 000+21 440=23 440（万元）；

$$K_W = \left(\frac{2\,000}{23\,440}\right) \times 10\% \times (1-33\%) + \left(\frac{21\,440}{23\,440}\right) \times 15\% = 14.29\%。$$

从表 11-12 可以看到，在没有长期债务资本的情况下，光明公司的价值就是其原有普通股资本的价值，此时 V=S=22 640 万元。当光明公司开始利用长期债务资本部分地替换普通股资本时，公司的价值开始上升，同时公司资本成本率开始下降；直到长期债务资本达到 6 000 万元时，公司的价值最大（24 380 万元），同时公司的资本成本率最低（13.74%）；而当公司的长期债务资本超过 6 000 万元后，公司的价值又开始下降，公司的资本成本率同时上升。

因此，可以确定，光明公司的长期债务资本为 6 000 万元时的资本结构为最佳资本结构。此时，光明公司的长期资本价值总额为 24 380 万元，其中普通股资本价值 18 380 万元，占公司总资本价值的比例为 75.39%（=18 380/24 380）；长期债务资本价值 6 000

万元，占公司总资本价值的比例为24.61%（=6 000/24 380）。

第四节 杠杆理论

一、经营杠杆

杠杆的最一般表现是物理学中的机械杠杆，如当使用撬棍时的情况。如果杠杆使用适当，在某一点上施加的力就可以转变或放大为另一点上更大的力或运动。在企业经营和理财活动中，杠杆效应是指通过利用固定成本来增加获利能力。本节将探讨经营杠杆和财务杠杆。前者是由于与产品或服务生产有关的固定经营成本的存在，而后者则是由于固定的融资成本——尤其是债务利息的存在。两种类型的杠杆效应都会影响到企业税后收益的水平和变化，从而影响到企业的综合风险和收益。另外，本节还将讨论经营杠杆与财务杠杆的结合——联合杠杆。

（一）经营杠杆的含义

企业的营业成本分为固定成本和变动成本两类。在其他条件既定的情况下，产销量的增加会降低单位固定成本，提高单位利润，从而使营业利润的增长率大于产销量的增长率。同样，产销量的减少会提高单位固定成本，降低单位利润，从而使营业利润的下降率大于产销量的下降率。如果不存在固定成本，总成本随产销量变动而成比例地变化，那么，企业营业利润变动率就会同产销量变动率完全一致。这种由于存在固定成本而造成的营业利润变动率大于产销量变动率的现象，就称为营业杠杆或经营杠杆（operating leverage）。

（二）经营杠杆系数

不同企业，经营杠杆作用的程度是不完全一致的。为此，需要对经营杠杆进行计量。对经营杠杆进行计量的最常用指标是经营杠杆系数或经营杠杆率。所谓经营杠杆系数（Degree of Operating Leverage，DOL），是指息税前利润变动率相当于产销量变动率的倍数。其计算公式为

$$\text{DOL} = \frac{\Delta \text{EBIT}/\text{EBIT}}{\Delta S / S} \qquad (11\text{-}13)$$

其中，DOL为经营杠杆系数；EBIT为息税前利润；ΔEBIT为息税前利润变动额；S为销售额；ΔS为销售变动额。DOL实际上是息税前利润关于销售额的弹性，反映息税前利润变化对销售额变化的敏感性。

式（11-13）是计算经营杠杆系数的常用公式，利用该公式必须根据变动前和变动后的有关资料才能进行计算。为此，可以根据上述公式推导出计算经营杠杆系数的公式。

因为 $\qquad\qquad\qquad\text{EBIT} = Q(P-V) - F$

并且 $\qquad\qquad\qquad\Delta\text{EBIT} = \Delta Q(P-V)$

所以 $$DOL = \frac{\frac{\Delta Q(P-V)}{Q(P-V)-F}}{\frac{\Delta QP}{QP}} = (\frac{\Delta Q(P-V)}{Q(P-V)-F}) \times (\frac{Q}{\Delta Q}) = \frac{Q(P-V)}{Q(P-V)-F}$$

或者 $$DOL = \frac{S-VC}{S-VC-F} \tag{11-14}$$

其中，DOL 为营业杠杆系数；Q 为销售量；P 为销售单价；V 为单位变动成本；F 为固定成本；VC 为变动成本额。

【例 11-7】 某公司预计产销量为 2 400 万元，固定成本为 400 万元，变动成本率为 40%，则其今年营业杠杆系数为

$$DOL = \frac{2\,400 - 2\,400 \times 40\%}{2\,400 - 2\,400 \times 40\% - 400} = 1.38$$

上式表明，当公司销售增长 1 倍时，息税前利润将增长 1.38 倍；反之，当企业销售下降 1 倍时，息税前利润将下降 1.38 倍。

（三）经营杠杆系数与经营风险

企业经营杠杆系数的大小，实际上反映了企业经营风险的不同。经营风险是企业固有的、预期的未来经营收益或纳税付息前收益的不确定性。经营风险是决定企业资本结构的一个重要因素。由于经营风险是企业生产经营中固有的、客观存在的经济现象，所以它广泛地隐含在每一个企业经营活动中，并随着企业经营时间和空间的变化而变动。需要注意的是，DOL 仅仅是企业总经营风险的一个组成部分而非全部内容。因为影响经营风险的因素有许多，除了经营杠杆外，企业经营风险还受下列因素制约。

（1）市场需求的变化。市场经济条件下，市场需求表现为多层次、全方位、多频率的变动，市场需求的不确定性导致企业存在经营风险。在其他条件不变的情况下，市场对企业的需求越稳定，其经营风险越小；反之，经营风险越大。

（2）产品价格的波动。由于企业所产销的产品结构不同，其消费对象不一致，产品价格波动的幅度也不同。一般而言，生产生活必需品的企业其产品价格相对稳定；生产高档、奢侈品的企业其产品价格变化较大。显然，后者要比前者承担较大的经营风险。

（3）投入成本的变化。在产品市场价格不变或基本稳定的前提下，投入成本变动剧烈的企业面临较大的经营风险。另外，投入成本变动时，企业调节产品市场价格的能力高低也表现为经营风险的不同。若其他条件不变，相对投入成本变化而调节产品价格的能力越强，其经营风险越小；反之，经营风险则越大。

（4）固定成本比重的变化。如果一个企业固定成本比重较大，当市场需求发生波动时，企业适应市场变化的能力相对较慢，从而导致经营风险增加，这种固定成本比重高低的变化的影响就是杠杆作用。

企业的经营杠杆系数放大了以上因素对息税前利润变动性的影响，然而经营杠杆系数的大小虽能用来描述企业的经营风险大小，但它所描述的仅仅是企业总的经营风险的一部分，导致企业经营风险的其他主要因素包括销售和成本的不确定性。经营杠杆系数

本身并不是这种变化性的真正来源，只是对企业销售或成本不确定导致的营业利润的不确定性产生放大作用。如果企业保持固定的销售水平和固定的成本结构，营业杠杆系数的高或低就没有实质性的影响。所以，营业杠杆系数反映的是企业经营的"潜在风险"，这种潜在风险只有在销售和生产成本的变动性存在的条件下才会产生实际作用。

二、财务杠杆

（一）财务杠杆的含义

企业从事经营活动，举债是不可避免的。若企业大量举债，其不能还本付息的可能性也较大，从而导致企业面临的债务风险急剧上升，对企业收益的实现产生不利影响。

负债利息和优先股股息是企业的固定支付义务，与企业实现利润的多少无关。因此，当营业利润增大时，企业固定财务费用负担就会相对减轻，从而给普通股股东带来更多利润。同样，当营业利润减少时，企业固定财务费用水平就会相对加重，从而会大幅减少普通股股东的利润。这种由于固定财务费用的存在，使普通股每股利润的变动幅度大于营业利润变动幅度的现象，称为财务杠杆（financial leverage）。

财务杠杆反映息税前利润与普通股每股利润之间的关系，特别用于衡量息税前利润变动对普通股每股利润变动的影响程度。

设 EBIT 为息税前利润；I 为利息；T 为企业所得税税率；D 为优先股股利；N 为发行在外的普通股股数；EPS 为普通股每股利润。则可以将普通股每股利润与息税前利润的关系表示为

$$EPS = \frac{(EBIT - I)(1 - T) - D}{N}$$

从上式可以看出，普通股每股利润与息税前利润之间是一种线性关系。随着息税前利润的增加，普通股每股利润也是增加的。

当企业不存在优先股时，每股收益的计算公式就表示为

$$EPS = \frac{(EBIT - I)(1 - T)}{N}$$

企业所采用的经营杠杆有时是由企业经营的物质需要确定的，一家钢铁厂由于大量投资将会导致固定成本大量增加。与经营杠杆不同的是，财务杠杆是可以选择的。

（二）财务杠杆系数

财务杠杆系数（Degree of Financial Leverage，DFL）又称财务杠杆程度，是普通股每股税后利润变动率相当于息税前利润变动率的倍数。它可用来反映财务杠杆的作用程度，估计财务杠杆利益的大小，评价财务风险的高低。其计算公式为

$$DFL = \frac{\Delta EPS/EPS}{\Delta EBIT/EBIT} \tag{11-15}$$

其中，DFL 为财务杠杆系数；ΔEPS 为普通股每股利润变动额；EPS 为普通股每股利

润。DFL 实际上是每股收益对息税前利润的弹性，反映每股收益变化对息税前利润变化的敏感性。

为了便于计算，将上述公式进行变换：

$$EPS = (EBIT - I)(1-T)/N$$
$$\Delta EPS = \Delta EBIT(1-T)/N$$

因此
$$DFL = \frac{EBIT}{EBIT - I} \tag{11-16}$$

在有优先股的条件下，由于优先股股利通常也是固定的，但应以税后利润支付。此时，上列公式应改写成

$$DFL = \frac{EBIT}{EBIT - I - \dfrac{D}{1-T}} \tag{11-17}$$

【例 11-8】某公司全部资本为 1 000 万元，债务资本比率为 60%，债务利率为 10%，所得税税率为 40%。在息税前利润为 100 万元时，其财务杠杆系数为

$$DFL = \frac{EBIT}{EBIT - I} = \frac{100}{100 - 1\,000 \times 60\% \times 10\%} = 2.5$$

上式结果表示，当息税前利润增长 1 倍时，普通股每股利润将增长 2.5 倍；反之，当息税前利润下降 1 倍时，普通股每股利润将下降 2.5 倍。当资本结构、利率、息税前利润等因素发生一定变化时，财务杠杆系数也会变动，从而表示不同程度的财务杠杆利益和财务风险。财务杠杆系数越大，对财务杠杆利益的影响就越强，财务风险也就越高。

（三）财务杠杆与贝塔系数

我们知道，本书第四章中介绍的贝塔系数及其估计，实际上是指某一公司股票的贝塔系数，亦即权益的贝塔，反映的权益的风险。但对于一个杠杆（有负债）企业来说，资产的贝塔与权益的贝塔是不同的。资产的贝塔是企业总资产的贝塔系数，除非是完全权益融资，否则不能把资产的贝塔看作是普通股的贝塔系数。那么，有权益和负债共同构成的企业资产的组合贝塔系数是多少呢？

该资产组合的贝塔系数就等于组合中每一单项的贝塔的加权平均，用公式表示为

$$\beta_A = \left(\frac{B}{B+S}\right)\beta_B + \left(\frac{S}{B+S}\right)\beta_S \tag{11-18}$$

其中，β_A 为资产的贝塔；β_B 为负债的贝塔；β_S 为杠杆企业权益的贝塔。

在实际中，一般负债的贝塔很低，通常设为 0，故式（11-18）为

$$\beta_A = \left(\frac{S}{B+S}\right)\beta_S$$

将上式变形有

$$\beta_S = \left(1 + \frac{B}{S}\right)\beta_A \qquad (11\text{-}19)$$

从式（11-19）可知，在有财务杠杆的情况下，权益贝塔 β_S 一定大于资产贝塔 β_A。

在不考虑税收的情况下，权益贝塔与资产贝塔之间的关系就是式（11-19）。但在现实中，公司纳税是必需的，因此有必要考虑存在税收的情况下贝塔系数与财务杠杆之间的关系。下面的公式表示了无杠杆企业的贝塔与有杠杆企业的权益贝塔之间的关系：[①]

$$\beta_S = \left(1 + \frac{(1-T)B}{S}\right)\beta_U \qquad (11\text{-}20)$$

式中，β_U 为无杠杆企业的（资产）贝塔；β_S 为有杠杆企业的权益贝塔。

从式（11-20）中，同样会得出：有财务杠杆企业的权益贝塔 β_S 一定大于无杠杆企业的资产贝塔 β_U。比较式（11-19）和式（11-20）不难发现，杠杆所起的提高权益贝塔的作用在有税情况下要小些，这是因为存在公司所得税时，杠杆会产生无风险的节税效应，从而降低了整个企业的风险，故而权益的贝塔相对要小。

（四）财务杠杆作用与财务风险

财务杠杆作用是指负债和优先股筹资在提高企业所有者收益中所起的作用。由于负债的利息与优先股的股利是固定不变的，这就使具有负债或优先股的企业其所有者收益的增长幅度大于息税前利润的增长幅度，从而产生财务杠杆的作用。但是，财务杠杆作用有正也有负，当息税前利润率高于负债和优先股税前的加权平均资本成本时，将会产生财务杠杆的正作用，采用负债和优先股筹资是有利的；当息税前利润率低于负债和优先股税前的加权平均资本成本时，将会产生财务杠杆的负作用，采用负债和优先股筹资是不利的；而当息税前利润等于负债和优先股税前的加权平均资本成本时，采用负债和优先股筹资对普通股利润的增加没有帮助。

财务风险是指企业为了取得财务杠杆利益而利用负债和优先股等方式筹集资本时，增加了破产机会或普通股每股利润大幅度变动的机会所带来的风险。

企业为了取得财务杠杆利益，就要增加固定费用支出的负债或优先股。从财务杠杆系数的计算公式可以看出，负债和优先股占的比重越大，财务杠杆系数就越大。财务杠杆系数大，一方面说明当息税前利润有一个小的增长时，普通股每股利润就有一个较大的增长；当息税前利润有一个小的下降时，普通股每股利润将有一个较大的下降。因此，可以通过财务杠杆系数的大小来衡量财务风险的大小。财务杠杆系数大，普通股每股利润的波动幅度就大，因而财务风险也大；财务杠杆系数小，普通股每股利润的波动幅度就小，因而财务风险就小。财务风险与财务杠杆成正比关系。

总之，财务杠杆具有两面性。负债和优先股既能给普通股股东带来收益，也会增加财务风险。企业不能因为财务风险的存在而拒绝采用负债和优先股筹资，而是要适度运用财务杠杆，只要息税前利润率大于负债和优先股税前的加权平均资本成本，财务杠杆的正作用就能使普通股每股利润增加。

[①] 罗斯，等. 公司理财：第11版. 吴世农，等，译. 北京：机械工业出版社，2018.

三、联合杠杆

由于存在固定的生产经营成本,产生经营杠杆作用,使息税前利润的变动率大于产销量的变动率;同样,由于存在固定财务费用(如固定利息、优先股股利),产生财务杠杆作用,使企业每股利润的变动率大于息税前利润的变动率。如果两种杠杆共同起作用,那么销售额稍有变动就会使每股利润产生更大的变动。通常将这两种杠杆的连锁作用称为联合杠杆(combined leverage)。

联合杠杆的作用程度可以用联合杠杆系数衡量,是指每股利润变动率等于产销量变动率的倍数。其计算公式为

$$\text{DCL} = \frac{\Delta \text{EPS}/\text{EPS}}{\Delta S/S} \qquad (11\text{-}21)$$

其中,DCL 为联合杠杆系数;EPS 为每股利润;ΔEPS 为每股利润变动额;S 为销售额;ΔS 为销售变动额。

为简化计算,可以根据上述公式推导出联合杠杆系数的简单计算公式:

$$\begin{aligned}\text{DCL} &= \frac{\Delta \text{EPS}/\text{EPS}}{\Delta S/S} \\ &= \frac{\Delta \text{EPS}/\text{EPS}}{\Delta \text{EBIT}/\text{EBIT}} \times \frac{\Delta \text{EBIT}/\text{EBIT}}{\Delta S/S} \\ &= \text{DOL} \times \text{DFL}\end{aligned} \qquad (11\text{-}22)$$

【例 11-9】某公司财务杠杆系数为 2,经营杠杆系数为 2.6,则联合杠杆系数为

$$\text{DOL} = 2 \times 2.6 = 5.2$$

上述计算表明,销售量每变动 1 个百分点,普通股每股利润就变动 5.2 个百分点。或者说,当销售量增长 10%时,普通股每股利润就增长 52%;反之,当销售量下降 10%时,普通股每股利润就下降 52%。

由于联合杠杆系数是营业杠杆系数与财务杠杆系数的乘积,所以,营业杠杆和财务杠杆可以许多方式联合,以得到一个理想的联合杠杆系数和联合财务风险。同时,企业也可以用较低的财务风险抵消较高的经营风险;反之亦然。

在实际工作中,企业对经营杠杆和财务杠杆的运用可以有各种不同组合。例如,某企业较多地使用了财务杠杆,为了达到或维持适度的联合杠杆系数,就可以用较低的经营杠杆系数来抵消财务杠杆系数较高的影响。反之,假如企业过多地发挥了经营杠杆的作用,就可通过减少使用财务杠杆来加以平衡。假设某公司正在考虑购买某项会大大增加其固定成本开支的资产,为了抵消较高经营杠杆率的影响,可在其资本结构中减少债务资本或优先股股本的比重,即通过采取降低财务杠杆系数的做法来实现一个适宜的联合杠杆系数。

 本章小结

1. 企业的资本结构又称融资结构,是指企业取得长期资本的各项来源、组成及其相互关系。现代资本结构理论主要包括 MM 定理、权衡理论、代理理论、优序融资理论、信号传递理论等,而奠定现代资本结构理论基础的是 MM 定理。

2. MM 定理分为命题 I 和命题 II 两个部分。

（1）无公司所得税时的 MM 定理。

命题 I：负债企业的价值与无负债企业的价值相等。即 $V_L = V_U$。

命题 II：负债企业的权益资本成本按照负债/股权比率（B/S）的一部分增长,增长率取决于企业无负债的权益资本成本与企业的负债成本之间的差额。即：$K_S = K_0 + (B/S)(K_0 - K_B)$。

（2）有公司所得税时的 MM 定理。

命题 I：负债企业的价值等于无负债企业的价值加上税负节约价值（税盾效应）。即 $V_B = V_U + T \times B$。

命题 II：存在所得税时,负债企业的权益资本成本等于无负债企业的权益资本成本加上风险溢价。该溢价取决于无负债企业的权益资本成本、负债的资本成本、负债权益比率以及所得税税率。即 $K_S = K_0 + (B/S)(1-T)(K_0 - K_B)$。

3. 存在所得税的情况下,负债企业的加权平均资本成本为 $K_W = \dfrac{B}{B+S}K_B(1-T) + \dfrac{S}{B+S}K_S$。

在有负债且存在公司所得税时,权益价值与权益资本成本之间的关系为 $S = \dfrac{(\text{EBIT} - K_B B) \times (1-T)}{K_S}$。

公司价值与加权平均资本成本之间的关系为 $V_L = \dfrac{\text{EBIT} \times (1-T)}{K_W}$。

如果资本资产定价模型成立,则在存在所得税的情况下,估计上市企业的公司价值和资本成本时,可以利用资本资产定价模型（CAPM）进行估计。

4. 米勒模型。如果保留 MM 理论中的所有假设,同时加上个人所得税,则财务杠杆（或负债）企业的价值可以表示为 $V_L = V_U + \left[1 - \dfrac{(1-T)(1-T_s)}{(1-T_B)}\right] \cdot B$。

5. 权衡理论实际上是在 MM 理论的基础上引进财务困境成本和代理成本后修正的一种模型。企业通常会发生两类成本：财务困境成本和代理成本,统称为财务危机成本。考虑到企业财务危机成本时负债企业的价值为：负债企业价值=无负债企业价值+税收节税-财务危机成本的现值,用公式表示为 $V_L = V_U + TB - \text{PVCFD}$。

6. 优序或啄序融资理论认为,企业一般采取的融资顺序是：内部筹资、发行新债券和发行股票。

7. 企业最佳资本结构的判断标准有三个：①有利于最大限度地增加所有者财富,

能使企业价值最大化；② 企业加权平均资本成本最低；③ 资产保持适当的流动。其中，加权资本成本最低是其主要标准。资本结构的决策方法基本上包括三种：比较资本成本分析法、每股收益无差异点分析法以及公司价值分析法。

8. 由于存在固定成本而造成的营业利润变动率大于产销量变动率的现象，称为营业杠杆或经营杠杆。经营杠杆系数是指息税前利润变动率对产销量变动率的倍数，它反映了息税前利润变动对产销量变动的敏感性。

9. 由于固定财务费用的存在，使普通股每股利润的变动幅度大于营业利润变动幅度的现象，称为财务杠杆。财务杠杆系数是普通股每股税后利润变动率相当息税前利润变动率的倍数，它反映了每股利润变动对息税前利润变动的敏感性。

10. 存在税收的情况下，有杠杆企业的权益贝塔与无杠杆企业的贝塔之间的关系为 $\beta_S = \left(1 + \frac{(1-T)B}{S}\right)\beta_U$。

11. 如果经营杠杆和财务杠杆共同起作用，那么销售额的变动就会对每股利润产生更大的变动，称为联合杠杆。联合杠杆系数是营业杠杆系数与财务杠杆系数的乘积。

复习思考题

1. 现代资本结构理论都有哪些？
2. 影响企业资本结构的因素有哪些？
3. 什么是最优资本结构？最优资本结构的确定方法有哪些？
4. 什么是 MM 定理？其基本假设和主要结论有哪些？
5. 什么是财务杠杆？财务杠杆的意义是什么？
6. 什么是经营杠杆？经营杠杆的意义是什么？
7. 如何理解联合杠杆？

练习题

1. A 公司是一个生产和销售通信器材的股份公司。假设该公司适用的所得税税率为 40%。对于明年的预算出现以下三种意见。

方案一：维持现在的生产和财务政策。预计销售 45 000 件，售价为 240 元/件，单位变动成本为 200 元，固定成本为 120 万元。公司的资本结构为：400 万元负债（利率为 5%），普通股 20 万股。

方案二：更新设备并用负债筹资。预计更新设备需投资 600 万元，生产和销售量不会变化，但单位变动成本将降低至 180 元/件，固定成本将增加至 150 万元。借款筹资 600 万元，预计新增借款的利率为 6.25%。

方案三：更新设备并用股份筹资。更新设备的情况与方案二相同，不同的是用发行新的普通股筹资。预计新股发行价为每股 30 元，需要发行 20 万股，以筹集 600 万元资本。

计算：三个方案下的经营杠杆、财务杠杆和联合杠杆。

2. 假设新时代公司是一家上市公司。假设目前的公司负债为 2 400 万元，此时上市公司股票的 β 系数为 1.5，无风险资产收益率为 8%，市场投资组合的预期收益率为 16%。公司负债的资本成本为 10%，公司所得税税率为 40%。计算：

（1）该公司的权益资本成本是多少？

（2）如果公司预期将产生永续的息税前利润（EBIT）为每年 1440 万元，则该公司的市场价值是多少？

（3）该公司的加权平均资本成本是多少？

3. LW 公司是一家上市的生产企业，该公司正在考虑一项 100 万元的项目投资。公司估计该项目能为公司带来永续的税后无杠杆现金流 30 万元，公司融资后的负债权益比为 1∶1。假设该行业目前的三个竞争者都是无杠杆的，它们的贝塔系数分别为 1.2、1.3 和 1.4。假设无风险利率为 5%，市场风险溢价为 9%，公司所得税税率为 34%。计算：

（1）公司该项目所要求的必要收益率（加权平均资本成本）应为多少？

（2）该项目可能的净投资收益现值是多少？

4. 已知某公司的当前资本结构如下：

筹 资 方 式	金额（万元）
长期债券（年利率 8%）	1 000
普通股（4500 万股）（面值 1 元）	4 500
留存收益	2 000
合计	7 500

因生产发展需要，公司年初准备增加资金 2 500 万元，现有两个筹资方案可供选择：甲方案为增加发行 1 000 万股普通股，每股市价 2.5 元；乙方案为按面值发行每年年末付息、票面利率为 10% 的公司债券 2 500 万元。假定股票与债券的发行费用均可忽略不计；适用的企业所得税税率为 25%。问题：

（1）计算两种筹资方案下每股收益无差别点的息税前利润。

（2）计算处于每股收益无差别点时乙方案的财务杠杆系数。

（3）如果公司预计息税前利润为 1 200 万元，指出该公司应采用的筹资方案。

（4）如果公司预计息税前利润为 1 600 万元，指出该公司应采用的筹资方案。

（5）若公司预计息税前利润在每股收益无差别点增长 10%，计算采用乙方案时该公司每股利润的增长幅度。

第十二章 股利政策

本章学习目标

> - 掌握影响股利政策的因素。
> - 了解股利政策的基本理论。
> - 掌握股利政策的类型。
> - 了解股利分配的程序。
> - 了解股票分割和股票回购。

第一节 股利种类与股利发放程序

股利（dividend）是指股份公司从公司利润中以现金、股票或其他形式支付给股东的报酬，是利润分配的一种形式。而股利政策是指股份公司关于从其利润中支付多少、何时和以何种形式支付给股东的决定。通常，公司在制定股利政策时，要在给予股东回报和公司未来发展、投融资计划以及企业资本结构之间进行权衡。

一、股利的种类

（一）现金股利

现金股利是股份公司以现金形式发放给股东的股利，是最常用的股利分派形式。发放现金股利将减少公司资产负债表上的现金和留存收益。现金股利发放的多少主要取决于公司的股利政策和经营业绩。现金股利的发放会对股票价格产生直接的影响，在股票除息日之后，一般来说，股票价格会下跌。

（二）财产股利

用现金以外的资产分配股利，具体方式有以下几种。

(1) 实物股利。发给股东实物资产或实物产品，多用于额外股利的发放。这种方式不增加货币资金支出，多用于现金支付能力不足的情况。这种形式不经常采用。

(2) 证券股利。最常见的财产股利是以其他公司的证券代替货币资金发放给股东股利。由于证券的流动性及安全性均较好，投资者（股东）愿意接受。对企业来说，把证券作为股利发给股东，既发放了股利，又实际保留了对其他公司的控制权，可谓一举两得。

(3) 公司债股利。公司用自己的债权分发给股东作为投资报酬，股东又成为公司的债权人。公司资产总额不变,负债增加,资产净值减少。具体有发行的公司债券和本公司开出的票据两种办法。两种办法都是付带息的票据,并有一定的到期日。对股东来说,到期还本收到货币股利的时间要很长,但可获得额外的利息收入;对公司来说,增加了支付利息的财务压力。它只是公司已经宣布并必须立即发放股息而货币资金不足时采用的一种权宜之策。

(三)负债股利

公司以负债形式支付股利,通常是用应付票据或者发行公司债券作为股利的一种支付方式。

(四)股票股利

股票股利是公司以增发股票的方式代替货币资金,按股东持股比例分发给股东作为股利。具体情况:① 在公司注册资本尚未足额时,以其未认购的股票作为股利支付。② 以新发行的股票支付股利。有的公司增资发行新股时,预先扣除当年应分配股息和红利,减价配售给老股东,也有发行新股票时进行无偿增资,即股东以不缴纳任何现金和实物的形式,无代价地取得公司发行的股票的增资做法。

股票股利的具体办法是送股。送股是指公司将红利或公积金转为股本,按增加的股票比例派送给股东。公司虽未收到现金,但公司资本仍然增加,相应地减少了公司的公积金(或公司盈利减少)。送股具体又有两种:一种是以红利送股,即红股。处于成长阶段的上市公司需要大量资金研发新产品、开拓新市场,扩大经营规模,因而保留上一年的可分配利润,将红利以面值折算成红股派送给股东。这种方式对股东而言实际是一种再投资,股东既可以不缴股利所得税,还可以通过市场获得资本收益。另一种送股是以公积金送股,这种方式的实质就是把净资产拆细,送股的资本来源于股东权益本身。从财务意义而言,这种送股并不直接增加股东收益和权益。

在分红中股份公司动用企业的盈余公积金进行送股,企业的股本虽然扩大了,但盈余公积金却相应地减少了,而企业的净资产并未得到丝毫增加,上市公司的资金实力也未增加,未来年度的盈利水平也将不会因为所谓的送股而受到什么影响。但是,公司送股之后,每股资产净值降低且股本总量增大,在未筹得新增资本的前提下,过多地送红股,定会增加每股的获利难度,难以维持因送红股而过快增长的股本总量所要求的新增利润,出现送股过多而效益降低的情况,绩优股势必成为劣质股,出现恶性循环。

可见,股票股利只是在形式上分到股票,而实际上尚未收到股利,股票股利的目的是为了筹集资金。股票股利一般以比率的形式来表示。例如,对于2%的股票股利,意味着股东现时持有的每50股股票将能得到1股新股。

配股是指公司在增发股票时,以一定比例按优惠价格配给老股东股票。配股和送股的区别在于:① 配股是有偿的,送股是无偿的。② 配股成功会使公司现金增加。③ 配股实际上是一种再融资行为,它实质上是给予老股东的补偿,是一种优惠购买股票的权利。这种做法的目的之一是保护原有股东对公司的控制权。

当公司宣布股票拆细(stock split)时,同样会增加流通在外的股票数量。由于拆细后每股代表的现金流量相应减少,股票价格也将下降。例如,如果一家股价为90元的公司管理者宣布按 3∶1 进行股票拆细，则拆细后其股价将下调至 30 元左右。除非股票拆细比例很大，否则与股票股利非常相似。

二、发放现金股利的标准程序

是否发放股利的决策权掌握在公司董事会的手中。股利只发放给在某一天登记在册的股东。

股份有限公司向股东支付股利，前后也有一个过程，主要经历为：股利宣告日、股权登记日、除息日和股利支付日，如图 12-1 所示。

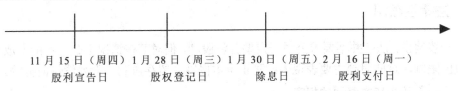

图 12-1　股利的支付过程

（一）股利宣告日

股利宣告日（declaration date）即公司董事会决定要在某日发放股利的日期，也就是宣布分派股利的当天。董事会一般应根据发放股利的周期（每年一次或每季一次）举行董事会会议，讨论并宣布将要进行的股利分派。在宣布日股份有限公司应登记有关股利负债。公告中将宣布每股支付的股利、股权登记期限、除去股息日期和股利支付日期。

（二）股权登记日

股权登记日（date of record）即有权领取股利的股东有资格登记的截止日期。只有在股权登记日前在公司股东名册上有名的股东，才有权分享股利。而在这一天之后才列入股东名册的股东，将得不到这次分派的股利，其股利仍归原股东所有。这一股利差异将影响股票价格。

（三）除息日

除息日（ex-dividend date）又称除权日（ex-rights date），是指领取股利的权利与股票相互分离的日期。在除息日前，股利权属于股票，持有股票者即享有领取股利的权利；除息日始，股利权与股票相分离，新购入股票的人不能分享股利。这是因为股票买卖的交接、过户需要一定的时间，如果股票交易日期离股权登记日太近，公司将无法在股权登记日得知更换股东的信息，只能以原股东为股利支付对象。为了避免可能发生的冲突，证券业一般规定股东登记日的后两个交易日为除息日。除息日对股票的价格有明显的影响。在除息日前进行的股票交易，股票价格包括应得的股利收入在内，除息日后进行的股票交易，股票价格不包括股利收入，应有所降低。自除息日起，公司股票的交易称为无息交易，其股票称为无息股。这就是说，一个新股东要想取得本期股利，必须在股权登记日的两天之前购入股票，否则即使持有股票也无权领取股利。

（四）股利支付日

股利支付日（date of payment）即将股利正式支付给股东的日期，也称付息日。在这一天开始的几天内,公司应通过各种手段(如邮寄支票、汇款等)将股利支付给股东,同时冲销股利负债。

第二节 影响股利政策的因素

企业股利政策的形成受多种因素的影响,主要有法律、公司发展的需要和股东意愿等几个方面的因素。

一、法律性限制

一般地说,法律并不要求公司一定要分派股利,但对某些情况下公司不能发放股利却做出限制。这些限制主要表现为:防止资本侵蚀、留存盈利、无力偿付债务等。

(一)防止资本侵蚀的规定

防止资本侵蚀的规定,要求公司股利的发放不能侵蚀资本,即公司不能因支付股利而引起资本减少。至于"资本"一词,是指公司普通股的面值还是指公司普通股面值与超过面值缴入资本之和,应视具体法律而定。这一条款的理性目的在于保证公司有完整的产权基础,由此保护债权人的利益。任何导致资本减少(侵蚀)的股利发放都是非法的,董事会应对此负责。

(二)留存盈利的规定

留存盈利的规定与防止资本侵蚀的规定相类似。它规定公司股利只能从当期的利润和过去累积的留存盈利中支付。公司股利的支付不能超过当期与过去的留存盈利之和,但它并不限制公司股利的支付额大于当期利润。例如,某公司当期归属于普通股股东的利润为 80 000 元,过去累积下来的留存盈利为 200 000 元,则该公司股利的支付额最多可达 280 000 元。这一条款要求企业确有盈利才能支付股利,绝不允许将投入资本以股利的形式发还给股东,以免损害债权人的权益。

(三)无力偿付债务的规定

无力偿付债务有两层含义:第一层是指公司由于经营管理不善,出现大量亏损,致使负债超过资产,即资不抵债;第二层则是指尽管公司没有形成大量亏损,导致资不抵债,但由于企业资产的流动性差,已陷入财务上的困难,而无力偿付到期债务。无力偿付债务的规定要求:如果公司已经无力偿付到期债务或因支付股利将使其失去偿还能力,则公司不能支付现金股利;否则,属于违法行为。由于企业的偿付到期债务的能力直接取决于资产的变现能力,因而无力偿付债务的规定,不允许公司在现金有限的情况下,为取悦股东而支付现金股利,为债权人提供了可令其安心的利益保障。

二、契约性限制

公司以长期借款协议、债券契约、优先股协议以及租赁合约等形式向企业外部筹资时，常常应对方的要求，接受一些有关股利支付的限制条款。这些限制条款主要表现为：除非公司的盈利达到某一水平，否则公司不得发放现金股利；或把股利发放额限制在某一盈利额或盈利百分比上。确立这些契约性限制条款，限制企业股利支付，目的在于促使企业把利润的一部分按有关条款的要求的某种形式（如偿还基金准备等）进行再投资，以扩大企业的经济实力，从而保障债款的如期偿还，同时还维护债权人的利益。

三、企业内部的有关限制

企业正常的经营活动对现金的需求成为对股利重要的限制因素，这一因素对股利政策的影响程度取决于企业的变现能力、筹资需求、筹资能力、盈利的稳定性以及股权控制要求等因素。

（一）变现能力

企业资金的灵活周转是企业生产经营得以正常进行的必要条件。公司现金股利的分配自然也应以不影响企业经营上的流动性为前提。如果一个公司的资产有较强的变现能力，现金的来源较充裕，则它的股利支付能力也较强。但在现实经济生活中存在如下情况：尽管公司有较大的当期或以前积累的利润，却因管理不善，资产的变现能力较差。在这种情况下，企业如果还要强行支付现金股利，显然是不明智的。因此，企业现金股利的支付能力，在很大程度上受其资产变现能力的限制。

（二）筹资需求

企业的筹资需求往往与其投资需求直接相关。企业的股利政策应以其未来的投资需求为基础。如果一个公司有较多的投资机会，那么，它往往较乐于采用低股利支付率、高再投资比率的政策。尤其对于成长中的公司而言，往往处于资金紧缺状态，资金需要量大而紧迫。将较大比例的盈余留存下来用于企业再投资，不仅可以满足企业资金的需求，而且其成本远低于发行新股筹资的成本。另外，将盈利留存下来还可以扩大企业的权益基础，有助于改善企业的资本结构，进一步提高企业的潜在筹资能力。相反，如果一个公司的投资机会较少，那么它就有可能倾向于采用较低的盈利留存比率和较高的股利支付率。这是因为：一方面，个别股东单独地将收到的现金股利进行再投资，可能会获得比企业再投资更高的收益率；另一方面，企业并不急需资金。由此可见，企业对资金的需求程度是决定企业盈利用于股利分派或留存的重要因素之一。

对一些成长中的公司财务经理而言，在确定公司股利政策时往往会陷入两难境况：一方面，在发展中公司有许多有利可图的投资机会需要资金投入，以期在未来较长的时期内获得更多的利润，以实现股东财富最大化；另一方面，公司股东心理上可能因害怕承担风险而希望现时多发放现金股利，少保留留存盈利。这就要求财务经理在两者之间进行权衡，据以做出正确的选择。如果公司采取低股利政策，财务经理必须说服股东并使之明白：公司确有盈利高的投资项目，将更多的盈利留存下来用于这些项目投资，会比股东个别单独地将其现金股利投资于其他机会，能带来更高的报酬，公司股票价格在未来的大幅度增长足以抵偿并超过现时因少分派股利而受到的损失。

（三）筹资能力

企业股利政策也受其筹资能力的限制。企业在评估其财务状况时，不仅要考虑其筹资能力，而且还要考虑其筹资成本及筹资所需时间。一般而言，规模大、成熟型企业比那些正在快速发展的企业具有更多的外部筹资渠道。因此，它们比较倾向于多支付现金股利，较少地留存盈利。而对于新设的、正在快速发展的企业，由于具有较大的经营和财务风险，因而，总要经历一段困难的时期，才能较顺畅地从外部取得长期资金。在此之前，其所举借的长期债务不仅代价高昂，而且往往附有较多的限制性条款，其新发行的证券有时甚至难于销售。因此，这些规模小、新创业的高速发展企业，往往把限制股利交付、多留存盈利作为其切实可行的筹资办法。

另外，股利支付与企业的未来融资之间同样存在着矛盾，表现为：较多地发放现金股利，有利于企业未来以较有利的条件发行新证券筹集资金，但它同时又使企业付出远高于留存盈利这种内部筹资的代价。反之，如果公司目前较少发放现金股利，尽管可以将更多的盈利留存下来，可暂时节约外部筹资的高昂代价，但同时又不可避免地对今后较长时期开拓有利的筹资环境产生不良影响。这就要求企业的财务经理在股利支付与筹资要求之间进行合理权衡。

（四）盈利的稳定性

企业的股利政策在很大程度上会受其盈利的稳定性的影响。一般而言，一个公司的盈利越稳定，则其股利支付率也就越高。这是因为盈利稳定的企业对保持较高的股利支付率更具信心，公用事业公司就是具有相对稳定性的盈利模式和较高股利支付率的典型例子。收益稳定的公司由于其经营和财务风险较小，因而比其他收益不稳定的公司，更能以较低的代价筹集负债资金。

财务经理人员应当明白，股利具有信息价值。限制股利的支付将提高投资者的必要收益率，由此降低股票市价。盈利方面的增加应足以弥补权益成本上升所带来的不利影响。

（五）股权控制要求

股利政策也会受现有股东对股权控制要求的影响。以现有股东为基础组成的董事会，在长期经营中可能形成了一定的有效控制格局，他们有时也会将股利政策作为维持其控制地位的工具。这尤其适用于：为有利可图的投资机会筹集所需资金，而外部又没有适当的筹资渠道可以利用时，公司为避免增发新股票，让许多新股东参加到企业中来，可能打破现有股东已经形成的控制格局，他们就会倾向于较低的股利支付率，以便从内部的高留存盈利中取得所需资金。

四、股东的意愿

股东在税负、投资机会、股权稀释等方面的意愿也会对公司的股利政策产生影响。实际上，企业不可能形成一种能使每位股东的财富最大化的股利政策，公司制定股利政策的目的在于对绝大多数股东的财富产生有利影响。

(一) 税负

公司的股利政策也许会受到股东们所得税状况的影响。如果一个公司有很大比例的因达到个人所得税的某种界限而按高税率课税的富有股东,则其股利政策将倾向于多留盈利少分股利。由于股利收入的税率要高于资本利得的税率,因而这种少分派的股利政策可以给这些富有股东带来更多的资本利得收入,从而达到少缴纳所得税的目的。相反,如果一个公司绝大部分股东是低收入阶层,其所适用的个人所得税税率比较低,这些股东就会更重视当期的股利收入,宁愿获得没有风险的当期股利,而不愿冒风险去获得以后的资本利得。对这类股东来说,税负状况并不是他们关心的内容,他们更喜欢较高的股利支付率。

(二) 股东的投资机会

如前所述,如果公司将留存收益用于再投资所得的报酬低于股东个人单独将股利收入投资于其他投资机会所得的报酬,则该公司就不应多留存盈利,而应多支付现金股利给股东,因为这样做将对股东更为有利。尽管难以对每位股东的投资机会及其投资收益率加以评估,但是公司至少应对风险相同的企业外部投资机会可获得的投资收益率加以评估。如果评估显示,在企业外部的股东有更好的投资机会,则公司应选择多支付现金股利,少留存收益的股利政策。相反,如果企业的投资机会可以获得比其外部投资机会更高的投资收益率,则公司应选择低股利支付率的股利政策。因此,股东的企业外部投资机会的评估也是正确制定股利政策必须考虑的一个因素。

(三) 股权的稀释

财务经理应认识到,高股利支付率会导致现有股东股权和盈利的稀释。如果公司支付大量现金股利,然后再发行新的普通股以融通所需资金,现有股东的控制权就有可能被稀释。另外,随着新普通股的发行,流通在外的普通股股数必然增加,最终将导致普通股的每股盈利和每股市价的下降。从而对现有股东产生不利影响。可见,正确制定企业的股利政策,必须考虑股东的要求。尽管最终的股利政策取决于多种因素,但避免股东的不满是很重要的。如果股东们对现有股利政策不满意,他们就会出售其所持股份,外部集团掌握企业控制权的可能性也就增大。当股东们对公司的股利政策不满时,企业被外部集团接管的可能性较大。

第三节 股利政策理论

关于股利政策的讨论,主要有两大学术流派:股利无关论和股利相关论。前者认为股利政策对股票价格不会产生任何影响;而后者则认为股利政策对企业股票价格有较强的影响。双方争论的症结在于:企业应支付多少股利才是合理的?

一、股利无关论

股利无关论由米勒和莫迪利安尼于1961年提出。他们认为,股利政策不会影响公司的价值。这是因为公司的盈利和价值增加与否完全视其投资政策而定。在公司投资决策给定的条件下，股利政策不会产生任何影响结果。在完全资本市场中，理性投资者的股利收入与资本增值两者之间不存在区别，以及投资政策已定的条件下，公司的股利政策对其股票市价不会产生任何影响。因此，无所谓哪一种股利政策是最佳的股利政策，也可以说，任何股利政策都是最佳股利政策。

与资本结构理论中的 MM 定理相类似，米勒和莫迪利安尼（以下简称 MM）提出的股利无关论也是依据以下几个重要假定。

（1）存在一个完全资本市场。在完全资本市场中，所有投资者都是理性的，信息可以免费获得，没有交易成本存在，各种证券无限分散，任何投资人的影响力都无法大到足以影响这些证券价格；没有发行成本的存在。

（2）没有个人或公司所得税存在，也即资本利得与股利之间没有所得税差异。

（3）公司有一既定不变的投资政策。这意味着新投资项目的外部筹资将不会改变公司的营业风险局面，因而也不会改变普通股的必要收益率。

（4）每一位投资者对未来投资机会和企业利润都有完全的把握。换言之，各投资者都能有把握地预计未来的价格和股利。

MM 的股利无关论关键在于存在一种套利机制，通过这一机制使支付股利与外部筹资这两项经济业务所产生的效益与成本正好相互抵消。当公司做出投资决策后，它就必须决定是将其盈利留存下来，还是将盈利以股利形式发放给股东，并发行新股票筹措等同金额的资金，以满足投资项目的资金需要。如果公司采用后一方案，就存在股利发放与外部筹资之间的套利过程。股利支付给股东的财富正好会使股票市价上升，但发行新股票将使股票终值下降。而套利的结果是，股东的股利所得正好被股价终值的下降所抵消。股利支付后，每股市价等于股利支付前的每股市价。由此，MM 认为，股东对盈利的留存与股利发放没有任何偏好。由于股东的无偏好性，股东财富也就不受企业现在与将来的股利政策影响。企业的价值完全取决于企业未来的盈利能力，而非盈利分配方式。MM 正是根据套利机制推论出股东对于股利与盈利的留存没有任何偏好，并据此得出企业的股利政策与企业价值无关这一著名论断。

MM 也认识到公司股票价格会随股利的增减而变动这一重要的实证现象。但他们认为，股利增减所引起的股票价格的变动，并不能归因于股利增减本身，而应归因于股利所包含的有关企业未来盈利的信息内容。股利的增发传递给股东的信息是管理当局预期公司的未来盈利将会更高；而股利的减发传递给股东的是不利信息，即公司未来的盈余情况将比目前的盈余情况更差。总之，是股利所传递的有关企业未来盈余增减的信息内容影响了股票价格，而不是股利支付本身。与此同时，MM 注意到，有些股东追求资本利得，从而喜欢股利支付率低的股票；而另一些股东则倾向于较多当期收入，因而喜欢股利支付率高的股票。公司的任何股利政策都不可能满足所有股东的股利要求。因此，公司不必考虑股东对股利的具体意愿，而应根据自身的特点制定出一套适应企业生产经营需要的股利政策，然后再去吸引那些喜欢这一政策的投资者前来购买其股票。其结果是，每位投资者都购买到适应其股利意愿的股票。据此，MM 认为公司股票的价值不受股利政策变化的影响。

二、股利相关论

股利相关论的主要代表人物有戈登（M. Gordon）、杜莱德（D. Durand）和林特纳（J. Lintner）等人。他们认为，在不确定和信息不对称的条件下，企业盈利在留存和股利之间的分配确实影响到股票价值。股利相关论的主要理论观点包括"一鸟在手"理论、"迎合股东"理论、"信号传递"理论和"代理成本"理论等。

（1）"一鸟在手"理论。该理论认为，对投资者来说，现金股利是抓在手中的鸟，而公司留存收益则是躲在林中的鸟，随时可能飞走。相对于股利支付而言，资本利得具有更高的不确定性。根据风险和收益对等原则，在公司收益一定的情况下，作为风险规避型的投资者偏好股利而非资本利得，股利支付的高低最终会影响公司价值。当期股利的支付解除了投资者心中的不确定性，因而投资者对股利和资本利得有不同的偏好，股东们更喜欢股利。戈登特别指出，对风险规避型股东来说，由于股利是定期、确定的报酬，而未来的资本利得则缺乏确定性，因此，股东们更喜欢股利，而对未来资本利得的允诺兴趣不大。据此，戈登认为，股利的支付可以减少投资者的不确定性，并使他们愿意按较低的普通股必要收益率来对企业的未来盈利加以贴现，由此企业的价值得到提高。相反，不发放股利或降低股利支付率，多留存企业的盈利进行再投资，以获得更多未来的资本利得，会增大投资者的不确定性。因此，戈登和林特纳主张，发生在未来的资本利得风险高于目前已握在手中的股利，所以，为了使资金成本能降到最低，公司应维持高股利支付率的股利政策。

（2）"迎合股东"理论。该理论认为，由于股利的税率比资本利得的税率高，而且资本利得税可以递延到股东实际出售股票为止。因此投资者可能喜欢公司少支付股利，而将几年的盈余留存下来用于再投资。而为了获得较高的预期资本利得，投资人愿意接受较低的普通股必要收益率。由此认为，在股利税率比资本利得税率高的情况下，只有采取低股利支付率政策，公司才有可能使其价值达到最大化。

（3）"信号传递"理论。该理论认为，与普通投资者相比，企业管理当局拥有更多的内部信息，在信息不对称的情况下，公司管理当局可以通过股利政策向市场传递有关公司未来盈利能力的信息。当股利支付水平上升时，通常认为向外界传达的信息是公司盈利状况良好，从而带动股价上升；而当股利支付水平下降时，则认为向外界传达的信息是公司盈利状况不佳，从而影响公司股价下降。因此，一般来说，经营业绩好的公司往往愿意通过相对较高的股利支付率把自己同经营业绩差的公司区别开来，以吸引更多的投资者。市场上的投资者也通常会认为，股利政策的差异是反映公司质量差异的有价值的信号。如果公司连续保持较为稳定的股利支付率，投资者就可能对公司未来的盈利能力与现金流量抱有较为乐观的预期。但是，公司以支付现金股利的方式向市场传递信息，通常也要付出较为高昂的代价，包括：① 较高的所得税负担；② 公司因分派现金股利造成现金流量短缺，再次在资本市场发行新股而产生的交易成本，由此产生的股本扩大和每股盈利摊薄，以及对公司市场价值产生的不利影响；③ 公司因分派现金股利造成投资不足，并丧失有利的投资机会，及由此产生的机会成本。尽管以派现方式向市场传递利好信号需要付出很高的成本，但为什么公司仍要选择派现作为公司股利支付的主要方式呢？这个难以破解的理论问题被布莱克（Black，1976）称为"股利分配之谜"。

（4）"代理成本"理论。该理论认为，现代企业的一个最重要特征是两权分离，股东将财产委托给经营者经营，从而产生了委托代理关系，而委托人和代理人之间存在的信息不对称则容易引发道德风险。股利支付一方面可以降低代理成本；另一方面则会增加交易成本。公司股利支付率的确定应当在这两种成本之间进行权衡，以使总成本最小。

如果新股票发行存在发行费用，也将使投资者更倾向于多留存盈余，少发放股利的股利政策。如果公司的投资政策已定，则股利的支付必然要求公司为投资项目筹资外部资金。然而，由于发行费用的存在，又将使外部产权筹资要付出更高的代价。因此，外部权益筹资将提高公司的资本成本，并使公司价值下降。这一情况也会促使许多公司倾向于采用留存盈余的内部筹资政策。

此外，受实验经济学和行为金融学的影响，以 Miller（1981）、Thaler（1980）和 Shefrin&Statman（1984）等为代表的学者开始将行为科学、心理学和社会学等学科的研究成果引入和应用于股利政策研究中。尽管他们仅提出了一些观点和看法，尚未形成一个完整、成熟的理论体系，但是这种把相关学科和财务理论相结合的尝试使得对"股利之谜"的阐释进入了一个全新的领域。之后的一些学者又进行了相继研究，并最终形成了理性预期理论（Rational Expectation）、自我控制说（Self-Control）和不确定性下选择的后悔厌恶理论（Regret Aversion）、投合理论（Catering Theory）等。

第四节 股利政策的类型

公司在制定股利分配政策的实践中，可以根据影响股利政策因素的不同和公司自身的实际情况，采取不同的股利政策。股利政策通常有如下几种主要形式。

一、剩余股利政策

剩余股利政策主张，公司的盈余首先用于营利性投资项目的资金需要。在满足了营利性投资项目的资金需要之后，若还有剩余，则公司才能将剩余部分作为股利发放给股东。据此，公司可以按以下三个步骤来做出股利决策。

（1）决定最佳资本支出水平。

（2）利用最优资本结构比例，确定用权益资金融通资本支出预算所需的资金总额。

（3）由于留存盈利的成本低于新普通股成本，故尽可能用留存盈利来融通第二步所确定的资本支出预算所需的权益资金。如果留存盈利不足以满足资本预算所需权益资金，则需发行新普通股弥补不足。如果现有留存盈利在满足资本预算所需权益资金之后还有剩余，公司才可将其剩余部分作为股利分配给股东。

由此可见，该股利政策完全取决于可接受投资项目的多寡，这种被动的剩余处理，意味着投资者对于盈利的留存或发放股利毫无偏好。完全遵照执行剩余股利政策，使股利的发放额每年随投资机会所需资金量的波动而波动,即使在盈利水平不变的情况下,股利将与投资机会的多寡呈反方向变动。投资机会越多,股利越少;反之,投资机会越少,股利发放就越多。而在投资机会维持不变的情况下,则股利发放额将随公司每年盈利的波动而同方向波动。

【例 12-1】某企业 2004 年税后利润为 1 000 万元,2005 年投资计划所需资金为 1 500 万元,公司的目标资本结构为权益资本 60%,债务资本比例为 40%。按照目标资本结构的要求,公司 2005 年投资方案所需权益资金为

$$1\ 500 \times 60\% = 900（万元）$$

因此,采用剩余股利政策时,当年应发放的股利额为

$$1\ 000 - 900 = 100（万元）$$

二、固定股利支付率的股利政策

有些公司采用股利支付率固定的股利政策,即将每年盈利的固定百分比作为股利分配给股东。这一政策的问题在于,如果公司的盈利在各年间波动不定,则其股利也将随之波动。然而,主张实行这一政策的公司却认为,只有维持固定的股利支付率,才算真正做到公平对待每一位股东。

固定股利支付率政策是一种固定的分配机制(即随每年盈利的变化,多盈多分、少盈少分、不盈不分),它一般不可能使公司的价值达到最大化。因此,一般公司并不愿意采用。倘若公司真正实行这种股利支付政策,也许会产生一系列问题,最终企业的命运可能是破产,如图 12-2 所示。

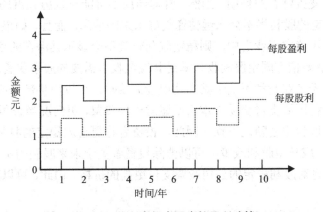

图 12-2 股利支付率固定的股利政策

三、固定或稳定增长的股利政策

许多事实表明,绝大多数企业和股东理性地喜欢稳定性股利政策。长期的稳定性股利政策表现为每股股利支付额固定的形式,如图 12-3 所示。其基本特征是,不论经济情况如何,也不论公司经营好坏,绝对不要降低年度股利的发放额,而应将公司每年的

每股股利支付额固定在某一特定水平上保持不变。只有公司管理当局认为公司的盈利确已增加，而且未来的盈利足以支付更多的股利时，公司才会提高每股股利支付额。

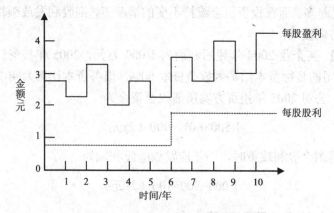

图 12-3　股东或稳定增长的股利政策

近一二十年来，有不少国外的股份公司逐步将股利政策支付额转向稳定成长的股利政策。即为了避免股利的波动，公司在支付某一规定金额股利的基础上，制定一个目标股利成长率，依据公司的盈利水平按目标的股利成长率逐步提高企业的股利支付水平。一般而言，稳定的股利政策可以吸引投资者。在其他因素相同的情况下，采用稳定股利政策的公司股票和市价会更高。投资者之所以会高估此类股票，其原因在于以下几点。

（1）股利可以消除投资者内心的不确定性。当盈余下降时，公司并不削减其股利，则市场对这种股票将更具有信心。许多投资者认为，股利变化可以传递某些信息内容，稳定的股利政策表明，公司未来的经营前景将会更好。因此，公司管理当局可以通过股利的信息内容改变投资者的预期。当然，管理当局不可能一直愚弄市场，如果公司盈利趋于下滑，则稳定的股利将不会永远传递美好未来的信息。而且，如果一个公司处于盈利大幅度波动的不稳定行业之中，则稳定股利政策不会显示其潜在的稳定性。

（2）许多需要依靠固定股利收入满足其现金收入需要的股东更喜欢稳定的股利支付方式。尽管投资者在股利不足于其当期现金需要时，可以出售部分股票以获得收入。但许多投资者往往因要支付交易成本而不愿意出售股票，更何况当公司削减股利时，盈利通常已下滑，股价也会随之下跌。因此，投资者将更喜欢稳定的股利。

（3）稳定和成长型股利政策，可以消除投资者关于未来股利的不安全感。管理当局相信，投资者将对股利稳定的公司股票支付更高的价格。由此，可以降低公司权益资金的成本。

（4）具有稳定股利的股票有利于机构投资者购买。有些国家的政府相关管理机构对退休基金、信托基金和人寿保险公司等机构投资者进行证券投资做了法律上的规定：只有具有稳定的股利记录的公司，其股票才能成为这些机构投资者证券投资的对象。

四、低正常股利加额外股利的政策

低正常股利加额外股利政策，顾名思义，是指一般情况下，公司每年只支付数额较低的正常股利,只有在公司经营非常好时,除正常股利之外加付额外股利给股东(又称"红利"),如图 12-4 所示。

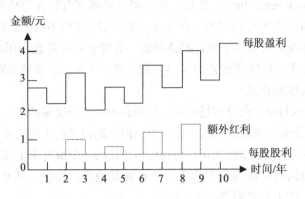

图 12-4　低正常股利加额外股利的政策

这种股利政策的优点是:①股东发放固定股利,可以增加股东对公司的信心。②给公司以较大的弹性。即使公司盈利很少或需要多留存盈利时,公司仍可以发放固定的股利;而当公司盈利较多时,还可以给股东以红利。但必须注意的是,额外股利的支付不能使股东将其视同为正常股利的组成部分;否则,不仅会失去其原有的意义,而且还会产生负面影响。例如,一个连年支付额外股利的公司,如果股东将其视为正常股利的组成部分,则某一年因盈利下降而取消额外股利,其股东很有可能就据此错误地认为公司财务发生了问题,公司的股价就有可能因之而下降,由此而影响到公司的融资能力。

第五节　股票分割与回购

一、股票分割

股票分割(stock splits)也称拆股,是指将面值较高的股票分解为面值较低的股票的行为。股票分割时,公司发行在外的股票数增加,使得每股面值降低,每股盈余下降。但公司价值不变,股东权益各项目的金额及其相互间的比例也不会改变。这与发放股票股利时的情况既有相同之处,又有不同之处。股票分割与股票股利的比较如表 12-1 所示。

表 12-1　股票分割与股票股利的比较

内　容	股　票　股　利	股　票　分　割
不同点	➢ 面值不变 ➢ 股东权益结构变化(股本增加、未分配利润减少) ➢ 属于股利支付方式	➢ 面值变小 ➢ 股东权益结构不变 ➢ 不属于股利支付方式
相同点	➢ 普通股股数增加 ➢ 每股收益和每股市价下降 ➢ 资产总额、负债总额、股东权益总额不变	

二、股票回购

股票回购（stock repurchase）是指上市公司出资将其发行在外的普通股以一定价格购买回来予以注销或作为库存股的一种资本运作方式。公司不得随意收购本公司的股份，只有满足相关法律规定的情形才允许股票回购。有时公司可能会利用剩余的现金来回购自己发行在外的股票，以此代替发放现金股利。近二十年来，股票回购已成为公司向股东分配利润的一种重要形式。

股票回购的方式包括：公开市场回购，是指公司在公开交易市场上以当前市价回购股票；要约回购，是指公司在特定期间向股东发出的以高出当前市价的某一价格回购既定数量股票的要约；协议回购，是指公司以协议价格直接向一个或几个主要股东回购股票。

股票回购的原因有：提高股票价格；防止被其他公司控制；调整公司的资本结构；税收利益的考虑；作为库藏股票。

股票回购所产生的可能影响包括以下两点。

1. 对每股收益及股票价格的影响

通常认为，由于回购后每股收益的提高，股票回购协议是有利的。这是因为：由于股票回购后，发行在外的股票数量减少了，每股收益计算公式中的分母变小了。但是，实证研究的结论却不尽相同。

2. 对其他方面的可能影响

股票回购既有有利的一面，也有不利的一面：① 回购计划也可能在一些投资者心目中产生一些副作用，认为回购计划是公司没有好的投资项目，从而对公司发展前景蒙上阴影；② 回购股票有时被认为有操纵股市的嫌疑，处理不当会受到证券交易监管部门的调查甚至处罚；③ 回购股票有时也被认为是变相逃避税收的行为，稍有不慎就可能遭受税务部门的处罚。

第六节 股利政策实践

在实践中，企业会根据自身的发展战略、公司的实际需要、股东的意愿以及资本市场的政策环境等，决定实施什么样的股利政策。由于股份制发展历史不同、制度与监管环境不同、资本市场完善程度不同等因素，国内外上市公司的股利政策实践有很大差异。

中国上市公司股利分配有如下特点。

（1）以派发现金股利为主，多种分配方式组合实施。现金股利和股票股利是股利分配中基本的分配方式，但在我国公积金转增股本也占据相当大的比重。现金股利、股票股利和转增股本也分别简称为派、送、转，实际上在我国不仅存在着单独的派、送、转，"送派""送转""派转""送派转"等组合形式也是我国独有的股利分配方式。表12-2 给出了我国 A 股上市公司 2010 年、2017 年股利分配情况。例如，2010 年、2017 年派发现金股利的公司数分别为 40.17%、62.24%；派转的公司比例为 4.62% 和 15.15%；其他分配方式比例不高。

表 12-2　2010 年、2017 年中国 A 股上市公司股利分配情况

分配方案	沪市/家		深市/家		合计/家		合计百分比/%	
	2010	2017	2010	2017	2010	2017	2010	2017
不分配	385	271	265	454	650	725	46.97	20.48
现金股利（派）	392	928	164	1275	556	2 203	40.17	62.24
股票股利（送）	1	0	1	0	2	0	0.14	0.00
转股（转）	19	10	8	27	27	37	1.95	1.05
现金加股票股利（派送）	31	18	17	7	48	25	3.47	0.71
股票股利加转股（送转）	1	0	1	0	2	0	0.14	0.00
现金加转股（派转）	47	187	17	349	64	536	4.62	15.15
现金加股票加转股（送派转）	27	4	8	9	35	13	2.53	0.37
合计	903	1 418	481	2 121	1 384	3 539	100	100.00

资料来源：根据国泰安数据库（CSMAR）中的数据整理而得.

（2）支付现金股利的公司一直占有较高比重，且较稳定；支付股票股利的公司比例呈下降趋势；转增股本的公司比例基本稳定在一定范围。表 12-3 是中国上市公司 1993—2017 年股利支付情况统计。从表中可以看出，除 2012 年外，近八年来，支付现金股利的公司比例在 70%左右，送红股的公司比例则在 5%以下，而转增股本的公司比例在 15%~25%。采用股票回购方式分配的公司几乎没有，这与我国资本市场发育程度有关。

表 12-3　1993—2017 年中国上市公司股利支付情况（现金股利、送股、转增）

年份	上市公司总数	分配现金股利		送红股		转增股本	
		公司数	占上市公司总数的比例/%	公司数	占上市公司总数的比例/%	公司数	占上市公司总数的比例/%
1993	183	148	80.87	165	90.16	26	14.21
1994	291	218	74.91	150	51.55	6	2.06
1995	323	203	62.85	172	53.25	31	9.60
1996	530	182	34.34	239	45.09	160	30.19
1997	745	221	29.66	175	23.49	134	17.99
1998	851	252	29.61	143	16.80	133	15.63
1999	918	294	32.03	89	9.69	98	10.68
2000	1 054	682	64.71	102	9.68	125	11.86
2001	1 130	676	59.82	81	7.17	92	8.14
2002	1 193	618	51.80	58	4.86	105	8.80
2003	1 287	676	52.53	103	8.00	212	16.47
2004	1 377	810	58.82	66	4.79	188	13.65
2005	1 381	709	51.34	61	4.42	413	29.91
2006	1 434	771	53.77	105	7.32	192	13.39
2007	1 550	857	55.29	167	10.77	376	24.26

续表

年份	上市公司总数	分配现金股利 公司数	分配现金股利 占上市公司总数的比例/%	送红股 公司数	送红股 占上市公司总数的比例/%	转增股本 公司数	转增股本 占上市公司总数的比例/%
2008	1 625	923	56.80	92	5.66	225	13.85
2009	1 718	1 069	62.22	131	7.63	311	18.10
2010	2 063	1 404	68.06	150	7.27	553	26.81
2011	2 342	1 709	72.97	83	3.54	563	24.04
2012	2 515	187	7.44	9	0.36	107	4.25
2013	2 528	1 867	73.85	67	2.65	416	16.45
2014	2 692	1 945	72.25	97	3.60	533	19.79
2015	2 853	1 984	69.54	73	2.55	516	18.08
2016	3 211	2 432	75.73	56	1.74	460	14.32
2017	3 539	2 777	78.46	38	1.07	586	16.55

资料来源：根据国泰安数据库（CSMAR）中的数据整理而得.

（3）有相当一部分上市公司不分配利润。如2010年和2017年就有47%和20.48%的A股上市公司在当年没有利润分配。

外国公司的股利支付政策，以现金股利和股票回购为主要方式。表12-4汇总统计了1988—2003年美国公司每年通过现金股利和股票回购实施的股利支付政策。从中可以看出，这期间股利支付总额一般占公司盈余的55%～85%；现金股利的支付比例一般在35%～60%；股票回购已成为重要的支付形式，股票回购占盈余的比例在15%～40%。

表12-4　1988—2003年美国公司股利支付情况统计

年份	1988	1989	1990	1991	1992	1993	1994	1995	1996	1997	1998	1999	2000	2001	2002	2003
公司数量/家	4 586	4 407	4 385	4 458	4 680	5 011	5 328	5 936	6 135	6 193	6 002	5 955	6 052	5 770	5 438	3 824
股利支付/盈余%	47.8	45.2	51.5	68.0	67.4	59.0	43.1	43.7	40.1	38.0	50.2	39.3	36.8	−284.2	169.1	36.6
股票回购/盈余%	26.5	27.7	21.8	16.4	19.1	17.2	14.9	20.9	24.7	33.8	48.1	40.5	41.9	−263.7	156.1	30.9
总支付/盈余%	74.3	72.9	73.3	84.4	86.5	76.2	58.0	64.6	64.8	71.8	98.2	79.8	78.7	−547.9	325.2	67.4

资料来源：埃克布. 公司财务实证研究. 杨丹，等，译. 大连：东北财经大学出版社，2011.

 **本章小结**

1. 股利政策是关于公司是否给股东发放股利、发放多少股利、以何种形式以及何时发放股利等的策略和决定。公司在制定股利政策时，要在公司与股东之间、公司长期目标与短期目标之间、股东回报与公司未来发展之间、融资计划与融资成本之间以及企业资本结构之间进行权衡，进而确定股利与留存盈利之间的比例。

股利一般是指从利润中分配的现金、股票或其他形式的报酬。股利的种类有现金股利、财产股利、负债股利和股票股利等，其中财产股利包括实物股利、证券股利、公司债股利等。

2. 是否发放股利的决策权掌握在公司董事会的手中，股份公司向股东支付股利，必须经过严格的程序。

3. 企业股利政策的形成受多种因素的影响，主要有法律、公司发展的需要和股东意愿等因素。

4. 关于股利政策的理论，主要有股利相关论和股利无关论。前者认为股利政策对企业股票价格有较强的影响；而后者则认为股利政策对股票价格不会产生任何影响。

5. 常见的股利政策类型有剩余股利政策、股利固定支付率的股利政策、固定成稳定增长的股利政策、低正常股利加额外股利的政策。

6. 股票分割与回购。股票分割时，公司发行在外的股票数增加，每股盈余下降，但公司价值不变。公司可能会利用剩余的现金来回购股票，以此代替发放现金股利，股票回购已成为公司向股东分配利润的一种重要形式。

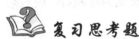 **复习思考题**

1. 影响股利政策的因素有哪些？
2. 什么是股利无关论？什么是股利相关论？
3. 股利政策的类型有哪些？各自的特点是什么？
4. 讨论股票回购对股东和市场价值都有哪些影响。

 练习题

1. A公司的资产负债表数据如表12-5所示。

表12-5　A公司的资产负债数据

项　目	金额/百万元
流通的普通股（面值10元，5 000 000股）	50
资本盈余	140
留存收益	100

如果股票价格是 40 元,公司支付 20%的股票股利之后,上表中的数据如何变化?

2. A 公司现有发行在外的普通股 1 000 000 股,每股面值 1 元,资本公积 3 000 000 元,未分配利润 8 000 000 元,股票市价 20 元。计算:若按 10%的比例发放股票股利并按市价折算,公司资本公积的报表列示将为多少?

3. 塔拉米纳股份有限公司为航空公司提供软件系统。目前,公司的股票由高级管理人员和风险资本经营公司所持有。但是,塔拉米纳股份有限公司正在寻求公司的上市并且愿意将 75%的普通股让普通投资者持有。公司董事会最近开会讨论了公司上市后该采用什么样的股利政策问题。不过,并没有取得一致意见。董事会主席认为没有必要变更现有的股利政策,而管理董事则认为必须进行修改。而运营董事的观点则是:既然股利政策对股东财富并无影响,那么这种争论与公司目标是无关的。公司 1997—2001 年的经营资料如表 12-6 所示。

表 12-6 塔拉米纳公司 1997—2001 年的经营资料

于 4 月 30 日结束的年度	已发行的普通股数量/股	税后净收益/英镑	普通股股利/英镑
1997	500 000	840 000	420 000
1998	500 000	1 190 000	580 000
1999	800 000	1 420 000	340 000
2000	1 000 000	1 940 000	450 000
2001	1 000 000	2 560 000	970 000

要求:

(1)试用股利政策的基本理论解释运营董事的观点。

(2)评价(1)中所解释的基本原理,并解释实务中经理人员认为股利对于股东来说很重要的两点原因。

(3)评价一下塔拉米纳股份有限公司在过去 5 年里所执行的股利政策,并对董事会主席和管理董事的观点做一简要评述。

第五篇 资本预算与投资决策

▶▶ 第十三章 现金流量与资本预算

▶▶ 第十四章 投资决策的方法

▶▶ 第十五章 不确定条件下的投资决策

第十三章 现金流量与资本预算

本章学习目标

- 理解资本预算的含义和基本步骤。
- 理解和掌握投资项目的现金流量的含义及构成。
- 理解为什么在投资决策中要使用现金流量。
- 能够计算投资项目的净现金流量。
- 了解在计算投资项目的现金流量时应注意的问题。

第一节 资本预算决策

从广义上讲，投资（investment）是指将钱投放于某一对象，以期在未来获得收益或增值的经济行为。它是一个相对于消费而言的概念，实际上是消费的延迟行为，即为了将来获得收益而在现在放弃的消费。狭义的投资则是指实物投资（real investment）和金融投资（financial investment）。实物投资与实际资产（如土地、机器、厂房、设备等）的形成有关；金融投资是指购买股票、债券、基金、期货等金融资产的行为。这里所说的投资是指实物资产投资，或称固定资产投资。

一、资本预算的含义

当人们进行一项资本投资时，之所以愿意付钱，是因为人们预期能在将来获得收益，而这种收益通常分布在未来的若干年。例如，投资于设备、厂房、土地等资产，引进新产品、新技术、新的开发方案等。公司未来的成功和获利就取决于现在所做的决策，这就涉及资本预算决策。

资本预算（capital budgeting）是指提出企业长期资本投资方案，并进行比较分析、选择的过程。资本预算解决的问题是有关长期资产的决策，是对长期投资项目的未来现金流量进行估算，确定企业的资本成本，并运用各种资本预算标准对项目进行评价，以选定最优的投资方案。资本资产一般会用几年或几十年，在某些情况下可能很长时间才有回报。无论资本投资的时间是长还是短，人们都是通过评价投资未来能创造的价值的现值来进行决策的。

资本预算决策是公司面临的最重要的决策，资本预算决策影响到企业的发展方向、生产能力、新产品开发及新市场的拓广，直接影响到企业的未来成长价值。企业的资本预算决策越成功，则其股票价值就越高。公司如何选择融资方式（资本结构问题），以支持其经营活动，以及管理短期的经营活动（营运资本管理问题），显然是需要考虑的问题，但正是固定资产在决定着公司的经营业务内容。例如，航空公司之所以是航空公司，是因为它们经营的是飞机，而不管其融资从哪里来；无论福特公司采取何种筹资方式，它都是一家汽车制造商。一家企业选择生产何种产品、提供何种服务的行为本身就是资本预算决策。

二、资本预算的步骤与过程

在实际中，一项资本预算方案从预算有了想法到最后实现，大致分为如下步骤。
（1）产生一项预算的创意。
（2）提出项目建议。
（3）审查、评估现有项目和设施。
（4）评价所提出的项目，进行资本预算——提出企业的一套完整资本支出计划。
（5）提交拨款申请。

由于各个公司在一些细节问题的处理上各不相同，使得资本预算步骤也不完全相同。但任何人在进行资本预算时，至少应该包括如下几个步骤。
（1）提交投资项目的建议。
（2）评估所提交的这些项目。
（3）决定接受还是拒绝，或者哪些接受，哪些拒绝。

产生新的投资创意是资本预算中最重要的部分。一家公司的投资创意来自于该组织的各个部门，例如研究和开发部门、管理人员、工厂经理、生产车间经理、战略计划部门等。投资项目的创意，通常还来源于顾客需求以及外部竞争的压力。

三、资本预算项目的分类

资本预算项目按投资的目的，可分为如下几种类型。
（1）新产品型。新产品型投资包括产品的改进、新产品的开发、研发活动等。这类项目是最难评价的一类，由于新产品没有历史资料，又没有投放市场，且整个过程涉及较长时间，市场充满了不确定性，因此对其进行精确的需求预测和投资预算是很难的。
（2）成本节约型。成本节约型投资包括改进生产技术、引进先进生产设备以及进行营销活动。目的是降低生产成本，增加收入，使投资更合理。降低成本的投资不仅要求设备的购置与安装能提高盈利能力，还要求立即投资要优于延期投资。这类投资一般不产生新增或额外的现金流入，其收益源于成本节约。
（3）替换（或维持）现有资产型。替换现有资产型投资包括厂房和设备的更新等。要回答的问题是，企业是否应该替换现有设备以提高生产能力；或者企业是否应该继续现有业务？如果是，那么是否继续使用现有的生产系统？
（4）生产能力扩充型。生产能力扩充型投资包括增添新设备，扩大生产能力。企业必须考虑扩充或添置新设备的经济性,并进行需求预测。一般地,决定是否扩充现有业务比维护性开支或降低成本要困难得多。

(5) 符合法规型。符合法规型又称为必要型,是指企业为符合政府法规在生产安全、员工健康、控制污染及环境保护等方面所需要的投资。通常,这方面发生的费用被视为成本。这类项目的关键问题是如何以最有效的方式(最小的成本现值)来达到标准,而不是如何实现附加在该项目上的价值。

第二节　投资决策中的现金流量

当对资本预算项目进行决策时,企业要评价与项目要求的初始投资相关的未来预期现金流量,目的是发现那些能增加企业价值的项目。

一、现金流量

现金流量(cash flow)是指由于一项投资方案所引起的在未来一定时期内现金流入量和现金流出量的总称。其中,现金收入称为现金流入量,现金支出称为现金流出量。二者的差额称为现金净流量(net cash flow,NCF),或净现金流量。

一般情况下,投资决策中的现金流通常是指现金净流量。而现金流中的现金既可以是各种货币形式,如库存现金、支票、银行存款等,也可以是投资方案所需投入或收回的非货币资产的变现价值或重置成本,如项目所需的厂房、机器设备等。

二、投资决策中为什么使用现金流量

在资本预算决策中,对投资方案进行分析和评价应该以现金流量为依据,原因有以下几方面。

(1) 可以反映货币的时间价值。会计利润是按权责发生制核算的,它与现金流量的含义完全不同。权责发生制是以应收或应付作为收入实现与费用发生的标志,并没有考虑现金收付的实际时间。例如,会计利润中包括应收账款,而企业并没有得到现金,应收账款应在以后某期收回。按货币的时间价值看,其价值与当期收回是有差异的。而投资项目是一个较长时间内资金投放和回收的过程,时间跨度大。在投资决策时,采用现金流量可以充分体现现金收支的时间性。因此,从长期看,收入真正实现的标志是生产经营业务的现金流入而不是应收项目,费用真正发生的标志是生产经营业务的现金流出而不是应付项目。实际的资本预算决策是通过投资项目所创造的价值——净现值(各期现金流的现值之和)与项目的成本进行比较来确定的,净现值的计算就反映了时间价值。

(2) 更能反映影响公司价值的因素。公司真正能够用来再投资的是现金而非利润,一个项目能否实际进行投资,主要取决于企业有无足够的现金支付,而不是取决于在一定时期有无利润。企业当期的利润很大,并不一定有足够的现金进行再支付。长期投资项目的回收期较长,如以没有实际收到现金的收入作为利润的组成部分,可能存在投资收益或利润被高估的现象,具有较大的风险。现金流量具有较大的综合性,折现的现金

流量以一种全面而简明的方式，包括了所有影响公司价值的因素（如时间和风险）。投资者要求的收益率（required rate of return）是投资者愿意进行一项投资的最低回报，它真正反映了预期未来现金流量的风险和收益，反映了时间价值、机会成本、所要求的最低收益率（hurdle rate）等要素。因此，在长期投资决策中，不采用并不稳健的利润，而重视现金流量的取得，通过评价投资项目在未来能创造的现金流量的现值来反映该项目的未来价值，进而进行决策。

（3）可避免会计核算方法的影响。会计利润是收入与费用的差额，而收入和费用的确认在会计上并没有完全统一的标准。关于收入与费用的确认、折旧方法的选择等，都有较大的主观性。不同的会计人员、不同的业务、不同的会计方法，即使是同一项目，所计量和确认的收入与费用也可能不相等。例如，在会计核算时是采用直线折旧法还是加速折旧法、存货计价时是采用先进先出法还是加权平均法等，都会使会计利润有较大不同，依此做出的投资决策也会产生一定的差异。而现金流量以现金实际收付为基础进行确认，不受人为选择的影响，因此用它来评价投资项目的经济性更具客观性和准确性。

三、现金流量的构成

一项投资方案的现金流量，通常包括现金流入量和现金流出量两部分，两部分的差额称为现金净流量或净现金流量（NCF）。

（一）现金流出量

现金流出量是指由于实施某一投资项目而发生的相关现金支出量，具体包括以下项目。

（1）项目的直接投资支出，是指为使项目形成生产能力而发生的各种现金支出，包括固定资产的建造、购入、运输、安装、调试等方面的支出。直接投资支出可能是一次性的，也可能在项目建设中分期支出。

（2）垫付的营运资金，是指投资项目开始运营并形成生产能力后，需要在流动资产上追加的投资。新投资项目投入运营后，扩大了企业的生产能力，原材料、在产品、产成品等流动资产规模也随之扩大，需要追加投入流动资金，以满足正常营运的需要。这些垫付的营运资金一般是在项目开始时支出，在项目结束时一次性收回。但并非所有的投资项目都需要增加流动资金。有的投资项目由于改进了技术，更新了设备，提高了劳动生产率，不但不用增加流动资金，可能还会减少流动资金的占用。

（3）项目的间接投资支出，是指为了保证项目在有效期内正常运营而发生的各种维护性支出。包括为了使机器设备正常运转和使用而对其进行的大修理费用，还包括使操作人员正常、熟练地使用机器设备而进行的人员培训费。此外，还有与项目运营有关的税金支出等。

（二）现金流入量

现金流入量是指由于实施某一投资项目而引起的企业现金流入量，具体包括以下几种。

（1）营业现金流入，是指投资方案实施后，企业形成生产经营能力并通过正常经营所取得的销售收入，扣除为生产产品所发生的付现营运成本后的现金净流入量。由于企业各期的营业利润中已经扣除了折旧、待摊费用等非付现成本，因此营业现金净流量一般通过当期营业利润加上非付现成本而求得。

营业利润是指投资项目实施以后,由于营业收入的增加或营业成本的降低而增加的利润。以项目实施后增加的营业收入扣除因项目实施而增加的营业成本,即形成投资项目的营业利润。有些资本重置型项目,项目实施后由于提高了生产率,节约了原材料和能源,减少人工从而减少了营业成本,则投资项目实施后节约的营业成本就是投资项目的营业利润。营业利润的大小在一定程度上反映了投资项目的经济效益。投资项目的营业利润一般用税前利润。如果考虑到企业所得税的影响,通常用税后净利润来计算现金流入。

非付现成本是指计入当期销售成本,但本期没有支付现金的项目,如固定资产折旧费、递延资产摊销费等,它们都是对前期投资的收回。例如,折旧费在会计上是作为费用核算的,它作为成本的一部分在计算营业利润时进行了扣除。但折旧不是付现成本,也不是实际的现金流出。因此,折旧是对初始投资的回收,应收回的这部分资金也形成了现金流入。

(2)净残值收入,是指投资项目在寿命周期结束时,固定资产出售或报废时残值的变价收入扣除清理费用后的变价净收入。

(3)垫付营运资金的收回。随着固定资产的出售或报废,投资项目终结,生产停止。企业将出售与项目有关的存货、应收账款收回,应付账款不再发生且随之收回。营运资金恢复到原来水平,期初垫付的营运资金在项目结束时可以收回。这也是投资的一项现金流入。

(三)净现金流量

净现金流量是指一定时期内的现金流入量与现金流出量的差额,又称为增量现金流。净现金流量可以逐期计算,也可以整个项目持续计算。在进行资本投资决策时,应考虑不同时期的净现金流量,即计算年净现金流量。用公式表示为

$$年净现金流量 = 年现金流入量 - 年现金流出量 \qquad (13\text{-}1)$$

从整个经济寿命周期看,投资项目一般分为三个阶段:投资阶段、营运阶段和终结阶段。因此,投资项目的净现金流量也可以分阶段计算。

(1)投资阶段。投资阶段的现金流量主要是现金流出量,即在该投资项目上的初始投资,包括固定资产的投资和垫付的营运资金。一般情况下,初始阶段的固定资产投资通常在年内一次性投入(如购买设备)。如果初始投资不是一次性投入(如工程建造),则应把投资归属到各期之中。

(2)营运阶段。营运阶段是投资项目运营的主要阶段,该阶段既有现金流入量,也有现金流出量。现金流入量主要是营运各期的营业收入,现金流出量主要是营运各期的付现成本。

(3)终结阶段。终结阶段的现金流量主要是现金流入量,包括固定资产变价净收入和垫付的营运资金的收回。其中,固定资产变价净收入等于出售或报废资产时的变价收入扣除清理费用后的余额,也可以按清理净损益加账面净值计算。

这样，就可以计算投资项目在不同阶段的净现金流量，用公式表示为

$$\begin{aligned}
&投资阶段净现金流量 = -（初始投资 + 垫付的营运资金）\\
&营业阶段净现金流量 = 营业净现金流入量\\
&终结阶段净现金流量 = 营业净现金流量 + 资产净残值 + \\
&\qquad\qquad 收回的垫付营运资金
\end{aligned} \qquad (13\text{-}2)$$

第三节 现金流量的计算

现金流量的计算主要是指计算一个投资项目各期或整个持续期的净现金流量。在进行资本预算和投资决策时，首先应该对每个备选投资方案实施后可能产生的净现金流量进行测算。在此基础上，根据投资项目决策准则，计算评价投资项目的某些具体指标，进而据此做出选择和决策。

一、现金流量的计算方法

如果考察某一投资项目在整个寿命期内的净现金流量，可以按投资项目的实施阶段分阶段计算，即分别计算投资阶段、营运阶段、终结阶段的净现金流量。这样，投资项目总的净现金流量可以表示为

$$\begin{aligned}
投资项目的净现金流量 = &投资阶段净现金流量 + 营运阶段\\
&净现金流量 + 终结阶段净现金流量
\end{aligned} \qquad (13\text{-}3)$$

如果逐年（期）计算投资项目的净现金流量，可以用式（13-1）来计算。

通常，由于投资阶段的净现金流量就是现金流出量，而且往往在项目初始阶段一次性投入，而终结阶段的净现金流量就是现金流入量，主要是资产变价净收入和垫付的营运资金收回。因此，投资项目净现金流量的计算主要集中在营运阶段净现金流量的计算上，即营业净现金流量的计算。而营业净现金流量通常就是营业现金流入量，因此，一般并不对二者进行严格区分。

营业净现金流量的计算，可以采用两种方法。具体地可根据式（13-4）～式（13-8）来计算。

当不考虑企业所得税时：

$$\begin{aligned}
营业现金流量 &= 营业利润 + 非付现成本（如折旧） \qquad (13\text{-}4)\\
&= （营业收入 - 营业成本） + 非付现成本（如折旧）\\
&= 营业收入 - （营业成本 - 非付现成本）\\
&= 营业收入 - 付现成本 \qquad (13\text{-}5)
\end{aligned}$$

当考虑企业所得税时（这里，用折旧代表非付现成本），可用如下三种方法计算营业现金流量，即式（13-6）、式（13-7）和式（13-8）：

营业现金流量=税后利润+折旧 (13-6)

=（营业收入-营业成本-折旧）×（1-税率）+折旧

=（营业收入-营业成本）×（1-税率）+折旧×税率 (13-7)

=营业收入-付现成本-所得税 (13-8)

从式（13-6）可以看出，折旧等非付现成本是一种成本费用，可以减少当期利润，从而可以减少企业所得税。折旧的这种作用称为折旧抵税。因此，可以通过加大折旧的办法减少企业当期的所得税负担，以达到减税的目的。式（13-7）中的营业成本是付现成本。

在计算各期净现金流量时，为方便计算，如不特殊说明，通常暗含两个假设：一是时点假设，即假设各期现金流量都发生在每期期末；二是全投资假设，即初始投资额是一次性发生项目的开始（期初）。可以通过列表的形式逐年计算，见例13-1。

【例13-1】某计算机公司欲生产一种名为TL的新型个人计算机。预计购买新设备需投资280万元，该设备在7年内采用直线法计提折旧，无残值。预计该新产品每年能以每台5 000元的价格销售4 000台，生产该产品每年的固定成本为310万元（不含折旧），可变成本（含材料、人工、销售费用等）每年为1 500万元。另外，预计在开始时需要垫付220万元营运资金，公司所得税税率为40%。试预测该项目未来的净现金流量。

解 根据前述计算净现金流量的方法和以上资料，可通过列表逐年计算该投资项目的净现金流量，如表13-1所示。

表13-1　TL投资项目现金流量的测算　　　　　　　单位：万元

年份 项目	0	1	2	3	4	5	6	7
销售收入（1）		2 000	2 000	2 000	2 000	2 000	2 000	2 000
固定成本（2）		310	310	310	310	310	310	310
可变成本（3）		1 500	1 500	1 500	1 500	1 500	1 500	1 500
折旧（4）		40	40	40	40	40	40	40
营业利润（5）		150	150	150	150	150	150	150
所得税（40%）（6）		60	60	60	60	60	60	60
净利润（7）		90	90	90	90	90	90	90
营业现金流量（8）		130	130	130	130	130	130	130
投资额（9）	-280							
营运资金变化（10）	-220（垫付）							220（回收）
净现金流量（11）	-500	130	130	130	130	130	130	350

注：（7）=（1）-（2）-（3）-（4）-（6）=（5）-（6）；
（8）=（1）-（2）-（3）-（6）=（7）+（4）=[（1）-（2）-（3）]×0.6+（4）×0.4；
（11）=（8）+（9）+（10）。

【例13-2】 大华公司欲购入一新设备以扩充生产能力。该设备需投资1 200万元,另需在第一年垫付营运资金300万元。采用直线法计提折旧,设备使用寿命为5年,5年后残值为200万元。预计5年中每年的销售收入为800万元,付现成本第一年为300万元,以后随着设备消耗,每年将增加大修理费40万元。设公司所得税税率为40%。试预测该投资方案的净现金流量。

解 首先计算每年的折旧额=(1 200−200)/ 5 = 200(万元)。

根据所给资料,可通过列表计算该投资项目各年的净现金流量,如表13-2所示。

表13-2 大华公司投资项目现金流量的测算　　　　　　　　　　单位:万元

年份 项目	0	1	2	3	4	5
销售收入(1)		800	800	800	800	800
付现成本(2)		300	340	380	420	460
折旧(3)		200	200	200	200	200
营业利润(4)		300	260	220	180	140
所得税(40%)(5)		120	104	88	72	56
净利润(6)		180	156	132	108	84
营业现金流量(7)		380	356	332	308	284
投资额(8)	−1 200					
营运资金变化(9)	−300(垫付)					300(收回)
固定资产残值(10)						200
净现金流量(11)	−1 500	380	356	332	308	784

注:这里假设设备的残值收入不缴所得税。

例13-3为资本预算项目的另一个类型——成本节约型。

【例13-3】 假设一家公司正考虑用自动化设备进行生产以节省人工成本。该项目需要投资200万元购买一台新的生产设备。预计项目实施后,每年能节约人工成本70万元。假定该设备的寿命周期为5年,采用直线法折旧,无残值。如果公司目前的销售收入为每年500万元,人工成本为每年100万元,其他现金费用为每年200万元,原来设备的折旧额为每年100万元。如果公司所得税税率为33%,该项目值得投资吗?

解 可以通过计算投资导致的增量现金流量来判断该项目是否值得投资。假设采用新的生产设备后销售收入和其他现金费用不变,表13-3给出了该项目投资与否的现金流量。

表13-3 投资与不投资该项目的现金流量　　　　　　　　　　单位:万元

方案 项目	不投资/每年 (1)	投资/每年 (2)	投资导致的差额/每年 (3)
销售收入(1)	500	500	0
人工成本(2)	100	30	−70
其他现金费用(3)	200	200	0
折旧(4)	100	140	40

续表

项目 \ 方案	不投资/每年 (1)	投资/每年 (2)	投资导致的差额/每年 (3)
营业利润（5）	100	130	30
所得税（33%）（6）	33	43	10
净利润（7）	67	87	20
营业现金流量（8）	167	227	60
净现金流量（9）	167	227	60

在表 13-3 中的列（3）=列（2）-列（1）。也可以理解为，节约的人工成本实际上相当于销售收入的增加。因此，本例中即使没有销售收入、人工成本和其他现金费用等数据，最后一列投资导致的差额对应的现金流也可以直接算出：营业利润=0-(-70)-40=30 万元；所得税=30×33%≈10 万元；净利润（税后利润）=30-10=20 万元；营业净现金流量=20+40=60 万元。根据表中的计算，该项目如果投资，需要初始投资 200 万元。在之后的 5 年，每年将有 60 万元的净现金流入，其中 20 万元是增加的净利润，40 万元是每年的折旧费。如果不考虑时间价值，该项目的净现金流量合计为 100 万元（60×5-200）。

如果考虑时间价值，例如按 10%的折现率计算，可得到该项目各年的税后净现金流量的现值如表 13-4 所示。

表 13-4　各年税后净现金流量现值　　　　　　　　　　单位：万元

项目 \ 年份	0	1	2	3	4	5
净现金流量	-200	60	60	60	60	60
现金流量的现值	-200	54.54	49.59	45.08	40.98	37.26

因此，得到该项目的净现金流量的累计现值为 27.45 万元（-200+54.54+49.59+45.08+40.98+37.26），意味着节约的人工费用要比 200 万元初始投资多出 27.45 万元。这是采纳该项目使公司价值增加的那部分价值，该项目值得投资（是否投资与用的折现率有关）。

二、计算现金流量时应注意的问题

资本预算的目的是分析企业在采纳某一投资项目与不采纳该项目之间的现金流差异，因而投资决策所考虑的现金流应该是"增量现金流量"概念。基于投资决策的现金流量具有如下特征：①是现金流量而不是会计收益；②是营业性现金流量而不是融资性现金流量；③是税后现金流量而不是税前现金流量；④是增量现金流量。因此，在计算投资项目的净现金流量时，应注意如下几个问题。

（1）项目实施后对企业现金流量的影响。对企业而言，当接受某一投资项目后，除了该项目本身产生的现金流量以外，还会影响到企业其他部门、其他项目的现金流量。一方面，新投资项目的实施，可能使企业原有项目的现金流量减少；另一方面，新投资项目的实施，也可能为企业带来附带的现金流量。

（2）忽略沉淀成本的影响。沉淀成本是指过去已经发生而不会影响当前行为或将来决策的无法收回的成本支出。由于沉淀成本是在过去发生的，它不因接受或放弃某个项目的决策而改变，因而它是不相关的现金流量，不属于增量现金流量。所以，在投资项目决策时不应考虑这类成本。

（3）不考虑财务成本。通常，在分析和评价投资项目的现金流量时，将投资决策和融资决策分开，假设全部投资都是企业的自有资金，即全投资假设。即使企业投资所需要的资金是通过发行债券或借款等筹集，与融资有关的费用和利息支出以及债务偿还等也不作为投资项目的现金流出量。项目的资本成本是暗含在未来现金流量的折现之中的，如果该项目具有正的净现值，则其产生的现金流入超过该公司的资本成本，即在补偿了资本成本之后还有剩余收益。不考虑财务成本的真正原因，是在对投资项目的现金流量进行折现时，所采用的折现率已经反映了项目的融资成本。

（4）考虑机会成本。机会成本是指一种资源用于一种用途而放弃的在其他用途上的最大价值。它是一个经济学概念，反映了资源的稀缺性和人们进行某种选择的代价。对于投资项目而言，如果投资于某一个项目，就放弃了投资于其他项目的机会，而投资于其他项目可能产生的现金流量就是投资于这个项目的机会成本。在进行投资决策时不能忽视机会成本。

（5）考虑营运资金变动的影响。当企业的投资项目开始运营并形成生产能力后，由于销售量增大，对存货、应收账款等流动资金的需求量也将增加，企业需要追加投入流动资金。增加的营运资金在项目开始时支出，在项目的寿命期内持续使用，在项目终结时可以收回，作为期末的现金流入量。因此，在投资决策时，必须考虑营运资金变动的影响。

（6）考虑风险因素和通货膨胀的影响。风险是投资决策必须要考虑的因素，投资决策必须依据"风险—收益相匹配"的原则，风险较大的项目，必然要求有较高的回报；要获得较高的收益，必须承担相应的较大风险。在对一个存在风险的投资项目的现金流量进行估价时，要做的调整就是确定一个与投资项目风险相对应的较高的折现率。

在实际的资本预算决策中，通货膨胀是不可忽视的因素。在对现金流量进行折现的过程中，所用的折现率反映了项目所要求的最低收益率，它往往与利率水平相对应。如果折现率是以名义利率的形式给出的，则被折现的现金流量也是名义的现金流量；如果折现率是以实际利率的形式给出的，则被折现的现金流量就是实际的现金流量。

在存在通货膨胀情况下，通胀因素和时间因素共同影响货币的真实价值，现金流现值因此会受到影响。名义利率与实际利率和通货膨胀率之间的关系见第三章第一节。在计算投资项目的净现值时，所采用的折现率就必须考虑到通货膨胀因素。

【例13-4】设某投资项目的现金流量表如表13-5所示，通货膨胀率为5%，贴现率为10%。用净现值法判断是否采用此方案。

表13-5 投资项目的现金流量表

年 份	0	1	2	3	4	5
净现金流量	（50 000）	14 000	14 000	14 000	14 000	14 000

(1) 不考虑通货膨胀情况下，用名义资本成本率（折现率）计算名义现金流：

$$NPV^{(1)}=14\,000\times(PV_A,10\%,5)-50\,000=3\,074（元）$$

由于方案的净现值大于零，故可采用此方案。

(2) 考虑通货膨胀情况下，用实际资本成本率（折现率）计算实际现金流，即将通货膨胀率加入到折现率中（名义折现率=名义利率=实际折现率+通货膨胀率=10%+5%=15%）：

$$NPV^{(2)}=14\,000\times(PV_A,15\%,5)-50\,000=14\,000\times(3.352)-50\,000=-3\,072（元）$$

此时方案的净现值小于零，必须放弃该方案。

从以上计算可知，由于有了通货膨胀因素的影响，有时一个本来可以接受的方案将变得无法接受了。所以在实际投资决策中，必须考虑到通货膨胀因素的影响。

在本章最后，对资本预算决策的步骤做进一步总结如下。

- 提出与公司战略目标相一致的投资方案（项目）。
- 估计投资项目未来的税后增量营业现金流量。
- 预测投资项目的增量现金流量。
- 确定对未来现金流量进行折现的必要收益率（资本成本）。
- 计算未来现金流量的现值。
- 依据某种标准选择投资项目（如项目的净现值与成本的比较）。
- 继续评估修正后的投资项目，审计已完成的投资项目。

而关于投资决策的具体方法，将在第十四章中具体介绍。

 本章小结

1. 资本预算是提出企业长期资本投资方案，并进行分析、选择的过程。资本预算的关键步骤至少应包括：提交投资项目的建议；评估这些项目；决定哪些接受，哪些拒绝。

2. 资本预算涉及的类型包括新产品型、成本节约型、替换（或维持）现有资产型、生产能力扩充型、符合法规型。

3. 现金流量是指由于一项投资方案所引起的在未来一定时期内现金流入量和现金流出量的总称。在资本预算中，采用现金流量可以反映货币的时间价值，更能反映影响公司价值的因素，可避免会计核算方法的影响。

4. 投资项目的现金流量包括现金流出量、现金流入量和净现金流量。现金流出量包括项目的直接投资支出、垫付的营运资金、项目的间接投资支出；现金流入量包括营业现金流入、净残值收入、垫付营运资金的收回；净现金流量是指一定时期内的现金流入量与现金流出量的差额，又称为增量现金流量。

5. 投资项目在整个寿命期内的净现金流量，可按投资项目的实施阶段分阶段计算。即投资项目的净现金流量=投资阶段净现金流量+营业阶段净现金流量+终结阶段净现金流量。

6. 投资项目净现金流量的计算主要是营业净现金流量的计算。当考虑企业所得税时，营业净现金流量有三种计算方法，即式（13-6）、式（13-7）和式（13-8）。

7. 在计算投资项目的净现金流量时，应注意如下问题：① 项目实施后对企业现金流的影响；② 忽略沉淀成本的影响；③ 不考虑财务成本；④ 考虑机会成本；⑤ 考虑营运资金变动的影响；⑥ 考虑风险因素和通货膨胀的影响。

复习思考题

1. 什么是资本预算？资本预算的一般步骤是什么？
2. 在投资决策中为什么要使用现金流量？
3. 什么是沉淀成本和机会成本？
4. 如何理解折旧的抵税效应？折旧方法对投资项目的净现金流量有何影响？
5. 在计算投资项目的净现金流量时，应注意哪些问题？

练习题

1. FAN 公司正在考虑引进一种新的自动化生产系统。公司收集到的信息如下：采用新的自动化方案每年可以减少劳动力成本 15 万元；购买新设备需花费 50 万元；采用直线折旧法折旧，设备使用期为 4 年，4 年后设备残值为 5 万元；如果购买新设备，每年的维修成本将增加 6 000 元；公司所得税税率为 40%。计算：该投资项目的净现金流量。

2. 远大公司欲购入一新设备以扩充生产能力。现有甲、乙两个方案可供选择：① 甲方案购买设备需投资 20 000 元，使用寿命为 5 年，采用直线法计提折旧，5 年后无残值。预计 5 年中每年销售收入为 8 000 元，每年的付现成本为 3 000 元。② 乙方案购买设备需投资 24 000 元，另需在第一年垫付营运资金 3 000 元。也采用直线法计提折旧，设备使用寿命也是 5 年，5 年后残值为 4 000 元。预计 5 年中每年销售收入为 10 000 元，付现成本第一年为 4 000 元，以后随着设备消耗，每年将增加大修理费 200 元。假设公司所得税税率为 40%。计算：两个投资方案的净现金流量，并比较哪个方案更值得投资。

3. 某公司考虑更新改造一条生产线，投资项目需 4 年建成，每年需投入 30 万元，共投入 120 万元。项目建成投产后，生产一种新产品。为满足正常经营需要，须在投产前一年垫付营运资金 40 万元。预计该新产品销售后每年可获利润 20 万元。该生产线使用年限为 6 年，使用第 3 年需大修理费用 36 万元，并在以后 3 年分摊。固定资产使用期满后，估计残值收入为 6 万元。项目期满后可收回垫付的营运资金。计算：该投资项目的净现金流量。

4. 一家公司正考虑投资 1 000 万元购买一种自动化设备。该设备的使用寿命为 4 年，预计每年能为公司节省人工成本 400 万元。假设公司所得税税率为 40%，并采用直线法计提折旧，4 年后无残值。计算：

（1）如果投资于该设备，则 1～4 年的税后（增量）现金流量是多少？

（2）如果公司所要求的最低收益率为 15%，该项目是否值得投资？

第十四章 投资决策的方法

本章学习目标

- 理解和掌握各种投资决策方法的基本思想和决策准则。
- 能够计算投资项目的投资回收期、内部收益率、净现值、平均会计收益率、获利指数。
- 理解各种投资决策方法的优缺点,了解用各种方法进行投资决策时,所得到的结论在什么情况下一致,在什么情况下不一致。
- 理解常规项目、非常规项目、独立项目、互斥项目的含义,能够计算互斥项目的增量现金流量、增量的 NPV、增量的 IRR、增量的 PI。
- 能够综合运用各种方法对具体的投资项目进行评价和决策。
- 能够用 Excel 计算投资项目的回收期、净现值、内部收益率、修正的内部收益率,会用 Microsoft Excel 或 Word 画净现值曲线。

第一节 净现值(NPV)法

当获得了投资项目的未来现金流量后,为了使它们与初始投资具有可比性,必须计算它们的现值,即以适当的折现率(项目所要求的收益率)对未来现金流量进行折现,得到未来现金流量的现值。将它与项目的成本,即初始投资进行比较,以此来判断该项目能否为企业创造价值。

一、净现值(NPV)法的基本思想

净现值(Net Present Value,NPV)是指某个投资项目的未来净现金流量的现值与项目初始投资额之间的差额。用公式表示为

$$\text{NPV} = \sum_{t=1}^{n} \frac{CF_t}{(1+k)^t} - I_0 = \sum_{t=0}^{n} \frac{(CI-CO)_t}{(1+k)^t} \tag{14-1}$$

其中,CF_t 为第 t 年的净现金流量;CI_t、CO_t 分别为第 t 年的现金流入量和现金流出量;I_0 为项目的初始投资额。

根据式（14-1），NPV 等于所有各期（包括初始投资期）未来净现金流量的现值之和，因此，有时又称为累计净现值。

NPV 法的决策准则：① 对于单个方案，如果投资项目的 NPV 为正，则接受；如果 NPV 为负，则不接受。② 对于多个方案的比较，选择 NPV 较大的投资项目。

简单地表述为：单个方案只接受净现值为正的投资项目，即只有未来现金流的现值大于初始投资额的项目才是可以接受的；而如果是多个方案比较，则选择净现值大的项目。

二、NPV 法的特点

NPV 法是最常见的投资决策准则，该方法不仅被广泛使用，并具有很强的适用性，而且也非常直观。净现值法具有如下特点。

（1）NPV 在计算过程中使用了现金流量。

（2）NPV 包含了项目各期的全部现金流量。

（3）NPV 对各期现金流进行了适当的折现，通常是以项目所要求的最低收益率或资本成本作为折现率。

NPV 法的优点主要体现在以下方面。

（1）它把未来各期的净现金流量进行了折现，考虑了货币的时间价值。

（2）它通常以项目所要求的最低收益率或资本成本作为折现率，考虑并强调了项目的机会成本。

（3）它考虑了项目的风险因素。因为如果某项目存在较大的风险，那么可以找一个存在类似风险、与该项目同类的股票，以该股票的预期收益率（通过 CAPM 得到）作为该项目的折现率。

（4）NPV 法简明直观、易于理解、适用性强。

NPV 法也存在一些缺点，主要表现在如下几点。

（1）计算 NPV 时所采用的折现率没有明确的标准，具有一定的主观性。如果两个方案采用不同的折现率计算 NPV，结论可能会不相同。即使是同一个项目，采用相差不大的两个折现率计算 NPV，结论也可能会截然相反。

（2）在比较不同的投资方案时，如果各方案的初始投资额不同，有时就难以做出正确的决策。

（3）在对寿命期不同的各投资方案进行比较时，单纯依据 NPV 是否为正，或者比较 NPV 的大小来进行决策，可能也难以决策。例如，某一项目 NPV 较小，但其寿命期很短；而另一项目尽管 NPV 较大，但其寿命期却很长。这时该如何决策呢？

三、NPV 的计算

根据式（14-1）和决策准则，要估计一个投资项目的 NPV，必须估计或确定如下几个关键的量：① 项目未来的现金流有多大？发生时间有多长？② 用来折现的适当的折现率是多大？③ 投资项目的初始成本是多少？以此为基础，可计算该投资项目的净现值。

采用 NPV 法进行投资决策的一般步骤如下。

(1) 测算或估计投资方案各期的现金流入量和现金流出量。

(2) 计算该投资方案各期的净现金流量。

(3) 选择适当的折现率,通常是以资本成本或项目所要求的最低收益率为依据。

(4) 以选定的折现率对投资方案各期的净现金流量进行折现。

(5) 计算投资项目的净现值(NPV),即对上一步的各期净现金流量的现值(包括初始投资)进行加总,得到(累计)净现值。

(6) 依据 NPV 准则做出决策。

在投资决策过程中,对某一项目净现值的具体计算,通常可采用两种办法:(1) 在计算投资项目净现值的基础上,通过列表的形式逐步计算 NPV。(2) 应用 Excel 电子表格来计算,详细操作见本章附录。

【例 14-1】一家公司正考虑投资 1 000 万元购买一种自动化设备。该设备的使用寿命为 4 年,预计每年能为公司节省人工成本 400 万元。假设公司所得税税率为 40%,并采用直线法计提折旧,4 年后无残值。计算:

(1) 如果投资于该设备,则第 1 年至第 4 年的税后净现金流是多少?

(2) 如果公司所要求的最低收益率为 15%,该项目是否值得投资?

(3) 如果公司所要求的最低收益率为 10%,该项目是否值得投资?

解 仍通过列表的形式逐年计算该投资项目的净现金流量,然后分别按 15% 和 10% 的折现率对净现金流量进行折现,最后得到该项目在不同折现率下的两个净现值 NPV_1 和 NPV_2,如表 14-1 所示。

表 14-1 投资项目的现金流量及净现值　　　　　　　　　　　单位:万元

年份 项目	0	1	2	3	4
节约的人工成本(1)		400	400	400	400
折旧(2)		250	250	250	250
营业利润(3)		150	150	150	150
所得税(40%)(4)		60	60	60	60
净利润(税后)(5)		90	90	90	90
营业现金流量(6)		340	340	340	340
初始投资(7)	-1 000				
净现金流量(8)	-1 000	340	340	340	340
净现金流现值($k=15\%$)(9)	-1 000	295.65	257.09	223.56	194.40
净现值 1(NPV_1)(10)	-29.31				
净现金流现值($k=10\%$)(11)	-1 000	309.09	280.99	255.45	232.22
净现值 2(NPV_2)(12)	77.75				

注:这里并没有给出销售收入和成本的具体数值,而是把节约的人工成本视为增加的销售收入。因此,(3) = (1) − (2);(5) = (3) − (4);(6) = (5) + (2) = (1) − (4);(8) = (6) + (7);(9)是(8)按 15%折现率计算的相应各期的折现值;(11)是(8)按 10%折现率计算的相应各期的折现值。

从表 14-1 中可见，当折现率（所要求的收益率）为 15%时，该项目的 NPV = -29.31 万元，此时不接受该项目。而当折现率（所要求的收益率）为 10%时，该项目的 NPV = 77.75 万元，此时接受该项目。

此例说明，运用 NPV 准则进行投资决策时，是否接受投资方案取决于所采用的折现率。从这个意义上说，当充分考虑到项目的机会成本和风险等因素时，一般会提高所要求的收益率（折现率），这样就对项目的投资回报提出了更高要求。

第二节 投资回收期法

一般来说，企业投资于任何项目，都会有一定的风险。因此，企业自然会关心收回初始投资所需要的时间的长短，企业都希望以尽可能短的时间收回初始投资。所谓的投资回收期（payback period）是指以投资项目的未来现金流量收回初始投资所需要的时间，即当累计净现金流量等于初始投资额时所需要的时间。投资回收期法是用项目回收初始投资的速度来衡量投资方案的一种方法。按照对未来现金流是否折现来划分，投资回收期可分为静态投资回收期和动态投资回收期。

一、静态投资回收期

静态投资回收期（static payback period，SPP）是指从项目投建之日起，用项目各年的未折现的现金流将全部投资收回所需要的时间。用公式表示为

$$P_t = (T-1) + \frac{第(T-1)年的累计净现金流量的绝对值}{第T年的净现金流量} \quad (14\text{-}2)$$

其中，P_t 为投资回收期；T 为累计净现金流量开始出现正时的年数。

例如，在例 14-1 中，各年的净现金流量以及累计净现金流量如表 14-2 所示。

表 14-2 投资项目的累计净现金流量　　　　　　　　　　单位：万元

年份 项目	0	1	2	3	4
净现金流量	-1 000	340	340	340	340
累计净现金流量	-1 000	-660	-320	20	360

则根据式（14-2），该项目的静态投资回收期为

$$P_t = (3-1) + |(-320)|/340 = 2.94（年）$$

由于静态投资回收期没有考虑货币的时间价值，因此，可直接用初始投资额除以每年的净现金流量计算项目的投资回收期。例如，在本例中，$P_t = 1\,000/340 = 2.941$ 年。但这种方法一般只适用于每年现金流量相等时的情况。对于更一般的情况，即每年净现金流量不等时，则应该用式（14-2）求投资回收期。

二、动态投资回收期

动态投资回收期（dynamic payback period）是指以投资项目各期已折现的现金流量将全部投资收回所需的时间，即以投资项目所产生的未来现金流量的现值足以抵补初始投资所需要的时间，又称为折现的投资回收期（discounted payback period，DPP）。用公式表示为

$$P_t = (T-1) + \frac{第(T-1)年累计净现值的绝对值}{第T年的净现金流现值} \quad (14\text{-}3)$$

其中，P_t 为投资回收期；T 为累计净现值开始出现正时的年数。

仍以例 14-1 为例。当折现率为 10%时，各年的净现金流量及其现值和累计净现值如表 14-3 所示。

表 14-3　投资项目的净现金流量的现值与累计净现值　　　　　　　　单位：万元

年份 项目	0	1	2	3	4
净现金流量	-1 000	340	340	340	340
净现金流量现值（k=10%）	-1 000	309.09	280.99	255.45	232.22
累计净现值	-1 000	-690.91	-409.92	-154.47	77.75

则根据式（14-3），该项目的动态投资回收期为

$$P_t=(4-1)+ |(-154.47)| /232.22 = 3.67 \text{ 年，即 3 年零 8 个月。}$$

动态投资回收期考察的是净现金流量的现值，因此它考虑了货币的时间价值。一般所说的投资回收期法，通常指的是动态投资回收期，而非静态投资回收期。

三、投资回收期的决策准则

无论是静态投资回收期法还是动态投资回收期法，考察的都是项目投资的回收速度。因此，它们遵循同样的决策准则。

投资回收期法的决策准则：① 对于单个方案，当投资回收期小于等于设定的期限时，接受该方案；当投资回收期大于设定的期限时，则拒绝该方案。② 当多个方案比较时，选择投资回收期较短的投资项目。

【例 14-2】 假设有 A、B 两个投资方案。初始投资额均为 10 万元，项目寿命期均为 5 年。预期 A 方案在未来 5 年中每年的净现金流量为 3 万元；B 方案在未来 5 年中的净现金流量分别为 5 万元、4 万元、3 万元、2 万元、1 万元。如果项目所要求的收益率为 10%，试根据投资回收期准则决定应该选择哪个项目。

解　这里用动态投资回收期法。通过列表的形式，将 A、B 两个方案的净现金流量、净现金流量的现值（折现率为 10%），以及累计净现值列于表 14-4 中。

表 14-4　A、B 两个投资方案的净现金流现值与累计净现值　　　　单位：万元

方案	年份	0	1	2	3	4	5
A	净现金流量	-10	3	3	3	3	3
	净现金流量现值	-10	2.73	2.48	2.25	2.05	1.86
	累计净现值	-10	-7.27	-4.79	-2.54	-0.49	1.37
B	净现金流量	-10	5	4	3	2	1
	净现金流量现值	-10	4.55	3.31	2.25	1.37	0.62
	累计净现值	-10	-5.45	-2.15	0.11	1.47	2.09

则根据式（14-3），A 方案的投资回收期为

$$P_A = (5-1) + |(-0.49)|/1.86 = 4.26 \text{（年）}$$

B 方案的投资回收期为

$$P_B = (3-1) + |(-2.15)|/2.25 = 2.96 \text{（年）}$$

因此，根据投资回收期准则，应选择 B 方案。

从表 14-4 的累计净现值数据中可以看出，A 方案的净现值为 1.37 万元；而 B 方案的净现值为 2.09 万元。因此，如果根据 NPV 准则决策，也应该选择 B 方案。

四、投资回收期法的优缺点

投资回收期法的优点主要体现在以下方面。

（1）考察初始投资的回收速度，易于理解，通常成为投资者十分关注的问题。

（2）由于根据投资回收期的长短来衡量项目的优劣，因此该方法实际上与项目的风险联系起来。投资回收期越短，风险也相对越小。

（3）它关注项目各期净现金流及其现值的产生速度，因此更偏向于短期项目，即更关注投资项目的流动性。换句话说，回收期法偏向于那些能够很快收回现金并转作他用的投资项目，这对小企业或小型项目具有重要意义。

投资回收期法也存在明显的缺点，主要表现在以下方面。

（1）该方法只关注投资回收期以前的现金流量的大小及回收情况，忽视了项目在投资回收期以后的现金流量的大小及其影响。有的投资项目可能在回收期之内产生了较大的现金流量，而在回收期以后产生的现金流量则很小；也有的投资项目在回收期之内产生的现金流量可能不大，而在回收期以后却产生了较大的现金流量。因此，投资回收期长的项目并不一定比回收期短的项目差。

（2）最低可接受标准（设定的期限）的确定具有一定的主观任意性。例如，如果要求投资回收期必须在 3 年以内，依据是什么？投资回收期为 3.05 年的项目就一定应该被拒绝吗？再如，即使在初始投资额和折现率都相同的情况下，投资回收期为 3.05 年的项目，是否就意味着一定不如投资回收期为 2.95 年的项目呢？

（3）对于投资额较大的长期投资项目，单纯依据投资回收期的长短来衡量该项目是否应该接受，可能导致错误的结果，因为某些投资额巨大的长期投资项目往往具有特

殊的社会意义和经济意义。如果单纯强调投资回收期的长短，则可能被拒绝。因而，投资回收期准则不利于长期项目决策，如研究与开发项目、大型公共工程项目等。

（4）当投资项目的净现金流量频繁变化或复杂变化时，可能存在找不到投资回收期或有多个投资回收期的情况，特别是当项目的寿命期较长或者未来面临较大的不确定性时。

（5）静态回收期法忽视了货币的时间价值，因此，依据静态回收期法所接受的项目，其净现值可能是负的。

第三节 内部收益率（IRR）法

在计算投资项目的净现值时，是以项目所要求的最低收益率（资本成本）作为折现率计算的。由于项目未来现金流量的风险与不确定性，所要求的最低收益率（资本成本）与实际可能达到的收益率（即预期收益率）可能并不一致。内部收益率法是一种以投资项目的预期收益率是否大于所要求的收益率来衡量项目是否应该接受的决策分析方法。

一、内部收益率法的基本思想

内部收益率（Internal Rate of Return，IRR）是指使净现值等于零时的折现率，又称为内部收益率或内含收益率等。一个投资项目的内部收益率意味着在考虑货币时间价值的基础上，到项目终结时，以各期净现金流量的现值恰好收回初始投资，此时净现值为零。这个使净现值等于零的折现率，就是该投资方案实际可能达到的收益率，即预期收益率。

之所以称为内部收益率，是从它仅仅取决于特定投资项目的现金流量这个意义上而言，它不受资本市场利率的影响，是每个项目的完全内生变量，而非其他方面的比率。

内部收益率决策准则：① 对于单个投资方案，当 IRR 大于等于所要求的收益率时，接受该方案；当 IRR 小于所要求的收益率时，拒绝该方案。② 当多个投资方案比较时，选择 IRR 最高的项目。

对单个投资项目来说，IRR 决策准则的实质是投资项目的预期收益率是否超过了所要求的收益率（必要收益率），即投资是否创造价值。

应用 IRR 准则进行投资决策，具有重要的实际意义：IRR 不仅反映了货币的时间价值，还反映了投资的最低回报要求，以及投资机会成本的思想。

二、内部收益率（IRR）的计算

根据 IRR 的定义，可以通过如下基本公式求解 IRR：

$$\text{NPV} = \sum_{t=0}^{n} \frac{(CI_t - CO_t)}{(1+\text{IRR})^t} = 0 \Rightarrow \text{IRR} = ? \tag{14-4}$$

或者
$$\text{NPV} = \sum_{t=1}^{n} \frac{\text{NCF}_t}{(1+\text{IRR})^t} - I_0 = 0 \Rightarrow \text{IRR} = ? \qquad (14\text{-}5)$$

从数学上看，当时期 $n \geqslant 3$ 时，式（14-4）和式（14-5）都是高次方程。因此，求解 IRR 的过程就变得较为复杂，很难恰好找到使 NPV 等于零的折现率。需要不断"试错"，逐步寻找使 NPV 趋于零时所对应的折现率。在具体计算 IRR 时，通常有两种方法：一种是迭代法，另一种是通过 Excel 电子表格及其函数功能，详见本章附录。这里只介绍迭代法。

应用迭代法求解 IRR 的步骤如下所示。

步骤 1：任取一个 R_1，计算对应的 NPV_1。
步骤 2：若 $\text{NPV}_1<0$，则取 $R_2<R_1$；若 $\text{NPV}_1>0$，则取 $R_2>R_1$。
步骤 3：计算 R_2 对应的 NPV_2，若 $\text{NPV}_2<0$，则取 $R_1<R_2$；若 $\text{NPV}_2>0$，则取 $R_1>R_2$。
步骤 4：继续步骤 2，直到 R_1 和 R_2 所对应的 NPV 出现一正一负。
步骤 5：检验 $|R_2-R_1| \leqslant 2\%$？若 $|R_2-R_1| \leqslant 2\%$，进行下一步；否则，继续步骤 2。
步骤 6：用下面的线性插值公式计算 IRR：

$$\text{IRR} = R_1 + \frac{|\text{NPV}(R_1)|}{|\text{NPV}(R_1)| + |\text{NPV}(R_2)|}(R_2 - R_1) \qquad (14\text{-}6)$$

【例 14-3】假设某公司有一个投资机会，公司所要求的收益率（资本成本）为 12%，项目的预期未来净现金流量如表 14-5 所示。

表 14-5 某公司投资项目的预期未来净现金流量　　　　　　　　　　单位：万元

年　份	0	1	2	3	4
净现金流量	−800	300	300	300	150

问：该项目的内部收益率是多少？按 IRR 准则，该项目是否可以投资？

解 根据式（14-4）或式（14-5），计算 IRR 的基本表达式为

$$0 = -800 + \frac{300}{(1+\text{IRR})^1} + \frac{300}{(1+\text{IRR})^2} + \frac{300}{(1+\text{IRR})^3} + \frac{150}{(1+\text{IRR})^4}$$

按上述迭代法步骤，计算 IRR 的过程如下：
首先不妨取 $R_1 = 10\%$，计算对应的 $\text{NPV}_1 = 48.51 > 0$。
接着取 $R_2 = 12\%$，得对应的 $\text{NPV}_2 = 15.88 > 0$。
再取 $R_1 = 14\%$，得对应的 $\text{NPV}_1 = -14.70 < 0$。
由于 $\text{NPV}_1<0$，$\text{NPV}_2>0$，且 $|R_2 - R_1| \leqslant 2\%$，故停止迭代。应用式（14-6）可得

$$\text{IRR} = 14\% + \frac{|-14.70|}{|-14.70| + |15.88|} \times (12\% - 14\%) = 13.04\%$$

由于 IRR = 13.04% > 12%（所要求的收益率），故根据 IRR 决策准则，该项目可以接受。

NPV 与 IRR 的关系可通过式（14-4）表示，即 NPV 是折现率的函数。显而易见，在正常情况下，随着折现率的增大，NPV 逐渐变小。如果把 NPV 随折现率变化的关系画出来，用纵轴表示 NPV，用横轴表示折现率，就得到一条 NPV 曲线的图形，称为净现值曲线图（NPV Profile），如图 14-1 所示。而 IRR 正是 NPV 曲线与横轴的交点。

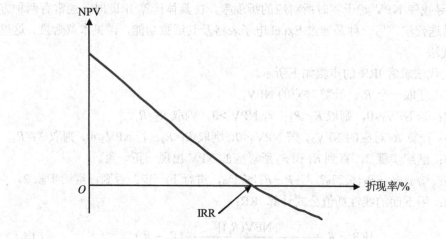

图 14-1 净现值与折现率

从图 14-1 中可以看出，当折现率小于 IRR 时，净现值大于零；当折现率大于 IRR 时，净现值小于零。如果以项目所要求的（最低）收益率为折现率，那么当投资项目的 IRR 大于所要求的收益率时，就接受该项目，这意味着接受了一个净现值为正的项目。从这个意义上讲，IRR 法与 NPV 法是一致的。

三、内部收益率法的优缺点

在对 IRR 法进行评价之前，先对投资项目进行简单区分。

根据项目的现金流量变化情况，投资项目可分为常规项目和非常规项目。常规项目（conventional project）是指那些只有一期初始现金流出，随后是一期或更多期的预期未来现金流入的项目。非常规项目（no-conventional project）是指那些各期的净现金流量的符号变化两次以上（如现金流依次为负、正、负）的项目。有些项目要求在获得现金流入后必须再注入一些现金，例如采矿业中的露天开采。这类项目的第一阶段需要投资勘探和开掘；第二阶段开采并获得影响的利润；但到第三阶段就必须追加投资以开垦土地和满足环保需要，这个阶段的现金流量就是负值。

按项目的投资决策是否受其他项目影响，可分为独立项目和互斥项目。独立项目（independent project）是指能够不受其他项目投资决策的影响而进行选择的项目，即该项目的接受既不要求也不排斥其他的投资项目。互斥项目（mutually exclusive project）是指若接受一个项目就不能投资于另一个项目，即在各潜在的投资项目中，只能选择一个项目。

内部收益率法的主要优点包括以下几点。

（1）内部收益率是应用广泛的建立在折现的现金流量基础上的投资准则，它具有同 NPV 相类似的特点，也反映了时间价值和机会成本的思想。对常规项目，用 IRR 法通常会得到与 NPV 法相同的结论。

（2）内部收益率反映了投资项目可能达到的收益率（预期收益率），它用一个数字就能概括出一个复杂投资项目的特性。通过这一简单扼要的收益率，人们就可以方便地对项目进行分析评价。因此，内部收益率容易理解和便于沟通，在实践中经常被管理部门使用。

（3）对于某些项目，当人们无法估计 NPV 时（由于不知道适当的折现率，即不知道项目所要求的收益率），可以对 IRR 进行估计，据此进行决策。

内部收益率法的缺点主要表现在以下几方面。

（1）非常规项目的多重 IRR 问题。从数学角度看，IRR 是现金流量的现值公式的根，即 IRR 是高次方程式（14-5）（$n \geq 2$ 时）的根。对于常规项目，由于它只有一期初始现金流出，而随后各期的净现金流量均为正，故它只有一个内部收益率。但对于非常规项目，由于每期的净现金流量的符号变化两次以上，故式（14-5）应有两个以上的根，即非常规项目可能有多重 IRR（Multiple IRRs）。这将使决策者无法判断应该选择哪一个作为衡量标准。

【例 14-4】新时代公司正在考虑一个生产和销售消费品的投资项目，其最低可接受的收益率为 12%，项目存续期为 4 年。4 年中的现金流量如表 14-6 所示。由于要申请一个注册商标，故在第 4 年年末需要支付 220 万元。计算：该项目的内部收益率。

表 14-6　新时代公司的现金流量　　　　　　　　　　　　　　　单位：万元

年　份	0	1	2	3	4
净现金流量	-100（初始投资）	80	100	130	-220

解　根据 NPV 的计算公式，得该项目的 NPV 曲线如图 14-2 所示。

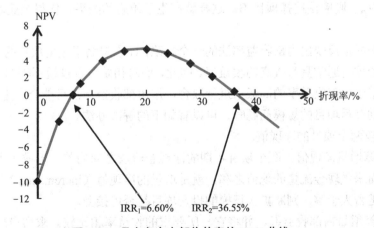

图 14-2　具有多个内部收益率的 NPV 曲线

图 14-2 反映了该项目具有两个内部收益率，分别为 $IRR_1 = 6.60\%$ 和 $IRR_2 = 36.55\%$。由于最低可接受的收益率为 12%，落在这两个内部收益率之间，因此，是否采纳该项

目的决策就取决于选择哪一个内部收益率。这时，简单地依据 IRR 进行决策就会陷入困境。

此时，为了做出正确的决策，决策者应该再仔细观察净现值曲线。如果最低可接受的收益率所对应的净现值是正的，就应该采纳该项目；如果最低可接受的收益率所对应的净现值是负的，就应该否决该项目。本例中，如果以最低可接受的收益率 12%为折现率，则对应的 NPV（12%）=3.87>0，故依据 NPV 准则，可以采纳该项目。

（2）互斥项目的规模问题（the scale problem），是指项目的投资规模的大小。由于内部收益率是一个用百分比表示的预期收益率，它会诱导决策者选择偏小的投资项目，因为通常投资规模较小的项目，更可能产生较高百分比的收益率。但是，对于初始投资额不等的互斥项目，应用内部收益率法可能会产生与净现值法相矛盾的结果。

【例 14-5】假设有一家企业正在对两个互斥项目进行比较。A 项目的初始投资为 100 万元，B 项目为引进一套自动化生产线，其初始投资为 1 000 万元。假设 A、B 两个项目的寿命期均为 4 年，每年产生的现金流量如表 14-7 所示。假设企业所要求的最低收益率为 15%。应该选择哪个项目？

表 14-7 A、B 两个项目的现金流　　　　　　　　　　　单位：万元

年份 项目	0	1	2	3	4
A 项目净现金流量	-100	35	45	60	75
B 项目净现金流量	-1 000	300	350	450	550

解 根据表 14-7 中的数据，分别计算 A、B 两个项目的内部收益率和净现值，可得

$$NPV_A = 46.79，IRR_A = 33.66\%；NPV_B = 135.87，IRR_B = 20.88\%$$

如果根据 IRR 准则，$IRR_A > IRR_B$，则应该选择项目 A；而如果根据 NPV 准则，$NPV_B > NPV_A$，则应该选择项目 B。这样就产生了矛盾的结果，使得企业难以做出正确的决策。

本例明显地反映出内部收益率法的一个缺陷，即它忽略了投资项目的规模，而投资规模较小的项目通常具有较高的收益率。因此，面对初始投资规模不等的互斥项目，不能仅仅依据于内部收益率的高低来进行取舍，用内部收益率法可能会产生误导。

当遇到互斥项目的规模问题时，可以有如下的解决办法。

① 比较两个项目的净现值。

② 计算增量净现值。两个项目各期的净现金流量之间的差，形成了项目的增量现金流量。而增量现金流量的现值之和，就是增量的净现值（incremental NPV）。根据增量净现值是否大于零，判断扩大规模的投资项目是否可接受。

③ 计算增量内部收益率，并将它与所要求的收益率相比较。求增量现金流量所对应的内部收益率，就得到增量内部收益率（incremental IRR）。如果增量内部收益率大于所要求的最低收益率，则扩大规模的投资项目就可以接受。

仍以例 14-5 的数据为依据，可计算 A、B 两个项目的增量现金流量如表 14-8 所示。

表 14-8　A、B 两个项目的增量现金流量　　　　　　　　　　　　　单位：万元

项目＼年份	0	1	2	3	4
A 项目现金流量（1）	-100	35	45	60	75
B 项目现金流量（2）	-1 000	300	350	450	550
增量的现金流量（3）	-900	265	305	390	475

这里，增量的现金流量 = B 项目现金流量 - A 项目现金流量。在计算增量现金流量时，通常用初始投资额较大的项目的现金流量减去初始投资额较小的项目的现金流量，以便考察增加投资或扩大的投资规模是否值得。

按照上述方法，在本例中，由于 NPV_B = 135.87>NPV_A = 46.79，故可以选择 B 项目。

或者，计算增量净现值 ΔNPV = 89.08>0（即可以根据增量的现金流量计算其净现值，也可以用 $\Delta NPV = NPV_B - NPV_A$），即增量投资的净现值为正，故选择较大投资规模的 B 项目是值得的。

如果计算增量内部收益率，得 ΔIRR=19.33%>15%（所要求的最低收益率）。故可以选择投资规模较大的 B 项目。

这三种方法得到的结论是一致的。但不能简单地用内部收益率进行比较和做出决策。

（3）时序问题（the timing problem），是指投资项目的现金流量产生的时间。互斥项目现金流量的大小及其产生的时间涉及对初始投资回收的快慢，对项目投资决策具有重要影响。在用内部收益率进行投资项目决策时，经常会遇到互斥项目的时序问题。

【例 14-6】长城公司有 A、B 两个互斥的投资项目，初始投资均为 10 000 元，寿命期均为 3 年。各年的净现金流量如表 14-9 所示。

表 14-9　长城公司 A、B 两个项目的现金流量　　　　　　　　　　　　　单位：元

项目＼年份	0	1	2	3
A 项目净现金流量	-10 000	10 000	1 000	1 000
B 项目净现金流量	-10 000	1 000	1 000	12 000

从表 14-9 中可以看出，A 项目在第一年产生较大的现金流量，后两年的现金流量较小；而 B 项目则正好相反，前两年的现金流量较小，在最后一年产生较大的现金流量。

根据表中的数据，可以计算 A、B 两个项目的净现值和内部收益率。

当折现率为 10%时，NPV_A = 669，NPV_B = 751。

当折现率为 15%时，NPV_A = 109，NPV_B = -484。

当折现率为 10.55%时，则两个项目的净现值相等，即 $NPV_A = NPV_B$。

而内部收益率为：IRR_A = 16.04%，IRR_B = 12.94%。

将 A、B 两个项目的净现值曲线画在同一个图中，得到图 14-3。两条净现值曲线分别与横轴相交于 16.04%和 12.94%，两条曲线的交叉点所对应的折现率为 10.55%，即此时两个项目的净现值相等。

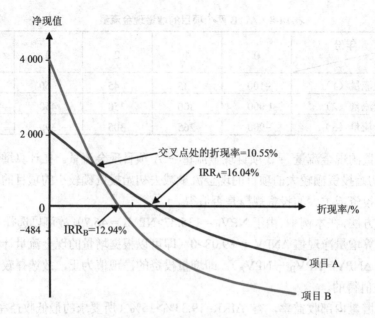

图 14-3　互斥项目的净现值与内部收益率

从图 14-3 中可以看到,当折现率为 10.55% 时,两个项目的净现值相等;当折现率 <10.55% 时,$NPV_B>NPV_A$,此时选择 B 项目优于选择 A 项目;当 16.04%>折现率>10.55% 时,$NPV_A>NPV_B$,此时选择 A 项目优于选择 B 项目。

而如果仅简单地应用 IRR 准则,则会选择 A 项目,这显然是不正确的。所以,当互斥项目的现金流量出现不同的时间序列模式时,就不能用 IRR 法来进行决策。此时,可以通过比较净现值、对比增量 IRR 与折现率、计算增量 NPV 等方法进行决策。

四、修正的内部收益率(MIRR)

净现值法和内部收益率法之间还有一个重要的差异,就是再投资收益率假设上的不同。净现值法假设中间各期的现金流量能够以折现率(所要求的收益率或资本成本)进行再投资,而内部收益率法则假设中间各期的现金流量是以内部收益率进行再投资。通常,项目的存续期越长,内部收益率越高,内部收益率法的再投资利率假设就会产生越严重的后果。因为该假设本身又暗含假定企业已经且仍将继续拥有能产生与研究中的投资项目相同的收益率的投资机会。

一个关于再投资利率假设的解决办法,就是假设中间各期现金流量以最低可接受的收益率(资本成本)进行再投资,然后再从项目初始投资额和终值的关系中计算出内部收益率,就得到所谓的"修正的内部收益率"(modified IRR,MIRR)。用 MIRR 与最低可接受的收益率比较,来判断该项目是否应该接受。

【例 14-7】达昌公司一直设法维持较高的投资收益率。公司有一个初始投资为 80 万元的投资项目,其寿命期为 5 年。预期各年的净现金流量如表 14-10 所示。

表 14-10　投资项目预期各年净现金流量　　　　　　　　　　　单位：万元

年份 项目	0	1	2	3	4	5
现金流	-80	60	40	30	20	20

假设公司所要求的最低收益率为15%。根据内部收益率法该项目是否应采纳？

解　首先求 IRR。可利用 Excel 电子表格求解 IRR，容易求得：IRR=42.9%。如果所要求的最低收益率为15%，则此时的 IRR 远远大于15%。根据 IRR 准则，毫无疑问应该接受该项目。但我们发现，内部收益率为42.9%，在现实中，如此高的预期收益率是很难达到的。以此为依据进行投资决策，难免让人生疑。原因在于，内部收益率法假设中间的现金流量能够以42.9%的收益率进行再投资，通常这是一个不现实的假设。

下面计算该项目的 MIRR，具体过程如图 14-4 所示。

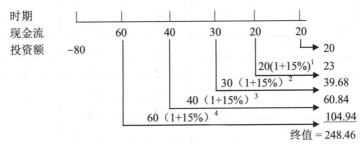

由 $248.46/(1+MIRR)^5 - 80 = 0$，得：$MIRR = 25.44\%$

图 14-4　修正后的内部收益率图示

显然，修正后的内部收益率（MIRR=25.44%）要比内部收益率（42.9%）低，因为它是以15%的最低可接受的收益率进行再投资的，而不是以42.9%的内部收益率进行再投资。这时，由于 MIRR=25.44%>15%，故可以接受该项目。一般来说，用修正的内部收益率法与净现值法会得到相同的结论。对于互斥项目，比较 MIRR 是一个更现实的方法。

第四节　会计平均收益率（AAR）法

一、AAR 法的基本思想

会计平均收益率（average accounting return，AAR）是一种非折现的方法。它有许多定义，但形式上一般被定义为：某种平均会计利润除以某种会计价值。这里给出的确切定义为：会计平均收益率等于扣除所得税和折旧之后的项目平均收益除以整个项目期限内的平均账面投资额。用公式表示为

$$AAR = \frac{平均净利润}{平均（账面）投资额} \times 100\% \tag{14-7}$$

会计平均收益率法的决策准则：① 对于单个投资方案，当 AAR 大于等于目标收益率时，接受该方案；当 AAR 小于目标收益率时，拒绝该方案。② 当多个投资方案比较时，选择 AAR 较大的项目。

尽管 AAR 方法存在许多缺陷，但在实际中还是有很多人使用。原因在于它计算简单，并且可以容易从会计账目上获得所需要的数据。因此，该方法同投资回收期法一样，常被用来作为净现值法的补充。

【例 14-8】 接例 14-7。达昌公司采用直线法对资产进行折旧，5 年后无残值。预计该公司每年的税后利润及现金流量如表 14-11 所示。如果公司所要求的最低收益率提高到 20%。问：根据会计平均收益率，该项目是否值得投资？

表14-11　达昌公司的税后利润及现金流量　　　　　　　　单位：万元

年份 项目	0	1	2	3	4	5
资产账面价值	80	64	48	32	16	0
税后利润		44	24	14	4	4
折旧		16	16	16	16	16
经营现金流		60	40	30	20	20
投资额	80					
净现金流量	-80	60	40	30	20	20

解 计算该项目的会计平均收益率，一般可遵循如下四个步骤。

第一步：确定平均净利润。

该项目的平均净利润 =(44 + 24 + 14 + 4 + 4)/5 = 18（万元）

第二步：确定平均投资额。有以下两种办法确定平均投资额。

一种办法是，投资形成资产后，由于折旧使公司的资产账面价值不断减少，第 0 年投资额为 80 万元，每年折旧额为 16 万元，则第 1 年年末资产的账面价值为 64 万元，以后依此类推。第 5 年年末资产的账面价值为 0 元。于是，该项目的平均投资额（即资产账面价值）=(80 + 64 + 48 + 32 + 16 + 0)/ 6 = 40 万元。

另一种办法是，视初始投资额为第 1 期期初的资产账面价值，最后一期资产的账面价值为 0，则整个期间的平均投资额（即账面价值）=（期初账面价值 + 期末账面价值）/ 2 = (80 + 0)/ 2 = 40 万元。

第三步：计算项目的会计平均收益率。

$$AAR = 平均净利润/平均投资额 = 18/40 \times 100\% = 45\%$$

第四步：进行决策。由于该项目的 AAR = 45%>20%（所要求的最低收益率），故该项目值得投资。

二、AAR 法的优缺点

AAR 法的优点有以下两方面。

（1）容易理解。通过项目的会计平均收益率与目标收益率的比较，能够非常直观地反映出项目是否值得投资。

（2）计算简单。AAR 总是可以计算出来的，因为人们容易从会计报表中获得所需数据。

AAR 法的缺点主要表现在以下三方面。

（1）AAR 只是两个会计数据的比率，从经济意义上讲还不是一个真正的收益率，因为它忽略了时间价值。

（2）AAR 法用来比较的客观标准（即目标收益率）的确定具有主观任意性。如何才能确定一个合理的目标收益率，往往因人而异，没有一个公认的标准。

（3）它是基于会计收益和资产账面价值，而非现金流量和市场价值，这往往使决策缺乏说服力。例如，AAR 不能告诉投资者项目实施对公司每股价格的影响。

第五节 获利指数（PI）法

一、获利指数法的基本思想

获利指数（profitability index，PI）是初始投资以后所有预期未来现金流量的现值除以初始投资的比值。用公式表示为

$$PI = \frac{\sum_{t=1}^{n} \frac{CF_t}{(1+k)^t}}{I_0} \tag{14-8}$$

其中，CF_t 为第 t 期的净现金流量；k 为折现率；I_0 为初始投资额。

根据式（14-8），获利指数衡量的是单位投资所创造的价值。例如，PI = 1.5，意味着每投资 1 元，项目能创造 1.5 元的价值。

一般来说，如果一个项目投资的净现值大于零，那么项目未来现金流量的现值必然大于零。因此，当净现值大于 0 时，项目的获利指数大于 1；而当净现值小于 0 时，项目的获利指数小于 1。据此，得到获利指数法的决策准则。

获利指数法的决策准则：① 对单个项目，若 PI >1，则接受该项目；若 PI <1，则拒绝该项目。② 当多个投资项目比较时，选择具有最大 PI 的项目。

值得指出的是，对于互斥项目，在资金有限的情况下，不能仅仅依据单个项目的净现值对项目进行排序，而应该根据项目产生的现值与初始投资的比值进行排序，这就用到了获利指数法。通常，在资本缺乏或有限的情况下，获利指数大的项目在资本配置时应该优先考虑。

二、获利指数法的优缺点

获利指数法（PI）的优点表现在以下三方面。

(1) 易于理解和沟通。

(2) 对独立项目，它同 NPV 密切相关。PI 法通常会得到与 NPV 法相同的结论。

(3) 在资金有限的情况下可能是一种有效的决策方法。

获利指数法的主要缺点是：获利指数仅仅是一个比值，它和内部收益率一样，忽视了互斥项目之间规模上的差异。因此，在对互斥项目进行比较时可能会导致错误的答案。对获利指数的这一缺陷，也可以采用增量分析法进行调整，如增量现金流的获利指数大于 1，则应选择投资额较大的项目。

第六节 资本预算实践

本章前面各节介绍了投资决策的各种方法，包括投资回收期法（DPP）、会计平均收益率法（AAR）、内部收益率法（IRR）、净现值法（NPV）、获利指数法（PI）。每一种方法都有各自的优缺点。其中，净现值法没有严重的缺陷，通常被认为是最优的决策标准。而 AAR 法并不是真正经济学意义上的收益率，因而应用得越来越少。但并非所有的公司都应用那些基于对现金流量进行折现的资本预算方法。本节通过一个综合的例子，对各种方法做一简单的比较，并给出在实践中各种资本预算方法的应用情况。

一、简单的比较

净现值法（NPV）是计算项目未来净现金流量的现值与初始投资额之间的差额，判断标准是只接受 NPV 为正的项目，或选择 NPV 较大的项目。它考虑了货币的时间价值、项目的机会成本和风险因素，易于理解、适用性强。而且，净现值法并没有太明显或严重的缺陷，通常被认为是最优的决策标准或投资决策的首要准则。

内部收益率法（IRR）是使投资项目的净现值等于 0 时的折现率。对于常规独立项目，它通常得到与 NPV 法相同的结论。但在非常规项目决策中，可能不存在或存在多个 IRR。更由于它忽视了规模和时序等问题，因此不能对互斥项目进行排序，具有较高的 IRR 的项目不一定是最优的。

获利指数法（PI）同 NPV 密切相关，其决策规则是接受 PI 大于 1 的项目。对独立项目，它同 NPV 法的结论是一致的。但它同 IRR 一样，对于多个互斥项目也面临规模和时序等问题，也无法对互斥项目进行排序。然而，当企业有很多净现值大于零的项目以至于超过了公司的融资能力时，有时用 PI 法作为辅助方法来对项目进行排序。

投资回收期法考察投资项目的现金回收速度，易于理解。其主要缺陷是忽视了项目在投资回收期以后现金流量的大小及其影响，最低可接受标准（设定的期限）的确定也具有一定的主观任意性。它更偏向于短期项目，不利于长期项目决策。动态回收期（DPP）法与项目的风险联系起来，投资回收期越短，风险也相对越小。但静态回收期法（SPP）还忽视了货币的时间价值。

会计平均收益率（AAR）法不是真正经济学意义上的收益率，只是会计上的收益率，它的计算完全依据会计账面信息，同 IRR 和 NPV 等都没有关系。由于存在许多严重的缺陷，这种方法已经应用得越来越少了。

通过许多例子可以发现，在互斥项目的投资决策时，各种方法有时是互相矛盾的，但最有效的、具有决定意义的方法是净现值法和增量现金流量分析方法，且二者通常能得到一致的结论。在实际资本预算决策中，通常以净现值法或内部收益率法为主，再辅之以其他的方法，以便提供更多的投资决策信息。

二、资本预算方法的应用情况

本章前面介绍了资本预算的各种方法以及各种方法的优缺点。在资本预算实践中，并不是所有的公司都使用那些基于对现金流进行折现的方法，在具体实际中还是有不少决策者在使用着各种不同的方法。

表 14-12 是一份针对美国和加拿大公司资本预算方法使用情况的问卷调查报告[①]，被调查者是公司的首席财务执行官，有效样本为 395 份问卷。调查结果显示，在被调查的 395 名首席财务执行官中，有 75.6%的人始终使用内部收益率法，有 74.9%的人始终使用净现值法。尽管存在这样那样的缺陷，还是有不少 CFO 在使用投资回收期法和会计平均收益率法。而使用获利指数法的人则不多。令人惊奇的是，有一半多的公司（56.7%）使用简单的回收期法（PP），而尽管折现投资回收期法（DPP）在理论上更为严谨、合理，但实际使用的并不是很多（不到 30%）。可能的原因是公司决策者更希望尽快地收回投资，而投资回收期法更为直观、易理解。也可能与项目本身的性质、客户关系等有关。

表 14-12　首席财务执行官对资本预算方法使用情况的调查报告

方　　法	始终使用的比率/%
内部收益率（IRR）法	75.6
净现值（NPV）法	74.9
回收期法（PP）	56.7
会计平均收益率（AAR）法	30.3
折现投资回收期（DPP）法	29.5
获利指数（PI）法	11.9

资料来源：罗斯，等. 公司理财：第 11 版. 吴世农，等，译. 北京：机械工业出版社，2018.

表 14-13 是上述调查报告给出的大公司和小公司所使用的资本预算方法的情况。我们发现，对大公司而言，内部收益率法和净现值法经常使用，这两种方法在大公司与小公司之间还是有明显差异的；大公司对折现投资回收期法和盈利指数法使用得不多；后三种方法在大公司与小公司之间使用的频率大体相等。

---

① 资料来源：罗斯，等. 公司理财：第 11 版. 吴世农，等，译. 北京：机械工业出版社，2018.

表 14-13 资本预算方法的使用频率

方　　法	大 公 司	小 公 司
内部收益率（IRR）法	3.41	2.87
净现值（NPV）法	3.42	2.83
回收期法（PP）	2.25	2.72
折现投资回收期（DPP）法	1.55	1.58
盈利指数（PI）法	0.75	0.78

资料来源：罗斯，等. 公司理财：第 11 版. 吴世农，等，译. 北京：机械工业出版社，2018.

注："使用频率"用量表来衡量，从 0（从不使用）到 4（总是使用）。表中数值是问卷回答者回答的平均值。

这些统计调查数据告诉我们，在过去的实践中，哪些方法使用得多，哪些方法使用得少。但并不意味着在资本预算时就一定要使用某种方法。事实上，在资本预算实践中，并没有，也不可能有统一的标准。各种方法的使用与否，一方面与公司所在行业和投资项目的属性有关。例如，能够精确预测项目的现金流量的公司往往倾向于使用净现值法，而文化创意产业中的影视、出版、传媒公司等则很少使用净现值法，因为商家和投资方都难以预料未来的市场情况，也就难以获得精确的现金流量，这类项目是否投资更多地取决于作品是否有新、好的创意。另一方面与决策者的偏好、对投资项目关注的重点以及对某种资本预算方法掌握的熟练程度有关，例如，有的决策者更关注项目的资金回收，因而更愿意用投资回收期法；而有的决策者更关注获得很好的投资收益，因而更愿意使用内部收益率法和净现值法。

在我国的资本预算实践中，几乎所有的投资项目都要求编制投资项目的可行性研究报告，在各类工程咨询公司等专业机构编制的投资项目可行性研究报告中，一般都有"财务效益、经济和社会效益评价"或"投资项目财务评价分析"部分，财务评价的一般方法，会同时使用投资回收期法（静态）、财务净现值法、内含报酬率（内部收益率）、投资收益率（获利指数）等方法。

国家发展改革委、原建设部于 2006 年 7 月发布了"关于印发建设项目经济评价方法与参数的通知（发改投资〔2006〕1325 号）"[①]，在具体的《建设项目经济评价方法》和《建设项目经济评价参数》中，规定要有"财务评价"内容，在其中的"财务评价指标"中，指出"项目盈利能力指标，是计算财务内部收益率、投资回收期的主要评价指标，根据项目特点及实际需要，也可计算财务净现值、投资利润率、投资利税率和资本金利润率等指标"。以后又陆续发布了"各行业"的《建设项目经济评价方法与参数》。

总之，在实际项目投资决策中，具体应该采用哪种方法，要根据项目的具体情况和所面临的客观环境因素来决定。例如，应考虑项目的投资规模、现金流量产生的时序、资本是否有限制，也要考虑企业负债、项目融资等情况，还应该考虑项目的寿命期及其风险、行业特征、市场需求与竞争、通货膨胀及利率的变化等，这将在第十五章介绍。

---

① http://www.mohurd.gov.cn/wjfb/200611/t20061101_156804.html.

附录　用 Excel 进行资本预算和投资决策

用 Excel 进行投资决策，主要是对投资项目的净现金流量（NCF）、净现值（NPV）、动态投资回收期（DPP）、内部收益率（IRR）、修正的内部收益率（MIRR）等的计算。这样就不用手工进行烦琐、复杂的计算了，为投资决策带来了极大的方便。

在输入投资项目各相关的原始数据后，要求出各个投资决策指标，通常有两种具体的操作方法：一种是应用 Excel 电子表格的公式编辑和函数计算功能，并利用单元格的"填充柄"功能；另一种方法是利用 Excel 中的插入函数功能，直接求得各个投资决策指标。

下面结合一个具体的例子，说明如何运用 Excel 电子表格进行投资决策。

【例 14-9】AAA 健康医疗器材公司正考虑投资 500 万元建一个新的生产车间，生产某种新产品。该生产车间的寿命周期为 4 年，该新产品的销售量预计每年 600 万单位，每单位的单价为 2 元。该车间的固定成本（不含折旧）为每年 200 万元，可变成本为每单位 1.20 元。该车间以直线法计提折旧，4 年后残值为 0。假设公司所要求的最低收益率为 15%，公司所得税税率为 34%。求该项目的净现值（NPV）、动态投资回收期（DPP）、内部收益率（IRR）、修正的内部收益率（MIRR）。

（一）第一种方法

先计算初始期或第一期的某个数值（如净现金流量、净现金流现值、累计净现值等），然后应用 Excel 电子表格的"公式编辑"和"函数"计算功能，并利用单元格的"填充柄"功能，右拉"填充柄"，得出以后各期的相应数值。表 14-14 是一个 Excel 电子表格，表中数据表明了计算过程。

表 14-14　运用 Excel 电子表格进行投资决策

	A	B	C	D	E	F
1		0	1	2	3	4
2	销售收入		1 200	1 200	1 200	1 200
3	固定成本		200	200	200	200
4	可变成本		720	720	720	720
5	折旧		125	125	125	125
6	营业利润		155	155	155	155
7	所得税（34%）		52.7	52.7	52.7	52.7
8	净利润		102.3	102.3	102.3	102.3
9	营业现金流量		227.3	227.3	227.3	227.3
10	投资额	-500				
11	营运资金变化					
12	净现金流量	-500	227.3	227.3	227.3	227.3
13	净现金流量的现值（折现率为15%）	-500	197.65	171.87	149.45	129.96
14	累计净现值	-500	-302.35	-130.48	18.98	148.94

续表

	A	B	C	D	E	F
15	NPV（折现率15%）=148.94					
16	动态投资回收期（DPP）=(3-1)+130.48/149.45=2.873					
17	Excel 输出的 NPV=648.94 （投资后各期现金流的现值之和）			实际的 NPV=648.94-500=148.94		
18	IRR=29.09%					
19	MIRR=22.75%					

表 14-14 的第 1 行是时期（年），第 2~5 行是原始数据。以后的各行数据都是通过计算获得的。

第 6 行：求各年的营业利润。先计算第 1 年的营业利润：C6=C2-C3-C4-C5=155，然后用鼠标点住 C6 单元格右下角的"填充柄"，右拉至 F6 单元格，即可得到第 2~4 年的营业利润。

第 7 行：求各年的所得税。第 1 年的所得税 C7=C6*34%=52.7，用鼠标点住 C7 单元格右下角的"填充柄"，右拉至 F7 单元格，即可得到第 2~4 年的所得税。

第 8 行：求各年的净利润。第 1 年的净利润 C8=C6-C7=102.3，用鼠标点住 C8 单元格右下角的"填充柄"，右拉至 F8 单元格，即可得到第 2~4 年的净利润。

第 9 行：求各年的营业现金流量。第 1 年的营业现金流量 C9=C5+C8=227.3，用鼠标点住 C9 单元格右下角的"填充柄"，右拉至 F9 单元格，即可得到第 2~4 年的营业现金流量。

第 12 行：求各年的净现金流量。第 0 年的净现金流量 B12=B9+B10+B11=-500，用鼠标点住 B12 单元格右下角的"填充柄"，右拉至 F12 单元格，即可得到第 1~4 年的净现金流量。

第 13 行：求各年现金流量的现值。第 0 年的现金流量现值 B13=B12/(1+15%)^B1=-500，用鼠标点住 B13 单元格右下角的"填充柄"，右拉至 F13 单元格，即可得到第 1~4 年的现金流的现值。

第 14 行：求累计净现值。第 0 年的累计净现值 B14=B13，第 1 年的累计净现值 C14=B14+C13，用鼠标点住 C14 单元格右下角的"填充柄"，右拉至 F14 单元格，即可得到第 2~4 年的累计净现值。

这时，F14 单元格的数值就是该项目的净现值 NPV=148.94。

有了第 14 行数据，就可以计算该项目的动态投资回收期：DPP=2.873 年。

如果要计算内部收益率（IRR），由于 NPV=148.94>0，故可逐步增大折现率，直到出现一正一负两个 NPV，然后利用插值公式即可。

（二）第二种方法

利用 Excel 中的插入函数功能，直接求得各个投资决策指标。具体操作步骤如下。

1. 求 NPV

（1）打开 Excel 工作表，输入原始数据"B1:F5"，通过上述方法计算各期的净现金流量"B12:F12"。

（2）插入→f_x 函数→"选择类别"中选择"财务"→"选择函数"中选择"NPV"→确定。

（3）在"函数参数"对话框中输入：Rate=15%（折现率），Value1="{C12:F12}"，→确定。

（4）得到各期的现金流现值之和 NPV_1 = 648.94（Excel 这时也用 NPV 表示）。

（5）用第（4）步得到的 NPV_1 减去初始投资，即得到该项目的 $NPV=NPV_1-I_0 = 648.94 - 500 = 148.94$。

2. 求 IRR

（1）插入→f_x 函数→在"选择类别"中选择"财务"→"选择函数"中选择"IRR"→确定。

（2）在"函数参数"对话框中输入：Value="{B12:F12}"，Guess=给初始的 IRR 赋值（可省略）→确定。

（3）得内部收益率为：IRR{B12:F12} = 29.09%。

3. 求 MIRR

（1）插入→f_x 函数→在"选择类别"中选择"财务"→"选择函数"中选择"MIRR"→确定。

（2）在"函数参数"对话框中输入：Value="{B12:F12}"，Finance_rate="融资利率"（可省略），Reinvest_rate=15%（资本成本或要求的最低收益率）→确定。

（3）得修正的内部收益率为：MIRR{B12:F12} = 22.75%。

本章小结

1. 本章介绍了几种常用的投资决策方法，包括投资回收期法、净现值法、内部收益率法、会计平均收益率法、获利指数法等。

2. 每一种投资决策方法都有各自的优缺点，各种方法的优缺点简要列于表 14-15。

表 14-15 各种投资决策方法的优缺点比较

方　法	优　点	缺　点
会计平均收益率法（AAR）	➤ 容易理解 ➤ 计算简单，人们容易从会计报表中获得数据	➤ 从经济学意义上看，它不是真正的收益率，忽略了时间价值 ➤ 用来比较的客观标准（即目标收益率的确定）具有主观任意性 ➤ 它是基于会计收益和资产账面价值，而非现金流量和市场价值
投资回收期法	➤ 考察初始投资的回收速度，易于理解 ➤ 折现的回收期法与项目风险联系起来。投资回收期越短，风险也相对越小 ➤ 关注项目各净现金流及其现的产生速度，因此更偏向于短期项目，即更关注投资项目的流动性。对小企业或小型项目具有重要意义	➤ 忽视了项目在投资回收期以后的现金流量的变化及其影响。回收期长的项目并不一定比回收期短的项目差 ➤ 最低可接受标准（设定的期限）的确定具有一定的主观任意性 ➤ 对于投资额较大的长期投资项目，依据投资回收期的长短来衡量该项目是否应该接受，可能导致错误的结果。该方法不利于长期项目决策 ➤ 静态回收期法还忽视了货币的时间价值

续表

方　法	优　点	缺　点
内部收益率（IRR）法	➢ 是建立在折现的现金流量基础上的投资准则，它具有同 NPV 相类似的特点，也反映了时间价值和机会成本。对独立的常规项目，用 IRR 法会得到与 NPV 法一致的结论 ➢ 容易理解和便于沟通，用一个数字就能概括出一个复杂投资项目的特性，在实践中经常被管理部门所使用 ➢ 对某些项目，当无法估计 NPV 时，可对 IRR 进行估计	➢ 非常规项目可能不存在或存在多重 IRR ➢ 对初始投资额不等的互斥项目，用内部收益率法可能会产生与净现值法相矛盾的结果 ➢ 会遇到互斥项目的时序问题
净现值（NPV）法	➢ 考虑了货币时间价值 ➢ 考虑了项目的风险因素和机会成本 ➢ 简明直观、易于理解、适用性强	没有明显的缺陷，只是在计算 NPV 时所采用的折现率没有明确的标准，具有一定的主观性
获利指数（PI）法	➢ 易于理解和沟通 ➢ 对独立项目，它同 NPV 密切相关。PI 法通常会得到与 NPV 法相同的结论 ➢ 在资金有限的情况下可能是一种有效的决策方法	获利指数仅仅是一个比值，它和内部收益率法一样，忽视了互斥项目之间规模上的差异。在对互斥项目进行比较时可能会导致错误的答案

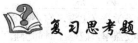

复习思考题

1. 投资回收期法的优点及存在的问题是什么？
2. 在应用内部收益率法进行投资决策时，会遇到哪些问题？
3. 会计平均收益率法有哪些缺点？
4. 如何理解常规项目、非常规项目、独立项目、互斥项目的含义？
5. 在投资决策中何时使用获利指数法？应该如何使用？
6. 当应用各种方法进行投资决策时，所得到的结论何时一致？何时不一致？
7. 在对互斥项目进行投资决策时，为什么要对互斥项目的增量现金流量进行分析？如何计算增量 NPV、增量 IRR 和增量 PI？
8. 在各种投资决策方法中，哪种方法考虑了货币的时间价值？哪种方法忽视了时间价值？
9. 投资回收期法为什么倾向于短期项目而不利于长期项目？尽管该方法有不少明显的缺陷，但在实践中，为什么还有许多公司把它当作确定投资项目的优先标准？
10. 在互斥项目的投资决策中，为什么使用内部收益率法和净现值法会产生冲突？内部收益率法和净现值法关于再投资的假设有何不同？

练习题

1. 假设你在一家公司做财务计划工作，现面临两个互斥项目，如下表所示。公司所要求的收益率为15%。问：

年份	0	1	2	3
DF 项目现金流量/万元	-60	27	35	30
NS 项目现金流量/万元	-180	100	70	90

（1）根据动态回收期准则，你应该选择哪个项目？

（2）如果决策准则是接受更大的 IRR，你会选择哪个项目？

（3）既然你已经知道 IRR 准则的规模问题，试计算增量现金流量的 IRR。根据你的计算，你应该选择哪个项目？

（4）为了谨慎，试计算每个项目的 NPV。据此，你会选择哪个项目？与（3）的结论是否一致？

（5）你最终会选择哪个项目？为什么？

2. 福安公司正在考虑引进一个新项目，现金流量如下表所示。

项目 \ 年份	0	1	2	3
初始投资/万元	-7 800			
现金流入/万元		2 300	3 500	4 153

该公司有一个政策：拒绝所有不能在3年内收回全部投资的项目。公司所要求最低收益率为8%。问：

（1）对通过初步筛选的项目用基于时间价值的方法做更仔细地分析。该项目有进一步考虑的资格吗？

（2）如果用 NPV 法评价该项目，公司是否应该接受该项目？

（3）如果基于获利指数法，公司会做出什么结论？

3. 大岛航空公司需要重置一条较繁忙航线的短程往返飞机。市场上有 A、B 两种型号的飞机能够满足此航线的一般要求。其中 B 型比 A 型贵，但由于有更好的燃料效率和承载能力，使得它有更强的长期获利能力。两种飞机的有效使用期均为7年。两种飞机预测的现金流量如下表所示。问：

项目 \ 机型	A 型飞机	B 型飞机
初始投资/万元	775 000	950 000
现金流入（第1~7年）/万元	154 000	176 275

（1）根据投资回收期法，应选择哪种机型？

（2）根据 IRR 准则，应选择哪种机型？

(3) 比较（1）和（2）的结果是否一致？

(4) 假定资本成本是 6%，计算每个项目的 NPV 和 PI。根据净现值法应选择哪种机型？使用获利指数法呢？

(5) 假定资本成本提高到 8%和 10%，计算每种机型的 NPV 和 PI。在每个资本成本下是否净现值法和获利指数法会选择同一种机型？

(6) 使用（2）和（5）的结果，在同一坐标轴下画出两种机型的 NPV 曲线。NPV 法和 IRR 法是否会得出相反的结果？为什么？

案例　　　　　　　　Day-Pro 公司的两难困境

自 1995 年成立以来，Day-Pro 化学公司一直设法维持着较高的投资收益率。它成功的秘密在于具有战略眼光的、适时的开发、生产和销售可供不同工业部门使用的创新型产品。当前，公司管理者正在考虑生产热固树脂作为电子产品的包装材料。公司的研发小组提出了两个方案：一是环氧树脂，它的开办成本比较低。二是合成树脂，它的初始投资成本稍高，但却具有较高的规模经济效益。最初，两个方案小组的负责人都提交了他们的现金流量预测，并提供了足够的资料来支持他们各自的方案。然而，由于这两种产品是相互排斥的，公司只能向一个方案提供资金。

为了解决这种两难困境，公司委派财务助理 Mike Matthews，一名刚刚从中西部一所知名大学毕业的 MBA，分析这两个方案的成本和收益，并向董事会提交他的分析结果。Mike 知道这是一项难度很大的工作，因为并不是所有董事会成员都懂财务方面的知识。过去，董事会非常倾向于使用收益率作为决策的标准，有时也使用回收期法进行决策。然而，Mike 认为，净现值法的缺陷最少，而且如果使用正确，将会在最大程度上增加公司的财富。

在对每个方案的现金流量进行预测和计算之后（见表 14-16 和表 14-17），Mike 意识到，这项工作比他原来设想的还要艰难。当用不同的资本预算方法计算这两个方案的现金流量时，会得出不一致的结论。净现值比较高的方案具有较长的回收期、较低的会计收益率和内部收益率。Mike 绞尽脑汁，想搞清楚他如何才能使董事会相信内部收益率、会计收益率和回收期往往会引致不正确的决策。

表 14-16　合成树脂项目的现金流量　　　　　　　　　　　　　　单位：美元

年份 项目	0	1	2	3	4	5
净利润		150 000	200 000	300 000	450 000	500 000
折旧（直线法）		200 000	200 000	200 000	200 000	200 000
净现金流量	-1 000 000	350 000	400 000	500 000	650 000	700 000

表 14-17　环氧树脂项目的现金流量　　　　　　　　　　　　　　单位：美元

年份 项目	0	1	2	3	4	5
净利润		440 000	240 000	140 000	40 000	40 000
折旧（直线法）		160 000	160 000	160 000	160 000	160 000
净现金流量	-800 000	600 000	400 000	300 000	200 000	200 000

讨论：

（1）计算每个方案的投资回收期，并解释 Mike 应如何证明投资回收期法不适合本案例。

（2）按照 10%的折现率计算折现的投资回收期（DPP）。Mike 应否建议董事会采用折现的投资回收期作为决策指标？解释原因。

（3）如果管理当局期望的会计收益率为 40%，应接受哪个方案？这种决策的错误在哪里？

（4）计算两个方案的内部收益率（IRR）。Mike 应如何使董事会相信，内部收益率（IRR）的衡量可能会产生误导？

（5）计算并画出两个方案的净现值曲线（NPV Profile），并解释交叉点的关系。Mike 应如何使董事会相信净现值法比较合适？

（6）Mike 应该怎样证明，当比较几个互斥方案时，使用修正的内部收益率（MIRR）法是更现实的度量？

（7）计算每个方案的获利指数（PI）。这种度量能否有助于解决两难困境？解释原因。

（8）通过查阅这两个项目小组准备的文件材料，可以看出，在预测收益时合成树脂小组要比环氧树脂小组保守一些。这会对你的分析产生什么影响？

（9）通过查阅这两个项目小组准备的文件材料可以看出，合成树脂的工艺在采用前需要大量的研发，而环氧树脂的工艺是现成可用的。这会对你的分析产生什么影响？

第十五章 不确定条件下的投资决策

本章学习目标

- 掌握不同周期项目投资决策的重置周期法和约当年均成本法。
- 掌握单因素和多因素敏感性分析的方法。
- 理解盈亏平衡分析法的原理。
- 理解和掌握风险型决策所使用的期望值法、决策树法。
- 理解完全不确定型投资决策常用的决策方法：悲观准则、乐观准则、乐观系数准则和最小最大后悔值法。

第一节 不同周期项目的投资决策

在项目投资决策中，有时必须在不同生命周期的项目中进行选择。两个投资项目，具有不同经营成本和生命周期。如果简单运用 NPV 法，就意味着要选择成本较小的投资项目，这种判断标准有时会造成错误的结果。在对具有不同周期的互斥项目进行投资决策时，可以采用重置周期法或者约当年均成本法。

【例 15-1】某企业要对两种机器设备进行选择。A 设备价值 500 万元，寿命为 3 年，3 年中每年年末需支付修理费 120 万元；B 设备价值 600 万元，寿命为 4 年，4 年中每年年末需支付修理费 100 万元。假设折现率为 10%，问该企业是投资 A 设备还是投资 B 设备？

解 先看两个设备的支出现值。

设备 A 的支出现值为

$$500+\frac{120}{(1+10\%)^1}+\frac{120}{(1+10\%)^2}+\frac{120}{(1+10\%)^3}=798.42 \text{（万元）}$$

设备 B 的支出现值为

$$600+\frac{100}{(1+10\%)^1}+\frac{100}{(1+10\%)^2}+\frac{100}{(1+10\%)^3}+\frac{100}{(1+10\%)^4}=916.99 \text{（万元）}$$

由于 A 设备具有较低的支出现值，一种简单的方法是选择 A 设备。但是，B 设备具有较长的使用寿命周期，其实际成本可能更低。因此，所得结论可能是错误的。使用重置周期法或者约当年均成本法可以将两个方案进行比较，使各种指标具有可比性。

一、重置周期法

重置周期法又称最小公倍寿命法或项目复制法。它将两个方案使用寿命的最小公倍数作为比较期间，并假设两个方案在这个比较期间内进行多次重复投资，将各自多次投资的净现值进行比较的分析方法。

在上面的例子中，A、B 两种设备使用寿命的最小公倍数是 12 年，在这个共同期内，使用 A 设备的投资方案可以进行 4 个周期，使用 B 设备的方案可以进行 3 个周期。

因为使用 A 设备的投资方案可以进行 4 次，相当于每 3 年后按照现在的变现价值重新购置一台同样的设备进行投资（如在第 3 期又开始支付 500 万元，并在第 4、5、6 期每期支付 120 万元），获得与当前使用 A 设备同样的现值。而每一周期的支付额相当于期初一次性支付 798.42 万元（现值之和）。因为使用 B 设备的投资方案可以进行 3 次，相当于每 4 年后按照现在的变现价值以同样的方式重新购置一台同样的设备进行投资，获得与当前使用 B 设备同样的现值。

因此，12 年内，使用 A 设备的支出现值为

$$\text{NPV}_A = 798.42 + \frac{798.42}{(1+10\%)^3} + \frac{798.42}{(1+10\%)^6} + \frac{798.42}{(1+10\%)^9} = 2186.87 \text{（万元）}$$

使用 B 设备的支出现值为

$$\text{NPV}_B = 916.99 + \frac{916.99}{(1+10\%)^4} + \frac{916.99}{(1+10\%)^8} = 1971.53 \text{（万元）}$$

由于两种设备在 12 年中具有完整的周期，因此对 12 年成本的比较是恰当的。从上述计算可以看出，使用 A 设备的净现值比使用 B 设备的净现值高、成本大，故应该选择 B 设备。

二、约当年均成本法

约当年均成本法是将投资项目在寿命期内的总净现值转化为每年的平均净现值并进行比较的方法。

仍以上面的数据为例。对于 A 设备，在未来 3 年内支付现金流（500 万元、120 万元、120 万元、120 万元）等同于一次性现在支付 798.42 万元。为此，我们可以使一次性支付 798.42 万元与一笔 3 年的年金相等，即

$$798.42 = C_A \sum_{t=1}^{3} \frac{1}{(1+10\%)^t}$$

C_A 是使支付总额的现值等于 798.42 万元的每年需支付的年金，可得 $C_A = 321.05$ 万元，即支付现金流（500 万元、120 万元、120 万元、120 万元）相当于 3 年内每年支付 321.05 万元。同样道理，有

$$916.99 = C_B \sum_{t=1}^{4} \frac{1}{(1+10\%)^t}$$

C_B 是使支付总额的现值等于 916.99 万元的每年需支付的年金,可得 C_B = 289.28 万元,即支付现金流(600 万元、100 万元、100 万元、100 万元、100 万元)相当于 4 年内每年支付 289.28 万元。

通过比较 C_A 和 C_B 发现,B 设备的约当年均成本明显低于 A 设备,故应选择 B 设备。

第二节 敏感性分析

一、敏感性分析的基本原理

"敏感性"一词指的是所研究方案的影响因素发生改变时对原方案的经济效果发生影响和变化的程度。如果引起的变化幅度很大,就说明这个变动的因素对方案经济效果的影响是敏感的;如果引起变动的幅度很小,就说明它是不敏感的。

在进行长期投资决策时,由于市场需求的变化,项目的投资额、产品销售量、销售价格、经营费用、原材料价格、利率及汇率等均将发生变化,使得这些变量具有不确定性。在前面的投资决策分析时,实际上是在假设"参与计算的各期现金流、物价水平、利率及折现率等不变",这显然是一种不现实的假设。因此,在进行投资项目决策时,通常辅之以"敏感性分析"。

投资项目评价中的敏感性分析,就是在确定性分析的基础上,估计当某一不确定性变量(如销售量、销售价格、成本、折现率等)发生一定幅度的变化时,项目投资决策指标(如 NPV、IRR、投资回收期等)将相应发生多大程度的变化,以此判断项目风险的大小,并从中找出敏感因素,分析投资决策指标对这些不确定因素的敏感程度。敏感程度的大小一方面表明项目的抗风险能力,另一方面也揭示投资项目的关键和敏感影响要素,从而成为项目投资决策的重要参考。

敏感性分析有单因素敏感性分析和多因素敏感性分析两种。

单因素敏感性分析是对单一不确定因素变化的影响进行分析,即假设各个不确定性因素之间相互独立,每次只考察一个因素,其他因素保持不变,以分析这个可变因素对经济评价指标的影响程度和敏感程度。单因素敏感性分析是敏感性分析的基本方法。

多因素敏感性分析是假设两个或两个以上互相独立的不确定因素同时变化时,分析这些变化的因素对经济评价指标的影响程度和敏感程度。由于项目评估过程中的参数和变量同时发生变化的情况非常普遍,所以,多因素敏感性分析也有很强的实用价值。

二、单因素敏感性分析

单因素敏感性分析一般按以下步骤进行。

(1)确定分析指标。分析指标的确定,一般是根据项目的特点、不同的研究阶段、实际需求情况和指标的重要程度来选择，与进行分析的目标和任务有关。

如果主要分析方案状态和参数变化对方案投资回收快慢的影响，则可选用投资回收期作为分析指标；如果主要分析产品价格波动对方案超额净收益的影响，则可选用财务净现值作为分析指标；如果主要分析投资大小对方案资金回收能力的影响，则可选用财务内部收益率指标等。

由于敏感性分析是在确定性经济分析的基础上进行的，一般而言，敏感性分析的指标应与确定性经济评价指标一致，不应超出确定性经济评价指标范围而另立新的分析指标。

（2）选择需要分析的不确定性因素。影响项目经济评价指标的不确定性因素很多，但事实上没有必要对所有的不确定因素都进行敏感性分析，而只需选择一些主要的影响因素。选择需要分析的不确定性因素时主要考虑以下两条原则。

第一，预计这些因素在其可能变动的范围内对经济评价指标的影响较大。

第二，对在确定性经济分析中采用该因素的数据的准确性把握不大。

对于一般投资项目来说，通常从以下几方面选择项目敏感性分析中的影响因素：① 项目投资；② 项目寿命年限；③ 成本，特别是变动成本；④ 产品价格；⑤ 产销量；⑥ 项目建设年限、投产期限和产出水平及达产期限；⑦ 汇率，基准折现率。

（3）分析每个不确定性因素的波动程度及其对分析指标可能带来的增减变化情况。首先，对所选定的不确定性因素，根据实际情况设定这些因素的变动幅度，其他因素固定不变。因素的变化可按照一定的变化幅度（如±5%、±10%、±20%等）变化其数值。

其次，计算不确定性因素每次变动对经济评价指标的影响。

对每一因素的每一变动均重复以上计算，然后，把因素变动及相应指标变动结果进行比较，以便于测定敏感因素。

（4）确定敏感性因素。由于各因素的变化都会引起经济指标一定的变化，但其影响程度却各不相同。有些因素可能仅发生较小幅度的变化就能引起经济评价指标发生大的变动，而另一些因素即使发生了较大幅度的变化，对经济评价指标的影响也不是太大。前一类因素称为敏感性因素，后一类因素称为非敏感性因素。敏感性分析的目的在于寻求敏感因素，可以通过计算敏感度系数和临界点来判断。

敏感度系数，表示项目评价指标对不确定因素的敏感程度。其计算公式为

$$E = \Delta F / \Delta A \tag{15-1}$$

其中：E 为敏感度系数；ΔF 为不确定因素 F 的变化率（%）；ΔA 为当不确定因素 F 发生 ΔF 变化率时，评价指标 A 的相应变化率（%）。

E 的绝对值越大，表明评价指标 A 对于不确定因素 F 越敏感；反之，则越不敏感。

如果进行敏感性分析的目的是对不同的投资项目或某一项目的不同方案进行选择，一般应选择敏感程度小、承受风险能力强、可靠性大的项目或方案。

如某投资项目选择"建设投资""销售收入""运营成本""产量"四项指标进行单因素计算敏感性分析，具体情况如表 15-1 所示。可以看出，销售收入的变化对内部收益率的影响程度是最大的，是最敏感的因素。

表 15-1　单因素敏感分析表

不确定因素	不确定因素变化率（%）	项目评价指标		
		税前内部收益率	税后内部收益率	税后投资回收期
基本方案		29.72%	18.88%	3.07
建设投资	20	20.81%	11.18%	3.68
	−20	40.19%	29.65%	2.45
	10	24.92%	14.75%	3.37
	−10	35.41%	23.75%	2.76
	5	27.32%	16.73%	3.22
	−5	32.51%	21.22%	2.91
销售收入	20	44.64%	30.91%	2.40
	−20	13.34%	5.61%	4.26
	10	37.39%	24.99%	2.69
	−10	21.77%	12.46%	3.57
	5	33.61%	21.96%	2.87
	−5	25.85%	15.71%	3.30
运营成本	20	28.38%	17.73%	3.15
	−20	31.18%	20.00%	2.99
	10	29.06%	18.31%	3.11
	−10	30.44%	19.45%	3.03
	5	29.40%	18.59%	3.09
	−5	30.06%	19.16%	3.05
产量	20	28.38%	17.73%	3.15
	−20	31.18%	20.00%	2.99
	10	29.06%	18.31%	3.11
	−10	30.44%	19.45%	3.03
	5	29.40%	18.59%	3.09
	−5	30.06%	19.16%	3.05

三、多因素敏感性分析

多因素敏感性分析是指在假定其他不确定性因素不变的条件下，计算分析两种或两种以上不确定性因素同时发生变动，对项目经济效益值的影响程度，确定敏感性因素及其极限值。多因素敏感性分析一般是以单因素敏感性分析为基础，其分析的基本原理与单因素敏感性分析大体相同。但需要注意的是，多因素敏感性分析须进一步假定同时变动的几个因素都是相互独立的，且各因素发生变化的概率相同。

【例 15-2】某项目投资 200 000 元，寿命 10 年，残值 20 000 元，基准利率为 12%，预计现金流入和流出分别为 70 000 元和 60 000 元。试对现金流入和流出作双因素敏感性分析。

解 设 x 和 y 分别为年现金流入和流出的变化率，则项目的净现值为

$$NPV=-200\,000+[70\,000(1+x)-60\,000(1+y)](PV_A,12\%,10)+20\,000(P/F,12\%,10)$$
$$=-200\,000+[70\,000(1+x)-60\,000(1+y)]\times 5.65+20\,000\times 0.322$$
$$=-137\,060+395\,500x-339\,000y>0$$

只要 NPV>0，即 $x>0.35+0.86y$ 方案就可行。

运用敏感性分析可以指出影响的关键因素，以及应该在哪些方向需要搜集更多的信息。但敏感性分析法也存在着若干不足。例如，敏感性分析只是孤立地处理每个变量的变化，实际上不同变量的变化可能是有关联的。如无效的管理导致成本失控，公司的变动成本、固定成本和总投资这三个变量可能同时越过预期的正常估计水平等。一种弥补的方法是采用场景分析。场景分析是"一种变异的敏感性分析"。简单地说，这种方法考察一些可能出现的不同场景，每种场景综合了各种变量的影响，这里不再详述。

第三节 盈亏平衡分析

一、盈亏平衡分析的原理

盈亏平衡分析又称为保本点（break-even point，BEP）分析，是根据成本、销售收入、利润等因素之间的函数关系，预测企业在怎样的情况下达到不盈不亏的状态。盈亏平衡分析是以成本性态分析和变动成本法为基础的。盈亏平衡点可以有不同的形式：传统式、利量式、单位式等。

二、盈亏平衡点的确定

在实际运用时，主要有会计利润的盈亏平衡点和净现值的盈亏平衡点的计算。净现值的盈亏平衡点的计算步骤如下。

(1) 计算初始投资额的约当年均成本=初始投资额×$(A/P,i,n)$。
(2) 计算项目的总成本=初始投资额×$(A/P,i,n)$+固定成本×(1-所得税税率 T)-折旧×T。
(3) 计算项目产品的税后单位贡献毛利=(单价-单位变动成本)×$(1-T)$。
(4) 计算盈亏平衡点（净现值为零时的销售量）=[初始投资额×$(A/P,i,n)$+固定成本×$(1-T)$-折旧×T]/[(单价-单位变动成本)×$(1-T)$]。

【例 15-3】某企业拟购置一台新设备，投资 50 000 元，产品的单价为 120 元，单位变动成本为 80 元，固定成本为 20 000 元，年产量 700 件，设备使用寿命 8 年，不需大修，8 年后残值为 2 000 元。企业计提折旧的方法为直线法。企业的资本成本率为 10%，企业所得税税率为 40%。试计算现值的盈亏平衡点。

解 (1) 初始投资额的约当年均成本=50 000/$(PV_A,10\%,8)$=9 372（元）；
(2) 项目的年总成本=9 372+20 000×(1-60%)-(50 000-2 000)/8×40%=14 972（元）；
(3) 项目产品的税后单位贡献毛利=(120-80)×(1-40%)=24（元）；
(4) 盈亏平衡点（净现值为零时的年销售量或产量）=14 972/24=624（件）。

上述计算的盈亏平衡结果可以用图示表示，如图 15-1 所示。

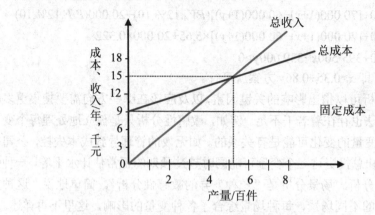

图 15-1　盈亏平衡分析图

如有某个共同的不确定性因素影响互斥方案的取舍时，可先求出两个方案的盈亏平衡点（BEP），再根据 BEP 进行取舍。

【例 15-4】某产品有两种生产方案，甲方案初始投资为 140 万元，预期年净收益 30 万元；乙方案初始投资为 340 万元，预期年收益 70 万元。该项目产品的市场寿命具有较大的不确定性。如果给定基准折现率为 5%，不考虑期末资产残值，试就项目寿命期分析两方案的临界点。

解　设项目寿命期为 n，则

$$NPV_甲 = -140 + 30 \times (PV_A, 5\%, n)$$

$$NPV_乙 = -340 + 70 \times (PV_A, 5\%, n)$$

当 $NPV_甲 = NPV_乙$ 时，有

$$-140 + 30 \times (PV_A, 5\%, n) = -340 + 70 \times (PV_A, 5\%, n)$$

$$(PV_A, 5\%, n) = 5$$

可解得 $n=5.9$ 年，如图 15-2 所示。

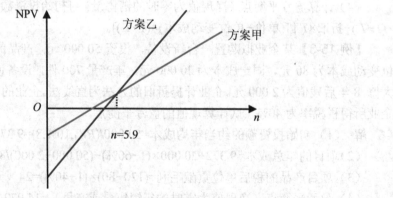

图 15-2　盈亏平衡图

图 15-2 是两个方案随时间变化的两条 NPV 曲线，其交点就是以项目寿命期为共有变量时方案甲与方案乙的盈亏平衡点。可知：如果根据市场预测项目寿命期小于 5.9 年，应采用方案甲；如果寿命期在 5.9 年以上，则应采用方案乙。

第四节 不确定性投资决策

一、不确定性投资决策的定义

不确定性投资决策是针对确定性投资决策而言的。确定性决策是在未来自然状态已知时的决策，即每个行动方案达到的效果可以确切地计算出来，从而可以根据决策目标做出确定的决策。该决策具有反复、经常出现的特点。决策过程和方法常是固定的程序和标准的方法，因此又称作程序化决策。对于这类问题的决策，可以应用线性规划等运筹学方法或借助计算机进行决策。

不确定性投资决策可分为风险型投资决策和完全不确定型投资决策。风险型投资决策是指虽然未来事件的自然状态不能肯定，但是发生概率为已知的决策，又称随机性决策。判断的特征是：存在明确的决策目标；存在多个备选方案；存在不以决策者意志为转移的多种未来事件的各自然状态；各备选方案在不同自然状态下的损益值可以计算；可推断各自然状态出现的概率。所采用的决策方法主要有最大可能法、期望值法和决策树法。

完全不确定型投资决策是指未来事件的自然状态是否发生不能肯定，而且未来事件发生的概率也是未知情况下的决策，即它是一种没有先例的、没有固定处理程序的决策。一般要依靠决策者的个人经验、分析判断能力和创造能力借助于经验方法进行决策。常用的不确定性决策方法有悲观准则（小中取大法决策法）、乐观准则（大中取大法决策法）、乐观系数准则和最小最大后悔值法等。

二、风险投资决策方法

（一）最大可能法

在解决风险决策问题时，选择一个概率最大的自然状态，把它看成跟你是一个将要发生的唯一确定状态，而忽视掉其他较小概率的自然状态。这样就可以比较各行动方案在那个最大概率的自然状态下的损益值进行决策，这就是最大可能法。

（二）期望值法

期望值法（EV）是通过计算项目净现值的期望值和净现值大于或等于零时的累计概率，来比较方案优劣、确定项目可行性和风险程度的方法。

采用期望值法进行概率分析，一般需要遵循以下步骤。

（1）列出要考虑的各种风险因素，如投资、经营成本、销售价格、销售量的变化等。

（2）列举（或列示）各种风险因素可能发生的状态，即确定其数值发生变化的个数。

（3）分别确定各种状态可能出现的概率（各可能发生状态的概率之和等于1）。

（4）分别求出各种风险因素发生变化（即各状态发生）时，方案的净现金流量、各状态发生的概率和相应状态下的净现值 $NPV^{(j)}$。

（5）求方案净现值的期望值（均值）$EV(NPV)$。

（6）求出方案净现值非负的累计概率。

（7）对概率分析结果进行讨论、说明，并做出决策。

（三）决策树法

决策树法是指在决策过程中，把各种方案以及可能出现的状态结果用树枝状的图形表示出来，进行剪枝决策的方法。

【例 15-5】某食品厂生产新产品，决定扩建一个生产车间，有两种方案：建大车间或小车间，大车间投资额 90 万元，小车间投资额 30 万元，预计使用年限均为 10 年。两种方案的每年收益以及概率分布如表 15-2 所示。

表 15-2 建大车间和小车间的收益及概率

自然状态	概　　率	建大车间年收益	建小车间年收益
销路好	0.8	90	30
销路差	0.2	−10	20

试做出决策选择。

解　（1）画决策树，如图 15-3 所示。

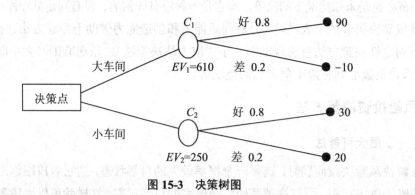

图 15-3　决策树图

（2）计算各点的收益期望值：

$$EV_1 = [0.8 \times 90 + 0.2 \times (-10)] \times 10 - 90 = 610（万元）$$

$$EV_2 = (0.8 \times 30 + 0.2 \times 20) \times 10 - 30 = 250（万元）$$

（3）计算结果比较分析。由以上计算可知，建大车间的收益期望值大于建小车间的收益期望值，故应该选择建大车间的方案。

三、完全不确定的投资决策方法

（一）悲观准则

悲观准则也称小中取大决策法。这种方法由 Wald 始创，故也称为 Wald 决策准则。其过程是：首先从每个方案中选出一个最小的收益值，然后再从中选出一个收益值最大的方案作为决策方案。如果是从成本或损失角度决策，则是大中取小。用式子表示为

$$\max \min\{R_{ij}\} \quad 或 \quad \min \max\{C_{ij}\}$$

如表 15-3 所示，根据悲观准则，应该选择方案 C 作为决策方案。

表 15-3　悲观准则下的销路与收益

扩大生产方案	自然状态			最小收益值
	销路较好	销路一般	销路差	
方案 A	200	160	−40	−40
方案 B	280	100	−80	−80
方案 C	120	60	20	20

（二）乐观准则

乐观准则又称为大中取大决策方法，最大最大原则。这种方法的思想基础是对客观情况持乐观态度，从最好的客观状况出发，去寻找出预期结果最好的方案。如果是从成本或损失角度决策，则是小中取小。用式子表示为

$$\max \max\{R_{ij}\} \quad 或 \quad \min \min\{C_{ij}\}$$

仍用表 15-3 的数据，可用乐观准则决策如表 15-4 所示。

表 15-4　乐观准则下的销路与收益

扩大生产方案	自然状态			最大收益值
	销路较好	销路一般	销路差	
方案 A	200	160	−40	200
方案 B	280	100	−80	280
方案 C	120	60	20	120

根据乐观准则，应该选取方案 B 作为最佳方案。

（三）最小最大后悔值准则

最小最大后悔值准则也称为大中取小法。这种方法最初为 Savage 所用，所以也称为 Savage 决策准则。这种方法的思想基础是当某一种自然状态出现时，就可以很清楚地看出哪一个方案是最优的方案，如果决策者当初没有采用这一方案，这时就会感到后悔。最优方案的收益值与所采取的方案收益值的差额，叫作后悔值。选取最小最大后悔值所对应的方案就是最优方案。最小最大后悔值准则的基本思想是机会损失最小。

承表 15-4，根据最小最大后悔值准则，决策结果如表 15-5 所示。

表 15-5 最小最大后悔值准则下的销路与收益

扩大生产方案	各自然状态的后悔值			各方案中的最大后悔值
	销路较好	销路一般	销路差	
方案 A	80	0	60	80
方案 B	0	60	100	100
方案 C	160	100	0	160

由表 15-5 可知，最小最大后悔值为 80，对应的方案 A 为最优方案。

（四）乐观系数准则

乐观系数准则（折中准则）是介于乐观准则和悲观准则之间的一个准则，把自然状态好和差的概率变成人为地估计的一种可能性，对乐观和悲观出现的可能性估计就是乐观系数。决策人根据市场预测和经验判断确定一个乐观系数 α 为主观概率，其值在 $0 \leq \alpha \leq 1$ 之间，每个方案的估计损益期望值：

$$E(d_i) = \alpha \max(R_{ij}) + (1-\alpha) \min(R_{ij}) \tag{15-2}$$

承表 15-4，设 $\alpha=0.8$，则
方案 A 的损益期望值=0.8×200+0.2×(-40)=152
方案 B 的损益期望值=0.8×280+0.2×(-80)=208
方案 C 的损益期望值=0.8×120+0.2×20=100

然后根据各个方案估算损益期望值的大小，选择最大值为决策方案，故应选方案 B。乐观系数准则比较接近实际，但乐观系数的决定很关键，常带有决策者的较大主观性。

本章小结

1. 如果存在多个投资项目，具有不同的周期，现金流入量未发生变化，现金流出量却有很大变化时，在作投资决策时就需要计算比较各个项目的约当年均成本。

2. 敏感性分析是估计当某一不确定变量（如销售量、销售价格、材料价格等）发生一定幅度变化时，项目投资决策指标（如 NPV、IRR、投资回收期等）将相应发生多大程度的变化，以此预测风险的大小，以及分析投资决策指标对不确定因素的敏感程度。

3. 盈亏平衡分析也是一种针对不确定决策的分析方法，是对敏感性分析方法的一个有效补充。根据项目正常生产年份的产品产量（销售量）、固定成本、可变成本、税金等，研究建设项目产量、成本、利润之间变化与平衡关系的方法。当项目的收益与成本相等时，即为盈亏平衡点（BEP）。

4. 风险型决策是指虽然未来事件的自然状态不能肯定，但发生概率为已知的决策，判断的特征是：存在明确的决策目标；存在多个备选方案；存在不以决策者意志为转移的多种未来事件的各自然状态；各备选方案在不同自然状态下的损益值可以计算；可推

断各自然状态出现的概率。所采用的决策方法主要有最大可能法、期望值法、决策树法。

5. 完全不确定型投资决策是指未来事件的自然状态是否发生不能肯定,而且未来事件发生的概率也是未知情况下的决策。常用的不确定性决策方法有悲观准则(小中取大法决策法)、乐观准则(大中取大法决策法)、乐观系数准则和最小最大后悔值法等。

复习思考题

1. 什么是投资决策的约当年均成本法?
2. 为什么要对投资项目进行敏感性分析?如何进行敏感性分析?
3. 试阐述盈亏平衡分析的基本思想。
4. 如何进行风险型的投资决策?
5. 如何进行完全不确定型的投资决策?

练习题

1. 某公司规划项目的投资收益率为21.15%,财务基准收益率为12%。要求:对价格、投资在±20%,成本、产量在±10%范围进行敏感性分析。资料如表15-6所示。

表15-6 公司规划项目的相关变量

项 目	价格变动		投资变动		成本变动		产量变动	
	−20%	+20%	−20%	+20%	−10%	+10%	−10%	+10%
投资收益率/%	7.72	33.62	25.26	18.19	25.90	16.41	17.95	24.24
和规划方案比较/%	−13.43	+12.37	+4.11	−2.96	+4.75	−4.74	−3.2	+3.09
相对变化率/%	−0.67	0.62	0.21	−0.15	0.48	−0.47	−0.32	0.31
规划方案投资收益率	21.15%							

2. 某企业要对一种新产品是否投资进行决策。可供选择的方案、预期市场销售状态及可能的收益(假设已经进行了折现)如表15-7所示。如果分别按乐观准则、悲观准则、最小最大后悔值法决策,应选择哪个方案?结论有何不同?

表15-7 产品投资的有关数据

预期收益 状态 方案	预期市场销售状况			
	畅 销	较 好	较 差	滞 销
大批量生产(d_1)	80	40	−30	−70
中等批量生产(d_2)	55	37	−15	−40
小批量试产(d_3)	31	31	9	−1

第六篇 营运资本管理

▶▶ 第十六章　营运资本与现金管理
▶▶ 第十七章　存货与应收账款管理
▶▶ 第十八章　短期财务计划与短期融资

第十六章　营运资本与现金管理

本章学习目标

- 了解什么是营运资本，具体包括哪些内容。
- 理解公司营运资本管理投资策略。
- 了解公司营运资本管理筹资策略。
- 了解财务管理中现金的概念及现金管理的目标。
- 掌握现金最佳持有量的各种计算方法。
- 理解现金日常管理所采用的方法。
- 理解现金浮游量的概念以及如何合理使用现金浮游。

第一节　营运资本管理概述

一、营运资本的概念

营运资本（working capital）有两个主要概念——净营运资本和总营运资本。

净营运资本是流动资产与流动负债的差额。它与流动比率、速动比率、现金比率等结合可用来衡量公司资产的流动性程度。流动资产是指可以在一年或超过一年的一个营业周期内变现或使用的资产，主要包括现金、银行存款、有价证券、应收账款、存货等。如果流动资产等于流动负债，则占用在流动资产上的资金全部是由流动负债融资形成的；如果流动资产大于流动负债，则与此相对应的"净流动资产"要以长期负债或股东权益的一定份额为其资金来源。

总营运资本是指公司投放在流动资产上的资金，具体包括现金、有价证券、应收账款、存货、预付费用等占用的资金。

营运资本管理一般是指公司的流动资产管理和为维持流动资产而进行的短期融资活动管理。

二、营运资本管理的重要性和必要性

有效的营运资本管理，要求企业以一定量的净营运资本为基础，正常地从事生产经营活动。净营运资本常被用来衡量一个企业偿债能力的大小，这是因为企业经营所面临

的市场环境变化的不可测性导致企业现金流量预测上的不准确性及时间上的不同步性，使得净营运资本成为企业生产经营活动不可缺少的组成部分。一般认为，在企业经营活动过程中，企业原材料采购和产品销售都是广泛地以商业信用形式为前提。企业对偿付流动负债所形成的现金流出较易于预测，即企业事先容易知道债务何时发生、何时到期、何时偿还。但对流动资产转化为现金流入的预测，由于各种不确定性因素的影响，则通常比较困难。而现金流入量和流出量之间的匹配程度，则制约着企业应保持的净营运资本的水平。因此，企业的现金流入与流出越具有不确定性，该企业也越应保持较多的净营运资本，以备偿付到期债务。由此可见，企业现金流入与流出的难于预测性与非同步性，使得企业保持一个适量的净营运资本水平成为必要。

营运资本对企业的重要性体现在以下几个方面。

（1）通常，企业的流动资产及负债在总资产中占的比例很大，而且具有易变性。在企业经营中采购、生产、销售的过程中，通过流动负债筹集的短期资金用于购买原材料，变成在制品、产成品等存货，形成应收账款，直到货款的回收。每一个循环中营运资本在现金和实物之间不断转换，而且数量很大，这就构成了管理人员大量的日常管理工作。可以说，企业财务管理人员的大部分活动是围绕着营运资本的管理进行的。

（2）随着经营规模的销售量的扩大，应收账款、存货和应付账款也同步增加，这就需要筹集资金来应付。企业通过长期资金与短期资金的有机匹配、流动资产与流动负债的期限匹配，以及做好因销售扩大而形成的自发性短期融资，可大大提高营运资本的效率。

（3）营运资本中的非现金资产，如应收账款和存货具有一定的变现能力，但同时又占用了企业的大量资金。而占用在应收账款和存货上的资金是不产生效益的资金，因此应收账款和存货的维持水平反映了企业流动资产运用及管理的效率。管理人员必须在尽可能地使企业保持较低的存货与应收账款水平，与满足企业临时性资金需求之间进行权衡，这需要企业管理人员懂得营运资本管理的方法与技术，从而提高营运资本的管理效率。

三、营运资本管理决策的内容

营运资本管理主要是对公司的流动资产与流动负债的管理，其主要内容有以下几个方面。

（1）公司营运资本管理的综合策略的制定。营运资本的综合管理策略是指公司的流动资产与流动负债的匹配策略，也就是说，在满足公司经营需要的流动资产占用量的基础上，其流动负债筹资的匹配情况导致公司几种不同的营运资本管理策略，同时也体现公司管理者的风险与收益的态度。

（2）现金管理。现金管理体现在公司资产的流动性上。从公司的角度来说，现金是不产生收益的资产，因此公司从价值最大化的角度分析，应尽量减少现金的持有量，但公司由于经营的需要，又不可能不置存现金，那么就涉及在满足公司生产经营需要的条件下，如何降低公司的现金持有量。这就是现金管理的主要内容。

（3）应收账款管理。应收账款是公司赊销的结果，赊销就涉及公司的信用政策的制定，应收账款的管理一方面要确定公司的信用标准和信用政策；另一方面制定收款政策，加速应收账款的收回。

（4）存货管理。存货在公司流动资产中所占的比例最大，它涉及公司的供、产、销全过程，财务管理要确定用于存货的短期资金是多少，如何筹集这部分资金并使存货占用的资金成本最小。

第二节 营运资本管理策略

一、流动资产的结构性管理

（一）流动资产的盈利性与风险性分析

流动资产结构性管理的目的，在于确定一个既能维持企业的正常生产经营活动，又能在减少或不增加风险的前提下，给企业带来尽可能多的利润的流动资金水平。一般而言，流动资产的盈利能力低于固定资产的盈利能力。这是因为：首先，制造性企业中的厂房、设备等固定资产作为劳动资料（生产手段），通过人作用于原材料、辅助材料、燃料等劳动对象，可以给企业生产在产品、产成品，通过产品的销售或转化为现金、有价证券，或转化为应收账款，收回的价值大于生产与销售中的资金耗费，就会给企业带来利润。因而固定资产可视为再生产过程中的营利性资产，与此相联系，流动资产也是企业生产经营中必不可少的。但除有价证券外，现金、应收账款、存货等流动资产只是为企业再生产活动的正常进行提供必要的条件，它们本身并不具有直接的营利性。其次，依据"盈利与风险对应原则"，一项资产的风险越小，其预期收益也就越低。由于流动资产比固定资产更易于变现，其潜亏的可能性（风险性）小于固定资产，其收益率自然也低于固定资产。因此，要对流动资产进行结构性管理，企业财务经理必须在营利性与风险性之间进行全面的权衡并做出合理的选择。即在企业总资产一定的情况下，如何确定长期资产与流动资产的比例问题。

（二）流动资产结构策略的分析

企业在生产和销售计划确定的情况下，可以做出现金预算计划，尽量将流动资产和流动负债在期限上衔接起来，以便保持最低的流动资产水平。这是营运资本管理所要达到的目标。但企业的经营活动往往带有许多不确定性，企业为预防不测情况的发生，流动资产必须要有一定的安全充裕量。这样，安全充裕量的大小就形成了营运资本管理的三种策略。

从图16-1可以看出，流动资产与销售水平之间呈非线性关系，表现为三条不同的曲线。这是因为，在流动资产的持有中存在着规模经济因素，即随着销售水平的增加，流动资产将以递减的速度增加，特别是现金和存货。即随着销售的增加，这些方面的资金因时间、数量上的不一致而可以相互调剂使用，由此使占用于流动资产上的资金的增加速度小于销售的增加速度。

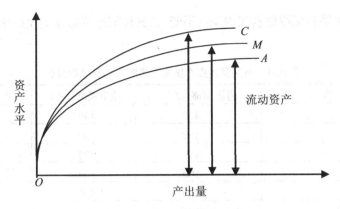

图 16-1 营运资本投资政策

（1）流动资产管理的保守策略。这种策略不但要求企业流动资产总量要足够充裕，占总资产的比重大，而且还要求流动资产中的现金和有价证券也要保持足够的数量。这种策略的基本目的是使企业资产的流动能力保持在一个较高的水平，使之能足以应付可能出现的各种意外情况。

保守性流动资产管理策略虽然具有降低企业风险的优点，但也有获取低收益率的缺点。在企业总资产一定的情况下，投放在流动资产上的资金量加大，必然导致投放在获利能力较强的长期资产上的资金减少，所以企业采用保守的流动资产策略在降低风险的同时，对企业资产收益的要求也相应下降。所以保守的流动资产管理策略是一种低风险、低收益的管理策略。一般而言，企业在外部环境极不确定、为规避风险的情况下采取这种管理策略。

（2）流动资产管理的激进性策略。这种策略不但要求企业最大限度地削减流动资产，使其占总资产的比例尽可能的低，而且还力图尽量缩减流动资产中的现金和有价证券，使其占流动资产的比例尽可能的小。企业采用这种激进的流动资产管理策略，虽然可以增加企业的收益，但也相应地提高了企业的风险。所以，激进性流动资产管理策略是一种高风险、高收益的策略。一般来说，它只适合企业外部环境相当确定的场合。

（3）适中的流动资产管理策略。这种策略要求企业流动资产的占用量介于前两者之间，由此所形成的风险和收益也介于前两者之间。一般来说，企业流动资产的数量按其功能分成两大部分：① 正常需要量。它是为满足正常生产经营需要而占用的流动资产。② 保险储备量。它是为预防应付意外情况的发生在正常生产经营需要量以外而储备的流动资产。适中的流动资产管理策略就是在保证企业正常情况下流动资产的需要量，留有一定的保险储备，并在流动资产中各项目之间确定一定的比例构成。

【例 16-1】某公司是一个制造型公司，该公司预计明年的销售收入为 1 500 万元，息税前利润为 150 万元，假定该公司固定资产为 450 万元，流动负债为 300 万元，且保持不变。目前公司管理当局正考虑以下三种营运资本投资策略。

激进策略（A）：流动资产上的投资 400 万元。

适中策略（B）：流动资产上的投资 450 万元。

保守策略（C）：流动资产上的投资 500 万元。

假设销售水平和息税前利润均保持不变,则三种策略下的预期收益率计算如表16-1所示。

表 16-1　不同营运资本投资策略的报酬与风险分析　　　　　单位：万元

项　目	激进策略（A）	适中策略（B）	保守策略（C）
流动资产	400	450	500
固定资产	450	450	450
总资产	850	900	950
流动负债	300	300	300
预期销售收入	1 500	1 500	1 500
预期息税前利润	150	150	150
预期全部资产收益率（%）	17.65	16.67	15.80
净营运资本	100	150	200
流动比率（比值）	1.33	1.50	1.67

从表 16-1 可见，激进的营运资本管理策略的资产收益率是最高的，同时其资产的流动比率则是最低的。由此说明，该种流动资产的管理策略的风险也是最大的，一旦企业遇到意外情况，将对企业支付能力造成一定的影响。而保守的营运资本投资策略正好与之相反，其风险性较小，但其资产的盈利性也较差，适中的营运资本投资策略则无论风险与收益都介于这两者之间。

二、营运资本融资策略

（一）长、短期融资来源的风险与成本

负债筹资根据其到期时间的长短可分为短期负债与长期负债。短期融资与长期融资的风险差异，将导致不同的利息成本。根据利率期限结构理论，一个公司负债的到期日越长，其融资成本就越高。表现在两个方面：一是由于长期融资相对于短期融资而言，比较缺乏弹性，因而长期融资的实际成本通常高于短期融资。二是长期融资在债务存在期限内，即使在公司不需要资金时，也必须支付利息。而短期融资则会使公司在资金的使用上具有弹性。

不仅长、短期融资的成本不同，它们的风险也不相同。借款人与贷款人对长、短期负债的相对风险的态度是不同的。就贷款人而言，贷款期限越长，风险也就越大。但对借款人而言，情况刚好相反。一般而言，一个公司的债务到期越短，其不能偿还本金和利息的风险就越大；反之，则到期日越长，该公司的融资风险就越小。

（二）营运资本融资策略

如前所述，长、短期负债的盈利能力与风险各不相同，这就要求在进行流动负债的结构性管理时，对其盈利能力与风险进行权衡和选择，以确定出既能使风险最小，又能使企业盈利能力最大化的流动负债结构。一般来说，企业流动水平的变动对盈利能力与风险选择的影响，可用流动负债占全部资产的比率来表示。假定企业的总资产不变，则流动负债占总资产比率的提高，将使企业的盈利能力和风险同时提高。而假定在企业的

流动资产不变的情况下，企业的净营运资本将随着流动负债的增加而减少；而净营运资本的减少意味着企业财务风险的增加。另外，这一策略实际上因短期负债大于长期负债而缩短了企业的债务到期结构。更多的负债将在短期内到期，从而使用于偿还到期债务的现金流量的负担增大，由此造成企业陷入无力清偿的风险也就更大。相反，流动负债占总资产的比率下降，使企业大部分资产通过成本更高的长期资金筹措，从而将使企业的盈利能力下降；相应地，企业的财务风险也将因流动负债的减少引起净营运资本的增加而下降。其结果是，延长了企业负债的到期结构，减轻了短期负债的负担，从而减少了企业的清偿风险。这样，就使企业财务经理人员面临一个重要的抉择——企业的流动负债以占全部资产多大的比例为宜？

同流动资产的结构性管理一样，企业可以确定多种不同的流动负债结构性管理政策，但总括起来有以下三大类。

（1）稳健的营运资本融资策略。这种策略不但主张最大限度地缩小企业资金来源中的短期负债的数额，用发行公司长期债券或从银行获取长期借款的方法来筹集所需要的资金，而且更稳健者要求以公司的权益资金来代替长期债务，即企业流动资产中的大部分资金来源由长期资金来提供。

这种稳健的策略的主要目的是回避风险。但回避风险的同时会使企业的资本成本加大，利润减少。因此它不是一种理想的策略。

（2）激进的营运资本融资策略。这种策略主张企业尽力扩大利用流动负债为流动资产筹集所需资金，并尽可能寻求资金成本最低的资金来源。

很显然，这种激进的策略的目的是追求最大利润。但是这种策略在获取最大利润的同时，不一定使股东财富最大化。因为，当流动负债比例过高时，企业的风险加大，必然导致权益资本成本的上升，使企业综合资本成本上升，从而企业的市场价值下降。

（3）匹配的营运资本融资策略。综上所述，企业流动负债管理策略既不能过于保守，也不能过于激进，而应在两者之间寻求一种适合于本企业的折中方案。也就是企业在风险与收益之间寻求一个平衡点，力求使公司价值最大化。

【例16-2】某企业的资产总额为900万元，权益资本成本为300万元。明年预期销售收入1 500万元，预期息税前利润150万元。公司长期负债和短期负债的年利率分别为10%和8%。该公司目前正考虑以下三种不同的融资策略。

激进的融资策略（A）：短期负债400万元，长期负债200万元。
匹配的融资策略（B）：短期负债300万元，长期负债300万元。
稳健的融资策略（C）：短期负债200万元，长期负债400万元。
三种不同的融资策略所产生的影响，如表16-2所示。

表16-2 不同融资策略的风险与收益选择　　　　　　　　　　　　　　　单位：万元

项目	激进策略（A）	匹配策略（B）	稳健策略（C）
流动资产	500	500	500
固定资产	400	400	400
资产总额	900	900	900
流动负债	400	300	200

续表

项　目	激进策略（A）	匹配策略（B）	稳健策略（C）
长期负债	200	300	400
负债合计	600	600	600
权益资本	300	300	300
预期销售收益	1500	1500	1500
预期息税前利润	150	150	150
减：利息			
短期负债	32	24	16
长期负债	20	30	40
应税收益	98	96	94
减：所得税（40%）	39.2	38.4	37.6
税后净利	58.8	57.6	56.4
预期权益收益率（%）	19.6	19.2	18.8
净营运资本	100	200	300
流动比率（比值）	1.25	1.67	2.5

由表 16-2 可知，就盈利能力而言，激进的融资政策盈利能力最强，其权益收益率最高，而稳健的融资政策盈利能力最弱；相反，激进的融资政策陷入无力偿还到期债务的风险最大，而保守的融资政策的风险则最小。

由此可见，企业选择何种融资政策，必须结合企业自身的特点，寻求适合企业自身需要的融资政策，而没有一个共同的最优流动负债的融资政策。

三、营运资本管理的综合策略

一般而言，企业总的筹资量等于投放在固定资产与流动资产上的资金之和。企业的流动资产按其稳定性分为恒久性流动资产和波动性流动资产。波动性流动资产是指受季节性或周期性影响的那部分流动资产。而恒久性流动资产则是指用于满足企业长期稳定资金需要的那部分流动资产。对于营运资金的管理，其主要任务就在于通过对企业流动资产与流动负债的变动对盈利能力和风险影响的分析，确定企业流动资产的资金来源，即流动资产的融资来源是通过短期资金还是长期资金，及其各自所占的比例问题。这就要求财务经理分析确定应以多大比例的流动负债和多大比例的长期资金作为流动资产的正常资金来源，即如何正确地确定最优的筹资组合的问题。

在现代企业理财管理中，对恒久性流动资产与波动性流动资产的资金来源的不同，形成了不同的营运资金管理策略。一般有以下三种类型。

（一）匹配型营运资金管理策略

匹配型营运资金管理策略是指企业负债的到期结构与企业资产的寿命期相对应。也就是说，企业资产中长期使用的资产（即固定资产和恒久性流动资产），其资金来源采用长期资金（即采用长期负债和权益资产）；而对于临时性流动资产，因其变化较大，所以通过短期负债作为其资金来源，如图 16-2 所示。

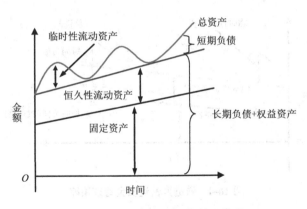

图 16-2 匹配型营运资金管理策略

由图 16-2 中可以看出，只要企业短期融资计划做好，实现现金流动与预期安排相一致，无论在季节性的低谷时期，还是在资金需求的高峰期，企业获取资金的成本相对而言较低，而且不会增加企业的风险。在市场经济条件下，企业很难做到投资与融资计划的一致性。因此，这只是一种理想的营运资本管理模式，企业很难达到。

（二）稳健型营运资金管理策略

稳健型营运资金管理策略是指公司将预期的一部分临时流动性资金，以长期负债或权益资产的方式取得。这种营运资金管理的策略使企业短期负债的比例相对较低，由此可降低企业无法偿还到期债务的风险。但同时，这一筹资策略也因长期负债资金成本高于短期负债资金成本而加大了企业成本支出，这些支出最终要由企业的所有者承担，因此降低了企业所有者的收益，如图 16-3 所示。

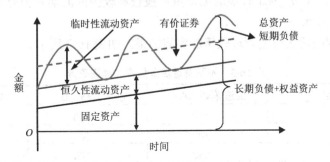

图 16-3 稳健型营运资金管理策略

（三）激进型营运资金管理策略

激进型营运资金管理策略与稳健型正好相反，它是以企业成本较低的短期资金作为其部分恒久性流动资产的资金来源。这一融资策略首先从盈利的角度出发，短期资金的成本相对于长期资金而言要低，其恒久性流动资产的一部分是短期负债，会增大企业权益所有者的盈利，但同时也增大了企业无法重新筹集到所需资金的风险。另外，与筹资计划相联系的短期负债利率变动的可能性增大，也会增加企业的盈利变动风险。短期负债的低成本所带来的较高的税后利润将被这些高风险所抵消，如图 16-4 所示。

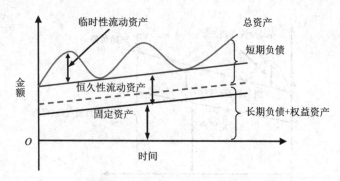

图 16-4 激进型营运资金管理策略

显然,上述三种营运资金管理策略中,第二种主张尽量增加现金和有价证券在流动资产中的比重,故会有较大的资产流动比率;另外,它又强调最大限度地缩小流动负债在资金来源中的比重,所以这种营运资金的管理策略可能导致的债务到期不能偿还的风险是很小的,企业所承受的财务风险也是很小的,但同时,这种营运资金管理策略会导致企业所有者的收益率较低;反之,第三种则是企业所承受的财务风险很高。同时其所有者的收益率也是较高的;而第一种的风险与收益则都介于两者之间。

【例16-3】某公司60%负债筹资,40%权益筹资,该公司目前正考虑以下三种可供选择的营运资本投资与筹资政策。

激进型政策(A):要求企业在流动资产上的投资相对要少,在流动负债上的筹资相对要高,假定流动资产和流动负债分别为350万元和300万元。

匹配型政策(B):要求流动资产投资400万元,短期负债额为200万元。

稳健型政策(C):要求较多的流动资产投资和较少的流动负债筹资,假定分别为450万元和100万元。

这三种不同的营运资金管理政策的实施结果,如表16-3所示。

表16-3 不同营运资金投资和筹资政策 单位:万元

项 目	激进策略(A)	匹配策略(B)	稳健策略(C)
流动资产	350	400	450
固定资产	300	300	300
资产总额	650	700	750
流动负债(成本8%)	300	200	100
长期负债(成本10%)	90	220	350
负债合计	390	420	450
权益	260	280	300
负债及权益合计	650	700	750
预期销售收入	1 000	1 000	1 000
预期息税前利润	100	100	100
减:利息			
短期负债	24	16	8
长期负债	9	22	35

续表

	激进策略（A）	匹配策略（B）	稳健策略（C）
应税收益	67	62	57
减：所得税（40%）	26.8	24.8	22.8
税后收益	40.2	37.2	34.2
预期权益收益率（%）	15.5	13.3	11.4
净营运资本	50	200	350

第三节 现 金 管 理

一、现金管理的目的与内容

现金是公司流动性最强的资产。现金有狭义和广义之分，狭义的现金是指库存现金，广义的现金则还包括各种现金等价物，如有价证券、银行存款和在途资金。如果公司缺乏足够的现金，就可能发生资金周转困难，甚至宣告破产。然而，如果持有的现金过量，则公司也将受到损失——因为现金是一种无法产生收益或产生极少收益的资产。公司持有现金就是为了应付经营过程中正常支出和某些预测不到的突然支出。因此，现金管理的目的就是在不影响公司经营的情况下，将公司的现金持有量降到最低程度，并充分利用暂时闲置的现金获取最大的收益，在现金流动性与收益性之间做出合理的选择。

（一）公司持有现金的动机

公司拥有现金的主要动机在于以下四个方面。

（1）交易或支付动机。交易或支付动机是指公司持有现金以便满足日常支付的需要，如购买原材料、支付工资、缴纳税款、支付股利等。公司每天都会有一定的现金流入与流出，但流入与流出很少情况下是同步的，而且即使同时发生，它们之间的流入与流出也不一定是相同的。如果公司不保持一定的现金余额，公司的交易活动就有可能中断，给公司造成损失，所以公司为满足交易的需要，必须保有一定的现金。

（2）预防性动机。预防性动机是指企业持有现金，以应付意外事件对现金的需求。企业现金的收支量通常很难准确地预测出来，而现金流量的可预测程度也会随着公司与行业的不同而有所变化。因此，企业需持有若干现金以防不测。预防性所需现金的多少取决于以下三个因素：①现金收支预测的可靠程度；②企业临时借款能力；③企业愿意承担的风险程度。

（3）投机性动机。投机性动机是指企业持有现金，以便当证券价格剧烈波动时，从事投机活动，从中获取收益。当预期利率上升、有价证券的价格将要下跌时，投机的动机就会鼓励企业暂时持有现金，直到利率停止上升为止。当预期利率将要下降时，有价证券价格将要上升，企业可能会投资于有价证券，以便从中获利。

（4）补偿性需求。公司也会基于满足将来某一特定要求或在银行维持补偿性余额等其他原因而持有现金。

公司在确定现金余额时，一般应综合考虑各方面的持有动机。但需要注意的是，由于各种动机所需的现金可以调剂使用,公司持有现金总额并不等于各种动机所需现金余额的简单相加,前者通常小于后者。另外,上述各种动机所需保持的现金,并不要求必须是货币形态,也可以是能够随时变现的有价证券以及能够随时融入现金的其他各种存在形式,如可随时借入的银行信贷资金等。

(二)现金管理的目的

现金是公司流动资产的最重要内容之一。如果持有过量的现金,可以提高公司的支付能力,降低财务风险,但同时由于机会成本的原因,公司的收益也会降低;如果公司现金短少,则会影响公司日常的交易活动。因此,公司现金管理的目的就是在保证生产经营所需现金的同时,尽可能减少现金的持有量,而将闲置的现金用于投资以获取一定的投资收益,也就是追求现金的安全性和效益性。

现金管理的安全性主要有以下含义:① 法律上的安全性。国家有关部门及银行都对现金的使用做出了许多规定,公司必须遵守这些规定,一旦违反,必然会受到处罚。② 数量上的安全性。现金作为支付手段极易出现各种各样的差错,因此保证现金的安全完整、避免现金短缺是非常必要的。③ 生产经营上的安全性。公司生产经营活动要求以不断购置存货和发生诸多费用为保障。为保证生产经营循环的不断顺畅进行,公司必须加强现金管理,以便通过现金储备加快现金收入来保证支付。④ 财务上的安全性。财务上的安全性是指保证到期债务及时支付。财务风险一旦成为现实,轻则影响公司的后续融资能力,重则危及公司的声誉和生存。

现金管理的效益性要求做到以下两个方面:一是通过现金管理的有效实施,降低持有现金的相关成本;二是通过现金管理的有效实施,增加与现金有关的收入。

当现金管理的安全性与效益性发生偏离甚至相悖时,现金管理就是要在降低公司风险和增加收益之间寻找一个平衡点,追求两者之间的合理均衡。

(三)现金管理的内容

公司在经营过程中,要经常处理现金收付业务。如果现金流入量与流出量能够同时发生并且准确预测,那么公司就不需要持有现金余额。然而,这只是一种理想状态。由于市场的不确定性导致公司的现金流入与流出不可能同步,也不可能准确预测,因此,公司必须研究制定一个良好的现金管理策略才能尽量减少现金余额,以维持公司的获利能力和流动性。从盈利的角度考虑,公司应尽量减少现金持有量;但从安全性考虑,公司应保持足够的现金持有量,防止现金短缺而造成的损失。现金管理就是要寻求盈利性与流动性的最佳状态。其管理内容主要包括以下三个方面。

(1)编制现金预算,规划未来的现金流入与流出量。

(2)确定适当的现金持有量。当公司实际的现金余额与最佳的现金余额不一致时,采用短期融资策略或采用归还借款和投资于有价证券等策略达到理想状态。

(3)探讨加速现金流入与减缓现金流出的方法,尽量提高现金管理效率。

二、最佳现金持有量的确定

公司持有过多的现金,虽然能够保证拥有较高的流动性,但由于现金这种资产的盈利性差,持有量过多,会导致公司资金利用效率的下降。另一方面,如果公司持有现金过少,则可能出现现金短缺而无法满足公司的正常生产经营活动。公司试图寻找一个既能保证经营对现金的需要,同时又能使现金持有成本最低的现金持有量。这就是理论上的最佳现金持有量。一般来说,影响最佳现金持有量的因素主要有三部分,即现金的机会成本、现金管理成本和现金短缺成本。现介绍几种最常用的确定最佳现金持有量的计算方法。

（一）现金周转模型

现金周转期是指从现金投入生产开始到最终重新转化为现金所花费的时间,如图16-5所示,它大致经历下列三个进程。

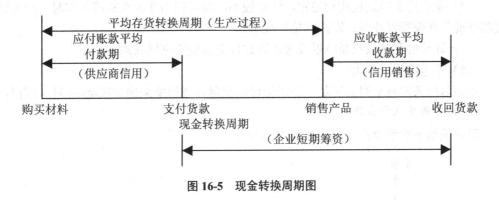

图16-5　现金转换周期图

（1）存货周转期,即将现金转化为原材料进而转化为产成品并最终出售所需要的时间。

（2）应收账款周转期,即产品销售收回现金所花费的时间。

（3）应付账款周转期,即从收到赊购材料再到支付现金之间所需要的时间。

$$\text{现金周转期}=\text{存货周转期}+\text{应收账款周转期}-\text{应付账款周转期} \qquad (16-1)$$

现金转换周期确定后,企业便可确定最佳现金持有量。其计算公式为

$$\text{最佳现金持有量}=\frac{\text{企业年现金需求总额}}{360}\times\text{现金周转期} \qquad (16-2)$$

【例16-4】 某企业预计存货周转期为80天,应收账款周转期为30天,应付账款周转期为20天,预计全年需要现金1 080万元,计算:最佳现金持有量。

解　　　　　　　　现金周转期＝80+30-20＝90（天）

$$\text{最佳现金持有量}=\frac{1\,080}{360}\times 90=270\text{（万元）}$$

现金周转模式简单明了,但这种方法假设材料采购与产品销售产生的现金流量在数量上一致,企业的生产经营过程持续稳定地进行,即现金需要和现金供应不存在不确定的因素。因此,这种方法在确定企业最佳现金持有量时将发生一定的偏差。

(二)存货模型

确定最佳现金持有量的存货模式来源于存货的经济批量模型,这一模型由美国经济学家鲍莫(W. J. Baumol)于1952年提出。他认为公司现金持有量与存货的持有量有相似之处,存货经济订货批量模型可用于确定目标现金持有量,并以此为出发点,建立了鲍莫模型。

1. 假设条件

运用存货模型确定最佳现金持有量时,是以下列假设为前提的。

(1)公司所需要的现金可通过证券变现取得,且证券变现的不确定性很小。

(2)公司预算期内现金流入量稳定并且可以比较准确地预测其数量。

(3)现金的支出过程比较稳定,波动较小,而且每当现金余额降至零时,均可通过部分证券变现得以补偿,即没有短缺成本。

(4)证券的利率或收益率以及每次固定性交易费用可以获悉。

(5)不考虑管理费用。

如果这些条件基本得到满足,公司便可以利用存货模型来确定现金的最佳持有量。

2. 模型的建立和应用

存货模型下的现金流动模式如图16-6所示。

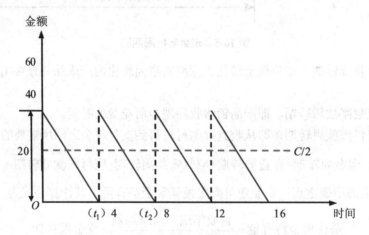

图16-6 目标现金余额的存货模型

在图16-6中,假定企业的现金支出需要在某一期间内是稳定的。企业原有C元资金,当此笔现金在t_1时用掉之后,出售C元有价证券补充现金;随后当这笔现金到t_2时又使用完了,再出售C元证券补充现金。如此不断重复。

与存货模型类似,企业现金的持有成本主要包括以下两个方面。

(1)现金持有成本。即企业持有现金所放弃的报酬,它是持有现金的机会成本。一般来说,这种成本通常以有价证券的利息率来计算,它与现金的余额成正比例变化。其计算公式为

$$持有成本 = \frac{C}{2} \times r$$

其中，C 为现金余额初值，即每次出售证券或贷款筹集的现金；$\frac{C}{2}$ 为平均现金持有量；r 为持有现金的机会成本，等于证券变现后所放弃的证券收益率或贷款的资本成本。

（2）现金的转换成本。即现金与有价证券转换的固定成本，如经纪人费用、税金及其他管理费用。这种成本只与交易的次数有关，而与持有现金的金额无关。其计算公式为

$$现金转换成本 = \frac{T}{C} \times b$$

其中，T 为一定时期所需的现金总额；b 为每次变现的交易成本。

存货模型的着眼点也就是现金持有的有关总成本最低，在这些成本中，固定费用因其相对稳定，同现金持有量的多少关系不大，因此在存货模型中将其视为与决策无关的成本而不予考虑。同时，由于现金是否会发生短缺、短缺多少、概率多大以及各种短缺情形发生时可能的损失如何，都存在很大的不确定性和无法计量性。因此，在利用存货模型计算现金最佳持有量时，对短缺成本也不予考虑。在存货模型中，只对机会成本和转换成本予以考虑，能够使现金管理的机会成本与转换成本之和保持最低的现金持有量，即为最佳现金持有量。

现金管理总成本与持有机会成本、转换成本的关系如图 16-7 所示。

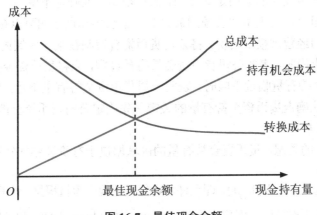

图 16-7　最佳现金余额

如果现金余额大，则持有现金的机会成本高，但转换成本将减少。如果现金余额小，则持有现金的机会成本低，但转换成本要上升。两种成本合计最低时的现金余额为最佳现金余额。

$$持有现金的总成本 = 持有成本 + 转换成本 \tag{16-3}$$

$$总成本（TC） = \frac{C}{2} \times r + \frac{T}{C} \times b \tag{16-4}$$

图 16-7 中，TC 是一条凹形曲线，可用求极值的方法求出最小值。

对式（16-4）关于 C 求导数，并令一阶导数等于零，可得最佳现金持有量为

$$C^* = \sqrt{\frac{2bT}{r}} \qquad (16-5)$$

【例 16-5】 某企业预计一个月内现金支付总额为 60 万元,现金与有价证券的转换成本为每次 100 元,有价证券的年利息率为 12%。则最佳现金持有量为

$$C^* = \sqrt{\frac{2 \times 600\,000 \times 100}{12\% \div 12}} = 109\,544.51 \text{ (元)}$$

最佳现金持有量为 109 544.51 元,这意味着企业从有价证券转换为现金的次数为 5.48 次,即 $\frac{600\,000}{109\,544.51}$,大约每 5 天就要出售一次有价证券。

存货模型可以精确地测算出最佳现金余额和变现次数,表现了现金管理中基本的成本结构,它对加强企业的现金管理有一定作用。但是这种模型以货币支出均匀发生、现金持有成本和转换成本易于预测为前提条件。因此,只有在上述因素比较确定的情况下才能使用此种方法。

(三) Miller-Orr 模型

该模型是美国经济学家 Merton H. Miller 和 Daniel Orr 提出的,又称为随机模型。

1. 假设条件

该模型假定现金收支的波动是偶然的,而不是均匀或确定不变的。假定有现金和有价证券两种资产组合,此模型需要预测最大的现金余额和最小的可以接受的现金水平。此模型是根据公司经营规模等情况,将公司货币资金控制在某一区域内。当货币资金持有量临近该区域上限时,表明公司货币资金持有量过剩,应将货币资金投资于购买有价证券;当货币资金持有量临近下限时,表明公司货币资金持有量不足,应将有价证券出售。因此,随机法确定货币资金持有量的关键是先确定公司货币资金的控制区域。

2. 模型的建立

按 Miller-Orr 的思想,货币资金持有量的区域取决于有价证券的转换成本和持有货币资金的机会成本。

假设净现金流量服从 $N(0, \sigma^2)$,即允许公司每天的现金流量根据一个概率函数而变化。

该模型有两个控制限,分别称为上限(upper control limit,UCL)和下限(lower control limit,LCL),下限由模型决定。

该模型还有一个收益点 RP^*(return point),它是公司收益是否使现金余额达到控制线的目标水平。

给定单位交易成本 b、每期的利率水平 i、现金流量的标准差 σ,定义随机变量 Z 为

$$Z = \left(\frac{3b\sigma^2}{4i}\right)^{\frac{1}{3}} \qquad (16-6)$$

上限 UCL、下限 LCL 及收益点 RP* 与 Z 的关系是

$$UCL = LCL + 3Z \qquad (16-7)$$

$$RP^* = \text{LCL} + Z \tag{16-8}$$

该模型的基本思想是：当现金余额达到下限 LCL 时，公司卖出额度为 Z 的证券，并把钱存到账户上，这就使现金余额回到收益点；当现金余额达到上限 UCL 时，公司用现金买进额度为 2Z 的证券，这将使现金余额回到收益点。如图 16-8 所示，这种过程产生的一个平均现金余额为

$$\text{平均现金余额} = \text{LCL} + 4/3 \cdot Z \tag{16-9}$$

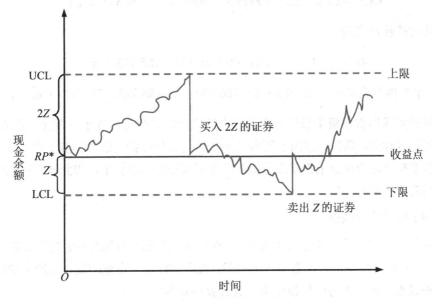

图 16-8 现金持有量的随机模型

3. 模型的含义及应用

Miller-Orr 模型更加明确了现金管理的关键。其含义是：① 该模型说明最优返回点 RP^* 与交易成本 b 正相关，与持现的机会成本 i 负相关。② 该模型说明最优返回点 RP^* 及平均现金余额都与现金流量的变异性 σ 正相关。

要应用 Miller-Orr 模型，需要做如下工作。

（1）设置现金余额的控制下限 LCL。

（2）估计日现金流量的标准差 σ（可用样本标准差 s）。

（3）确定日利率 i。

（4）估计买卖有价证券的交易成本 b。

【例 16-6】假设 K 公司估计其每天现金流量的标准差为 $\sigma = 50\,000$ 元，买卖有价证券的单位成本为 100 元，年利率 $i=10\%$。由于流动性要求和补偿余额需要，K 公司的现金余额的控制下限设为 LCL=100 000 元。试计算：

（1）该公司现金余额的控制上限。

（2）该公司的收益点。

（3）该公司的平均现金余额。

解 应用 Miller-Orr 模型，即利用式（16-5）～式（16-8）。

首先求 Z：

$$Z = \left(\frac{3b\sigma^2}{4i}\right)^{1/3} = \left(\frac{3 \times 100 \times 50\,000^2}{4 \times (10\%/365)}\right)^{1/3} = 88\,125$$

于是，得该公司的现金余额控制上限为

$$UCL = LCL + 3Z = 100\,000 + 3 \times 88\,125 = 364\,375（元）$$

该公司的收益点为

$$RP^* = LCL + Z = 100\,000 + 88\,125 = 188\,125（元）$$

平均现金余额 $= LCL + 4/3 \cdot Z = 100\,000 + 4/3 \times 88\,125 = 217\,500$（元）

随机模型求得货币资金最佳持有量符合随机思想，即公司货币资金支出是随机的，收入是无法预知的，所以，适用于所有公司货币资金最佳持有量的测算。另一方面，随机模型建立在公司的现金未来需求总量和收支不可预测的前提下，因此计算出来的现金持有量通常比较保守。

（四）成本分析模型

成本分析模型是根据现金有关成本，分析预测其总成本最低时现金持有量的一种方法。运用成本分析模型确定现金最佳持有量，假定只持有一定量的现金而产生的持有成本及短缺成本，而不予考虑转换成本。其计算公式为

$$\begin{aligned}最佳现金持有量 &= \min（持有成本 + 短缺成本）\\ &= \min（管理成本 + 机会成本 + 短缺成本）\end{aligned} \quad (16\text{-}10)$$

其中，管理成本属于固定成本；机会成本是正相关成本；短缺成本是负相关成本。这些成本同现金持有量之间的关系可以从图 16-9 中反映出来。

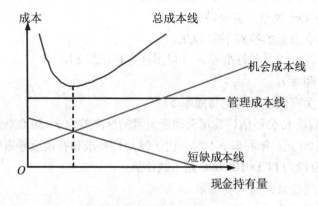

图 16-9 最佳现金持有量

从图 16-9 可以看出，由于各项成本同现金持有量的变动关系不同，使得总成本曲

线呈抛物线型，抛物线的最低点即为成本最低点，该点所对应的现金持有量便是最佳现金持有量，此时总成本最低。

成本分析模型正是运用上述原理确定现金最佳持有量的。在实际工作中运用该模型确定最佳现金持有量的具体步骤如下。

（1）根据不同现金持有量预测并确定有关成本数值。

（2）按照不同现金持有量及其有关成本资料编制最佳持有量测算表。

（3）在测算表中找出总成本最低时的现金持有量，即最佳现金持有量。

【例 16-7】某公司现有 A、B、C、D 四种现金持有方案，有关成本数据如表 16-4 所示。

表 16-4 现金持有量备选方案　　　　　　　　　　　　　　　　单元：元

项　目	A	B	C	D
现金持有量	10 000	20 000	30 000	40 000
机会成本率/%	12	12	12	12
管理成本	2 000	2 000	2 000	2 000
短缺成本	5 600	2 500	1 000	0

根据表 16-4 编制该公司的最佳现金持有量测算表，如表 16-5 所示。

表 16-5 最佳现金持有量测算表　　　　　　　　　　　　　　　单位：元

项　目	机会成本	管理成本	短缺成本	总　成　本
A	1 200	2 000	5 600	8 800
B	2 400	2 000	2 500	6 900
C	3 600	2 000	1 000	6 600
D	4 800	2 000	0	6 800

通过比较分析，表 16-5 中 C 方案的总成本最低，因此公司持有 30 000 元现金时，其总成本最低，30 000 元为公司最佳现金持有量。

三、现金日常管理

现金预算编制后，其发挥作用还有赖于对现金的日常管理。现金日常管理的目的在于加速现金周转速度，提高现金的使用效率。提高现金使用效率的途径主要有两个：一是尽量加速收款；二是严格控制现金支出。只有将"开源"与"节流"两者有机地结合起来，才能达到这一目的。

（一）现金的加速收回

为了提高现金的使用效率，加速现金周转，公司应尽量加速收款。公司加速收款的任务不仅是要尽量使顾客早付款，而且要使这些款项转化为公司可支配的现金。公司收款时间的构成如图 16-10 所示。

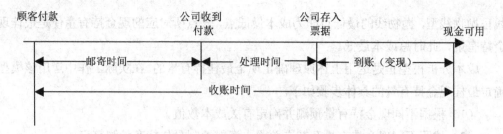

图 16-10 公司收款时间的构成

可见,现金收款过程的时间取决于公司客户、银行的地理位置以及公司现金收账的效率。为此,应满足以下要求:① 减少顾客付款的邮寄时间。② 减少公司收到顾客开来支票兑现之间的时间。③ 加速资金存入自己往来银行的过程。

为达到上述目的,具体措施有两种:集中银行法和锁箱法。

(1) 集中银行法。集中银行法(concentration banking)改变了只在公司总部设立一个收款点的做法,而是在收款比较集中的若干个地方设置收款中心,以加速账款回收的一种方法。其目的是缩短从顾客寄出账款到现金收入企业账户这一过程的时间。

(2) 锁箱法。锁箱法(lock-box)是通过承租多个邮政信箱,以缩短从收到顾客付款到存入当地银行的时间的一种现金管理方法。

无论是"锁箱制度"还是"集中银行制度",都是在美国金融体制之下诞生、使用的加速现金回收速度的技术方法。这些方法的使用,无一例外地都需要金融部门的配合。我国金融系统,尤其是商业银行系统在运营方面与西方均有着重大的差异,因此,需要根据实际情况来研究、制定适合于我国企业的加速资金回收的方法。

(二) 现金的延迟支付

(1) 使用现金浮游量。现金浮游量(float)是指由于公司提高收账效率和延长付款时间所产生的公司账户上的现金余额和银行账户上的公司存款余额之间的差额。从公司开出支票,收票人收到支票并存入银行,至银行将款项划出债务公司账户,中间需要一段时间。此时,公司现金的账面余额与可用余额之间存在着差额,现金在这段时间占用的资金就是现金浮游量。在这段时间里,尽管公司已开出了支票,却仍然可运用活期存款户上的这笔资金。不过,在使用现金浮游量时,一定要控制好使用时间,否则会发生银行的透支。

例如,如果公司平均每天开出 2 000 元支票,从支票寄出、结算直到从公司银行账户中转账通常要 3 天时间。因此,公司银行显示余额要比银行对账单上的余额少 2 000 元×3 天=6 000 元,这部分差额称作支付浮游量。再假设公司每天收到数额为 3 000 元的支票,但是存款和结算需要 2 天的时间。因此,这将产生 3 000 元×2 天=6 000 元的收入浮游量。效率高的公司可以加快支票回收的速度,从而使资金更快地投入运作,同时公司尽可能延长开出支票的时间。

(2) 推迟应付款的支付。推迟应付款的支付,是指在不影响自己信誉的前提下,尽可能推迟应付款的支付期,充分运用供货商所提供的信用优惠。如遇公司急需现金,甚至可以放弃供货商的折扣优惠,在信用期最后一天支付款项。当然,放弃折扣的实施还要考虑一些其他因素,权衡之后进行决策。

在西方企业里,有一种管理应付账款的方法叫作"付款凭单制度"。在这一制度下,所有的未来的付款一旦确认,就由专人填写一张付款凭单,按照时间的先后顺序排列管理。各张凭单的付款时间一到,管理人员马上办理有关手续,及时付出款项。通过这一制度,将所有的付款按照时间予以严密控制,既不因过早付款而遭受损失,也不因耽误付款而损伤财务信誉。

(3)汇票代替支票。汇票分为商业承兑汇票和银行承兑汇票。与支票不同的是,承兑汇票并不是见票即付。商业承兑汇票由收款人或持票人提交给开票方开户银行收款时,开户银行还必须将它交给签发者予以承兑,而后签发公司才存入资金的支付汇票。银行承兑汇票由收款人或持票人提交给开票方开户银行收款时,需要得到银行方面的承兑,才进行付款。这一方式的优点是推迟了公司调入资金支付汇票的实际时间。这样公司就只需在银行中保持较少的现金余额。它的缺点是某些供应商可能并不喜欢用汇票付款,银行也不喜欢处理汇票,它们通常需要耗费更多的人力。这样,同支票相比,银行会收较高的手续费。

(4)争取现金流出与现金流入同步。公司应尽量使现金流出与现金流入同步,这样,就可以降低交易性现金余额,同时可以减少有价证券转换为现金的次数,提高现金的利用效率,节约转换成本。

本章小结

1. 营运资本管理一般是指公司的流动资产管理和为维持流动资产而进行的短期融资活动管理。其主要内容包括公司营运资本管理的综合策略的制定、现金管理、应收账款管理、存货管理。

2. 营运资本管理策略包括流动资产的结构性管理、营运资本融资策略、营运资本管理的综合策略。流动资产的结构性管理包括流动资产的盈利性与风险性分析、流动资产结构策略的分析,具体有保守策略、激进策略、适中策略。

3. 营运资本融资策略包括稳健的营运资本融资策略、激进的营运资本融资策略、匹配的营运资本融资策略。

4. 营运资本管理的综合策略包括匹配型营运资本管理策略、稳健型营运资本管理策略、激进型营运资本管理策略。

5. 影响现金最佳持有量确定的成本主要包括现金的机会成本、现金管理成本、现金短缺成本等,现金最佳持有量确定的主要方法有现金周转期模型、存货模型、随机模型和成本分析模型。这些模型适合不同的条件。

6. 本章主要从两个方面介绍了现金的日常管理:一是开源;二是节流。开源就是加速收款,主要采用集中银行法、锁箱法等。节流就是延迟付款,主要采用了使用现金浮游量、推迟应付款的支付、用汇票代替支票以及尽量做到现金流出与流入同步。

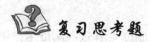 复习思考题

1. 什么是营运资本？它由哪些项目构成？
2. 营运资本管理的策略有哪些？其对企业权益资本收益率会产生什么影响？
3. 公司持有现金的动机是什么？持有现金会产生哪些成本？
4. 公司现金管理的目的是什么？具体包括哪些方面？
5. 确定目标现金持有量有哪些模式？分析它们适用的条件。

 练习题

1. 某企业预计存货周转期为 90 天，应收账款周转期为 50 天，应付账款周转期为 30 天，预计全年需要现金 1 080 万元，该企业第 12 月期初的现金余额为 300 万元，第 12 月的现金收入为 100 万元，现金支出为 80 万元。计算该企业的现金周转期、最佳现金余额和现金余缺额。

2. 某企业有四种现金持有方案，现金持有量从 4 万元起每档次增加 2 万元；现金管理成本从 5 000 元起每档次增加 1 000 元。现金短缺成本从 2 万元起每档次降低 4 000 元；企业短期投资预计收益率为 12%。运用成本分析模型确定企业最佳现金持有量。

3. 某公司预计全年需要现金 40 万元，该公司的现金收支状况比较稳定。因此，当公司现金短缺时，公司就准备用短期有价证券变现取得，现金与有价证券每次的转换成本为 50 元，有价证券的年利率为 10%。要求：用存货模型计算该公司最佳现金持有量、最低现金持有成本和有价证券最佳交易次数。

第十七章 存货与应收账款管理

本章学习目标

- 了解存货及存货管理的目标。
- 理解企业存货的存在会产生哪些成本。
- 掌握存货管理的主要方法和存货最佳经济批量的确定。
- 理解适时存货管理系统的基本思想。
- 掌握特殊条件下存货经济批量的确定。
- 了解应收账款产生的根源以及应收账款管理的目标。
- 掌握应收账款信用标准和信用条件的确定。
- 了解应收账款日常管理的主要方法。

第一节 存货及其成本

一、存货的功能和存货管理的目标

（一）存货的功能

存货是指公司在生产经营过程中为销售或生产耗用而储备的各种物资，包括商品、产成品、半成品、在产品以及各种材料、燃料、包装物、低值易耗品等。

企业储存存货，其主要功能在于以下几方面。

（1）防止停工待料。适量的原材料存货和在制品、半成品存货是公司生产正常进行的前提和保证。就公司而言，供货方的生产和销售往往因某些原因而暂停或推迟，从而会影响公司材料的及时采购、入库和投产。就公司内部而言，有适量的半成品储备，能使各生产环节的生产调度更加合理，各生产工序步调更加协调。可见适量的存货能有效地防止停工待料事件的发生，维持生产的连续性。

（2）适应市场变化。存货储备能增强公司在生产销售方面的机动性以及适应市场变化的能力。公司有了足够的存货，才能有效地供应市场，满足顾客的需要。相反，若某种畅销产品库存不足，将会失去目前和未来的市场，发生机会成本。

（3）降低进货成本。很多公司为扩大销售规模，对购货方提供优厚的数量折扣待遇，即购货达到一定数量时，便在价格上给予一定的折扣优惠。公司采用批量集中进货，可获得较大的数量折扣。此外，通过增加每次购货的数量，减少购货次数，可以降低采购费用支出。即便在推崇以零存货为管理目标的今天，仍有许多公司采取大批量进货方式，原因就在于这种方式有助于降低购货成本。只要采购成本的降低额大于因存货增加而导致的储存可能发生的费用，便是可行的。

(4) 维持均衡生产。对于那些所生产产品属于季节性的、生产所需材料的供应具有季节性的公司，为实现均衡生产，降低生产成本，就必须适当储存一定的半成品存货或保持一定的原材料存货。否则，这些公司若按照季节变动组织生产活动，难免会产生忙时超负荷运转，闲时生产能力得不到充分利用的情况。这也会导致生产成本的提高。

（二）存货管理的目标

公司存货的目的主要是为了解决购料与生产不相配合的困难。周密和完善的生产计划和物资供应系统可使原材料、零部件的供应和生产过程完全衔接并及时满足市场对产品的需求，这时公司对存货的需求量最小。但生产和销售是一个动态系统，它必须随着市场的变化而变化，总会产生波动。若生产一时扩大而原材料供应不上，则会使生产中断。若市场销售量增加而公司无产成品库存，则会影响公司的销售和公司的声誉，造成一定的损失。因此，公司基于内、外的主客观环境和条件的影响，无法全面推行"适时生产系统"，存货的存在是不可避免的。

从公司的角度出发，存货管理的目标是在满足经营所需存货的条件下，存货的成本最低。

二、存货成本

进行存货管理，首先应分清与购买和保管存货有关的成本，一般将其归为以下四类。

（一）采购成本

采购成本是由存货的买价、运杂费以及其他使存货送至公司达到库存状态所花费的开支构成。它通常以数量和单价的乘积来确定。假定年需求量用 D 表示，单价用 U 表示，采购成本用 DU 表示。

（二）订货成本

订货成本是指企业向供货方订购存货而发生的成本，包括订购手续费、差旅费、邮电费等支出。一般而言，采购成本与采购数量成正比，单位采购成本基本不受采购数量的影响，只有供货方给予销售折扣时才有必要考虑采购成本；订货成本中有一部分与订货次数无关，如常设采购机构的基本开支等，称为订货的固定成本，用 F_t 表示。另一部分与订货次数有关，如差旅费、邮资等支出，称为订货的变动成本。每次订货的变动成本用 K 表示，每次进货量用 Q 表示。在需求量一定的情况下，订货次数越多，订货总成本就越高；反之，则越低。订货成本的计算公式为

$$订货成本 = \frac{D}{Q} \times K + F_t \tag{17-1}$$

存货的取得成本 = 存货的订货成本 + 存货的采购成本

$$TC_a = \frac{D}{Q} \times K + F_t + DU \tag{17-2}$$

（三）储存成本

存货的储存成本也称持有成本，是企业为保存存货而发生的成本，包括存货占用资金所应计的利息（也称机会成本）、仓库费用、保险费用、存货破损和变质损失等支出，通常用 TC_c 来表示。

储存成本也分为固定成本和变动成本。固定成本与存货储存数量的多少无关，如仓库折旧、仓库职工的固定月工资等，常用 F_2 表示。储存的变动成本与储存的数量有关，如保险费、存货破损、变质损失等与存货数量成正比例变动。单位成本用 K_c 来表示。用公式表达的储存成本为

储存成本 = 储存固定成本 + 储存变动成本

$$TC_c = F_2 + \frac{Q}{2} \times K_c \tag{17-3}$$

（四）存货短缺成本

存货短缺成本是指由于存货供应中断而造成的损失，包括停工待料损失、企业紧急采购代用材料而发生的额外购入成本、延迟交货所承担的罚金和企业信誉损失等。存货短缺成本用 TC_s 表示。

如果以 TC 来表示储存存货的总成本，则其计算公式为

$$TC = TC_a + TC_c + TC_s = F_t + \frac{D}{Q} \times K + DU + F_2 + \frac{Q}{2} \times K_c + TC_s \tag{17-4}$$

企业存货最优化，即是使式（17-4）的 TC 值最小。

第二节 存货管理方法

存货管理是指在正常生产经营过程中遵循存货计划对存货的使用和流转进行组织、调控和监督，使公司的资金运动、物资运动和生产经营活动达到最佳结合的管理活动。

一、ABC 控制法

ABC 控制法是意大利经济学家帕累托于 19 世纪首创的。经过不断完善和发展，现已广泛应用于存货管理、成本管理和生产管理，其基本思想依据于统计学中的累积曲线（Ogive）。ABC 控制法是根据各项存货在全部存货中的重要程度，将存货分成 A、B、C 三类。A 类存货的数量、种类占全部存货的 10% 左右，所占资金却占全部金额的 70% 左右；B 类存货数量、种类占全部存货的 20%～30%，占用资金约为全部金额的 20%；C 类存货的数量、品种占全部存货的 60%～70%，资金约占全部金额的 10%，如图 17-1 所示。

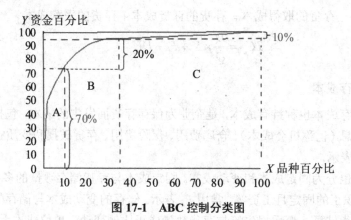

图 17-1　ABC 控制分类图

对 A 类存货实行重点规划和管理，对存货的收、发、存进行详细记录，定期盘点。对采购、储存、使用过程中出现的偏差应及时分析原因，调查清楚，寻求改进措施。

对 B 类存货进行次重点管理。对 B 类存货一般可按存货类别进行控制，制定定额，对实际出现的偏差进行概括性检查。

C 类存货只进行一般管理，采用集中管理的方式。

二、经济批量控制法

（一）存货经济批量一般模型

存货过多或存货不足，都会使公司遭受不必要的损失。如何合理确定最佳的存货水平呢？存货经济批量模型对这一问题进行了解答。前面讨论存货成本时可知，存货订货成本与采购批量成反比，而存货储存成本与采购批量成正比。短缺成本由于难以计量，不予考虑。由此可见，订货成本与储存成本是决定存货经济批量的两大因素，而与批量无关的固定的订货成本与固定的储存成本则称为无关成本，在确定经济批量时不必考虑。因而，经济批量也就是可以通过使存货订货变动成本与储存变动成本之和最小的计算方法求得。用公式表示为

$$TC = \frac{D}{Q} \times K + \frac{Q}{2} \times K_c \qquad (17\text{-}5)$$

若使 TC 值最小，对 TC 求一阶导数，并令一阶导数等于零，此时的批量则称为最佳经济订货批量。

$$Q^* = \sqrt{\frac{2KD}{K_c}} \qquad (17\text{-}6)$$

将式（17-6）代入式（17-5）中，可进一步推导出

$$TC = \sqrt{2KDK_c} \qquad (17\text{-}7)$$

最佳订货次数 $$N = \frac{D}{Q^*} = \sqrt{\frac{DK_c}{2K}}$$ (17-8)

最佳订货周期 $$T = \frac{360}{N}$$ (17-9)

【例 17-1】某企业一年某种材料需求量为 3 600 吨，每次进货成本为 250 元，单位储存成本为 20 元，每吨材料的单价为 1 000 元，且每次材料订货均一次到齐，在订货间隔期均匀耗用。则经济批量为

$$Q = \sqrt{\frac{2 \times 250 \times 3\,600}{20}} = 300(吨)，TC = \sqrt{2 \times 250 \times 3\,600 \times 20} = 6\,000(元)$$

$$N = \frac{3\,600}{300} = 12(次)，\qquad T = \frac{360}{12} = 30(天)$$

应当注意，这里所计算的经济批量模型是一种理想化的，它是在一定的假设条件下推导出来的。其假设条件主要有：①存货的耗用量或销售量可以被准确地预测；②存货的耗用量或销售量均匀地分布在全年；③不存在供应商延期交货的情况；④全年存货的需求量、采购单价、单位储存成本和每次订货均为已知且全年保持不变。这些条件在现实的市场情况下是不可能满足的，因此其模型在实际中运用受到许多限制。为进一步增加模型的适用性，将结合实际工作中经常出现的几种情况加以分析。

（二）特殊情况下的存货经济批量的确定

1. 存在销售折扣情况下的经济批量模型

在市场经济条件下，供应商为了扩大销售量，通常采用销售折扣的方式进行销售，即规定当一次采购量达到一定数额时给予购货方一定的价格优惠。在这种情况下，单位采购成本就不是固定不变的，它也随着采购数量的增减变化而变化，此时企业在确定经济批量时，就要比较享受折扣与放弃折扣两种情况下的总成本，选择总成本较低者。此时的批量视为经济批量。

【例 17-2】如例 17-1，供应商规定每次购货量达到 360 吨以上，就给予 10%的销售折扣，则经济订货批量应为多少？

解 在这种情况下，采购成本与每次采购的数量有一定的关系。因此，企业在确定经济批量时必须将此因素考虑进去，来计算两种情况下的总成本。

（1） $$TC_{(300)} = 1\,000 \times 3\,600 + \frac{300}{2} \times 20 + \frac{3\,600}{300} \times 250$$
$$= 3\,600\,000 + 3\,000 + 3\,000 = 3\,606\,000(元)$$

（2） $$TC_{(360)} = 900 \times 3\,600 + \frac{360}{2} \times 20 + \frac{3\,600}{360} \times 250$$
$$= 3\,240\,000 + 3\,600 + 2\,500 = 3\,246\,100(元)$$

通过上述计算可知，每次订货量为 360 吨时的总成本低于 300 吨时的总成本，因此

企业应选择360吨作为每次采购批量，而不应选择300吨。通过上述分析，可以了解到在确定经济批量的分析中，只要与经济批量有关的成本因素都应该考虑进去，否则会出现决策错误。相应地，订货次数、订货周期都要作调整：

$$N = \frac{3\,600}{360} = 10 \text{（次）}$$

2. 再订货点和安全储备

一般情况下，企业要想做到存货库存到零时再进货（即补充进货到Q）几乎是不可能的。因为供应商在收到企业订单后，从组织货源到运达企业往往需要花费一段时间。为了保证生产和销售正常进行，不受存货供应的影响，企业需要解决两大问题：一是什么时候发出订货单；二是为了预防意外事件发生应建立多少保险性的存货储备量。这就是管理上所说的订货提前期（lead time）和安全储备量（safety stocks）。

所谓的订货提前期也就是再订货点（reorder point），是指企业库存存货达到多少时企业发订货订单，此时的存货量就是再订货点的储备量。影响再订货点的因素有以下几个：① 平均日耗用量。② 提前时间，一般是指平时从发出订单到所订货物运达仓库供使用所需时间。③ 预计每天最大耗用量与最长的提前时间。④ 安全存量，也就是预防耗用量突然增加或交货误期而进行的储备。

$$\text{再订货点} = \text{（订货至到货间隔期} \times \text{每日耗用量）} + \text{安全储备量} \quad (17\text{-}10)$$

企业设立安全储备量（也称保险储备量）主要是预防企业订货提前期与耗用量不能完全确定，影响企业再订货点，从而影响企业正常生产经营。安全储备的存量虽然有用，但公司为此也要付出一定的代价，即增加企业储存成本以及存货所占用的资金。因此企业是否需要设立安全储备以及安全储备量为多少，对企业来说是很重要的。最合理的安全储备存量应是使存货短缺成本和储存成本之和最低。

存货再订货点是指订购下一批存货时存货的安全储备量。确定再订货点一般应考虑如下几个因素。

（1）平均每日存货的正常耗用量。

（2）预计每日存货的最大耗用量。

（3）正常提前订货时间，即在正常情况下从发出订单到货物验收入库所需要的时间。

（4）预计最长提前订货时间，即如果遇到非正常情况所需要的提前订货时间。

（5）安全储备量，即为了防止耗用量突然增加或者交货误期等情况的发生而增加的存货储备数量。

假设：R表示存货再订货点，n表示平均每日存货的正常耗用量，m表示预计每日存货的最大耗用量，t表示正常提前订货时间，r表示预计最长提前订货时间，S表示安全储备量。

安全储备S可用下式计算：

$$S = \frac{1}{2}(mr - nt) \quad (17\text{-}11)$$

则根据式（17-10）和式（17-11），可用如下公式计算存货的再订货点：

$$R = nt + S = nt + \frac{1}{2}(mr - nt) = \frac{1}{2}(mr + nt) \tag{17-12}$$

【例 17-3】某公司每天正常耗用某零件 10 件，订货的提前期为 20 天，预计最大耗用量为每天 12 件，预计最长提前期为 25 天。

则安全储备为 $S = \frac{1}{2}(mr - nt) = \frac{1}{2}(12 \times 25 - 10 \times 20) = 50$（件）

再订货点为 $R = \frac{1}{2}(mr + nt) = \frac{1}{2}(12 \times 25 + 10 \times 20) = 250$（件）

建立安全储备，固然可以使企业避免因缺货或供应中断造成的损失，但存货平均储备量的加大却会使储备成本升高。研究安全储备的目的，就是要找出合理的安全储备量，使缺货或供应中断损失和储备成本之和最小。方法上可先计算出各不同安全储备量的总成本，然后再对总成本进行比较，选定其中最低的。因此，再订货点与安全储备的具体求法如下。

首先计算总成本：

（1）储存成本通常是按年计的，即安全储备×单位储存成本。

（2）缺货成本通常是按次计的，即缺货数量×批数×单位缺货成本；以概率为权重进行加权平均，求出缺货成本，即缺货成本 = Σ缺货数量×批数×单位缺货成本×概率。

其次，在计算所得的总成本中选择其中最小的一项，即为所求的安全储备量。

【例 17-4】某公司每年需外购零件 7 200 个，该零件单位储存成本 40 元，一次订货成本 50 元，单位缺货成本 10 元，每天平均需要量为 20 件，订货间隔期的概率分布如表 17-1 所示。

表 17-1 订货间隔概率分布

订货间隔/天	5	6	7	8	9
概 率	0.05	0.2	0.5	0.2	0.05

要求：计算含有安全储备的再订货点。

解 最优经济订货量 = $\sqrt{\dfrac{2 \times 7\,200 \times 50}{40}} = 134$（件）

年订货次数 = 7 200/134 = 54（次）

平均订货间隔期 = 5×0.05+6×0.2+7×0.5+8×0.2+9×0.05 = 7（天）

平均订货间隔期内需求 = 7×20 = 140（件）

当安全储备 B = 0 时，再订货点 R = 140+0 = 140 件：

$TC(B=0) = [(8 \times 20 - 140) \times 0.2 + (9 \times 20 - 140) \times 0.05] \times 10 \times 54 + 0 \times 40 = 3240$（元）

当安全储备 B=20 时，再订货点 R=140+20=160 件，

$$TC(B=20)=[(9\times20-160)\times0.05]\times10\times54+20\times40=1\,340（元）$$

当安全储备 B=40 时，再订货点 R=140+40=180 件：

$$TC(B=40)=0\times10\times54+40\times40=1\,600（元）$$

显然，当安全储备为 20 时，再订货与安全储备的总成本最小（1 340 元）。因此，含有安全储备的再订货点应为：140+20=160 件。

3. 存货陆续供应和使用

在建立基本模型时，假设存货一次全部入库，故存量增加时存量变化为一条垂直的直线。但实际上，企业各批存货可能是陆续入库，存量陆续增加。尤其是产成品入库和产成品转移，几乎总是陆续供应和陆续耗用的。在这种情况下，需要对基本模型进行一定的修改。

【例 17-5】 某零件年需求量（D）为 3 600 件，每日送货量（P）为 30 件，每日耗用量（d）为 10 件，单价（U）为 10 元，一次订货成本（K）为 25 元，单位储存变动成本（K_c）为 2 元，存货数量变动如图 17-2 所示。

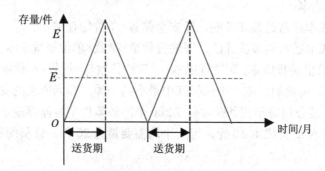

图 17-2 存货数量变动

设每批订货数为 Q，由于每日送货量为 P，故该批货全部送达所需日数为 Q/P，称为送货期。因零件每日耗用量为 d，故送货期内的全部耗用量为 $(Q/P)\times d$。由于零件边用边送，所以每批送完时，最高库存量为 $Q-\dfrac{Q}{p}\times d$。平均存量则为 $\dfrac{1}{2}\left(Q-\dfrac{Q}{p}\times d\right)$。这样，与批量有关的总成本为

$$TC(Q)=\dfrac{D}{Q}\times K+\dfrac{Q}{2}\left(1-\dfrac{d}{p}\right)\times K_c \qquad(17\text{-}13)$$

在订货变动成本与储存变动成本相等时，$TC(Q)$有最小值，故存货陆续供应和使用的经济订货批量为

$$\frac{D}{Q} \times K = \frac{Q}{2}\left(1 - \frac{d}{p}\right) \times K_c$$

$$Q^* = \sqrt{\frac{2KD}{K_c} \times \frac{P}{(P-d)}} \tag{17-14}$$

$$TC(Q^*) = \sqrt{2KDK_c\left(1 - \frac{d}{p}\right)}$$

在例 17-5 中，其经济批量为

$$Q^* = \sqrt{\frac{2 \times 25 \times 3\,600}{2} \times \frac{30}{(30-10)}} = 367 \text{（件）}$$

$$TC(Q^*) = \sqrt{2 \times 25 \times 3\,600 \times 2 \times (1 - \frac{10}{30})} = 490 \text{（元）}$$

应当注意，陆续供应和使用的存货经济批量模型，同样适用于企业产品的自制和外购的决策。企业自制零件属于边送边用的情况，单位成本可能很低，但每批零件投产的准备成本比一次外购订货的成本可能高许多。外购零件的单位成本可能很高，但订货成本却可能很低。因此，企业要在自制和外购零部件之间进行选择，必须比较两种方法的总成本，才能做出正确的决策。此时，企业可以利用陆续供应的模型进行分析决策。

【例 17-6】某企业生产使用 A 零部件，可以外购，也可以自制。如果外购，该零件的单价 5 元，一次订货成本为 12 元；如果自制，单位成本为 4 元，每次生产准备成本为 660 元，每日产量为 50 件。零件全年的需求量为 3 600 件，储存零件的变动成本为零件价值的 20%，每日平均需求量为 10 件。那么，企业应选择自制还是外购的方案？

解　（1）外购零件：

$$Q^* = \sqrt{\frac{2KD}{K_c}} = \sqrt{\frac{2 \times 12 \times 3\,600}{5 \times 0.2}} = 294 \text{（件）}$$

$$TC(Q^*) = \sqrt{2KDK_c} = \sqrt{2 \times 12 \times 3\,600 \times 5 \times 0.2} = 294 \text{（元）}$$

$$TC = DU + TC(Q^*) = 3\,600 \times 5 + 294 = 18\,294 \text{（元）}$$

（2）自制零件：

$$Q^* = \sqrt{\frac{2KD}{K_c} \times \frac{p}{(p-d)}} = \sqrt{\frac{2 \times 660 \times 3\,600}{4 \times 0.2} \times \frac{50}{50-10}} = 2\,724 \text{（件）}$$

$$TC(Q^*) = \sqrt{2KDK_c\left(1 - \frac{d}{p}\right)} = \sqrt{2 \times 660 \times 3\,600 \times 4 \times 0.2 \times \left(1 - \frac{10}{50}\right)} = 1\,744 \text{（元）}$$

$$TC = DU + TC(Q^*) = 3\,600 \times 4 + 1\,744 = 16\,144 \text{（元）}$$

由于自制的总成本低于外购的总成本，所以企业应采用自制的方案。

三、零存货与适时性存货管理

存货管理的理想状态莫过于存货库存趋近于零或根本没有存货,公司无须在存货上花费太多资金和精力。要实现这种高境界的管理,就要求公司做到存货生产经营的需要与材料物资的供应同步,以便只有当公司生产过程中需要原材料或配件时,供应商才会将原料或配件送到,从而体现适时性管理。

适时工作制(Just-in-Time,JIT)是存货在需要时才取得并进入生产过程的一种存货管理与控制方法。在某些行业,生产过程采用适时工作制来控制存货,是指在刚好需要的时候存货才被取得并进入生产流程。它要求有一套十分准确的生产和存货信息系统、高效率的采购、十分可靠的供应商和一个有效率的存货处理系统。尽管原材料存货和运送中存货永不可能减少为零,"适时工作制"还是减少存货的极其严格的存货控制观点之一。但是,JIT制度的目标不仅是减少存货,还包括不断提高生产率、产品质量和生产弹性。

采用零存货与适时性管理必须满足以下几个基本条件。

(1)地理位置集中。如果客户的生产运营要"适时"地取得零部件,供应商工厂到客户工厂之间应该只需相对较短的传送时间。例如,日本的丰田汽车,它的绝大多数供应商都分布在工厂方圆60英里的范围内。

(2)可靠的质量。生产过程应当总能指望从供应商那儿取得的零部件全部是合格的。在日本企业的概念是,每一个生产环节都应当将下一个生产环节看成是它的最终客户。质量控制主要是进行生产过程控制,而不是通过检查来挑出不合格品。

(3)可以管理的供应商网络。要使适时工作制运转,必须有一组适量的供应商,并且与他们签有长期合同。绝大多数日本汽车公司采用的零部件供应商不超过250家。相反,GM仅仅装配程序就采用了大约3 500家供应商。

(4)可控的运输系统。要在供应商和使用者之间保持可靠的传送线路。日本汽车公司只使用卡车(它们自己的或通过合同使用)来运送零部件,按计划每天从每个供应商处运送几次零部件。

(5)生产弹性。供应环节应对使用环节所采用的零部件能迅速做出反应。这关键是要具有迅速的工具转换能力,例如在日本,自动压模线在6分钟之内可装配好。

(6)较小的生产批量。绝大多数使用适时工作制的日本工厂都要求生产批量低于每天耗用量的10%。这样,每当生产出一辆汽车,该类车所需要的每一个零部件又被生产好了。

(7)有效率地收货和处理材料。例如,绝大多数日本公司已淘汰了正规的收费方式。工厂的各个部分都可以作为收货地点,零件被运到离使用地点最近的地方。特制设计的卡车取代了体积庞大的卡车。

(8)管理当局的积极参与。适时工作制是整个工厂性的。管理当局应提供公司各种资源以保证该制度的运转,而且在运行困难的转化期内管理当局一定要对适时工作法态度坚决。

第三节 应收账款管理

一、应收账款管理的目标

(一) 应收账款的产生及其投资

公司产品销售一般有三种形式：预付现金、交货即付及赊销。应收账款是指公司对外销售产品或提供劳务采用赊销等所形成的应收但尚未收回的被购货单位或接受劳务单位所占用的款项。应收账款是公司在激烈的市场竞争中，为扩大产品销售而采取的一种销售方式，是公司增加收入的一种手段。公司投资在应收账款上的资金，实际上是给予购货方的信用贷款，其投资的数额大小与公司所制定的信用政策相关，也就是说，取决于赊销量的大小及赊销期的长短。

$$应收账款 = 每天赊销额 \times 赊销期限 \qquad (17-15)$$

公司占用在应收账款上的资金越大，时间越长，公司的整体资金利用效率越低。因为应收账款一般来说是不产生收益或收益很低的资产，这就产生了公司如何制定应收账款管理的目标问题。

(二) 应收账款管理的目标

如前所述，应收账款的产生是市场竞争的结果，是公司为了扩大销售、增强产品竞争力的结果，其管理的目标就是获得利润。应收账款是公司的一种资金的投放，是为了扩大销售和盈利而进行的投资，而投资就要发生成本，所以应收账款管理的目标就是在投资的收益与成本之间进行权衡，只有当应收账款所增加的盈利超过所增加的成本时，才应当实施应收账款赊销；也就是说，应收账款投资会产生正的净现值，从而会增加公司的价值。

二、应收账款的信用政策制定

应收账款的信用政策，是公司财务政策的一个重要组成部分，是公司对应收账款管理的基本措施，主要由信用分析、信用期限、现金折扣和收账政策等四部分组成。有时人们把信用期限和现金折扣合称为信用条件。

(一) 信用分析

信用分析是由信用标准、信用评分法和信用报告组成的。

1. 信用标准

信用标准是指顾客获得公司的交易信用所应具备的条件。它通常以预期的坏账损失率作为判断标准。如果公司的信用标准较严，只对信誉很好、坏账损失率很低的顾客给予赊销，则公司遭受坏账损失的可能性会减少，减少应收账款的机会成本，但这可能不利于扩大销售量，甚至会使销售量减少。如果公司放宽信用标准，则其产品的销售量会增加，但同时会相应增加坏账损失和应收账款的机会成本。因此，公司应根据具体情况进行分析，通常公司在做出信用标准之前，应对客户进行信用状况分析。公司对客户的信用评价标准可以用五个 C 来概括，称为 "5C" 评价标准。

（1）品质（character），是指客户履行偿还债务的可能性，这是评价客户信用品质的首要因素。因为每一笔信用交易都隐含了客户对公司付款的承诺，如果客户没有付款的诚意，则该应收账款的风险必然加大，品质直接决定了应收账款的回收速度和回收数额。

（2）能力（capacity），是指客户偿债的财务能力。应着重了解客户的流动资产数量、质量以及流动负债的性质，计算流动比率和速动比率，同时辅以实地观察客户日常运营状况，并进行评价。

（3）资本（capital），是指客户的财务实力、总资产和股东权益的大小。

（4）抵押品（collateral），是指客户提供作为授信安全保证的资产。当对方的情况公司尚未清楚地了解时，客户提供的抵押品越充分，信用安全保障就越大。

（5）条件（condition），是指当前客户付款的经济环境，客户过去在经济萧条时能否付清货款等。

企业对上述五个方面的了解主要通过两大途径：一是从企业自身获取，也就是总结企业以往跟客户交易的经验，从主观上对客户的信用品质做出判断。二是从企业外部获取，也就是有关客户的直接信息资料和间接信息资料的获得。

企业在进行上述 "5C" 的评价后，基本对客户的综合信用品质进行了评估。对综合评价高的客户，企业可以放宽标准，而对综合评价低的客户就要严格信用标准，以保证企业的安全性。

2. 信用评分法

"5C" 评价标准是对客户的信用品质作定性分析。为避免信用评价人员的主观性，在对客户信用状况进行定性分析的基础上，还有必要对客户的信用风险进行定量分析。信用评分法就是在这种思想下产生的，它是利用客户有关财务指标计算出客户的信用得分，根据客户的信用得分衡量其信用品质。信用评分法的基本公式为

$$Z = \sum w_i X_i \tag{17-16}$$

其中，Z 为某公司的信用评分；w_i 为事先拟订的对第 i 种财务比率和信用品质进行加权的权数；X_i 为第 i 种财务比率或信用品质评分。

式（17-16）中的财务比率或信用品质主要包括流动比率、资产负债率、利息保障倍数、销售利润率、信用评估等级、付款历史、资信调查、未来发展趋势等，通常是根据历史资料及分析确定。具体究竟要选取哪些指标，可由评估人员根据历史经验、指标的重要性等进行选择、确定；而指标权数的确定，既可以通过经验数据的分析确定，也可以通过专家打分的方法进行赋值。

该模型设立了一个区分优劣信用风险的得分点。如果受评人的信用得分高于得分点的最低分数，就授予信用，否则予以拒绝。但有时信用评分系统并不能完全准确地识别信用风险的优劣，或当信用受评人的信用得分介于优劣之间的模糊区域时，信用分析者就应该认真测算各项指标，以做出准确的决策。

信用评分法是一类广泛使用的统计方法，在实际使用时，可根据需要增加或减少一

些指标。现在已有很多信用评分模型，如运用最普遍的 FICO 评分方法[①]、威廉·比弗（William Beaver）等人提出的公司破产可能性模型，以及著名的奥尔特曼（Edward Altman）Z 评分模型[②]，这里不做详细介绍。此外，商业银行在给企业提供信贷时，通常也对上述的"5C"评价进行量化打分，形成"5C 评价模型"。需注意的是，无论用什么评价方法，都要结合我国的经济与法律环境以及企业的经营实际，切不可对国外的模型盲目照搬。

3. 信用报告

信用标准、信用评分都有与之相应的计算方法和依据，信用报告则是借助于信用标准、信用评分的结果，按一定格式形成的书面报告，以此来全面反映企业的信用状况。信用报告的形式也并不统一。由于该部分内容不在本节的"应收账款管理"范围内，加之篇幅有限，在此省略。

（二）信用条件

信用条件包括信用期和现金折扣。信用期是指购买者从购买到必须付款之间的时间间隔，如果客户超过此期限付款就属违约。多数公司为促使客户尽早付款，对在信用期内提前付款者给予销售折扣。信用条件可表示为"2/10，1/20，N/40"，即信用期是 40 天，10 天内付款给予 2%的现金折扣，20 天内付款给予 1%的现金折扣，40 天全额付款。公司采用折扣销售的好处在于：① 客户认为这是一种减价形式，从而吸引客户购买。② 有了折扣之后，客户如提前付款就会享受折价的好处，客户必然要考虑是否提前。如果对其有利，他们就会提前支付款项，从而缩短公司的应收账款的周转期，减少应收账款资金占用额，但同时公司也必须为此付出一定的代价，就是折扣额。公司也必须在成本与收益之间进行权衡，采取有利于公司的应收账款的信用条件。

（三）应收账款信用决策

应收账款的信用决策就是如何确定公司的应收账款的信用期以及现金折扣比例。一般来说，公司的信用条件宽松，则销售额增加，现金流入增多，但同时在应收账款上的投资也随之增加。公司收紧信用，则结果相反。因此，公司的管理人员必须确定一个选择信用条件的标准，而标准的制定必须以公司的理财目标为导向，必然以一定时期内的现金流入与流出为标准。只有流入量的现值大于流出量的现值，这样的信用条件才是公司采纳的。

1. 信用条件的收益、成本与风险分析

许多公司向顾客提供信用，从而扩大销售和增加利润。然而提供信用会产生成本，公司在出售产品时记录销售额，但在顾客付款之前，公司并未取得货款，因而赊销和应收账款如同存货一样占用企业的现金。

与提供信用有关的成本具有两方面的含义：第一，向顾客提供信用使公司面临顾客

---

① 由美国 Fair Isaac 公司于 1958 年开发的第一套信用评分方法。
② 资料来源：布雷利，等. 财务管理基础. 胡玉明，译. 北京：中国人民大学出版社，2017.

不付款的违约风险,从而造成损失。第二,在货物出售和顾客付款之间的时间差会产生预期资金成本。这种成本可能通过向顾客收取赊销货物资金成本予以抵消。事实上,在公司能向顾客收取较高借款利息的情况下,利息收入会带来收益而不只是抵补成本。应收账款成本的主要内容包括以下几项。

(1) 应收账款的机会成本,是指公司的资金因占用在应收账款上而丧失的其他投资收益,如投资于有价证券的利息收益等。有关计算公式为

$$
\begin{aligned}
&\text{应收账款的机会成本} = \text{维持赊销业务所需要的资金} \times \text{资金成本率} \\
&\text{维持赊销业务所需要的资金} = \text{应收账款平均余额} \times \text{变动成本率} \\
&\text{应收账款平均余额} = \text{赊销收入净额} / \text{应收账款周转率} \\
&\text{应收账款周转率} = \text{日历天数(360)} / \text{应收账款周转天数} \\
&\text{变动成本率} = \text{变动成本} / \text{销售收入}
\end{aligned}
\qquad (17\text{-}17)
$$

在正常情况下,应收账款周转率越高,一定数量资金所维持的赊销额就越大;应收账款周转率越低,维持相同赊销额所需要的资金数量就越大。可见,应收账款机会成本的高低在很大程度上取决于公司维持赊销业务所需要资金的多少。

(2) 应收账款的管理成本,是指公司对应收账款进行管理所发生的费用支出,包括调查客户信用情况的费用、搜集各种信息的费用、账簿的记录费用、收账费用、其他费用等。

(3) 应收账款的坏账成本,是指由于应收账款无法收回而给公司造成的经济损失。

向顾客提供赊销回报时,为公司带来具有较高边际收益的额外销售额,增加公司利润。这里假设这部分销售额在没有赊销信用的情况下不会发生。

2. 应收账款的信用决策

应收账款的信用决策,可以采用边际收益法和净现金流量法进行评估。

(1) 边际收益法。边际收益法的基本思路是:① 按照本公司以前年度的信用条件,先设计一种分析的基准条件作为分析基础。② 确定适当调整信用条件的若干方案,并测算改变信用条件后的边际收益和边际成本。③ 按照边际收益大于边际成本的原则,选择最适宜的信用条件。

【例 17-7】某企业为了促进销售,计划放宽信用,其新、老信用政策的有关数据如表 17-2 所示。

表 17-2 企业新、老信用政策的有关数据

信 用 条 件	老信用政策 (1/10,N/30)	新信用政策 (2/10,N/40)
应收账款平均收款期 ACP/天	16	15
销售额 S/元	3 000	3 600
坏账 BD/%	2	3
折扣销售占总销售额的比例 R/%	60	70
折扣率/%	1	2

该公司可变成本占销售额的比例为 60%。为满足新信用条件下的销售增长,尚需增加 5 万元的存货。该公司全部采用信用销售,公司所得税税率为 25%,要求税后投

资收益率为 10%，假设一年按 360 天计算，问：该企业是否应该改变现行的信用政策？

解 该公司的信用决策采用边际收益法，计算如下。

① 新、老信用政策的增量收益。

增量收益=$\{S_N[(1-VC)-BD_N-R_ND_N]-S_0[(1-VC_0)-BD_0-R_0D_0]\}(1-T)$

$\quad\quad\quad\quad$=$\{3\ 600[(1-0.6)-3\%-2\%\times70\%]$

$\quad\quad\quad\quad\quad$ $-3\ 000[(1-0.6)-2\%-1\%\times60\%]\}\times(1-25\%)$

$\quad\quad\quad\quad$=119.7（万元）

② 新、老信用政策的增量成本。

增量垫支应收账款的机会成本=$\{VC[(S_N/360)\text{ACP}_N-(S_0/360)\text{ACP}_0]+\Delta I\}\times$

$\quad\quad\quad\quad\quad\quad$应收账款的机会成本率

$\quad\quad\quad\quad\quad\quad$=$[0.6[(3\ 600/360)\times15-(3\ 000/360)\times16]+5]\times10\%$

$\quad\quad\quad\quad\quad\quad$=1.532（万元）

③ 比较增量收益与增量成本，只要增量收益大于增量成本，则改变现行信用政策。改变信用条件的净损益=119.7-1.532=118.168 万元，所以改变信用条件对企业有利。

（2）净现金流量法。净现金流量法是由美国财务学者 William L. Sartoris 和 Ned C. Hill 提出的，其基本思路是按照各信用期限的日营业净现值为标准来确定信用期限。日营业净现值大的方案为可供选择的方案，其计算公式为

$$\text{NPV}=\frac{PQ(1-b)}{(1+k)^t}-CQ \quad\quad\quad (17\text{-}18)$$

其中，NPV 为日营业净现值；P 为产品单价；Q 为产品日销售量；C 为产品单位成本；b 为坏账损失率；k 为日利率；t 为平均收款期。

（四）收账政策

收账政策是信用政策的最后一个要素，收账政策包括监控应收账款和收账工作等。

1. 监控应收账款

为了追踪客户付款情况，大多数公司都对尚未付清的账款加以监控。

首先，公司通常监控其平均收款期（ACP）。如果一家公司的业务显现季节性，平均收款期通常会在一年内有些波动。但如果平均收款期出现意外的增长，就应加以关注。其原因要么是大多数客户都延长了付款期，要么是部分应收账款已严重逾期。

账龄分析表是监控应收账款的第二个基本工具。在准备账龄分析表时，信用部门将应收账款按账龄加以分类。主要目的在于了解公司目前的应收账款中有多少尚处于信用期内，有多少欠款超过信用期以及按时间长短进行分类分析。

2. 收账工作

对于逾期不付款的客户，公司通常采用以下的步骤。

（1）发送过失函，通知客户账款已经逾期。

（2）打电话通知客户。

（3）雇佣收账代理。

（4）付诸法律行动。

公司在什么时候采用收账政策必须结合公司与客户之间的具体情况,制定对公司有利的收账政策。

(五)保理业务

保理业务是一种信用期内转移应收账款信用风险的服务。众所周知,应收账款管理得再好,也会因某些不确定情况发生,出现坏账损失的风险,保理就是把这种风险转移的一种业务。具体地,保理是指保理商从卖方那里买进以买方为债务人的应收账款,并提供贸易融资、商业资信调查和评估、销售分户账管理、应收账款催收以及信用风险控制与坏账担保的综合性售后服务。

简单地说,保理业务就是公司把应收账款出售给被称为保理公司的金融机构。我国的保理商是以中国银行为首的少数银行,主要做国际保理业务。该项业务只适于信用期限在180天之内的赊销贸易。保理业务流程图如图17-3所示。

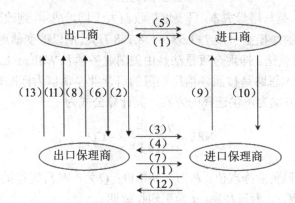

图17-3 保理业务流程示意图

(1)出口商寻找有合作前途的进口商。

(2)出口商根据赊销贸易的需要,向出口保理商提出承做保理业务的申请,并要求为进口商核准信用额度,这是保理业务的开始。

(3)出口保理商选择进口保理商,并要求进口保理商对进口商进行信用评估。

(4)进口保理商对相应的进口商进行资信调查并逐一确定信用额度,并将其对进口商核准的信用额度或拒绝核准信用额度的通知书交给出口保理商。

(5)出口商与进口商签订货物销售合同或服务合同并开始供货。

(6)出口商将证明债权转让的发票副本及有关文件交给出口保理商。在公开型保理业务中,出口商应在发票上载明由此产生的应收账款已转让,债务人应将款项支付给进口保理商。

(7)出口保理商通知进口保理商有关发票详情。

(8)如果出口商有融资需求,出口保理商将向出口商提供不超过发票金额的80%的资金融通。

(9)进口保理商凭受让的应收账款于发票到期日前若干天开始向进口商催收。

(10)进口商于发票到期日向进口保理商付款。

（11）进口保理商将收到的货款全部转付给出口保理商，出口保理商再把货款付给出口商。

（12）如果进口商在发票到期日 90 天后仍未付款，进口保理商做担保付款。

（13）出口保理商扣除预付货款、贴息和其他费用后，将货款余额支付给出口商，并向出口商及时提供对账单。

【例 17-8】H 公司主要生产和销售冰箱、中央空调和液晶电视。20×1 年全年实现的销售收入为 14.44 亿元。H 公司 20×1 年有关应收账款具体情况如表 17-3 所示。

表 17-3　H 公司 20×1 年应收账款账龄分析表　　　　金额单位：亿元

应收账款	冰箱	中央空调	液晶电视	合计
年初应收账款总额	2.93	2.09	3.52	8.54
年末应收账款：				
（1）6 个月以内	1.46	0.80	0.58	2.84
（2）6～12 个月	1.26	1.56	1.04	3.86
（3）1～2 年	0.20	0.24	3.26	3.70
（4）2～3 年	0.08	0.12	0.63	0.83
（5）3 年以上	0.06	0.08	0.09	0.23
年末应收账款总额	3.06	2.80	5.60	11.46

上述应收账款中，冰箱的欠款单位主要是机关和大型事业单位的后勤部门；中央空调的欠款单位均是国内知名厂家；液晶电视的主要欠款单位是美国 Y 公司。

20×2 年 H 公司销售收入预算为 18 亿元，有 6 亿元资金缺口，为了加快资金周转速度，决定对应收账款采取以下措施。

（1）较大幅度提高现金折扣率，在其他条件不变的情况下，预计可使应收账款周转率由 20×1 年的 1.44 次提高至 20×2 年的 1.74 次，从而加快回收应收账款。

（2）成立专门催收机构，加大应收账款催收力度，预计可提前收回资金 0.4 亿元。

（3）将 6～12 个月应收账款转售给有关银行，提前获得周转所需货币资金。据分析，H 公司销售冰箱和中央空调发生的 6～12 个月应收账款可平均以 92 折转售给银行（且可无追索权）；销售液晶电视发生的 6～12 个月应收账款可平均以 90 折转售给银行（但必须附追索权）。

（4）20×2 年以前，H 公司给予 Y 公司一年期的信用政策；20×2 年，Y 公司要求将信用期限延长至两年。考虑到 Y 公司信誉好，且 H 公司资金紧张时应收账款可转售给银行（但必须附追索权），为了扩大外销，H 公司接受了 Y 公司的条件。

根据上述资料，可以计算分析如下。

首先，为使应收账款周转率达到 1.74，有 18/[(11.46+年末应收账款)/2]=1.74），
得 20×2 年年末应收账款：(18÷1.74)×2-11.46=9.23（亿元）

采取第（1）项措施 20×2 年增收的资金数额：11.46-9.23=2.23（亿元）

其次，采取第（3）项措施，20×2 年增收的资金数额：(1.26+1.56)×0.92+1.04×0.9=3.53 亿元。

再次，采取（1）～（3）项措施，预计 20×2 年增收的资金总额：2.23+0.4+3.53=6.16 亿元。

最后，H 公司 20×2 年所采取的各项措施评价如下。

① 大幅度提高现金折扣，虽然可以提高公司货款回收速度，但也可能导致企业盈利水平降低甚至使企业陷入亏损。因此公司应当在仔细分析计算后，适当提高现金折扣水平。

② 成立专门机构催款，必须充分考虑成本效益原则，防止得不偿失。

③ 公司选择将收账期在 1 年以内、销售冰箱和中央空调的应收账款出售给有关银行，提前获得企业周转所需的货币资金，应考虑折扣水平的高低；同时注意防范所附追索权带来的风险。

④ 销售液晶电视的账款，虽可转售给银行，但由于必须附追索权，风险仍然无法控制或转移，因此，应尽量避免以延长信用期限方式进行销售。

本章小结

1. 存货是公司日常财务管理中业务量最大的部分。存货需要的前提下，使存货成本最低。

2. 企业为实现存货管理目标，主要采用的方法有 ABC 控制法、存货批量控制法和零存货与适时性存货管理。

3. 存货批量控制法是确定存货采购可投产批量的一种有效管理方法。本章介绍了一般条件下存货采购批量的确定、存在销售折扣条件下的经济批量、在有安全储备下的存货经济批量以及存货陆续供应和使用时的存货经济批量。

4. 应收账款是市场经济条件下企业销售过程中不可避免的现象，其管理目的就是在不影响企业销售量的情况下，尽量降低应收账款的持有量。

5. 应收账款信用条件的制定就是在赊销所产生的收入与由此而付出的成本之间进行权衡，选择对企业产生净收益最大的信用条件。在确定应收账款信用政策时主要采用的方法是边际收益法。

6. 应收账款的日常管理主要体现在收账政策的制定上。主要采用监控公司平均收款期及账龄分析法，对不同的应收账款进行归类，采用不同的收账政策。

7. 保理业务是一种信用期内转移应收账款信用风险的服务。

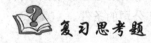

复习思考题

1. 影响存货经济采购批量的因素有哪些？
2. 为什么在公司的营运资本管理中，存货管理更为重要？
3. 适时存货管理需要什么条件？
4. 应收账款的信用标准有哪些？你认为在公司制定信用政策时哪些指标更重要？
5. 应收账款信用政策制定的原理是什么？

6．公司的收账政策主要有哪些？

7．什么是保理？国际保理业务的流程是什么？

 练习题

1．已知甲公司与存货有关的信息如下：①年需要量为30 000单位（假设每年360天）；②购买价每单位100元；③存货储存成本是商品买价的30%；④订货成本每次60元；⑤公司希望的安全储备量为750单位；⑥订货数量只能按100的倍数（四舍五入）确定；⑦订货至到货时间为15天。计算：

（1）最优经济订货量为多少？

（2）存货水平为多少时应补充订货？

（3）存货平均占用多少资金？

2．某企业在选择应收账款信用期限时，拟订了甲、乙两个方案。

甲方案：给予客户60天的信用期限，预计年赊销收入为5 000万元，收账费用为40万元，坏账损失率为2%。

乙方案：信用条件为"2/10，1/20，N/90"，预计赊销收入为5 400万元，将有30%的货款于10日内收到，其余50%的货款于90天内收到，前两部分货款不会产生坏账，后一部分货款的坏账损失率为4%，收账费用为50万元。假如变动成本率为60%，资本成本为8%。

要求：确定最佳信用政策。

3．某公司的销售收入净额为100万元，其中60%的客户在10天内付款，另外40%的客户在购货后平均75天内付款。计算：

（1）该公司的平均收账期。

（2）该公司的应收账款平均占用额。

第十八章　短期财务计划与短期融资

本章学习目标

- 理解什么是财务计划和短期财务计划。
- 了解财务计划的构成内容和财务计划的主要编制方法。
- 理解销售增长率和可持续增长率。
- 掌握现金预算的编制方法。
- 了解企业短期融资方式。

第一节　短期财务计划

一、财务计划的含义与编制

（一）财务计划的含义

财务计划是企业总计划的一部分，它以货币形式展示未来某个特定期间内企业全部经营活动的各项目标及其资源配置的定量说明。即在预测与决策的基础上，按照既定目标对企业未来的投资、筹资及股利分配所引起的现金流量以计划的形式具体、系统地反映出来，以便有效地组织与协调企业资金运动，完成企业各项目标。财务计划按时间划分可分为短期财务计划和长期财务计划。所谓短期财务计划，一般是指计划涉及的时间为一年，而长期财务计划则在一年以上。

（二）财务计划的编制

1. 财务计划的主要内容

财务计划是以销售预测为先导，以预计财务报表为基础，以资金需求、筹措、调整计划为核心，全面反映企业财务状况和经营成果的一组计划。其主要内容包括以下几方面。

（1）销售额的预测。所有的财务计划都要求预测销售额。由于销售取决于未来的经济状况，而未来的经济状况又是不确定的，因此要完全准确地预测销售额是不可能的。企业可借助于宏观经济中的专业化分工以及产业发展规划来进行销售预测。

销售预测的正确与否对编制财务计划是至关重要的，因为预计财务报表中的许多变量都与销售收入有关。

（2）预计财务报表。根据销售预测，企业可编制预计资产负债表、预计利润表等。

（3）根据资本支出预算、预计资产负债表和预计利润表等有关资料，确定企业在计划期内各项投资及生产发展所需的资金数据。根据企业筹资总额、资产负债率、股利分配政策、资本成本等确定资金筹集方式并进行适当调整。

（4）资金调整计划。

2. 财务计划的编制方法

财务计划的编制方法一般采用的是**销售百分比法**。这种方法首先假设收入、费用、资产、负债存在稳定的百分比关系，根据预计销售额和相应的百分比预计资产、负债和所有者权益的总额，然后利用会计等式确定融资需求。

【例 18-1】表 18-1 和表 18-2 是 ABC 公司 2015—2017 年的损益表和资产负债表。

表 18-1　ABC 公司 2015—2017 年损益表　　　　　单位：百万元

年份 项目	2015	2016	2017
销售收入	200.00	240.00	288.00
销售成本	110.00	132.00	158.40
毛利	90.00	108.00	129.60
销售及管理费用	30.00	36.00	43.20
息税前利润	60.00	72.00	86.40
利息费用	30.00	45.21	64.04
税额	12.00	10.72	8.94
净收益	18.00	16.07	13.42
股利	5.40	4.82	4.02
留存收益	12.60	11.25	9.40

表 18-2　ABC 公司 2015—2017 年资产负债表　　　　单位：百万元

年份 项目	2015	2016	2017
资产	720.00	864.00	1 036.80
现金及等价物	12.00	14.40	17.28
应收账款	48.00	57.60	69.12
存货	60.00	72.00	86.40
固定资产	600.00	720.00	864.00
负债	407.40	540.15	703.56
应付账款	36.00	43.20	51.84
短期负债	221.40	346.95	501.72
长期债务	150.00	150.00	150.00
股东权益	312.60	323.85	333.24

根据表 18-1 和表 18-2 的资料，编制该公司 2018 年度的财务计划，其步骤如下。

（1）考察过去的财务报表，确认随销售额变动而变动的项目以及百分比。

(2) 预测销售收入。由于有许多项目与销售收入相关联，准确预测销售收入并随后测试财务计划，对销售收入变动的敏感性分析非常重要。

(3) 用预测的（固定）百分比乘以计划销售额，得到未来期间资产负债表中各项目的金额。

(4) 对于不能表达成销售额固定百分比的项目，则根据项目的实际情况填列，或者直接把原来资产负债表中的数额作为未来期间的数额。

(5) 计算留存收益额，可根据损益表的各项内容，预期税后净利润-预期股利=预期留存收益，也可以用如下公式计算：

$$\text{计划留存收益}=\text{当期留存收益}+\text{计划净利润}-\text{现金股利} \quad (18\text{-}1)$$

(6) 计算外部融资额。将各项资产项目相加，得到计划的资产总额，或者根据预测的资产为销售收入的百分比计算。然后，将负债与所有者权益各项目相加，得到融资总额。两者之差就是"资金缺口"，即所需外部融资额。

计算结果如表 18-3～表 18-5 所示，表中阴影栏目表示该项目是销售收入的固定百分比，可用于预测。

表 18-3　ABC 公司的比例损益表（2015—2017 年）　　　　　　　单位：%

年份 项目	2015	2016	2017
销售收入	100.0	100.0	100.0
销售成本	55.0	55.0	55.0
毛利	45.0	45.0	45.0
销售及管理费用	15.0	15.0	15.0
息税前利润	30.0	30.0	30.0
利息费用	15.0	18.8	22.2
税额	6.0	4.5	3.1
净收益	9.0	6.7	4.7
股利	2.7	2.0	1.4
留存收益	6.3	4.7	3.3

假设 ABC 公司 2018 年销售收入将以 20%的速度增长，所以 2018 年销售收入为 28 800×（1+20%）=34 560 万元。2018 年销售成本预计是其销售收入的 55%，为 55%×34 560=19 008 万元。由于年末总资产是年销售收入的 3.6 倍，所以 2018 年年末的总资产是 34 560×3.6=124 416 万元。而其他与销售额没有固定比例关系的项目，则根据情况分析填列。如假设长期负债的年利率是 8%，短期负债的年利率是 15%，则利息费用的预测值是 8%乘以期初长期债务数加上 15%乘以期初短期债务数，即 15 000×8%+50 172×15%=8 726 万元。税收假设为息后收益的 40%，即 657 万元，税后净收益就是 985 万元。

表 18-4 ABC 公司的比例资产负债表（2015—2017 年）　　　　单位：%

年份 项目	2015	2016	2017
资产	360.0	360.0	360.0
现金及等价物	6.0	6.0	6.0
应收账款	24.0	24.0	24.0
存货	30.0	30.0	30.0
固定资产	300.0	300.0	300.0
负债	203.7	225.1	244.3
应付账款	18.0	18.0	18.0
短期债务	110.7	144.6	174.2
长期债务	75.0	62.5	52.1
股东权益	156.3	134.9	115.7

我们来看 2018 年预计的资产负债表。该公司的净收益按 30% 进行股利支付，股利= 985×30%=296 万元，则新增留存收益为 690 万元。于是股东权益将增加 690 万元（从 33 324 万元到 34 014 万元）。总资产将增加 20 736 万元（124 416-103 680），应付账款增加 1 037 万元（6 221-5 184），那么该公司外部融资额应为

$$\text{外部融资额} = \text{总资产变动} - \text{留存收益增加额} - \text{应付项目（账款）增加额} \quad (18\text{-}2)$$

$$= 20\,736 - 690 - 1\,037 = 19\,009(\text{万元})$$

这样产生的 19 009 万元的资金缺口，企业可根据具体情况选择筹资方式。本例假设企业资金缺口都采用短期债务的形式取得，使短期债务由 50 172 万元增加到 69 181 万元。

表 18-5 ABC 公司预测 2018 年财务报表　　　　单位：百万元

损益表	2018 年	资产负债表	2018 年
销售收入	345.60	资产	1 244.16
销售成本	190.08	现金及等价物	20.74
毛利	155.52	应收账款	82.94
销售及管理费用	51.84	存货	103.68
息税前利润	103.68	固定资产	1 036.80
利息费用	87.26	负债	904.02
税额	6.57	应付账款	62.21
净收益	9.85	短期债务	691.81
股利	2.96	长期债务	150.00
留存收益	6.89	股东权益	340.14

二、企业增长率与资金需求

例 18-1 中，公司增长率为 20% 时，它将需要从外部筹集 19 009 万元的额外资金。那么，销售增长与外部融资之间存在什么关系呢？

（一）销售增长与外部融资的关系

既然销售增长会带来资金需求的增加，那么销售增长和融资需求之间就会有函数关系。根据这种关系，就可以直接计算特定增长条件下的融资需求。假设它们成正比例关系，两者之间有稳定的百分比，即销售额每增加1元需要追加的外部融资额，可将其称为"外部融资销售增长比"。其计算方法如下：

$$\begin{aligned}外部融资额 &= 资产增加 - 应付项增加 - 留存收益增加\\ &= (资产销售百分比 \times 新增销售额) - \\ &\quad (应付销售百分比 \times 新增销售额) \\ &\quad -[计划销售净利率 \times 计划销售额 \times (1-股利支付率)]\end{aligned} \quad (18-3)$$

新增销售额 = 销售增长率 × 基期销售额

$$\begin{aligned}外部融资额 &= (基期销售额 \times 增长率 \times 资产销售百分比) - \\ &\quad (基期销售额 \times 增长率 \times 应付销售百分比) - \\ &\quad [计划销售净利率 \times 基期销售额 \times (1+增长率) \times \\ &\quad (1-股利支付率)]\end{aligned} \quad (18-4)$$

两边同除以"基期销售额×增长率"可得

$$\begin{aligned}外部融资销售增长比 &= 资产销售百分比 - 应付销售百分比 - \\ &\quad 计划销售净利率 \times [(1+增长率) \div 增长率] \times \\ &\quad (1-股利支付率)\end{aligned} \quad (18-5)$$

【例18-2】根据例18-1，将相关数据代入式（18-3）中，有

外部融资额 = (360% - 18%) × (34 560 - 28 800) - [985×(1-30%)] = 19 009.7（万元）

通过公式计算，可将例18-1加以简化。可见，外部融资的多少，不仅取决于销售的增长，还要看股利支付率和销售净利率。

（二）可持续增长率

可持续增长率是指公司不增发新股并保持目前经营效率和财务政策条件下的公司销售所能增长的最大比率。它是在一定的假设条件下推论出来的，其假设条件如下。

（1）公司目前的资本结构是目标结构，并打算继续维持下去。
（2）公司目前的股利支付率是一个目标支付率，并打算继续维持下去。
（3）增加债务是其唯一的外部筹资来源。
（4）公司目前的经营效率不变。

在这种条件下，公司的增长速度不可能超过所有者权益的增长速度，其计算公式为

$$可持续增长率 = 留存收益比率 \times 净资产收益率 \quad (18-6)$$

第二节 现金预算与短期融资

现金预算是公司财务预测和财务计划的重要内容。它根据各项费用支出和付款期限,确定现金支出额和支出时间,同时根据销售额和应收账款的延迟,确定现金收入和流入时间。它是公司预算体系的重要组成部分,是公司现金管理的必要手段。

现金预算是建立在销售预测基础上的。公司根据过去的销售经验、对未来经济形式的预测以及市场调查的资料估算未来的销售量和销售价格,然后计算因销售量变化而产生的原材料、人工费、销售及管理费等各项现金支出额,以此作为编制现金预算的依据。

一、现金预算的主要内容

(一)现金流入

现金流入包括营业现金流入和其他现金流入两部分。

1. 营业现金流入

营业现金流入是指主营业务收入,其数字可从销售预算中取得。销售预算是编制现金预算的基础,公司根据过去的销售经验,对未来经济形式的预测以及市场调查来估计未来公司的销售量以及销售价格,从而确定销售收入。财务人员在编制现金预算时注意两点。① 必须把现销与赊销分开,并单独分析赊销的收款时间和金额。② 必须考虑公司收账中可能出现的有关因素,如现金折扣、销货退回、坏账损失等。

2. 其他现金流入

主要从投资收入预算和其他收入预算中获得。

(二)现金流出

现金流出主要包括营业现金支出与其他现金支出。

1. 营业现金支出

营业现金支出主要是指公司在生产经营中所产生的现金支出。主要根据材料采购预算、工资支出预算和生产经营中的其他预算获得。在确定材料采购支出时,应注意以下几点。

(1)要确定材料采购付款金额和时间与销售收入之间的关系。材料采购的现金支出与销售量存在一定联系,但不同公司、不同条件下的这种关系并不相同,财务人员必须认真分析两者的规律性,以合理确定采购资金支出数量和时间。

(2)要分清现购和赊购,并单独分析赊购的付款时间和金额。

(3)估计采购商品物资中可能发生的退货和享受折扣等,以合理确定现金支出数额。

2. 其他现金支出

其他现金支出主要是指与公司正常生产经营活动无关的活动所产生的现金支出,如固定资产投资支出、偿还到期债务支出等。

(三)净现金流量

净现金流量是指现金流入与现金流出的差额。

(四)现金余缺

现金余缺是指公司计划期现金期末余额与最佳现金余额之间的差额。其计算公式为

$$本期现金余缺 = 期末现金余额 - 最佳现金余额$$
$$= 期初现金余额 + 本期现金流入 -$$
$$本期现金流出 - 最佳现金余额$$

如果结果为正,表明公司在预算期内有现金富余,需要对闲置现金进行利用;如果结果为负,表明公司在预算期内现金短缺,需设法筹集资金。下面举例说明。

例如,某公司的现金收入和现金支出预算如表 18-6、表 18-7 所示。

表 18-6 现金收入预算

2018 年 7—12 月 单位:万元

月份 项目	5	6	7	8	9	10	11	12
销售量	2 600	2 800	3 000	3 500	3 500	3 000	2 800	26 00
销售额	520	560	600	700	700	600	560	520
赊销(占销售的60%)	312	336	360	420	420	360	336	312
收回应收账款								
一个月后(90%)		280.8	302.4	324	378	378	324	302.4
两个月后(10%)			31.2	33.6	36	42	42	36
现金销售(占销售的40%)		224	240	280	280	240	224	208
其他现金收入					150			180
现金收入总额			573.6	637.6	844	660	590	726.4

表 18-7 现金支出预算表

2018 年 7—12 月 单位:万元

月份 项目	6	7	8	9	10	11	12
购货(占销售额的50%)	280	300	350	350	300	280	260
赊购(占购货的90%)	252	270	315	315	270	252	234
支付应付款:一个月后付清		252	270	315	315	270	252
现金购货(占购货的10%)	28	30	35	35	30	28	26
销售及管理费用(占销售额的12%)		72	84	84	72	67.2	62.4
工资		100	110	120	10	98	95
其他费用支出		24	30	40	24	22	20
中期贷款偿还		100	100	100	100	100	100
现金支出总额	28	578	629	694	551	585.2	555.4

编制现金预算表之前，首先要确定公司销售的信用政策。该公司赊销占总销售额的60%。信用条件为 N/30。但收账情况假设为：90%的客户到期按时付款，即一个月后收回赊销账款的90%。其余10%则于到期后一个月才能收回，并假设没有坏账。

其次，要确定企业购买原材料、燃料和其他生产所需要的物品时所接受的购货信用政策。该公司赊购为总购货支出的 90%，赊购条件为 N/30。全部赊购款按期付清。此外，还要计算各项支出额或确定支出占销售额的比例。如购货支出占销售额的 50%，销售和管理费用占销售额的 12%等。

总之，通过编制现金预算，可以对预算期内的现金来源和现金运用有一个估计，以预测两者是否平衡。如果预测某一时期现金不足，则企业可提前考虑进行筹资；如果预测某一时期现金多余，则企业可提前安排多余现金的投资，以提高资金的利用效率。

需要注意的是，现金预测是企业在一定的假设条件下制定的，但对销售的预测和应收账款的回收估计都很难做到与将来发生的情况一致。当销售量和收款、付款的期限、数额超出或低于预测值时，现金预算中的收入和支出也随之变化，现金预算值在某一范围内变动。因此在现金预算中应留有余地，预算应有一定的弹性。

根据上面的假设，企业编制的现金预算表如表 18-8 所示。

表 18-8 现金预算表

2018 年 7—12 月 单位：万元

月份 项目	7	8	9	10	11	12
现金收入	573.6	637.8	844	660	590	726.4
现金支出	578	629	694	551	585.2	555.5
现金净值	(4.4)	8.8	150	109	4.8	170.9
期初现金	145	140.6	149.2	299.2	318	323
期末现金	140.6	149.4	299.2	408.2	322.8	493.9
目标现金余额	200	200	200	200	200	200
现金余缺	(59.4)	(50.6)	99.2	208.2	122.8	293.9

二、短期筹资

企业短期内出现资金短缺的问题，一般主要采用的融资方式有商业信用、无抵押银行贷款、抵押贷款、商业票据筹资等。

（一）商业信用

商业信用可按多种标准进行分类，但这里只讨论商业信用按有成本与否进行分类，将商业信用分为两类，即有成本的商业信用和无成本的商业信用。

（1）有成本的商业信用，是指卖方给予买方现金折扣的信用。在这种情况下，现金折扣是卖方给予买方提前支付货款的一种报酬。如卖方不按规定提前付款，则不能享受这种报酬。这种信用条件一般写为 2/10、N/30 等。对于使用商业信用方而言，是否利用商业信用筹资，必然要考虑商业信用的成本问题。商业信用的成本为

$$放弃现金折扣的成本 = \frac{折扣百分比}{1-折扣百分比} \times \frac{365}{信用期-折扣期} \quad (18\text{-}7)$$

例如，2/10、N/30 条件下的可取得现金折扣的信用期限后付款的筹资成本为

$$年利率表示的筹资成本 = \frac{2\%}{1-2\%} \times \frac{365}{30-10} = 37.24\%$$

根据上面的计算结果，如果买方放弃 10 天内支付货款享受 2%的现金折扣，相当于以承担 37.24%的年利息率为代价，融通可延期 20 天的资金使用权。假设企业赊购交易发生的应付账款为 100 000 元，放弃 2%的现金折扣意味着该企业可向买方融通 98 000 元资金使用 20 天。这样做是否值得，企业必须与其他短期融资成本进行比较。如果其他短期融资成本低于这一水平，那么，企业应采取其他融资方式来获得资金。

(2) 无成本的商业信用，是指由于纯粹的法定结算原因导致的应付未付款项，以及由于按合同规定而预收的款项。如托收承付结算方式下，由于企业结算原因导致企业发货后尚未收到款项。即购买企业在收到货物后的一段时间内进行款项的支付，而不是立即支付。

（二）无抵押银行贷款

短期银行贷款作为一种短期资金来源，其重要性仅次于商业信用。在我国，短期银行贷款是绝大多数企业短期资金来源中的重要组成部分。

(1) 信用限额贷款。信用限额贷款是银行与借款人之间达成的一种协议，它规定银行愿意借给客户的最高贷款额实际上是银行给予企业一个信用额度。这种贷款主要是企业为解决季节性生产等原因导致流动资产需要量增加所需的资金。此类贷款一般由企业财务主管部门预估季节性资金需要量，并与银行共同协商，确定贷款额度。企业只要有足够的物资作信用保证，即可在限额内随时获得所需资金。银行所给予企业的最高贷款额所要考虑的因素是企业的财务状况和信用风险。

(2) 周转信用贷款。周转信用贷款实际上是一种短期贷款协定。在该协定中，确定借款人在某一期间内的借款总额。在此期间内，按使用银行贷款的实际资金额支付相应的利息费。如果企业在此期间实际的贷款额没有达到规定的贷款额，企业将按承诺的总额对尚未使用部分支付一定的补偿费用。周转信用协定与信用限额贷款有很大的区别，前者是银行与企业确立的一种法律关系，银行享有贷款使用承诺费，保证企业对贷款额度以内资金的需求，而后者没有法律约束。当企业财务状况变化时，银行可以决定取消信用限额。

（三）抵押贷款

对于短期抵押贷款的分类，一般采用按抵押品的种类。通常用于短期抵押贷款的流动资产主要有应收账款和存货两大类。

(1) 应收账款抵押贷款。应收账款是企业流动性很强的资产，是一项较为合适的抵押物。从贷款者的角度看，这种抵押物的缺点主要是，难以估计应收账款的回收率和收账费用，具有较大风险。因此，贷款者在接受这种抵押物时，总会对应收账款的质量

和数额进行分析，确定应收账款的回收率和收账费用。收账费用的高低与每笔应收账款的大小有关系。每一应收账款账户的金额越小，相应的收账费用就会越高。贷款人通过对应收账款的分析后，就可以确定贷款额占应收账款的比例。

（2）存货担保贷款。流动资产中的存货也可成为企业贷款的抵押品，从银行获得短期贷款。用作抵押品的存货必须容易辨认，有明确的名称，有稳定的形态和耐用性，还要有一般商品的可销售性。由于抵押品的特点，它同应收账款作为抵押品存在许多不同，贷款合同中必须详细说明。一般来说，存货的管理与应收账款的管理相对要困难，所花费的管理费用要高，所以存货抵押贷款的筹资成本相对于应收账款抵押的筹资成本要高。

（四）商业票据筹资

商业票据是企业在货币市场上发行的筹集短期信贷资金的信用期票。发行商业票据的企业都有极强的信用，商业票据的期限一般为 90~180 天。商业票据的票面利率低于贷款利率，但高于存款利率，这是企业发行商业票据筹资而不用银行借款筹资的根本原因所在。这样企业可以降低筹资成本。例如，银行吸收存款的利率为 3%，发放贷款的利率为 6%，存贷利差为 3%。如果企业信用状况较好，可以发行票面利率为 5%的商业票据，那么，商业票据的投资者与发行者同时瓜分 3%的利差。也就是说，票据投资者获取 2%的利差，票据的发行者获取 1%的利差，两者同时获利。正因为如此，商业票据筹资在发达的资本市场上占流动资金的比例较高。

本章小结

1．财务计划是企业进行财务管理活动的一个综合性工具。财务计划是在财务预测与决策的基础上形成的，通常财务各项目的变化都与销售额的变化密切相关。企业在编制财务计划时主要采用的方法是销售百分比法。

2．在编制财务计划时，非常重要的指标就是销售增长率。本章介绍了企业可持续增长率的概念及运用。

3．现金预算是企业预测短期内资金需求变化的有力工具。现金预算的编制主要预测企业一定时期内的现金流入、现金流出、净现金流量和现金余缺，从而确定一定时期内企业现金融资与投资计划。

4．企业短期的融资方式主要有商业信用、无抵押贷款、抵押贷款和商业票据筹资等。

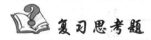

复习思考题

1．什么是财务计划？什么是短期财务计划？
2．什么是可持续增长率？影响企业增长率的因素有哪些？
3．现金预算的构成有哪些？

练习题

1. 某企业现着手编制 2019 年 6 月份的现金收支计划。预计 2019 年 6 月初现金余额为 80 元，月初应收账款 4 000 元，预计月内可收回 80%；本月销货 50 000 元，预计月内收款比例为 50%；本月采购材料 8 000 元，预计月内付款 70%；月初应付账款余额 5 000 元，需在月内全部付清；月内以现金支付工资 8 400 元；本月制造费用等间接费用付现 16 000 元；其他经营性现金支出 900 元；购买设备支付现金 10 000 元。企业现金不足时，可向银行借款，借款金额为 1 000 元的倍数；现金多余时可购买有价证券。要求月末现金余额不低于 5 000 元。要求：

(1) 计算经营现金收入、现金支出、现金余缺。
(2) 确定最佳资金筹集或运用数额。
(3) 确定现金月末余额。

2. 某公司 2018 年有关销售及现金收支情况如表 18-9 所示。

表 18-9　某公司 2018 年销售及现金收支情况

项　目	第一季度	第二季度	第三季度	第四季度	合　计
产品销售量	3 000	4 000	5 500	6 000	18 500
销售单价	100	100	100	100	100
期初现金余额	2 100				
经营现金流出	261 800	291 800	354 000	593 300	1 500 900

其他资料如下：① 营业税税率为 5.5%。② 该公司期初应收账款为 80 000 元，其中第四季度销售形成的应收账款为 50 000 元。③ 该公司的历史资料显示：当季销售当季收回现金 60%，下季收回现金 30%，第三季度收回现金 10%。④ 该公司最佳现金余额为 6 000 元。⑤ 银行借款按期初借款、期末还款处理，借款利率为 10%。⑥ 现金筹措和运用按 500 元的倍数进行。⑦ 该公司期初有价证券投资 5 000 元，资金余缺的调整以减少负债为基本目的。⑧ 经营现金流出量中不包括销售环节税金的现金流出量。

要求：根据上述资料编制销售预算表及现金预算表。

3. ABC 公司 20×1 年有关的财务数据如表 18-10 所示。

表 18-10　ABC 公司 20×1 年有关的财务数据

项　目	金额/万元	占销售额的百分比/%
流动资产	1 400	35
长期资产	2 600	65
资产合计	4 000	
短期借款	600	无稳定关系
应付账款	400	10
长期负债	1 000	无稳定关系

续表

项　　目	金额/万元	占销售额的百分比/%
实收资本	1 200	无稳定关系
留存收益	800	无稳定关系
负债及所有者权益	4 000	无稳定关系
销售额	4 000	100
净利润	200	5
现金股利	60	

要求：假设该公司实收资本一直保持不变，计算：

（1）假设 20×2 年计划销售收入为 5 000 万元，需要补充多少外部融资（保持目前股利支付率、销售净利率和资产周转率不变）？

（2）假设 20×2 年不能增加借款，也不能发行新股，预计其可实现的销售增长率（仍保持其他财务比率不变）。

（3）保持目前的全部财务比率，明年可实现的销售额是多少？

（4）若股利支付率不变，销售净利率提高到 6%，目标销售额为 4 500 万元，需要筹集补充多少外部融资（保持其他财务比率不变）？

第七篇　财务管理专题

- 第十九章　公司价值评估
- 第二十章　企业并购

第十九章 公司价值评估

本章学习目标

- 掌握公司价值评估的目的、类型及评估范围。
- 了解公司价值评估的资产基础法的基本思想。
- 了解公司价值评估的市场法的基本思想与方法。
- 掌握公司价值评估的收益法的原理及应用。
- 掌握公司价值评估的影响因素分析。

第一节 公司价值评估概述

一、公司价值评估的目的

价值管理不是一个孤立的概念。面对当前众多宣称能使管理变得简单易行的方法和各种时髦的管理理念,价值管理可以从中过滤出真正有用的东西。它是公司管理的根本。从公司价值管理模型可以清晰地看出,公司价值来源于三个广泛的决策领域:公司战略、公司理财和公司治理。公司战略决策包括产品市场战略和投资项目规划、管理控制与作业控制;公司理财决策包括资本结构优化和风险管理;公司治理决策则侧重于重要的治理问题,主要是薪酬规划和绩效评估。

价值管理模型及其四个基本模块:公司价值模块、公司战略模块、公司理财模块和公司治理模块,如图19-1所示。公司价值模块对公司价值进行了定义,并且介绍了公司价值的一些主要推动要素;公司战略模块在公司价值和特定的经营策略之间建立了明确的联系;公司理财模块描述了可为公司采用的能够增加公司价值的财务政策;公司治理模块则解释了一些可以促进价值创造的高层管理政策和措施(如绩效评估、薪酬体系以及与投资公众的沟通等)。所有公司,尤其是上市公司,应该尽其所能地为公司的股东创造尽可能多的财富。为了实现股东财富最大化的目标,必须在管理过程中制定、评估和选择能够提升公司价值的经营战略。由此可见,公司的整个经营活动都是围绕提高公司的价值而进行的,公司价值的评估就显得尤为重要。

具体而言,公司价值评估的目的有以下几方面。

(1)满足企业价值最大化管理的需要。

(2) 满足企业并购的需要。
(3) 企业价值评估是投资决策的重要前提。

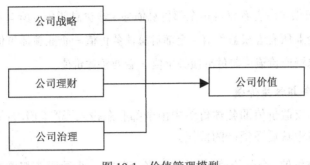

图 19-1 价值管理模型

二、公司价值的类型及价值评估的范围

(一) 公司价值的内涵

目前的主流观点认为,公司价值是由公司的未来获利能力所决定的。因此,公司价值是公司未来各个时期产生的净现金流量的现值之和。公司未来的获利能力包括现有的获利能力和潜在的获利机会。前者是指公司在现有的资产、技术和人力资源的基础上,已经形成的预期获利能力;后者是指公司当前尚未形成的获利能力,但以后可能形成获利能力的机会。所以,公司价值是公司现有基础上的获利能力价值和潜在的获利机会价值之和,可见,公司价值是一定阶段体现和影响公司生存和发展的内部因素和外部因素的融合体,是体现公司整体获利能力的综合性指标。

从资产评估的角度看,企业价值的界定主要从两方面考虑:① 资产评估揭示的是评估对象在交易假设前提下的公允价值;② 企业价值取决于要素资产组合的整体获利能力。

根据企业价值评估的应用范围分为:① 账面价值,是公司在一定时点上资产负债表所显示的资产总额,是公司所有投资者(包括股东、债权人)对于公司资产所有权的价值加总;② 市场价值,是公司股票的价格与公司债务的市场价值之和;③ 公允价值,是交易双方在完全了解有关信息的基础上,在没有任何压力的情况下,自愿进行交易的价格。在市场完善的情况下,市场价值常常是公允价值的良好替代;④ 清算价值,是指公司出现财务危机,破产清算时,把企业的实物资产逐个分离,单独作价的资产价值,是一种基于非持续经营条件的公司价值模型;⑤ 内在价值,是公司未来产生的现金流量的折现值,是一种强调公司盈利能力的公司价值模型。

在中国资产评估协会 2017 年 7 月 12 日颁布的《企业价值评估指导意见(试行)》第三条中明确指出:"本指导意见所称企业价值评估,是指注册资产评估师对评估基准日特定目的下企业整体价值、股东全部权益价值或部分权益价值进行分析、估算并发表专业意见的行为和过程。"

不论企业价值评估的是哪一种价值,它们都是企业在特定时期、地点和条件约束下所具有的持续获利能力的市场表现。

（二）公司价值的类型

1. 企业整体价值

资产 = 负债 + 所有者权益 = 全部付息债务 + 非付息债务 + 所有者权益

企业所有者权益价值 + 全部付息债务价值 = 企业整体价值

总资产价值 - 非付息债务价值 = 企业整体价值

2. 企业股东全部权益价值

企业股东全部权益价值即整体价值中由全部股东投入资产创造的价值。非会计报表反映的资产与负债相减后净资产的价值。

股权全部权益价值 = 企业价值 - 企业的债务 - 优先股 - 少数股东权益 + 现金 + 投资

股权价值代表了普通股持有股东的利益，债务、优先股和少数股东权益代表了其他投资人的利益。因此，该公式包含了所有投资人。

3. 股东部分权益价值

（1）其实就是企业一部分股权的价值，或股东全部权益价值的一部分。

（2）由于存在着控股权溢价和少数股权折价因素，股东部分权益价值并不必然等于股东全部权益价值与股权比例的乘积。

（3）在资产评估实务中，股东部分权益价值的评估通常是在取得股东全部权益价值后再来评定。应当在评估报告中披露是否考虑了控股权和少数股权等因素产生的溢价或折价。

从企业价值的类型可以总结出企业价值评估的特点，具体如下。

（1）评估对象是由多个或多种单项资产组成的资产综合体。

（2）决定企业价值高低的因素，是企业的整体获利能力。

（3）企业价值评估是一种整体性评估。

（三）公司价值评估的范围

从产权的角度界定，企业价值评估的一般范围应该是企业产权涉及的全部资产。具体而言，企业价值评估的范围包括以下几方面。

（1）企业产权主体自身拥有并投入经营的部分。

（2）企业产权主体自身拥有未投入经营的部分。

（3）企业实际拥有但尚未办理产权的资产等。

（4）虽不为企业产权主体自身占用及经营，但可以由企业产权主体控制的部分。

如全资子公司、控股子公司，以及非控股公司中的投资部分；企业拥有的非法人资格的派出机构、分部及第三产业。

需要注意的是，在进行企业价值评估时，要有效区分有效资产和无效资产。

（1）有效资产。有效资产是指企业中正在运营或虽未正在运营但具有潜在运营经营能力，并能对企业盈利能力做出贡献、发挥作用的资产。

（2）无效资产。无效资产是指企业中不能参与生产经营，不能对企业盈利能力做出贡献的非经营性资产、闲置资产,以及虽然是经营性的资产,但在被评估企业已失去经营能力和获利能力的资产的总称。

正确划分有效资产和无效资产具有以下重要意义。

(1)有效资产是企业价值评估的基础,无效资产虽然也可能有交换价值,但无效资产的交换价值与有效资产价值的决定因素、形成路径是有差别的。

(2)正确界定与区分有效资产和无效资产,将企业的有效资产作为运用各种评估途径与方法评估企业价值的基本范围或具体操作范围,对无效资产单独进行评估或进行其他技术处理。

第二节　公司价值评估的主要方法

在进行企业价值评估时,应该分析资产基础法(成本法)、市场法和收益法三种基本方法的适用性,恰当选择一种或多种评估基本方法。

一、资产基础法(成本法)

公司价值评估中的资产基础法基本上类似于其他资产类型评估中使用的成本法。

成本法也称重置成本法,使用这种方法所获得的公司价值实际上是对公司账面价值的调整数值。这种方法起源于对传统的实物资产的评估,如土地、建筑物、机器设备等的评估,而且着眼点是成本。成本法的逻辑基础是所谓"替代原则":任何一个精明的潜在投资者,在购置一项资产时,他所愿意支付的价格不会超过建造一项与所购资产具有相同用途的代替品所需的成本(即资产重置成本)。因此,如果投资者的待购资产是全新的,其价格不会超过其替代资产的现行建造成本扣除各种损耗的余额。

成本法在评估公司价值时的假设是企业的价值等于所有有形资产和无形资产的成本之和,减去负债。成本法在评估公司价值时,可以回答这样的问题:今天购买的所有资产并把这些资产组装为一个运营企业需要多少成本?这种方法强调被评估企业资产的重置成本。使用这种方法,主要考虑资产的成本,很少考虑企业的收益和支出。在使用成本法评估时,以历史成本原则下形成的账面价值为基础,适当调整公司资产负债表的有关资产和负债,来反映它们的现时市场价值。

用成本法评估公司价值的优点是账面价值的客观性和可靠性。

该方法的缺点是:成本法是以企业单项资产的成本为出发点,忽视了企业的整体收益和获利能力,而且在评估中不考虑那些未在财务报表上出现的项目,如企业的组织资本、企业自创的无形资产、企业的销售渠道和企业的服务等。

成本法比较适合于对那些非经营性资产的价值以及破产公司的清算价值评估。因为对于非经营性资产,不存在资产的组合效应问题;对于破产清算的公司,公司处于停产状态,资产的组合效应几乎不用考虑。

资产基础法是根据现行市场价值对资产与负债进行调整之后确定出来的,相对于成本法,更能真实地反映公司资产在当时的真实价值,更具有经济意义。而交易价格通常会考虑其当时的价值，因而更加适合评估非经营性资产价值以及破产公司的清算价值。资产基础法虽然对成本法做了适度的修正，但它评估的依然只是单纯资产的价值，而不包括资产间的组合价值。因此，这种方法只能作为持续经营公司进行评估的近似方法。

【例 19-1】南宁化工股份有限公司拟转让兴义市立根电冶有限公司 51.54%的股东权益。现将对本次转让股东权益价值进行评估。

本次评估中，由于国内产权交易市场尚不完善，目前很难获取到与兴义市立根电冶有限公司企业类型、业务种类相似的交易案例的完整信息，进而无法采用市场法确定其整体资产价值。企业由于市场环境变化已停产多年，无法提供企业未来预测数据，故无法采用收益法确定其整体资产价值。为了科学、客观地估算兴义市立根电冶有限公司的股东部分权益价值，本次评估主要采用成本法。

对兴义市立根电冶有限公司的股东全部权益采用资产基础法进行了评估。评估结论如下：在公开市场假设的前提条件下，兴义市立根电冶有限公司资产账面价值 2 261 万元，评估值 1 656 万元，评估减值 605 万元，减值率 27%；负债账面值 2 442 万元，评估值 2 442 万元，无增减变动；所有者权益账面价值-180 万元，评估值-786 万元；则南宁化工股份有限公司所持有兴义市立根电冶有限公司 51.54%的股东部分权益价值为 0.00 万元。

各项资产评估情况如表 19-1 所示。

表19-1　兴义市立根电冶有限公司 51.54%股东部分权益价值评估结果简表

项　目	账面价值 A	评估价值 B	增减值 C=B-A	增值率% D=C/A*100
流动资产	327	342	16	5
非流动资产	1 935	1 314	-621	-33
其中：固定资产	1 874	1 218	-656	-35
工程物资	1	1	—	—
无形资产	60	95	35	55
资产总计	2 262	1 656	-605	-27
流动负债	2 442	2 442	—	—
非流动负债	—	—	—	—
负债合计	2 442	2 442	—	—
净资产（所有者权益）	-180	-786	-605	336

资料来源：北京北方亚事资产评估有限责任公司。

二、市场法

当未来自由现金流量实在难以计算时，分析家经常转向市场。将目标公司与其他类似的上市公司进行比较，并选用合适的乘数来评估标的企业的价值，这就是公司价值评估的市场法。市场法的关键就是在市场上找出一个或几个与被评估企业相同或相似的参照物企业；分析、比较被评估企业和参照物企业的重要指标，在此基础上，修正、调整参照物企业的市场价值，最后确定被评估公司的价值。

市场法的逻辑依据也是"替代原则"。根据替代原则，一个精明的投资者在购置一项资产时，他所愿意支付的价格不会高于市场上具有相同性能的替代品的市场价格。由于市场法是以"替代原则"为理论基础，以市场上的实际交易价格为评估基准，所以市场法的假定前提是股票市场是成熟、有效的，股票市场管理是严密的，目标公司和参照上市公司财务报告的数据是真实可靠的。股票市场越发达、越完善、越有效，市场法评估的公司价值就越准确。在股票市场存在重大缺陷、不充分、不完善、缺乏效率的情况下，难以采用这种方法。

在实际操作中，选择可比公司的方法是，通过考虑增长前景与资本结构等方面，选择相似的同行业或密切相关行业的公司，这样可以从大量的上市公司中选出几个可比的上市公司。然后，对这几个公司进行分析、对比，判断这组可比公司乘数对目标公司价值的意义。所以，在实际设计分析过程和使用分析结果时都要慎重，不能脱离实际。

1. 市盈率法

市盈率法（价格/收益比率）是借助相似公司的价格/收益比率（P/E），用被评估公司的预期收益估计其权益市场价值的方法。

公司权益的价值等于年净收入乘以市盈率，即

$$EV=(P/E) \times E \qquad (19\text{-}1)$$

其中，EV 为公司权益的价值；P/E 为市盈率；E 为年净收入。

市盈率法适用于连续盈利并且公司个别风险与市场系统风险差异不大的公司。其中，市盈率可以使用行业平均市盈率，也可以使用可比公司的平均市盈率。

【例 19-2】评估人员对甲公司采用市盈率法评估公司股权价值，评估基准日为 2018 年 12 月 31 日。评估人员在同行业上市公司中选择了 5 家可比公司，具体资料如表 19-2 所示，甲公司 2018 年的净收益为 5 000 万元。

表 19-2　兴义市立根电冶有限公司 51.54%的股东部分权益价值评估结果简表

可比公司	F1	F2	F3	F4	F5	平均
市盈率	16.8	15.3	19.1	18.1	17.3	17.33

5 家公司的市盈率相当，无异常值，数据可以采用。所以可以用来评估目标公司价值。

甲公司的股权价值=5 000×17.33=86 650（万元）

2. 销售收入乘数法

此评估方法运用于某些行业，通过将销售收入乘以一个倍数得到公司的价值：

$$EV = A \times R_c \qquad (19\text{-}2)$$

其中，A 为销售收入；R_c 为销售收入乘数，等于 P/S。

$$P/S = (P/E)(E/S) = (P/E) \times 利润率 \qquad (19\text{-}3)$$

其中，P/E 为价格/销售收入比率，实际上等于价格收益比率乘以收益/销售收入比

率,最终得到市盈率与销售收入利润率的乘积。

3. 托宾 Q 法

由于公司证券的市场价值会对公司投资于生产性资产的积极性产生巨大影响,因此用公司证券的市场价值与公司资产的重置价值的比率(即托宾 Q)进行分析。

$$托宾Q = \frac{公司证券的市场价值}{公司资产的重置价值} = \frac{MVC+FVD}{R_c} \quad (19-4)$$

其中,MVC 为股本的市场价值;FVD 为借款的市场价值;R_c 为净资产的重置成本。

托宾 Q 比率等于调整通货膨胀因素后的净资产的市值/面值比率(M/B),如果 Q 大于 1,股票市场对公司净资产(股本加长期负债)定价高于实际重置成本,即预期公司的投资收益大于资金成本。长期来看,托宾 Q 总是趋向于 1。因为超额利润将鼓励更多的投资者进入,从而产品价格和利润下降。随着时间的推移,公司证券的市场价值将会降到和公司重置成本一致的水平。

托宾 Q 的准确程度和重置成本的基础数据的准确程度是一致的,而基础数据一般源于公司的报表,因此数据的主观性和无法核实性是该方法的主要缺点。

4. 其他倍数法

除了市盈率、价格销售收入比率外,还有一些常用倍数:公司价值/息税前利润、公司价值/息税折旧抵押前利润、公司价值/经营现金流、红利价值法、市净率法、市值/面值比率法等。而要用倍数法来评估公司价值,必须运用具备可比性公司的相关倍数。

三、收益法(折现现金流量估价法)

收益法,即折现现金流量估价法,是通过综合考核公司的历史状况、发展前景和行业与宏观经济等因素来估算公司未来预期收益,根据公司的投资预期收益率和风险因素确定折现率,以确定公司预期收益现值作为公司价值的一种评估方法。折现法中最常见的方法是股利折现法、现金流折现法和以会计净收益(利润)为基础的折现法。折现率则采用加权平均资本成本(WACC)。

贴现现金流量法认为,企业的价值在于将来创造财富的能力。从长期来看,企业的利润金额与现金流量金额是相等的,但现金流量对企业的生存发展关系更为密切,因此可以认为,企业创造财富的能力集中体现为产生现金流量的能力。基于该原理,贴现现金流量法是将目标企业未来一段时期内的一系列预期现金流量按某一贴现率得到的现值与该企业的初期现金投资(即并购支出)相比较。如果该现值大于投资额,则可以认为这一并购定价对于收购方是可以接受的。概括起来,采用贴现现金流量法时,对目标企业估价的主要工作应当是以持续经营的观点合理预测其未来现金流量,并且按公司加权平均资本成本折为现值。

用加权平均资本成本对公司自由现金流量进行贴现就可以得到公司的价值。根据公司所处的发展阶段与现金流增长情况,公司估价模型也可以分为两类,即公司自由现金流量稳定增长模型和公司自由现金流量的两阶段模型。

自由现金流量（FCFF）：

$$\begin{aligned}
&= （税后净利润 + 利息费用 + 非现金支出） - \\
&\quad 营运资本追加 - 资本性支出 \\
&= 息税前利润（EBIT） \times (1 - 所得税税率 t) + 折旧 - \\
&\quad 资本性支出（CAPX） - 净营运资金（NWC） \\
&= 税后净营业利润 + 折旧 - 资本性支出（CAPX） - \\
&\quad 净营运资金（NWC）
\end{aligned} \qquad (19\text{-}5)$$

公司自由现金流量稳定增长模型（假设公司有永续增长的自由现金流量）：

$$V = \frac{\text{FCFF}}{\text{WACC} - g} \qquad (19\text{-}6)$$

其中，V 为公司的价值；WACC 为加权平均资本成本；g 为 FCFF 的永久增长率。

公司自由现金流量的两阶段模型（假设在前 n 期每年有不定的自由现金流，而在 $(n+1)$ 期后开始有永续增长的自由现金流量）：

$$V = \sum_{t=1}^{n} \frac{\text{FCFF}_t}{(1+\text{WACC})^t} + \frac{\text{FCFF}_{n+1}}{(\text{WACC}_n - g_n)(1+\text{WACC})^n} \qquad (19\text{-}7)$$

其中，V 为公司的价值；FCFF_t 为预测第 t 期的 FCFF；FCFF_{n+1} 为预测第 $n+1$ 期的 FCFF；WACC_n 为公司稳定增长阶段的加权平均资本成本；g_n 为第 $n+1$ 期后的公司自由现金流量的稳定增长率。

两阶段 FCFF 模型适用于公司前一时期高速增长，然后立即进入稳定增长阶段的公司。该模型在应用中存在两个问题：一个是如何确定高速增长阶段的长度。由于高速增长阶段的增长率和稳定增长阶段的增长率有很大的差别，所以这一时间长度的选择将会影响公司股权价值。理论上，这一长度的选择可以和企业的生命周期等定性因素联系在一起，但要把这些定性因素变成定量化的具体时间，在实践中仍然存在一定的难度。另一个是在模型中，高速增长阶段的增长率是直接变成稳定增长阶段的增长率的，虽然实践中也有这样的例子，但大多数情况下这一过程是随着时间逐步发生的。

在本章所介绍的三种方法中，一般公认现金流折现法最科学合理。但是这种观点的基本理由是认为只有现金是"真实的"，会计利润不可靠，典型的论调是声称"现金流是至高无上"。这种观点在已经发生的会计年度也许是正确的，但是在预期的世界里，难道现金流量的真实度就一定超过利润吗？事实上，预期现金流量是在预期净收益的基础之上调整而得出的。有研究指出，在三种折现法的对公司内在价值预测的差异最终将会集中在上述公式的终值确定上。

关于折现率，一般采用加权平均资本成本，还有的通过资本资产定价模型计算类似风险的上市公司必要收益率来确定。

折现法还有两个"改进型"：一个是"调整现值法"（Adjusted Present Value，APV）；另一个是"经济增加值法"（Economic Value Added，EVA）。APV 认为，对公司总体业务统一使用 WACC 进行折现不够科学，应该根据产生现金流的不同业务事项单独估计它们的资本成本并折现,最后将各部分折现值相加。EVA 的基本思想是:利润率不能超过资本成本。一个公司或生产单位仅在它的营业收益超过所利用的资本成本时才为其所有者创造了价值。公司的价值等于投资资本加上预计经济利润现值。其中,预计经济利润等于投资成本乘以投资资本收益率与加权平均的资本成本的差额。经济利润模式将现金流量折现模式中的价值驱动因素、投资资本收益率和增长率转化为单一的数字,因而可以了解公司在任何单一年份的经营情况,而自由现金流量法却做不到。

EVA 价值评估涉及的两个关键计算公式为

$$息前税后净经营利润 = 税后净利润 + 利息支出 \tag{19-8}$$

$$\begin{aligned}资本总额 &= 股东权益 + 各种准备金 + 坏账准备 + 存货跌价准备等 + \\&\quad 递延贷方 - 递延借方余额 \\&= 短期借款 \\&= 一年内到期的长期借款 + 长期借款 \\&= 应付债券 - 在建工程及工程物资\end{aligned} \tag{19-9}$$

$$\begin{aligned}经济利润(EVA) &= 投入资本 \times (投入资本报酬率 - 加权平均资本成本) \\&= 投入资本 \times 投入资本报酬率 - 投入资本 \times \\&\quad 加权平均资本成本 \\&= 息前税后净经营利润 - 资本费用\end{aligned} \tag{19-10}$$

折现法在使用时有其局限性,比其他确定价值的模型更偏向于理论化。不管是上述哪种折现方法,它们都必须具备以下两个条件:① 公司的未来预期收益能够预测,并可以用货币来计量;② 与公司获得的预期收益相关联的风险可以预测量化。

综上所述,采用折现法对公司价值进行评估,所确定的价值是取得预期收益权利所支付的货币总额。因此,从理论上讲,折现法是评估公司价值的最直接、最有效的方法。因为公司价值的高低应主要取决于其未来整体资产的获利能力,而不是现存资产的多少。这种方法适合经营比较稳定的公司的价值评估。

第三节 公司价值评估影响因素及应用

在企业价值评估过程中,相关影响因素(评估参数)的分析、判断、取值至关重要。随着公司价值内涵的不断拓展,价值链分析原理为公司价值评估提供了新的思路。通过价值链工具来分析和寻找公司价值的驱动因素成为公司价值评估的关键。根据价值链分析原理,可以从公司发展环境视角、管理活动视角和公司财务视角分析探讨公司价值驱动因素。

一、公司发展环境视角下的影响因素

正如本书第一章第五节财务管理环境所述,企业作为一个参与市场竞争的经济主体,无时无刻不受到外部环境因素和内部环境因素的影响,这些内、外部环境因素形成了对

公司价值的作用合力。

《企业价值评估指导意见(试行)》规定,注册资产评估师执行企业价值评估业务,应当收集并分析被评估企业的信息资料和与被评估企业相关的其他信息资料。评估师应当了解宏观经济形势、产品市场供求现状,并对行业进行分析,尽可能获取被评估企业和参考企业经过审计的财务报表,履行应有的专业判断程序,对评估过程和评估结论具有影响的相关事项进行必要的分析调整,合理反映企业的财务状况和盈利能力,在整个评估过程中对被评估单位的宏观经济环境、行业状况分析、行业竞争状况分析、行业未来发展趋势分析、企业自身状况(物质资本、人力资本、技术条件、管理方法、组织制度以及产品竞争能力等)分析是必不可少的。

二、管理活动视角下的影响因素

正如本章开篇提到的管理活动视角下的公司价值影响因素主要来自于公司战略、公司理财和公司治理等三个决策层面。公司战略决策包括产品市场战略和投资项目规划、管理控制与作业控制。公司可以充分利用战略柔性来应对环境不确定性和风险,进而转化为公司价值增长的机会,管理控制就是保证公司战略顺利执行、落实、控制的一系列管理活动,是公司价值最大化的加速器;作业控制主要由公司中层管理者以下的员工来完成,所面对的是公司内部的日常业务和事项,从具体业务层面实现了公司价值增长;公司理财决策包括资本结构优化和风险管理,描述了可为公司采用的能够增加公司价值的财务政策;公司治理决策则侧重于重要的治理问题,主要是薪酬规划和绩效评估,是关于公司利益相关者,如投资者、公司管理层、员工之间相互激励、约束、控制,从而有利于公司实现价值创造的一系列制度安排。

三、公司财务视角下的影响因素

公司理财是实现公司价值增长的基本途径之一。公司财务理论认为,公司价值是公司未来自由现金流量的折现值。公司价值的一般模型和驱动因素如图 19-2 所示。

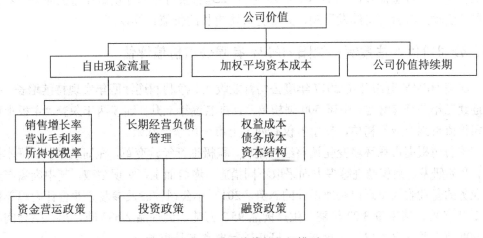

图 19-2 公司价值的一般模型

根据图19-2所示的公司价值的一般模型，公司财务活动对公司价值评估的影响主要体现在三大方面：自由现金流量、加权平均资本成本、公司价值持续期。公司的基本财务活动（投资活动、融资活动和资金营运活动）与这三个方面紧密相关。

（一）公司财务活动对自由现金流量的影响

公司财务活动可以通过以下方式来增加公司自由现金流量。

1. 通过资金营运活动提高现有资本的收益率，进而提高公司自由现金流量

（1）通过加快资金周转（如加快应收账款回收，提高存货周转率和现有固定资产使用效率），实现用最少的资本存量产生最大的销售收入。

（2）通过提高营业利润率，从而实现单位销售收入所产生的经营利润最大化。

（3）通过税收优惠政策和税收筹划，实现公司实际所得税减少。

2. 通过投资活动使新增投入资本的收益率超过加权平均资本成本

良好的投资决策是公司价值增长的源泉之一。只有新增投入资本的收益率超过加权平均资本成本，才能实现价值增长，否则就会损害公司价值。

3. 通过资金营运活动和投资活动来实现公司增长率的提高

公司增长率包括公司的销售增长率和投入资本增长率，只有新投资本的收益率大于用来对现金折现的加权平均资本成本，增长率越高，价值就越大。

（二）公司财务活动对加权平均资本成本的影响

公司的加权平均资本成本主要受到公司筹资活动的影响。有效的筹资决策能够合理地确定公司各项资本的来源及比重，从而使得公司获得一个较低的加权平均资本成本水平，公司可以通过如下途径来降低公司的加权平均资本成本：① 降低个别资本成本；② 优化资本结构。

（三）公司财务活动对公司价值持续期的影响

公司价值的持续增长要求公司发展必须可持续。保持更长的竞争优势期间，积极追求某一期间的现金流量最大化对公司价值持续增长并无益处。因此，公司的财务活动应注重长期产生现金流量，公司可以通过：① 尽量延长获得正的净现金流量的时间；② 公司财务活动应符合可持续发展观，来保持公司更长的价值持续期间。

四、公司价值评估案例：沈阳HFMY有限公司价值评估

沈阳HFMY有限公司2017年度公司营业收入、净利润连续四年实现持续增长。公司连续三年荣登《财富》中国500强榜单，且排名逐年上升；连续两年荣登"主板上市公司价值百强企业"榜单，辽宁省仅有两家上市公司获此殊荣。

该公司根据市场环境变化调整经营策略，积极推行经营变革，在简政精兵、降本提效、产品研发、销售精进等多方面采取不同措施，逆势而上，实现突破，其中肉禽产业化业务的营业收入呈现出快速增长的态势。2017年公司控股及参股企业合计肉鸡养殖量2.75亿羽，屠宰量3.92亿羽，生产肉品95.2万吨，调理品2 693吨，出口生食肉品16 000吨，并向日本出口熟食产品，开拓国际熟食产品市场。

2018 年公司继续深化内部改革，稳步推进重点领域改革，革故鼎新，促进公司各项业务的持续稳定发展。

（一）公司简介及发展趋势

1. 公司简介

沈阳 HFMY 是集团的核心企业，成立于 1995 年，总投资 3 500 万元，年产 30 万吨，销售网络辐射辽宁、吉林和内蒙古三省，拥有 1 000 余家合作伙伴。公司经营占地面积超过五百平方米。饲料加工业务作为公司的主营业务，包括原材料的采购、饲料的生产及销售等一系列流程。沈阳 HFMY 不断努力历经艰辛走过了 20 年，发展成为目前东北最大的饲料生产公司，成长的速度领军饲料行业，占据行业内举足轻重的地位。HFMY 还在飞速发展，成长速度在近 14 年位居地区榜首，在全国的饲料行业中也名列前茅，被同行们公认为是最有发展潜力和最具竞争力的饲料企业之一。2010 年投资 60 万元引进"沃博机器人"，成为集团乃至业界第一批引进现代化生产线的公司，配备世界级 BRILL 配方软件及行业领先的微量秤系统，全程自动化生产。沈阳 HFMY 是集团旗下第一纳税大户，被业界誉为"HFMY 现金牛"。2014 年 9 月，单月单厂销量突破 25 000 吨，创造饲料行业神话。沈阳 HFMY 有限公司一直在努力发展及成长，不断提升企业价值。

2. 行业竞争态势

当前我国的饲料企业总体来说还是产品同质化的竞争阶段。近 5 年的时间，饲料企业从以前的 13 000 家减少到了现在的 7 000 家，40%以上的中小企业消失了。饲料行业的平均利润还不到 2%，产品的附加值很低。人均劳动率很低，加工成本及加工损耗占据了相当大的变动成本空间。沈阳 HFMY 有限公司的净利润率达到了 3%，并且母公司辽宁 HFMY 有限公司于 2014 年 8 月在上海证券交易所成功上市。据农业部产业政策与法规司介绍，2016 年国家实行 52 项落实发展新理念，加快农业现代化，促进农民持续增收政策措施，其中涉及畜牧兽医行业的有 11 项。其中农机购置补贴政策、生猪（牛羊）调出大县奖励政策、畜牧良种补贴政策、畜牧标准化规模养殖支持政策和动物防疫补助政策等都是对畜牧饲养有利的国家政策。除了以上国家的扶持和补助政策外，事实上，各地为了发展特色产业，也出台了相关的扶持政策。有了以上的国家政策，猪、禽类、反刍、水产、皮毛动物五大动物数量的增多必定会带动饲料的消耗量增多，饲料产量和销量也会增多，进而饲料企业的毛利润和毛利率的增多，最终带来了沈阳 HFMY 企业价值的增值。

3. 公司管理活动

（1）战略层价值管理。战略投资与重组都是以价值增值为目标，主要表现在：目前的企业资源整合是否有利于企业价值的增值；企业目前的产品、服务的投资是否有利于企业资源的有效利用；企业目前的制度设计、管理过程是否为了更好地实现企业价值增值；从战略的视野解决这些问题以做出更合理的战略决策，对企业价值增值。

（2）经营活动层价值管理现状。沈阳 HFMY 的经营层也遵循价值原则，采购、生产和销售是企业的主要经营活动，是企业利润实现的途径。在这个过程中，价值的管理会得到比较快的回报。例如，在企业材料供应上，采购价格高低、质量好坏会直接影响到产品的生产质量和成本；在生产上，合理运用企业的机器设备和人力资源能提高生产效率来降低成本；在销售环节，有效利用销售人力资源，改善销售途径，遵循价值原则，都是企业价值增值的关键。

（3）支持层价值管理。支持层是为企业价值增值服务的。建立以实现企业价值增值为目标的企业文化环境，企业的制度、理念等文化表现形式都要紧紧围绕"企业价值"这个中心，企业的人力资源管理部门往往在企业中形成一种浓郁的价值增值氛围。公司对客户和供应商的管理进一步的创新。

（4）公司治理价值管理。员工绩效评价体系和激励方式都与企业价值增值相关联。目前大多数企业并不使用无限业绩激励薪酬，而设置相对于目标业绩而言的最低业绩水平和最高业绩水平，沈阳 HFMY 有限公司的员工激励机制也是这样的。当实际业绩处于这两者之间时，使用激励计划；若高于最高业绩水平则不会支付任何激励薪酬。这种有限激励薪酬计划会对经理人员产生负的激励作用。

（二）损益类指标预测

损益类指标主要指销售收入、营业成本、销售费用、管理费用及营业费用的预测。

1. 销售收入的测算

预期未来增长率是预测企业销售收入的关键，历史增长率和预期未来增长率之间是存在联系的，一般使用历史增长率的平均值。

沈阳 HFMY 有限公司 2010—2015 年的营业收入进行统计，并且对其未来五年的营业收入进行预测，如表 19-3 所示。

表 19-3　沈阳 HFMY 有限公司的营业收入

年　份	2010	2011	2012	2013	2014	2015
营业收入/百万元	431.32	518.01	600.44	673.74	731.22	612.10
营业收入增长率	18.86%	20.16%	15.91%	12.2%	8.29%	-16.29%
年　份	2016	2017	2018	2019	2020	
预测营业收入增长率	8%	7%	6%	5%	4%	
预测营业收入/百万元	661.07	707.34	749.78	787.27	818.76	

表 19-3 是沈阳 HFMY 有限公司 2010—2015 年的历年销售收入及销售收入增长率，2010—2012 年销售收入增长率超过 15%，这是沈阳 HFMY 有限公司急速增长期，在 2012 年后经历了小幅度的回落后进入了平稳的发展期，营业收入回落到 8%左右。近几年由于国内整体育肥猪出栏率下降，使得营业收入逐年下滑，但 HFMY 有限公司仍然处于稳步发展期。因此，本文现估计沈阳 HFMY 有限公司未来收入以每年 1%下滑，直至 2020 年之后保持 4%的永续增长率。

2. 营业成本

根据往年销售成本占销售收入的比重，可以预测出 2016—2020 年的销售成本占销售收入的比重为 91%。

3. 销售费用、管理费用

根据往年销售费用、管理费用占销售收入的比重，可以预测出 2016—2020 年的销售费用、管理费用占销售收入的比重分别为 2.9%、0.74%。

4. 折旧与摊销

由历史固定资产占比及折旧占比推算出 2016—2020 年的折旧及摊销，历史折旧与摊销的比例变化不大，取均值为 0.04%。

5. 资本支出

资本支出等于经营性长期资产支出减去经营性长期负债的增加额。选取 2010—2015 年的评价数值 6.62%来作为未来从 2016—2020 年五年的经营性长期资产占比。经营性长期负债没有变化，为 0。根据资本支出=净经营性长期资产增加额+折旧与摊销，得出未来五年的资本支出额。

6. 营运资本的增加

营运资本的计算公式为：营运资本=经营性流动资产-经营性流动负债。经营性流动资产与经营性流动负债占比变化均不大，对未来五年的这两项预计分别是取 2010 年到 2015 年的平均值是 14.23%、4.79%。

7. 折现率的估计

（1）资本结构。传统的自由现金流量模型，将当年的公司加权平均资本成本作为未来的折现率，计算当年加权平均资本成本使用的是当年的资本结构和债务、权益资本成本，得出的是静态的、历史的折现率，不利于科学地评估公司价值。在这里通过估测公司未来的资本结构，来改进传统的静态折现率。

根据未来五年的债务筹资额和权益筹资额，本文可以得出未来五年的资本结构。债务资本占比 8.04%，权益资本占比 91.96%。

（2）债务资本成本。选取央行 2015 年 3~5 年贷款利率 6.9%作为其债务筹资成本，则沈阳 HFMY 有限公司的税后债务成本=6.9%×(1-25%)=5.175%。

（3）股权资本成本。本文采用资本资产定价模型（CAPM）来估算股权资本成本，由于长期政府债券利率波动小，资本预算涉及时间长等原因，选择长期政府债券的利率作为无风险利率比较适宜，最常见的做法是选择 10 年期的财政部债券利率。选取 2014 年 2 月 20 日发布的 10 年期财政部债券利率 2.99%作为无风险利率。

借助 Excel，可得出沈阳 HFMY 有限公司的 $\beta=0.693$。

根据本文的关于无风险利率、风险溢价和 β 值的计算，可以得出股权资本的成本为

$$K=R_f+\beta(R_m-R_f)=2.99\%+0.693\times(11.26\%-2.99\%)=8.72\%$$

根据未来 5 年的动态资本结构，以及债务资本成本、权益资本成本，可以估计出加权平均资本成本作为折现率。

$$\begin{aligned}\text{WACC} &= 债务资本成本\times债务资本比重+权益资本成本\times权益资本比重\\&=5.175\%\times8.04\%+8.72\%\times91.96\%\\&=8.43\%\end{aligned}$$

（三）自由现金流价值评估

根据预测的相关数据，可以计算出预测的自由现金流，具体结果如表 19-4 所示。

表 19-4 沈阳 HFMY 有限公司预期的营业收入和自由现金流

年份	基期	2016	2017	2018	2019	2020
营业收入增长率	20%	8%	7%	6%	5%	4%
预测营业收入/百万元		661.07	707.34	749.78	787.27	818.76
营业成本预测/百万元	91%	601.51	643	683	716	745
预测销售费用/百万元	2.9%	19	21	22	23	24
预测管理费用/百万元	0.74%	4.9	5.2	5.5	5.8	6.1
息税前利润（EBIT）		36.1	37.8	39.5	42.2	43.9
减：EBIT 所得税	9.025	9.45	9.875	10.55	10.975	11.468
息税后利润/百万元	27.075	28.35	29.625	31.65	32.925	32.432
折旧与摊销	0.04%	0.264	0.283	0.299	0.315	0.328
净经营性长期资产	6.62（41.68）	43.76	46.83	49.64	52.12	54.20
净经营性长期资产增加额		2.08	3.07	2.81	2.48	2.08
资本支出		2.344	3.353	3.109	2.795	2.408
经营性流动资产	14.23%	94.07	100.65	106.69	112.03	116.51
经营性流动负债	4.79%	31.67	33.88	35.91	37.71	39.22
经营营运资本/百万元		62.4	66.77	70.78	74.32	77.29
营运资本增加额	59.39	3.01	4.37	4.01	3.54	2.97
自由现金流量		23.29	21.855	24.83	26.905	27.382

根据预测的自由现金流量，利用折现的现金流量模型可以进行价值评估。

沈阳 HFMY 有限公司价值估算（由式 19-7）
=$[(23.29)/(1+8.43\%)^1]+[(21.855)/(1+8.43\%)^2]+[(24.83)/(1+8.43\%)^3]+[(26.905)/(1+8.43\%)^4]+[(27.382)/(1+8.43\%)^5]$=97.27（百万元）

后续价值=$(27.382)(1+4\%)/[(8.43\%-4\%)(1+8.43\%)^5]$=428.89（百万元）

因此，沈阳 HFMY 有限公司的整体价值=97.27+428.89=526.16（百万元）

五、流动性折价的计算

《企业价值评估指导意见（试行）》规定，注册资产评估师执行企业价值评估业务，应当在适当及切实可行的情况下考虑流动性对评估对象价值的影响，并在评估报告中披露是否考虑了流动性对评估对象价值的影响。在企业价值评估理论中，价值水平的框架包括企业整体价值、股东全部权益价值或控股股权价值、流动性少数股权价值及非流动性少数股权价值。与此相对应的价值调整一般包括控股溢价、少数股权折价、流动性折价。金融资产一般都具有流动性的特点，这是因为金融资产能迅速变现，反之，如果金融资产不能变现或流动性较差，金融投资者就要承担很大的风险，大多数投资者都愿意为高流动性资产放弃一些收入。特别是对资本资产定价模型的广泛应用，折现率的选取都采用上市公司的公开参数，那么，运用现金流量折现得出的价值就应考虑非流通性的折价。在实务中,可采用以下两种方法估算流动性折扣系数。

方法一:参考近年上市公司发生的国有法人股转让交易情况,企业公告的国有法人股交易价格与公告日流通股股票价格之比即为流动性折扣系数。

方法二:在目前的股权分置改革中,国有法人股换取流通权,需向流通股东支付对价,采用以送股方式的则非流通股股份数量会减少,复牌后股价因产生类似除权效应,股价一般会下降,所以,可以用复牌第一日已取得流通权的非流通股市值与停牌前一日的非流通股市值之比作为流动性折扣系数。

六、溢余资产对企业价值的影响

《企业价值评估指导意见(试行)》规定,注册资产评估师应当与委托方进行沟通,获得委托方关于被评估企业溢余资产状况的说明。注册资产评估师应当在适当及切实可行的情况下,对被评估企业的溢余资产进行单独分析和评估。企业价值由正常经营活动中产生的营业现金流现值和与正常经营活动无关的超常持有的资产价值构成。在企业价值评估中,溢余资产是指与企业预期收益无直接关系的资产,也可以理解为企业持续经营中并不必需的资产,国有企业中存在溢余资产的现象较为普遍,例如,正常生产的企业持有闲置的土地、企业没有使用但可进行变现的生产设备、大量沉淀在银行的多余现金、有价证券。由于溢余资产与预测现金流不直接相关,对预期现金流量没有贡献,如果不考虑这部分资产的价值,造成低估企业价值,因此,对这部分资产要列出详细目录,采用市场法单独分析和评估市场价值,或者通过预计如果资产能被开发所能产生的现金流,然后以适当的折现率来进行折现,获得资产估计值。

 本章小结

1. 价值管理可以从中过滤出真正有用的东西。它是公司管理的根本。从公司价值创造模型可以清晰地看出,公司价值来源于三个广泛的决策领域:公司战略、公司理财和公司治理。价值评估的具体目的:① 企业价值最大化管理的需要;② 企业并购的需要;③ 企业价值评估是投资决策的重要前提。

2. 公司价值的类型:① 企业整体价值;② 企业股东全部权益价值;③ 股东部分权益价值。

3. 公司价值评估的主要方法:资产基础法、市场法、收益法。

复习思考题

1. 为什么要进行公司价值评估?
2. 简述公司价值评估的步骤。
3. 公司价值评估的主流方法有哪些?各有何优缺点?
4. 公司价值评估(收益法)的主要影响因素有哪些?
5. 请查阅沈阳 HFMY 有限公司资料,计算经济增加值(EVA)。

第二十章 企业并购

本章学习目标

- 掌握企业并购的基本概念。
- 了解企业并购的常见类型。
- 理解企业并购的动因、效应及并购风险。
- 掌握企业并购估价中目标公司的选择及估价方法基本模型。
- 重点掌握贴现现金流量法的运用、现金流量的不同类型及其对应的折现率的确定。
- 了解企业并购中常用的支付方式和相应的筹资方案,每种支付方式的特点和影响因素。
- 了解企业并购中的两种特殊形式,即杠杆并购和管理层收购的特点及筹资安排。

第一节 企业并购概述

一、并购的主要类型

并购(merger and acquisition,M&A)的实质是在企业控制权运动过程中,各权利主体依据企业产权所做出的制度安排而进行的一种权利让渡行为。并购活动是在一定的财产权利制度和企业制度条件下进行的,在并购过程中,某一或某一部分权利主体通过出让其所拥有的对企业的控制权而获得相应的收益,另一或另一部分权利主体则通过付出一定代价而获取这部分控制权。企业并购的过程实质上是企业权利主体不断变换的过程。

并购(狭义,以后不再特别注明)按照并购主体变化包括吸收合并、新设合并和收购三种形式。

(1)吸收合并。吸收合并是指一家或多家企业被另一家企业吸收,兼并企业继续保留其合法地位,目标企业则不再作为一个独立的经营实体而存在。假设 A 企业吸收合并 B 企业,完成后 B 企业的法定地位消失,A 企业继续合法存在,并且吸收 B 企业的全部资产和负债。

使用吸收合并方式并购一个企业存在如下优缺点。

① 兼并在法律上有明确规定，相应地，并购成本会比其他方式下的并购成本小，在兼并中没必要将每一项单独资产的所有权由目标企业过户到兼并企业。

② 兼并必须得到每一方企业股东的赞成票方获批准，一般的做法是至少必须得到拥有 2/3 以上股权的股东的赞成票。另外，目标企业的股东享有评价权。也就是说，股东可以要求兼并方以公允价值购买持有的股票。如此一来，兼并企业和被兼并企业中持反对票的股东经常难以就公允价值达成一致意见，从而导致昂贵的诉讼程序。

（2）新设合并。新设合并是指两个或两个以上的企业组成一个新的实体，原来的企业都不再以独立的经营实体而存在。假设 A、B 两个企业新设合并，则 A、B 企业将不复存在，而是在 A、B 企业的基础上组成新的 C 企业。在新设合并中，兼并企业和被兼并企业的区分并不重要。但是，吸收合并与新设合并适用的法则基本是相同的。不论是吸收合并还是新设合并方式，并购都会导致双方企业资产和负债的联合。

（3）收购。收购是指一家企业在证券市场上用现金、债券或股票购买另一家企业的股票或资产，以取得对该企业的控制权，被收购企业的法人地位不消失。

并购按照并购企业与目标企业的行业关系划分又可以分为横向并购、纵向并购和混合并购。

（1）横向并购。横向并购是指生产同类产品，或生产工艺相近的企业之间的并购，实质上也是竞争对手之间的合并。

横向并购的优点：可以迅速扩大生产规模，节约共同费用，便于提高通用设备使用效率；便于在更大范围内实现专业分工协作，采用先进技术设备和工艺；便于统一技术标准，加强技术管理和进行技术改造；便于统一销售产品和采购原材料等。

（2）纵向并购。纵向并购是指与企业的供应商或客户的合并，即优势企业将同本企业生产紧密相关的生产、营销企业并购过来，以形成纵向生产一体化。纵向并购实质上处于生产同一种产品、不同生产阶段的企业间的并购，并购双方往往是原材料供应者或产品购买者，所以对彼此的生产状况比较熟悉，有利于并购后的相互融合。从并购的方向看，纵向并购又有前向并购和后向并购之分。前向并购是指并购生产流程前一阶段的企业；后向并购是指并购生产流程后一阶段的企业。

纵向并购的优点是：能够扩大生产经营规模，节约通用的设备费用等；可以加强生产过程各环节的配合，有利于协作化生产；可以加速生产流程，缩短生产周期，节省运输、仓储、资源和能源等。

（3）混合并购。混合并购是指既非竞争对手又非现实中或潜在的客户或供应商的企业之间的并购。混合并购又分三种形态：① 产品扩张型并购。相关产品市场上企业间的并购。② 市场扩张型并购。一个企业为扩大竞争地盘而对尚未渗透的地区生产同类产品企业进行并购。③ 纯粹的混合并购。生产与经营彼此间毫无相关产品或服务的企业间的并购。

通常所说的混合并购是指第三类纯粹的混合并购。主要目的是减少长期经营一个行业所带来的风险，与其密切相关的是多元化经营战略。由于这种并购形态因收购企业与目标企业无直接业务关系，其并购目的不易被人察觉，收购成本较低。

二、并购的发展历程及推动因素

（一）并购的发展历程

全球范围内（以美国为代表）共掀起过 6 次并购高峰，前四次并购浪潮分别发生在 1897—1904 年，1916—1929 年，1965—1969 年，以及 1984—1989 年。并购活动在 20 世纪 80 年代末有所减少，但在 90 年代早期又重新崛起，从而拉开了第五次、第六次并购浪潮的序幕。不同时期的并购浪潮都有其独有的特征。

1. 第一次并购浪潮（1897—1904 年）：横向并购浪潮

第一次并购浪潮发生在 1883 年经济大萧条之后，在 1898—1902 年达到顶峰，最后结束于 1904 年，这次并购几乎影响了所有的矿业和制造行业，其中某些行业特别显著。

第一次并购潮以横向并购为主。这一时期发生许多横向并购和行业间合作，结果形成垄断的市场结构，这段并购时期也以"产业大垄断商"著称。以美国为例，第一次并购浪潮发生的 300 次主要的并购覆盖了大多数行业领域，控制了 40%的国家制造业资本，并购造成该时期超过 3 000 家的公司消失。工业的集中程度有了显著的提高，一些行业的公司数量（如钢铁行业）急剧下降，有些行业甚至只有一家公司幸存。

2. 第二次并购浪潮（1916—1929 年）：纵向并购

第二次并购浪潮也始于 1922 年商业活动的上升阶段，而终结于 1929 年严重的经济衰退初期。这段时期因兼并收购导致企业数量减少了 12 000 家。范围主要涉及公用事业、采矿业、银行和制造业。

第二次并购浪潮主要以纵向并购为主。由于美国反托拉斯法的立法不断完善，特别是 1914 年国会通过了克莱顿法案，对行业垄断的约束和监管更加严格，反垄断的措施更加具体，执行更加有效，虽然在此次并购浪潮中仍然有很多横向并购的案件，但是更多的是上下游企业间的整合和并购，即纵向并购。例如美国通用汽车公司就是一个典型例子。自 1918 年以来公司成为美国最大的汽车公司后，连续进行多次并购，整合与汽车相关多项业务。之后继阿尔弗雷德·斯隆接任董事长职位后，直至 1929 年间又采取了许多并购行动，继续收购为通用公司提供零部件的公司。自此，通用公司真正成为一家实力超群的巨人企业。

1929 年 10 月 29 日股票市场危机结束了第二次并购浪潮，股票市场危机导致企业和投资者信心急剧下降，生产活动和消费支出进一步缩减，进而经济衰退更为恶化，这一次危机之后，公司并购数量大幅减少，公司不再关注扩张，而是力求在需求迅速全面下降的情况下能够维持债务的偿付能力。

3. 第三次并购浪潮（1965—1969 年）：混合并购

和前两次并购浪潮不同，混合并购成为本次并购浪潮的主导。第三次并购浪潮期间发生的并购大多数是混合并购而不是单纯的纵向或横向并购，因此行业集中度并没有增加。尽管并购交易数量众多，不同行业间的竞争程度并没有太大的改变。

第三次并购浪潮中"蛇吞象"案例逐渐出现，并购水平愈加高超。被称为混合并购时代的这个时期，相对较小的公司收购大公司不是稀罕的事情。与之相反，在前两次并购浪潮中，大多数的目标公司要远远小于收购公司。这次并购浪潮也以创历史性的高水平并购活动而闻名。

4. 第四次并购浪潮（1981—1989 年）：杠杆并购

第四次并购浪潮发生在 1981—1989 年，这又是美国战后经济持续景气最长的一个时期。在这个经济扩张期内，很多公司开始通过收购股票来推动企业的兼并，这形成了第四次并购浪潮的开端。

杠杆收购在第四次并购浪潮中非常盛行。投资银行的大力推动导致了杠杆并购数量迅速飙升。敌意收购是该阶段的显著特征。

5. 第五次并购浪潮（1992—2000 年）：全球跨国并购浪潮

第五次并购浪潮主要发生在 1992—2000 年，在此期间美国一共发生了 52 045 起并购案。无论是总量还是年平均量都大大超过了此前任何一次并购浪潮，特别是 1996—2000 年五年共发生了 40 301 起并购案，平均每年达到了 8 060 起，并购活动异常活跃。

跨国并购主要发生在发达国家间，发展中国家的跨国并购后期增长迅速。1995—1999 年，90%的并购额度都集中在发达国家内部，鲜有涉及发展中国家。但此后，针对发展中国家的并购快速增长，并购额占流入发展中国家 FDI 的比重由 1987—1989 年的 10%增至 1997—1999 年的 33%，同时，来自发展中国家的企业对跨国并购的参与程度不断提高，除了发展中国家企业间的并购外，一些发展中国家的跨国公司开始通过并购发达国家当地企业直接进入发达国家市场。这一阶段跨国并购的行业主要集中在电信、金融、汽车、医药、传媒及互联网行业，新兴行业与传统行业的融合也是本轮并购的亮点之一。第五次并购浪潮进一步深化了全球经济一体化。全球经济一体化大力推动了并购事件的发生。

6. 第六次并购浪潮（2003—2017 年）：中国企业成主角

2008 年全球并购浪潮中，欧美等发达国家的企业担当主角，主要是这些国家和地区的企业向外并购，但这一轮并购浪潮中，发展中国家开始占据主导地位，中国企业成主角。

中国企业当下积极"走出去"并购的原因之一在于国内企业经过多年积累，资金、规模实力不断增强，为并购提供充足的资本支持。其次，欧美等国经历金融危机以及债务危机后，国内经济萧条，部分企业生存艰难，与中国企业加强合作的意愿增强。

中国正处于转型发展的关键期。新一轮科技革命和产业变革与中国加快转变经济发展方式形成历史性交汇，中国企业想要转型升级，需要掌握技术方面的竞争优势，在自主研发还较弱的情况下，海外并购成为最有效的途径。

统计来看，中国在海外的并购地区，主要集中于欧洲和北美等发达国家和地区。从并购的领域来看，中国企业海外并购青睐于能源和电力行业，但是增幅下降；金融行业并购成为新宠，增幅高达 66%；另外，欧美等国高科技产业以及高端制造业等是我国企业较为看好的领域。并购方式也更加多样化，金融机构、金融杠杆发挥的作用更加明显；并购估值更加科学化、理性化。

（二）推动企业并购的产业四大因素

企业并购在西方经济发展中已有一百多年的历史，至今全球共发生六次并购浪潮。前四次主要发生在未受战争影响的美国；伴随全球化的快速推进，90年代第五次并购浪潮在全球市场展开，美国仍是核心国家；在第六次并购浪潮中，遭受危机冲击相对较小的以中国为核心的发展中国家跃升为并购主要力量，企业进入世界资源全面整合阶段。

纵观六次并购浪潮，技术革命、企业战略转变、经济周期轮动和金融创新成为并购活动最重要的推动力量。

1. 技术革命和产业升级：并购最重要的外部推动因素

技术革命在美国企业并购中发挥重要作用，这有深层次的宏观和微观基础。从宏观层面看，新技术带来产业升级和调整空间，这要求在全社会内重新配置资本、劳动力和技术等经济资源。从微观层面看，新技术使企业的经营模式、生产边界、市场规模发生巨变，为企业扩大生产规模实现规模经济和范围经济提供可能。尽管企业自我投资是其谋求产业发展和退出的重要途径，但是并购能显著提高这种战略调整和资源整合效率，以"速度快、风险小、资本集中迅速"等优点被企业广为采用。

2. 企业战略：原初动力，引发企业组织结构变迁

企业是并购活动的执行者，谋求自身利润最大化、解决企业内部经营问题、行业转型等各类企业发展战略，是推动并购活动的原初动力。

从微观角度看，企业发展阶段与并购模式选择具有一定规律性。美国企业史学家钱德勒将企业战略发展分为四个阶段：产量扩大阶段、地区开拓阶段、纵向联合阶段和产品多样化阶段。每个发展阶段都应有与之相适应的企业组织结构，从而每个发展阶段也要求企业采取不同的并购方式实现扩张，助推并购高潮的产生。从宏观产业整合角度看，主流并购方式有一定的顺序性。某一行业的整合起始于横向并购，经历纵向并购，最后走向目标多元化的横向、纵向、混合并购同时并存阶段。

3. 经济周期：与企业并购密切相关

企业并购作为资本快速集中和转移的一种方式，必然要受到经济周期变化的影响，这种突出表现在经济增长、通货膨胀和系统性风险三个方面。

第一，当经济危机阶段向复苏阶段转化时，经济增速逐步提升，并购活动旺盛。这一时期，许多企业有闲置资产，同时还存在许多在破产边缘挣扎的企业，这客观上给具有相对优势的企业兼并劣势企业以提高自身实力提供机会。

第二，当经济由过热或滞涨向衰退或危机过渡时，整个经济系统性风险或局部风险高企，同时企业估值泡沫严重。这一时期，并购风险事件频出，带动投资人风险预期加强，并购活动资金链难以为继，并购活动陷入低潮。

第三，通货膨胀与企业并购活动负相关。一方面，通胀高企造成资产的市场价值与重置成本差异，企业估值泡沫严重，从而提高并购活动风险；另一方面，高通胀不仅降低了经济增长潜力，而且导致并购融资成本高昂，从而降低了并购可能性。

4. 金融创新：并购活动助燃器

从并购活动的发展历程看，不同阶段的并购主要使用的融资和支付工具不断变化，监管制度放松和金融创新的发展对并购活动起到了关键助推作用。

从融资和支付方式使用的发展变化看，主要经历五个阶段：第一次并购浪潮以现金为主要支付工具；第二次并购浪潮中银行融资成为主要资金来源；第三次并购浪潮中，股权互换占比超过接近85%；第四次并购浪潮以"杠杆并购"为主导模式的并购行为提供了最大限度的支持；最后，通过综合使用多种融资工具，进行交易结构创新可以帮助企业实现减少成本、加强协同与合作等多元化并购目标。

三、并购的动机及效应

企业并购理论是随着20世纪近百年来的企业并购实践和管理理论的发展而形成和发展的，其主要内容就是从各个角度解释企业并购的动机及其模式、并购的各种效应及并购绩效等。概括起来，并购理论可归纳为：规模经济理论、代理理论、市场势力理论、交易成本理论、产权理论、协同效应（管理协调效应、财务协同效应）理论、信息和信号传递理论等。普遍的观点都认为，从企业成长性角度看，并购是企业发展到一定阶段后进行扩张的有效途径，并购不但可以克服企业靠自身积累来渐进发展的局限，也使企业实现跨越式发展成为可能，还可以为企业带来多重效应，如规模经济效应、市场势力效应、各种协同效应、交易成本节约及公司治理效应等。

各种理论无论怎么表述，其基本逻辑与核心思想是一样的：企业通过并购重组，能够产生各种效应(有的并购活动只产生一种效应,而有的并购活动能同时产生几种效应)，从而增强了企业的各种能力（如学习能力、创新能力、整合能力、市场适应能力、竞争能力等），进而经过并购后的各种整合（产业链整合、产品整合、文化整合、技术整合及营销网络整合、人力资源整合等）提高了企业的经营绩效，从而提升或增强了企业的竞争力。

（一）并购动机的理论解释

企业的竞争战略决定了企业并购的战略与动机，企业并购战略必须服从并实现企业的总体竞争战略。企业之所以要进行并购，实际上是企业发展战略的需要。并购动机与企业战略总是密切地联系在一起的，并购是企业在一定发展阶段实施其战略的有效手段，甚至是企业战略的主要内容之一。现有的经济学与管理学理论从各个角度对企业并购动因进行了分析，为人们正确认识企业并购动因提供了重要依据和理论解释。阐述较多的并购动机（理论）主要有：寻求企业发展与规模经济效应、追求协同效应、实现多元化、取得市场支配力、降低代理成本和交易成本、其他动机等。

1. 规模经济的理论解释

企业进行并购的最基本动机之一就是寻求企业的发展与扩张。当寻求发展与扩张时，企业面临两种选择：内部扩张与通过并购进行扩张。内部扩张由于受到企业自身资源与要素的制约，可能是一个缓慢的过程，而通过并购发展则一般要迅速得多。

微观经济学传统理论认为，在完全竞争的市场条件下，企业存在一个与其资源和要素相适应的"最佳生产规模",即在给定生产函数、投入要素及产出的竞争市场价格的情况下,企业会按照利润最大化或成本最小化的原则进行生产,选择相应的投入与产出水平,最佳的生产规模点就是 $MR=MC$ 时的产量。企业的边际成本 MC 和平均成本 AC 一般是随着生产规模的扩大而先降后升,当企业的生产规模达到某一临界点后,平均成本就会开始上升,这时生产规模的进一步扩张就变得十分困难。因此,这时的企业可以通过横向并购来扩大生产规模,提高盈利水平。规模经济包括工厂的规模(即生产单位的规模,是指由于生产活动的不可分割性而带来的大规模生产在经济上的有利性)和企业的规模(即商业单位的规模)[1],并购产生的规模经济效应表现在如下几方面:① 生产的规模经济效应。一是企业可以通过并购对所需的资产进行补充与调整,达到最佳规模经济,降低生产成本;二是能使企业在保持整体生产结构情况下,在各个工厂实现产品的单一化生产,避免由于产品品种转化带来的生产时间的浪费;三是可以有效地解决由于专业化引起的各生产流程的分离等一系列问题,使各生产过程之间有机地配合,降低操作成本、运输成本,充分利用生产能力,以产生规模经济效益。② 营销的规模经济效应。并购使几家企业合并为一个企业,使企业的整体经济实力得到增强,其营销网络、营销渠道得到有效整合。企业通过并购可以针对不同的顾客群体或细分市场进行专门的生产与服务,满足不同的市场需求。③ 管理的规模经济效应。并购后由于生产布局、设备利用、技术开发、营销能力的改善,以及组织机构整体等,会使企业的各种生产成本和管理费用呈下降趋势,企业融资也会相对容易。④ 研发的规模经济效应。并购后原来分散的研发和技术力量能够得到集中使用,有利于企业集中和足够的经费用于研究、设计、开发和生产工艺改进等方面,进行产品与技术创新。

2. 协同效应的理论解释

协同效应实际上是从效率角度来看并购活动的。效率理论从盘活存量资源实现增量,提高社会总体收益的角度出发,认为企业并购以及其他形式的资产重组方式可以产生两种正向效果:一是有利于管理层业绩的提高,这可以从并购方和被并购方共同得到体现;二是导致各种形式的协同效应。协同效应(synergy)原指两种物质或因素结合在一起产生比两者独立运作的效果之和更为显著的综合效果,简单地说,协同效应就是"1+1=3"或"1+1>2"的效应。在并购中,协同效应是指企业通过合并,其获利能力将高于原有各企业的总和[2]。协同效应具体包括经营协同(synergy operating)效应、财务协同(financial synergy)效应和管理协同(management synergy)效应等。

(1) 经营协同效应。经营协同效应包括两种形式:收入的提高和成本的降低。收入提升的经营协同效应是指一种新创造或新改进的产品或服务,通过将并购双方的两种独有特性结合而形成,带来即时或长期的收入[3]。收入可能来自并购双方产品的交叉营销机会,由于产品线的扩张,各公司都可以向现有客户销售更多产品与服务,交叉营销使得每个并购单位都有提高收入的潜力,各公司的收入因此将得到迅速的提升。例如,

---

[1] 朱宝宪. 公司并购与重组. 北京:清华大学出版社,2006.
[2] 高根. 兼并、收购与公司重组:第3版. 朱宝宪,等,译. 北京:机械工业出版社,2007.
[3] 同上

如果一家公司具有知名品牌，它可以将其声誉资源借给其他并购单位的产品线；一个具备完善分销网络的企业与另一个具有潜在产品但无法在竞争对手做出反应之前将产品有效地推向市场的企业合并，就可以抓住该时期的市场机会，从而实现收入提升协同效应。而成本降低的经营协同效应则是由于实现了规模经济，由于经营规模的扩大，导致企业的单位成本下降。通过横向并购竞争企业可以扩大原有企业的规模，从而降低单位成本。

协同效应收益的实现过程，可以用图20-1说明如下。

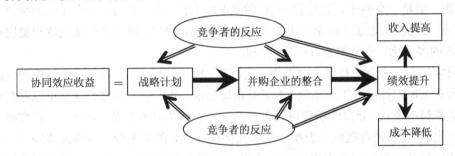

图20-1 协同效应收益的实现过程

资料来源：高根. 兼并、收购与公司重组：第3版. 朱宝宪，等，译. 北京：机械工业出版社，2007.

（2）财务协同效应。财务协同效应是指并购对主并企业或并购双方资本成本的影响。如果在企业并购中产生了财务协同效应，则资本成本应该降低。该理论认为，如果两个企业的财务结构不是完全相关的，将它们进行合并可以降低公司破产的风险。由于财务结构的不同，两家公司的现金流可能过多或过少，资金供给可能短缺或过剩，债务也有可能过高或过低。并购行为可以降低两家企业现金流的波动性（大幅度涨落），从而破产的风险降低。通过并购可以获得两个企业财务结构互补的效果，从而获得协同效应。例如，Weston、Chung和Hoag（1996）认为，企业的资本成本可以通过企业并购的方式得到降低，如并购产生的"债务的共同担保（debt co-insurance）"效应[①]和"现金流的内部流转"效应等，可以使企业的资金筹措成本大大降低，其主要原因在于企业的内部资金相对于外部资金的潜在优势。并购还可以使企业从边际利润率较低的生产活动转向边际利润率较高的领域，从而提高企业的资本分配效率；通过并购也可以出现较低的融资成本和交易成本等财务规模经济效应。

（3）管理协同效应。管理协同效应是指并购后因管理效率的提高所带来的收益。该理论认为，并购之所以发生，是由于目标公司的管理资源相对短缺（如市场营销能力、管理人才及团队、管理系统），而主并公司的管理能力过剩。并购可以将主并方的管理能力与人力资源整合并运用到目标公司的管理上，提高目标公司的资源管理效率，进而提高产出与收益水平。

---

① 该效应是由Higgins和Schall（1975）提出的，其含义是：在某种情况下，某一企业可能破产，其债权人将会承受损失。如果在财务危机出现之前两个企业合并，则具有偿债能力的企业的现金流超过偿债需要的部分可以弥补另一企业的现金缺口；经营良好的企业带来的收益可能足以防止另一企业发生破产，并挽回债权人的可能损失。

3. 多元化的理论解释

多元化意味着企业向现有产业以外的领域发展。关于企业并购的多元化动机，实际上并没有系统的理论可以解释企业为什么要进行多元化。经济学理论没有给出十分令人信服的解释，现代公司财务理论一般也并不支持出于多元化的并购。关于多元化利弊的讨论，主要还是基于大量并购案例的观察和实证分析，研究结论也并不一致。

在过去几十年的并购实践中，既有不少企业通过多元化实现了扩张与发展，也有大量企业多元化失败的案例。有一些企业通过多元化发展取得了可观的收益，其中通用电气（GE）就是一个例子，它通过一系列并购和剥离，已经成为一个多元化的综合性企业。中国实施多元化战略的企业也不乏失败的案例，例如，业界普遍认为联想集团始于2001年的多元化发展战略就几乎完全失败。

通常认为，企业选择多元化发展，可能有如下原因：① 有的大企业希望在自己涉及的所有领域中都能占领导地位，尤其是市场份额，处于领导地位的企业可以并购或剥离其他弱势小企业，获得的资源可以再投资于原公司的其他企业，以进一步获取领导地位所产生的收益。还有些例子表明一些多元化程度较高的大企业可以通过收购各产业领域内的领导企业来实现巨大成功。② 企业希望能够进入比现有产业更有利润的其他领域，因为现有领域有可能已进入成熟阶段，或者产业内部竞争压力太大，几乎不存在提高价格获取超常利润的可能。③ 多元化可能带来的收益之一就是前面提到的"共同担保效应"。④ 企业实施多元化发展战略，可以分散投资风险。多元化经营至少有助于公司抵御各种不确定环境因素的冲击，保证企业获得持续稳定的收入，尤其是不相关多元化、分散化投资，可以对冲风险。通过收购其他企业寻求发展的企业，与证券投资领域的"投资多元化、资产分散化"的原理有些类似，即"不把鸡蛋放在同一个篮子里"。

值得一提的是，目前大量已完成的实证研究，在多元化与企业外部的环境、内部资源、企业管理者之间的关系等方面还没有取得一致的结论，以多元化战略与绩效之间的重要关系为代表的一系列研究命题也未达成共识。也就是说，多元化战略在何时、何种程度、采取何种形式可以帮助企业建立长期的竞争优势、提升企业的经营绩效等问题，还没有达成一致或共识。20世纪90年代，经济全球化导致世界各国经济互相渗透，出现了全球范围内新一轮多元化热潮。然而，在这次多元化浪潮中，产品与服务多元化的主流趋势并不明显。实际上，20世纪80年代中后期以后，美国与欧洲的大型企业就已开始了新一轮归核化浪潮，石油、石化、医药和医疗设备、航空和银行等行业的大型企业，纷纷通过出售、剥离等措施从多个非核心主营行业中退出。

4. 市场势力理论的解释

市场势力（market power），又称市场支配力或垄断力量，是指企业制定和维持高于竞争水平的价格的能力。市场势力来源于产品差别化、进入壁垒和市场份额三方面。该理论认为并购能给企业带来市场权力效应。通过纵向并购，企业可以实现对大量关键原材料和销售渠道的控制，有力地控制竞争对手的活动，提高企业所在领域的进入壁垒和企业差异化优势；通过横向并购，企业可以提高市场份额，凭借竞争对手的减少来增加对市场的控制力。通过并购实现的市场势力增加往往是实现了规模经济效应或获取了协同效应的结果。

通常在下列情况下，会导致企业以增强市场势力为目的的并购活动：一是在需求下降、生产能力过剩的情况下，企业通过并购来取得实现产业合理化的比较有利地位；二是在国际竞争使得国内市场遭受外国企业强烈渗透和冲击的情况下，企业可能会通过并购来对抗外来竞争；三是由于法律变得更加严格，使企业间包括合谋在内的多种联系变成非法，企业通过并购可以使一些非法的做法"内部化"，从而达到继续控制市场的目的。

5. 代理理论的解释

在现代公司中，所有权与经营权的分离直接带来了所有者与经理者之间的委托代理问题。解决委托代理问题、降低代理成本，通常有两种途径：一是通过企业内部的制度安排，即通过公司治理机制，形成一套有效的激励、监督、制约和控制制度；二是通过外部治理机制（即市场机制）的制度安排。并购就是解决代理问题的外部机制之一，原因在于：股票市场具有定价和价格发现功能，它为企业股东提供了一个外部监督机制，股价集中体现了经营者的经营决策所带来的效果。当股价低到一定程度时，投资者就会"用脚投票"，企业股价降低会给经营者带来压力，从而降低代理成本。如果因为经营不善或决策失误导致公司股价大幅度或长期下跌，公司就可能被其他企业收购，并购的发生会使经营者面临被解雇的困境。因此，并购实际上是对那些可能造成业绩不好、股价下降的公司管理者的警告或潜在威胁。当然，也存在企业管理者积极主动并购其他企业的情况：管理者的报酬通常是公司规模的函数，管理者往往有强烈的扩大企业规模的动机，加上管理者的过度自信，他们可能会进行一些并不一定能带来高投资回报率的并购活动。

6. 产权理论的解释[①]

产权理论关于并购的解释，集中于企业是否应该一体化，它取决于企业之间的资产是相互独立还是严格互补。按照哈特的解释，如果两家企业的资产是独立的，则不合并状态是一种有效率的安排。即如果资产互不依赖的两家企业实施并购，主并企业的所有者几乎得不到什么有用的支配权，但被并购企业的所有者却丧失了有用的支配权。这种情况下，最好是通过维持企业的独立性，在两个企业所有者之间配置支配权。如果两家企业的资产是严格互补的，则某种形式的合并就是最佳的。即高度互补的资产应该被置于共同所有权之下，通过并购，把所有权给予其中的一个所有者，可以增加企业价值。产权理论认为，就并购而言，问题不仅仅是一体化是否出现，更重要的是资产由谁所有，或者说由谁并购谁更有效率，即最优所有权结构问题。

7. 交易成本理论的解释

交易成本理论认为，并购能给企业带来交易费用的节约。企业通过并购可以从以下几方面节约交易费用，其核心就是所谓的"外部性的内在化"：① 企业通过研究和开发的投入获得知识。在信息不对称和存在外部性的情况下，知识的市场价值难以实现，即使得以实现，也需要付出高昂的谈判成本。此时，如果通过并购使知识在同一企业内使用，就达到节约交易费用的目的。② 企业的商标、商誉作为无形资产，其运用也会遇到外部性的问题。因为某一商标使用者降低其产品质量，可以获得成本下降的大部分好

---

① 朱宝宪. 公司并购与重组. 北京：清华大学出版社，2006.

处，而商誉损失则由所有商标使用者共同承担。解决这一问题的途径，一是加大监督，但会使监督成本大大增加；二是通过并购将商标使用者变为企业内部成员。作为内部成员，降低质量只会承受损失而不得利益，消除了机会主义动机。③ 有些企业的生产需要大量的中间产品投入，而中间产品的市场存在供给的不确定性、质量难以控制和机会主义行为等问题。企业通过并购将合作者变为内部机构，就可以消除上述问题。④ 企业通过并购形成规模庞大的组织，使组织内部的职能相分离，形成一个以管理为基础的内部市场体系。一般而言，用企业内的行政指令来协调内部组织活动所需的管理成本较市场运作的交易成本要低。

8. 其他动机的理论解释

有时并购的发生可能不那么复杂，动机可能会很简单。并购的其他动机还包括：① 提高管理水平。某些并购交易的产生可能是因为主并企业的管理层相信自己能够更好地管理目标企业的资源。这可能源于管理者的过度自信，他们认为如果控制了目标企业，凭自己的管理经验和技能，目标企业的价值将会提高。这尤其适用于大企业收购处于发展中的小企业的情形。② 提高研发能力。研究与开发对许多企业未来的发展极为重要，尤其是制药企业和高科技企业。而研发需要投入大量人力物力和资金，还可能需要很长的周期。因此，通过并购其他同类，获得目标企业的研发团队，以维持企业具有竞争力的研发水平和优势，也是企业的一种不错选择。③ 扩张营销网络。有些制造企业生产产品，但缺乏直接的顾客与营销网络，需要开发一些属于自己的营销渠道，以保证产品的最终销路。因此，会经常发生制造商与分销商或零售商之间的纵向并购。④ 传递信息。这是信息经济学的解释。一种观点认为，无论收购活动成功与否，目标企业股票在收购过程中会被重新提高估价；也有观点认为，要约收购提供给市场的信息是目标企业将被收购，而收购方由于拥有改善目标企业经营业绩的特有资源，可能在收购完成后，目标企业的经营状况将有大幅度的改善。

现实世界中企业并购的动机可能复杂多样，也有可能简单明确；并购的发生既可能是单一动机，也有可能具有多重动机。上述的理论解释可能只适用于理想情况下的并购，不一定能完全解释现实中的越演越烈的并购浪潮。实际上，从并购动机看，无论是追求企业规模经济，还是追求多元化经营；无论是获取目标企业的各种资源，还是追求各种协同效应；无论是整合产业链的需要，还是降低成本的考虑，对于大企业来说，并购的最终目的与核心动机无疑是增强其竞争力，尤其是核心竞争力。从表面上看，尽管不同企业进行并购的原因复杂多样，但并购只是一种手段或途径，企业核心竞争力的提升与公司价值的可持续增长才是其最终目的。

（二）并购效应

前面在解释并购的动机时已经提到，企业并购如果能够获得成功，将可能产生规模经济效应、协同效应（经营协调、财务协调、管理协调）、多元化效应、市场支配效应、成本降低效应（代理成本和交易成本）等效应。正是因为看到并购具有这些效应，企业才具有了进行并购的各种动机和欲望，并进一步去实施并购。所以，并购动机与并购效应自然地密切联系在一起,恰如一个问题的两个方面。并购的上述效应在前面并购动机的解释中已做了阐述,这里不再重复。

并购除了产生上述效应以外,还能够提升公司价值、优化公司资本结构和降低资本成本、改进或完善公司治理结构与治理效率,从而有利于企业竞争力的提升。下面对这些效应做一简要说明。

1. 并购后的公司价值

一般认为,并购能够带来公司价值的增加,从而提升企业的竞争力。这种效应实际上是并购所产生的一系列效应综合作用的结果。概括地说,就是通过各种形式的并购,企业能够扩大市场份额或市场占有率,能够进行规模经营和多元化经营,从而降低了交易成本、生产成本和融资成本;通过并购,企业可以改进产品结构、整合产业链条和营销网络,形成竞争优势,提高产品与服务能力,扩大产量与销量,增加销售收入,提高公司绩效。从而增加公司价值,提升公司的竞争力。

2. 并购后的资本结构和资本成本

一般而言,企业并购后的资本结构会得到改善或变得更为合理,同时并购后的资本成本会降低。本章前述的"财务协同效应"和"债务共同担保"效应就说明了这一点。从理论上来看,合并后公司的举债能力可能大于合并前各个公司之和,或者举债成本更低,从而可以带来资本结构上负债比重的增加,并带来财务费用上的节约。通过并购,企业可能会产生较低的融资成本和交易成本等财务规模经济效应。但并购后的这种资本结构改善和资本成本降低,已有的实证研究结论并不完全一致,还需要进一步的实证检验。

3. 并购后的公司治理(结构与效率)

本章前面用代理理论解释并购动机时已阐述过,并购是一种解决代理问题的有效的外部机制,能够降低代理成本。并购后产生的公司治理效应,包括治理结构的改善和治理效率的提高,主要体现在以下两方面。

(1) 并购后对被并购公司如何进行治理,这是一种客观需要。并购后对被并购公司原有的大股东或控股股东、管理人员等如何处理,对原来的治理构架是继续沿用、合理吸收,还是推倒重来、构建全新的治理结构,是新公司大股东和决策层必须考虑的事情。对被并购公司的治理及其效果如何,关系到并购能否达到初衷、能否取得预计的并购效应。由于主并购公司特别是大公司在包括公司治理在内的许多方面都具有一定的优势,也会把许多公司治理与管理的经验和理念等应用到新公司中。因此,并购后对被并购公司的治理,一般会带来公司治理结构的变化,产生更高的公司治理效率。

(2) 并购后的公司治理的整合。并购前原来的两家公司在公司组织构架、治理结构、企业文化等方面,可能完全不同甚至存在巨大差异。并购后就必须对并购双方的治理结构等方面进行有效地整合,是简单地将主并公司的治理模式移植到新公司中,还是对并购双方原有的治理模式与治理结构进行充分整合,是并购后新公司必须面对的事情。从一定意义上说,并购后的整合,首先是公司治理的整合。要使并购后的公司治理结构适应新公司发展战略和经营管理的实际需要,也要进行再融资等,这就必然会改变公司的股权结构、控制权结构以及资本结构。从而使公司治理结构发生很大的变化。一般认为这种治理结构的变化，会使公司的治理结构更进一步优化，会带来公司决策效率的提高，会更进一步降低代理成本，从而提高公司治理效率。

当然，上述的并购效应均为积极效应，即"正效应"。也有不少学者的研究认为，企业并购并非总能够产生正效应。有的并购确实能产生正效应，有的并购却是零效应，还有许多并购甚至会产生"负效应"。大量的实证研究和实例均表明，并购企业的股东并非总能够从并购中获得好处，并购后的各种整合效果和并购效应的共同作用可能产生"正、零、负"三种效应之一。

四、并购中的财务问题

通常，一次并购会涉及三个阶段：准备、谈判和整合。表 20-1 列示了每个阶段包括的步骤。

表 20-1　并购三阶段及其步骤

阶　　段	步　　骤
第一阶段	➢ 并购战略价值创造逻辑和并购标准的确定 ➢ 目标公司搜寻、筛选和确定 ➢ 目标公司的战略评估和并购辩论
第二阶段	➢ 并购战略的发展 ➢ 目标企业的财务评估和定价 ➢ 谈判、融资和结束交易
第三阶段	➢ 组织适应和文化评估 ➢ 整合方法的开发 ➢ 并购企业与被并购企业之间的战略、组织和文化的整合协调 ➢ 并购效果评价

资料来源：萨德沙纳姆. 兼并与收购. 胡海峰，译. 北京：中信出版社，1999.

在整个并购过程中，至少有以下财务问题需要解决。

(1) 在企业战略目标和并购标准的指导下，对候选目标企业进行并购可行性分析。并购可行性分析的核心内容是确定并购价值增值。无论企业并购的具体动因是什么，从财务的角度来看，最终都可以归结为创造企业价值增值。具体来说有三方面内容：① 估计并购将能产生的成本降低效应、销售扩大效应、劳动生产率提高效应、节税效应等，从而确定并购所能创造的价值。② 估计并购成本。③ 确定并购创造的价值增值。

(2) 科学的财务决策是核心。主要的内容包括：① 确定目标企业的价值和并购溢价的允许范围，从而确定并购价格区间。② 确定支付方式。支付方式主要有三种，即现金、股票和承担债务。不同的支付方式会产生不同的财务效果，并影响对并购资金的需求。③ 确定筹资方案。

(3) 评价并购成功与否。例如，通过比较并购前后企业的管理费用、制造费用等判断是否实现了经营协同效应。尽管单纯的财务指标还不足以全面评价企业的并购行为，但财务的评价显然是衡量并购成功与否所不可缺少的。

第二节 目标公司的选择与估价

一、目标公司的选择

目标公司的选择一般包括发现目标公司、审查目标公司和评价目标公司三个阶段。

(一) 发现目标公司

成功并购的前提是能够发现和抓住适合本企业发展的并购目标。在实践中,并购公司需从两方面着手:利用公司自身的力量和借助公司外部的力量。

(1) 利用公司自身的力量,即公司内部人员通过私人接触或自身的管理经验发现目标公司。首先,公司高级职员熟知公司经营情况和相关企业的情况,并购同行业中的公司的想法常常来自这些人员,公司有必要提供专门的机会和渠道使这些想法得以产生、传播和讨论。其次,也可以在公司内部建立专职的并购部,其主要工作是收集和研究各种公开信息,发现适合本企业的目标公司。在大企业中,并购部可以独立于其他业务部门,而在中小企业中,这部分工作往往由公司财务管理部门兼任。

(2) 借助公司外部的力量,即利用专业金融中介机构为并购公司选择目标公司出谋划策。并购领域的专业中介机构中,有一大批训练有素、经验丰富的并购专业人员,如精通某一行业的律师或会计师、安排并购双方谈判的经纪人等。投资银行由于有专业客户关系方面的优势,也越来越多地参与到并购事务中。它们常常为并购公司提供一揽子收购计划、安排并购融资、代为发行证券等。

目前的发展趋势是:投资银行在企业并购活动中扮演着越来越重要的角色。投资银行家与公司经常性地保持私人联系,由于熟悉公司的具体情况和发展目标,他们能为公司高层决策人员提供适合公司具体情况的并购建议和目标。当然,一旦并购成功,投资银行也会获得一定收益。

(二) 审查目标公司

对于初步选定的并购目标公司,还需要作进一步的分析评估和实质性审查,审查的重点一般集中在以下几个方面。

1. 对目标公司出售动机的审查

目标公司如果主动出售,往往有其原因,审查其出售动机,有助于评估目标公司价值和确定正确的谈判策略。一般来讲,目标公司出售动机主要包括:目标公司经营不善,股东欲出售股权;目标公司股东为实现新的投资机会,需要转换到新的行业;并非经营不善,而是目标公司大股东急需大量资金投入,出售部分股权;股东不满意目标公司管理,故常以并购的方式来撤换整个管理集团;目标公司管理人员出于自身地位与前途的考虑,而愿意被大企业并购,以便在该大企业中谋求一个高薪且稳定的职位;目标公司调整多样化经营战略,常出售不符合本企业发展战略或获利不佳的公司,同时并购一些获利较佳的企业等。

2. 对目标公司法律文件方面的审查

这不仅包括审查欲收购公司的产业是否符合国家对这些产业的相关规定，还包括审查目标公司的章程、合同契约等法律性文件。①审查企业章程、股票证明书等法律性文件中的相关条款，以便及时发现是否有对并购方面的限制。②审查目标公司主要财产目录清单，了解目标公司资产所有权、使用权以及有关资产的租赁情况等。③审查所有对外书面合同和目标公司所面临的主要法律事项，以便及时发现可能存在的风险。

3. 对目标公司业务方面的审查

业务上的审查主要是检查目标公司是否能与本企业的业务相融合。在审查过程中，并购目的不同，审查的重点也不同。

如果并购的目的是利用目标公司现有生产设备，则应注意目标企业生产设备是否保养良好、是否实用，直接利用目标公司的生产设备与企业自行购买哪个更合算。如果并购的目的是通过目标公司的营销资源来扩大市场份额，则应对其客户特性、购买动机等情况有所了解。

4. 对目标公司财务方面的审查

财务审查是并购活动中一项极为重要的工作。并购方应防止目标公司提供虚假或错误的财务报表，尽量使用经注册会计师审计过的财务报表。在进行财务审查时，主要从以下三个方面进行：①分析企业的偿债能力，审查企业财务风险的大小。②分析企业的盈利能力，审查企业获利能力的高低。③分析企业的营运能力，审查企业资产的周转状况。

5. 对并购风险的审查

对并购风险的审查主要包括以下几个方面。

（1）市场风险。并购的目标公司如果是上市公司，消息一旦外传，立即会引起目标公司股价飞涨，增加并购的难度；并购对象如果是非上市公司，消息传出，也容易引起其他企业的兴趣，挑起竞标，使价格抬高。这种因股票市场或产权交易市场引起的价格变动的风险，即市场风险。市场风险很难预测，只能在实施中从社会心理学、大众传播媒介等不同角度出发予以小心控制。

（2）投资风险。并购作为一种直接的外延型投资方式，也同样是投入一笔资金，以期在未来得到若干收益。企业并购后取得收益的多少，受许多因素的影响。每种影响因素的变动都可能使投入的资金遭受损失，导致预期收入减少，这就是投资风险。

（3）经营风险。主要是由于并购完成后，并购方不熟悉目标公司的产业经营手法，不能组织一个强有力的管理层接管，从而导致经营失败。从风险角度讲，经营风险可以通过并购方的努力，减少到最低，甚至完全回避。

（三）评价目标公司

一旦确定了并购的目标公司，就需要对目标公司进行评价。评价目标公司也叫企业并购估价，其实质就是对目标公司进行综合分析，以确定目标公司的价值，即并购方愿意支付的并购价格。

二、目标公司的评估

估价在企业并购中具有核心地位。根据价值低估理论,并购方所要并购的企业往往都是价值被低估的企业,要确定哪家企业的价值被低估,显然首先要确定该企业的合理价值。可见,价值评估是并购方选择并购对象的重要依据之一。并购方在报出并购价格之前,也必须估计目标企业的价值。根据已有的实证研究,并购企业从并购活动中获得负收益的主要原因是并购企业向被并购企业支付过多。因此,对并购企业来说,估价不仅是实施并购的必要程序,而且是决定其并购是否能真正成功的重要因素。对被并购企业来说,也必须确定自身的合理价值,以决定是否接受并购方提出的并购条件。除了目标企业价值外,还有一些其他因素会对并购价格产生重大甚至可以说是举足轻重的影响,如并购双方在市场和并购中所处的地位、产权市场的供求状况、未来经营环境的变化等。

第十九章所述的公司价值评估的主要方法——资产基础法(成本法)、市场法、收益法(折现现金流法),基本上适用于企业并购(对目标公司)的价值评估。在并购评估实际中,评估机构一般同时采用2~3种方法进行评估,其结果供并购双方决策参考,但用不同的方法有时结果差异很大。目前,以盈利为基础的净现值法(NPV方法)和调整现值法(APV方法)构成了现代公司价值评估理论的主流方法。基本思想是通过对公司资产未来的股利和现金流量进行估计,并选择合理的折现率进行评估。在国外,有80%以上的企业根据这些方法进行股权和其他项目投资。这些方法在国内理论界和实务界也被大力推崇,但在我国企业并购实践中,并购价值评估和并购定价却经历了一个不断探索、不断发展的过程。

三、并购后目标公司的整合

通常在并购交易完成后的6~12个月之内,很可能会出现以下现象:被并购企业管理层及雇员的承诺和奉献精神下降,被并购企业的生产力降低,对不同文化、管理及领导风格的忽视造成冲突增加,关键管理人员和员工逐渐流失,客户基础及市场份额遭到破坏,不仅如此,大约三分之一的被并购企业在5年之内又被出售。

实际上,以上这些现象不是个别的或偶然的。实证研究结果表明,并购领域存在着"70/70"现象,即全球70%的企业并购后未能实现期望的商业价值;70%的企业并购失败直接或间接起因于并购后的整合过程。德国学者贝哈的调查亦表明,并购最终流产于整合阶段的比例高达52%。

目标公司被收购后,很容易形成经营混乱的局面,尤其是在敌意收购的情况下。因此,需要对目标公司进行迅速有效的整合。同时,由于并购整合涉及企业股东、管理层、雇员等利益相关各方,必须对企业战略、组织构架、人力资源、资产、生产流程与运营、营销网络等一系列重大而关键问题的有效整合,并且需要各种整合统一协调、有效配合。从国内外并购案例看,企业并购绝不是两个企业的简单合并或形式上的组合,每一次并购成功都与并购后的整合管理密切联系,而且整合成本也往往是直接收购成本的数倍。

并购后的整合可分为有形整合和无形整合两种。有形整合包括公司治理整合、经营战略整合、人力资源整合、组织与制度整合、资产与财务整合、营销网络整合等，无形整合主要是指企业文化整合、价值观认同等。

第三节 企业并购的支付方式选择

一、企业并购的支付方式

（一）现金方式并购

1. 现金方式并购的特点

一旦目标公司股东收到对其拥有股份的现金支付，就失去了对原公司的任何权益。现金方式并购是最简单迅速的一种支付方式。对目标公司而言，不必承担证券风险，交割简单明了。缺点是目标公司股东无法推迟资本利得的确认，从而不能享受税收上的优惠，而且也不能拥有新公司的股东权益。世界上大多数国家（不包括我国）都规定，公司股票的出售变化是一项潜在的应税事件，在已实现资本收益的情况下，需缴纳资本利得税。目标企业股东在得到现金支付的同时，也意味着纳税义务的实现，没有其他递延或滞后纳税的可能。对于并购企业而言，现金支付是一项沉重的即时现金负担，要求并购方有足够的现金头寸和筹资能力，交易规模也常常受到获利能力的制约。随着资本市场的不断完善和各种金融创新的出现，纯粹的现金方式并购已经越来越少。现金收购因其速度快的特点而多被用于敌意收购。

2. 现金支付的影响因素

采用现金支付时，需要考虑以下问题。

（1）并购企业的短期流动性。现金支付要求并购企业在确定日期支付一定数量的货币，立即付现可能会导致现金紧张，因此有无足够的即时付现能力是并购企业首先要考虑的因素。

（2）并购企业中、长期的流动性。有些企业可能在很长时间内都难以从大量的现金流出中恢复过来，因此并购企业必须认真考虑现金回收率以及回收年限。

（3）货币的流动性。在跨国并购中，并购企业还须考虑自己拥有的现金是否为可以直接支付的货币或可自由兑换的货币，以及从目标企业收回的是否为可自由兑换的货币等问题。

（4）目标企业所在地有关股票的销售收益的所得税法。不同地方对资本收益的税负水平的规定是不一样的。例如荷兰的列斯群岛，目标企业的股东不会面临课征资本收益税的问题，而英国伦敦的资本收益税税率高达 30%。目标企业所在地的资本收益税的水平将影响并购企业现金支付的出价。

（5）目标企业股份平均股本成本。因为只有超出的部分才应支付资本收益税，如果目标企业股东得到的价格并不高于平均股本成本（每股净资产），则即使是现金支付，也不会产生任何税收负担。如果并购企业确认现金支付会导致目标企业承担资本收益税，则必须考虑可以减轻这种税收负担的特殊安排。否则，目标企业也只能以自己实际得到的净收益为标准，做出是否接受出价的决定，而不是以并购企业所支付的现金数额为依据。通常情况下，一个不会增加税收负担的中等水平的出价，要比一个可能导致较高税收负担的高出价更具有吸引力。

（二）股票支付方式并购

股票支付方式并购即并购公司将目标的股权按一定比例换成本公司的股权，目标公司被终止，或成为并购公司的子公司，视具体情况可分为增资换股、库存股换股、母子公司交叉换股等。换股并购对于目标公司股东而言，可以推迟收益时间，达到合理避税或延迟交税的目标，亦可分享并购公司价值增值的好处。对并购方而言，也不会挤占营运资金，比现金支付成本要小许多。但换股并购也存在着不少缺陷，如"淡化"了原有股东的权益，每股盈余可能发生不利变化，改变了公司的资本结构，稀释了原有股东对公司的控制权等。换股并购常见于善意并购。当并购双方的规模、实力相当时，可能性较大。

在决定是否采用股票支付方式时，一般要考虑以下因素。

（1）并购企业的股权结构。由于股票支付方式的突出特点是它对并购企业的原有股权结构会有重大影响，因而并购企业必须事先确认主要大股东在多大程度上会接受股权的稀释。

（2）每股收益率的变化。增发新股会对每股收益产生不利的影响，如目标企业的盈利状况较差，或者是支付的价格较高，则会导致每股收益的减少。虽然在许多情况下，每股收益的减少只是短期的，长期来看还是有利的。但无论如何，每股收益的减少仍可能给股价带来不利的影响，导致股价下跌。所以，并购企业在采用股票支付方式前，要确认是否会产生这种不利情况。如果发生这种情况，那么在多大程度上是可以被接受的。

（3）每股净资产的变动。每股净资产是衡量股东权益的一项重要标准。在某种情况下，新股发行可能会减少每股净资产，这也会对股价造成不利影响。如果采用股票支付方式会导致每股净资产下降，并购企业需要确认这种下降是否被企业原有股东所接受。

（4）财务杠杆比率。发行新股可能会影响企业的财务杠杆比率。所以，并购企业应考虑是否会出现财务杠杆比率升高的情况，以及具体的资产负债的合理水平。

（5）当前股价水平。当前股价水平是并购企业决定采用现金支付还是股票支付的一个主要影响因素。一般来说，在股票市场处于上升过程时，股票的相对价格较高，这时以股票作为支付方式可能更有利于并购企业，增发的新股对目标企业也会有较强的吸引力；否则，目标企业可能不愿持有新股，即刻抛空套现，导致股价进一步下跌。因此，并购企业应实际考虑本企业股价所处的水平，同时还应预测增发新股会对股价带来多大影响。

（6）当前股息收益率。新股发行往往与并购企业原有的股息政策存在一定的联系。一般而言，股东都希望得到较高的股息收益率。在股息收益率较高的情况下，发行固定利率较低的债权证券可能更为有利；反之，如果股息收益率较低，增发新股就比各种形式的借贷更为有利。因此，并购企业在决定采用股票支付还是通过借贷筹集现金来支付时，应先比较股息收益率和借贷利率的高低。

【例20-1】 定增并购：歼击机再次飞向A股，沈飞集团73亿元注入*ST黑豹。

*ST黑豹（2016年11月28日）公告，称拟以现金方式向金城集团出售截至2016年8月31日除上航特66.61%股权外的全部资产及负债，具体包括本部非股权类资产及负债、北汽黑豹42.63%股权、南京液压100%股权、安徽开乐51%股权、文登黑豹20%股权，拟出售资产的预估值为5.43亿元。同时，公司以8.04元/股的价格向中航工业、华融公司发行90 931.44万股购买其合计持有的沈飞集团100%股权，拟购买资产的预估值为73.11亿元。重组完成后，上市公司成为沈飞集团唯一股东，主营业务由专用车、微小卡和液压零部件业务转变为航空产品制造业务。

此外，公司拟向中航工业、机电公司、中航机电非公开发行股份募集配套资金总额不超过16.68亿元，募集资金扣除相关中介机构费用后拟全部用于标的公司沈飞集团新机研制生产能力建设项目。

本次重组中（以2016年8月31日为基准日），沈飞集团100%股权预估值为73.11亿元，与截至2014年3月31日沈飞集团100%股权评估价值77.86亿元，评估价值差异为4.75亿元，差异率为-6.10%，主要原因为两次评估基准日之间的留存收益增加与沈飞集团2015年清产核资共同影响导致净资产减少。

沈飞集团价值评估明细表如表20-2所示。

表20-2 沈飞集团价值评估明细表

评估对象	账面价值	预估值			预估增值额	预估增值率
		收益法	资产基础法	预估结论方法		
沈飞集团100%股权	347 229.56		731 008.73	资产基础法	383 859.17	110.55%

（三）综合证券并购方式

综合证券并购方式即并购企业的出资不仅有现金、股票，还有认股权证、可转换债券和公司债券等多种混合形式。采用综合证券并购方式可将多种支付工具组合在一起，如果搭配得当，选择好各种融资工具的种类结构、期限结构以及价格结构，可以避免上述两种方式的缺点，即可使并购方避免支出更多现金，以造成企业财务结构恶化，亦可防止并购方企业原有股东的股权稀释，从而控制股权转移。由于这种优势，近年来混合证券支付在各种出资方式中的比例呈现出逐年上升的趋势。

与普通股相比，公司债券的资金成本较低，而且向它的持有者支付的利息免税。

认股权证是一种由上市公司发出的证明文件，赋予它的持有人一种权利，即持有人有权在指定的时间内，用指定的价格认购由该公司发行的一定数量（按换股比率）的新股。对并购企业而言，发行认股权证的好处有，可以因此而延期支付股利，从而为公司提供了额外的股本基础。由于认股权证的认股权的行使，也会涉及并购企业控股权的改变，因此，并购企业在发行认股权证时同样要考虑认股权的行使对企业股权结构的影响。目标企业的股东获得认股权证后，可以行使优先低价认购公司新股的权利，也可以在市场上将认股权证出售。

可转换债券向其持有者提供一种选择权，在某一给定时间内可以以某一特定价格将债券转换为股票。从并购企业的角度看,采用可转换债券这种支付方式的好处有以下几方面。

(1) 通过发行可转换债券,企业能以比普通债券更低的利率和较宽松的条件出售债券。

(2) 提供了一种能以比现行价格更高的价格出售股票的方式。

(3) 当企业正在开发一种新产品或一项新的业务时,可转换债券也是特别有用的。因为预期从这种新产品或新业务所获得的额外利润可能正好与转换期一致。对目标企业股东而言,采用可转换债券的好处是:① 具有债券的安全性和作为股票可使本金增值的有利性相结合的双重性质。② 在股票价格较低时,可以将它的转换期延迟到预期股票价格上升的时期。

【例20-2】三江购物借定增+股权转让+可交换债券引入阿里系

2018年8月28日,三江购物公告,公司收到证监会关于公司非公开发行股票的批复,核准公司非公开发行不超过136 919 600股新股至此。"新零售"第一股的"三江购物"在其控股股东和安投资将所持公司9.33%股权以每股均价11.44元转让给阿里巴巴泽泰以后,阿里巴巴泽泰还认购和安投资非公开发行的1.88亿元可交换公司债券。同时以每股11.11元定增认购不超过约1.37亿股,募资不超过15.2亿元。股权转让和定增完成后,公司实际控制人不变,阿里巴巴泽泰对三江购物持股比例不超过32%。若阿里巴巴泽泰将可交换公司债券全部换股,所换得的股份约占上市公司非公开发行后总股本的3%。合并计算,阿里巴巴泽泰合计出资21.48亿元,可获得三江购物35%股份(考虑私募EB换股),对应上市公司转让市值约为61.37亿元。

三江购物称,引入阿里巴巴作为公司战略投资者,一方面可以引入互联网思维和视角,拓宽互联网业务的管理和经营思路;另一方面借助阿里巴巴集团在电子商务平台运营方面的成熟经验,推动公司加速实体与互联网的融合等,实现公司业务战略升级。

阿里巴巴泽泰对三江购物进行战略投资,没有意图通过本次交易获得上市公司实际控制权,也没有在未来12个月内继续增持三江购物股份的计划;未来12个月不会对主营业务做出重大调整,也不存在资产和业务出售、合并、与其他人合资或合作计划或重组计划。

(四) 杠杆收购方式

杠杆收购方式即并购方以目标公司的资产和将来的现金收入作为抵押,向金融机构贷款,再用贷款资金买下目标公司的收购方式。杠杆收购有以下几个特点。

(1) 主要靠负债来完成,收购方以目标企业作为负债的担保。

(2) 由于目标企业未来收入的不确定性和高风险性,使得投资者需要相应的高收益作为回报。

(3) 具有杠杆效应,即当公司资产收益大于其借进资本的平均成本时,财务杠杆发挥正效应,可大幅度提高企业净收益和普通股收益;反之,杠杆的负效应会使企业净收益和普通股收益剧减。很明显,这种方式的优点在于,首先,并购方只需出极少部分自有资金即可买下目标公司,从而部分解决了巨额融资问题。其次,并购双方可以合法避税，减轻税负。最后，股权收益率高，充分发挥了融资杠杆效应。这种方式的缺点是资本结构中债务比重很大，贷款利率也较高，并购方企业偿债压力沉重。若经营不善，极有可能被债务压垮。

二、企业并购的支付方式影响因素

一般而言，企业并购的支付方式的影响因素主要有以下几个方面：并购公司资产流动性和现金充裕程度；并购公司现金流量的稳定性；并购公司的融资能力；并购交易规模；并购公司资本结构；并购过程对时间的要求；双方股票的价值；控制权等因素；税收因素。

三、企业并购的筹资管理

在并购过程中，与支付方式密不可分的问题是如何筹集所需资金的问题。

（一）现金支付时的筹资

现金收购往往给并购企业造成一项沉重的现金负担。用现金支付方式时，并购企业通常都要到本企业以外去寻求必要的资金。常见的筹资方式有增资扩股、向金融机构贷款、发行公司债券、发行认股权证或几项的综合运用。

（1）增资扩股。并购企业在选择通过增资扩股来取得现金时，最为重要的是考虑增资扩股对并购企业股权结构的影响。大多数情况下，股东更愿意增加借款而不愿意扩股筹资。

（2）向金融机构贷款。向金融机构贷款无论在国外还是在国内，都是比较普遍采用的筹资方法。在向银行提出贷款申请时，首先要考虑的是贷款的安全性，即考虑贷款将来用什么资金来偿还。一般情况下，至少有一部分贷款的偿还是来源于目标企业未来的现金流入。这种现金流入有两种来源，即目标企业将来的生产经营所产生的收益和变卖目标企业一部分资产所获得的现金。

（3）发行公司债券。筹集现金的另一种方式是向其他机构或第三方发行债券。我国《公司法》规定，股份有限公司、国有独资公司和两个以上的国有企业或者其他两个以上的投资主体设立的有限责任公司，为筹集生产经营资金，可以发行公司债券；上市公司经股东大会决议可以发行可转换债券。这些规定为并购企业通过发行债券为并购筹资提供了可能。同时，也进行了限制。

（4）发行认股权证。认股权证通常和企业的长期债券一起发行，以吸引投资者来购买利率低于正常水平的长期债券。由于认股权证代表了长期选择权，所以附有认股权证的债券或股票，往往对投资者有较大的吸引力。从实践看，认股权证能在下列情况下推动公司有价证券的发行销售：当企业处于信用危机边缘时，利用认股权证，可诱使投资者购买公司债券，否则公司债券可能会难以出售；在金融紧缩时期，一些财务基础较好的企业也可用认股权证使其公司债券吸引投资者。

（二）股票或综合证券支付时的筹资

在并购中，并购企业用股票或综合证券支付时，发行的证券要求是已经或者将要上市的。因为只有这样，证券才有流动性，并有一定的市场价格作为换股参考。

（1）发行普通股。并购企业可以通过将以前的库藏股重新发售或者增发新股给目标企业的股东，换取目标企业的股权。普通股支付有两种方式：一种方式是由并购企业出资收购目标企业的全部股权或部分股权，目标企业取得资金后认购并购企业的增资股，并购双方不需要再另筹资金即可完成并购交易。另一种方式是由并购企业收购目标企业的全部资产或部分资产，目标企业认购并购企业的增资股，这样也达到了股权置换的目的。新发行的给目标企业股东的股票应该与并购企业原来的股票同股同权、同股同利。

（2）发行优先股。有时向目标企业发行优先股可能会是并购企业更好的选择。如果目标企业原来的股利政策是发放较高的股息，为了保证目标企业股东的收益不会因并购而减少，目标企业可能会提出保持原来的股利支付率的要求。对于并购企业而言，如果其原来的股利支付率低于目标企业的股利支付率，提高股利支付率则意味着新老股东的股利都要增加，会给并购企业的财务带来很大的压力。这时，发行优先股就可以避免这种情况。

（3）发行债券。有时，并购企业也会向目标企业股东发行债券，以保证企业清算解体时，债务人可先于股东得到偿还。债券的利息一般会高于普通股票的股息，这样对目标企业的股东就会有吸引力。而对并购企业而言，收购了一部分资产，股本额仍保持原来的水平，增加的只是负债，从长期来看，股东权益未被稀释。因此，发行债券对并购双方都是有利的。

（三）杠杆并购的筹资

财务杠杆的意义是在资本结构中，以小比例的自有资金支持大比例的负债资金。负债资金可以是银行贷款，也可以是企业债务或其他形式的债务。杠杆并购的融资结构往往是混合融资方式。许多杠杆并购是以债券为主要融资工具，并购企业以目标企业的资产作为担保或抵押，发行收益率高的次级债券，吸引投资者。在一些杠杆并购中，一级和次级银行贷款所占的融资比例可高达 60%，债券融资比例大约为 30%，优先股、普通股占 10%。杠杆并购的融资方式多种多样，并购企业可以充分利用银行信贷额度、抵押贷款、长期贷款、商业票据、高级债券、次级债券、可转换债券、认股权证、优先股、普通股等多种融资工具。与杠杆并购多样的融资方式相对应的是参与融资的机构的广泛，通常有商业银行、投资银行、保险公司、投资基金及其他非银行金融机构。资信高的金融机构参与其中，可提高并购的可信度、吸引投资者、促进并购交易的顺利进行。

选择何种企业作为并购的目标是保证杠杆并购成功的重要条件。具有以下特点的企业宜作为杠杆并购的目标企业。

（1）拥有稳定的现金流量。由于杠杆并购要巨额利息和本金的支付和偿还，需要目标企业的收益和现金流量来支付，所以目标企业的收益及现金流量的稳定性和可预测性是非常重要的。目标企业的收益及现金流量的质量是债权人关注的重点。在他们看来，现金流量的稳定性、连续性在某种程度上比利润规模大小还重要。

(2) 拥有人员稳定、责任感强的管理者。考虑到贷款的安全性，债权人往往对目标企业的管理人员要求很高。只有管理人员勤勉尽职，才能保证贷款本息的如期偿还。管理人员的稳定性，通常根据管理人员的任职时间的长短来判断，时间愈长，债权人倾向于认为其在并购完成后留任的可能性就愈大。

(3) 被并购前的资产负债率较低。由于杠杆并购是以增加大量的负债为基本特征的，并购完成后，企业的资产负债率必然会大大提高。如果并购完成前，目标企业的资产负债率较低，一方面增加负债的空间相对较大；另一方面，在增加相同数量负债的情况下，与并购前资产负债率就已经比较高的企业相比，有较多的资产可以用于抵押，能够增强债权人的安全感。

(4) 拥有易于出售的非核心资产。杠杆并购中巨额负债的偿还途径有：目标企业的收益以及由此形成的现金流量，变卖目标企业部分资产。如果企业拥有易于出售的非核心资产，它就可以在必要时出售这些资产来偿还债务，从而增强对债权人的吸引力。

一般而言，以技术为基础的知识、智力密集型企业，进行杠杆并购比较困难。因为企业只拥有无形资产和智力财富，未来收益和现金流量难以预测，并很难变卖获得现金。但这也不是绝对的。如果债权人认为这些企业的管理水平高、无形资产能够变卖、企业现金流量稳定，也同样会给予贷款。

（四）管理层收购

管理层收购（Management Buy-outs，MBOs）是杠杆并购的一种。当杠杆并购中的并购方是目标企业内部的管理人员时，这种杠杆并购就是管理层收购。管理层收购就是目标企业的管理层利用借贷所融资本购买本企业的股份，从而改变本企业的所有者结构、控制权结构和资产结构，进而达到重组本企业并获得预期收益目的的一种并购行为。

管理层收购主要有以下几个特征。

(1) 管理层收购的主要投资者是目标企业内部的经理和管理人员，他们对本企业非常了解，并有很强的经营管理能力。他们通常会设立一家新的企业，并以该新企业的名义来收购目标企业。管理层收购完成后，这些经理和管理人员的身份由单一的经营者变为所有者与经营者合一的双重身份。

(2) 管理层收购主要通过借贷来完成，因此，管理层收购的融资结构由优先债（先偿债务）、次级债（后偿债务）与股权三部分构成。这样，目标企业的管理者必须有较强的组织运作资本的能力，融资方案必须满足贷款者的要求，也必须为权益持有人带来预期的价值。

(3) 管理层收购完成后，目标企业可能由上市公司变为非上市公司。一般来说，这类企业在经营了一段时间后，又会伺机成为一个新的公众公司并且上市套现。另一种情况是，当目标企业为非上市公司时，管理层收购完成后，管理者往往会对该企业进行整合，待取得一定的经营业绩后再谋求上市，使管理层收购的投资者获得超常回报。

随着管理层收购在实践中的发展，其形式也在不断变化。除了目标企业的管理者为唯一投资收购者这种管理层收购形式外，实践中又出现了另外两种管理层收购形式：一是由目标企业管理者与外来投资者或并购专家组成投资集团来实施并购；二是管理者收购与员工持股计划（EMP）或职工控股收购（EBO）相结合，通过向目标企业员工发售股权，进行股权融资，从而免于纳税，降低收购成本。

本章小结

1. 本章介绍的主要是狭义并购。企业并购的主要形式有吸收合并、新设合并和收购等三种。并购的类型根据并购双方是否处于同一行业，可分为横向并购、纵向并购和混合并购；根据并购的支付方式，可分为现金支付、股票支付、综合证券并购和杠杆收购四种；根据并购企业双方是否合作，可分为善意并购和敌意并购。

2. 并购理论关于并购动机的解释有规模经济理论、协同效应理论、多元化理论、市场势力理论、代理理论、产权理论、交易成本理论及其他动机理论等；并购效应包括规模经济效应、协同效应（经营协调、财务协调、管理协调）、多元化效应、市场支配效应、成本降低效应、公司价值提升效应、公司资本结构优化效应和公司治理效应等。

3. 目标公司的选择通常遵循一定的程序，而目标公司的估价方法有多种。贴现现金流量法在实践中最为常用，但受到现金流量必须为正的限制；在换股合并时应采用换股比例法。使用贴现现金流量法对公司的股权价值和整体价值进行估价时，要注意使用不同的现金流量和折现率：用股权资本成本贴现的股权自由现金流量，得到公司的股权价值；用资本加权平均成本贴现公司自由现金流量。

4. 现金支付、股票支付和混合证券支付是企业并购中常见的三种支付方式。这三种方式对并购双方股东的利益以及双方的财务状况将会产生不同的影响。确定了支付方式后，并购企业就需针对本企业的财务状况和战略目标来进一步规划所需支付资金的筹集方案。

复习思考题

1. 什么是并购？常见的并购形式有哪几种？
2. 关于企业并购动机的理论解释有哪些？
3. 企业并购会产生哪些效应？并购与企业竞争力的关系是什么？
4. 试讨论企业并购是否增加了股东财富？即企业并购会增加社会财富还是仅是社会财富的简单转移？
5. 找一个企业并购的实际案例，分析其并购动因、并购方式、并购类型和并购效应。
6. 简要说明目标公司选择的基本程序。
7. 你认为应如何评价目标公司？
8. 什么是杠杆并购？杠杆并购的主要特点有哪些？
9. 什么是管理层收购？试举几个国内 MBO 成功与失败的案例，并分析其原因。

练习题

假设甲公司计划以发行股票方式收购乙公司,并购时双方相关财务资料如下表所示。

项目	甲公司	乙公司
净利润/万元	2 000	600
普通股股数/万股	1 000	500
每股收益/元	2	1
每股市价/元	24	8
市盈率	12	8

试回答以下问题:

(1) 如果乙公司同意其股票每股作价 12 元,由甲公司以其股票相交换,那么甲公司须发行多少股票才能收购乙公司所有股份?

(2) 如果假设两企业并购后收益能力不变,则并购后甲公司和乙公司的每股收益分别如何变化?

(3) 如要保持甲公司的每股收益不变,则其股票交换比率为多少?

(4) 如果在甲公司计划的同时,还有丙公司也有意收购乙公司,并愿意以其 0.6 股普通股(目前市价 25 元)交换乙公司 1 股,则乙公司应选择由哪一家公司并购?

 案例   "粤美的"的管理层收购

广东美的集团的前身是 1968 年由现董事长何享健先生带着 23 个人,凑足 5 000 元钱办起的一个生产药瓶盖的生产组。1980 年,生产药瓶盖的"生产组"换成了"顺德县美的风扇厂",开始进入家电领域。1992 年,粤美的进行股份制改造,1993 年 11 月上市,成为中国第一批进行股份制改造、第一家上市的乡镇企业。

粤美的是从 1998 年起开始酝酿管理层收购的。

1999 年上半年,上海巴菲特投资咨询有限公司所做的一份关于粤美的投资价值研究报告送到了董事局主席何享健办公桌上。在"四通产权变局"的巨大影响下,何享健开始注意"MBO"这个新词汇,他希望用 MBO 计划来解决粤美的股权结构问题。1999 年 6 月,以何享健之子何剑峰为法人代表的顺德开联实业有限公司亮相,从北窖镇经济发展总公司手中收购了 54.52 万股法人股,占当时粤美的总股本的 8.49%,并成为其第二大股东。

2000 年 4 月,由粤美的集团管理层和工会共同出资组建建立了一个"壳"——顺德市美托投资公司作为实现融资收购计划的平台,该收购主体最初的注册资本为 1 036.87 万元,后增资至一个亿,其经营范围包括对制造业、商业进行投资以及国内商业、物资供销业。

美托投资公司分别于 2000 年 5 月和 2001 年 1 月两次协议受让当地镇政府下属公司持有的粤美的法人股。第一次股权转让价格为 2.95 元,第二次股权转让价格为 3 元,均低于公司 2000 年年末每股净资产 4.07 元。两次收购共持有粤美的 22.19% 的法人股,累计投资 3.21 亿元,成为公司第一大股东。当时的 22 名管理层人员按着职位和贡献大小持有美托投资公司的股份。为了便于操作,暂由何享健持有 55%,另 3 位核心高级管理人员分别按 15%

的比例持有美托投资公司的全部股份（行内称此为"拖拉机"现象），使管理层成为粤美的真正意义上的控股股东。

美托投资公司这两次收购所用的现金都是通过股票质押而获得的信用社贷款。美托投资公司首次向美的控股股东收购股权时，收购成本在 1 亿元左右，管理层持股款的 10%以现金方式缴纳首期，其余 90%通过分期付款方式解决。而管理层的成员通过美托投资公司间接持有公司股份，则应先支付 10%的现金，其余部分将分期用红利付清。

粤美的在实施 MBO 后，虽然每年的盈利都有所下降，但鉴于该公司所处的行业状况，应该说，能取得目前的成绩也实属不易。而通过横向比较就能更全面地观察这个问题。2001年，粤美的每股收益为 0.52 元，同比下降 12%；海信电器 2000 年的每股收益是 0.08 元，而 2001 年却出现亏损 0.036 元；另外，格力电器 2000 年实现每股收益 0.71 元，但是 2001年却仅有 0.51 元，同比下降 28.2%；春兰股份 2001 年度的每股收益同比降幅也在 49%左右。因此，粤美的业绩萎缩更可能是出于行业因素。从具体数字看，粤美的也的确跑赢所在的板块，而这一切都应该归功于 MBO 带来的正面作用。

这正是 MBO 的核心内容：企业管理层利用借债方式融资购买股份，从而改变公司的所有权结构及资产结构。粤美的 MBO 实践实际上是一个政府逐步淡出，而管理层地位逐渐凸显的过程。

资料来源：CCTV《证券时间》，2002-04-25。

讨论：

（1）MBO 在我国的适用性与合法性。
（2）MBO 实施时，其资金来源应如何处理？
（3）比较中外 MBO 运作的实践，评论中国企业 MBO 的特征。

参 考 文 献

1. EMERY D R，FINNERTY J D，STONE J D．Principles of Financial Management. New Jersey：Prentice Hall，1998.
2. BREALEY R A，MYERS S C，MARCUS A J．Fundamentals of Corporate Finance．6 版．北京：中国人民大学出版社，2011.
3. BLOCK S B, HIRT G A，DANIELSEN B R．Foudations of Financial Management．13 版．北京：机械工业出版社，2009.
4. BODIE Z, MERTON R C.Finance. New Jersey: Prentice Hall, 2000.
5. 吉布森．财务报告分析．胡玉明，译．大连：东北财经大学出版社，2012.
6. 陈志斌，韩飞畴．基于价值创造的现金流管理．会计研究，2002（12）：45-50.
7. 杜胜利．CFO 管理前沿：价值管理系统框架模型．北京：中信出版社，2003.
8. 霍顿．财务管理：以 Excel 为分析工具（原书第 4 版）．赵银德，等，译．北京：机械工业出版社，2014.
9. 霍顿．基于 Excel 的财务管理．卢俊，杨飞虎，译．北京：中国人民大学出版社，2003.
10. 弗朗西斯，伊博森．投资学：全球视角．胡坚，等，译．北京：中国人民大学出版社，2006.
11. 荆新，王化成，刘俊彦．财务管理学．8 版．北京：中国人民大学出版社，2019.
12. 布雷利，迈尔斯．财务管理基础：第 8 版．胡玉明，译．北京：中国人民大学出版社，2017.
13. 高根．兼并、收购与公司重组：第 3 版．朱宝宪，等，译．北京：机械工业出版社，2007.
14. 深圳证券交易所创业企业培训中心．上市公司并购重组问答．北京：中国财政经济出版社，2014.
15. 深圳证券交易所创业企业培训中心．上市公司规范运作指引．北京：中国财政经济出版社，2015.
16. 罗斯，等．公司理财：第 11 版．吴世农，等，译．北京：机械工业出版社，2018.
17. 宋献中，吴思明．中级财务管理．3 版．大连：东北财经大学出版社，2016.
18. 科普兰，等．价值评估：公司价值的衡量与管理．郝绍伦，等，译．北京：电子工业出版社，2002.

19．杨雄胜．高级财务管理理论与案例．3 版．大连：东北财经大学出版社，2017．

20．姚海鑫，刘志杰．外资并购国有企业的股权定价研究．北京：商务印书馆，2015．

21．姚海鑫．并购视角下的大企业竞争力研究．北京：经济管理出版社，2012．

22．布里格姆，埃哈特．财务管理：理论与实践（原书第 14 版）．毛薇，王引，等，译．北京：清华大学出版社，2018．

23．范霍恩．财务管理与政策．刘志远，译．大连：东北财经大学出版社，2011．

24．张春．公司金融学．北京：中国人民大学出版社，2008．

25．张云亭．顶级财务总监：财务治理、价值管理和战略控制．北京：中信出版社，2003．

26．中国注册会计师协会．财务成本管理．北京：中国财政经济出版社，2018．

27．朱宝宪．公司并购与重组．北京：清华大学出版社，2006．

28．朱武祥，蒋殿春，张新．中国公司金融学．上海：上海三联书店，2005．

29．博迪，莫顿．金融学：第 2 版．欧阳颖，等，译．北京：中国人民大学出版社，2010．

本书习题参考答案